Sprachtraining

BLF-Training

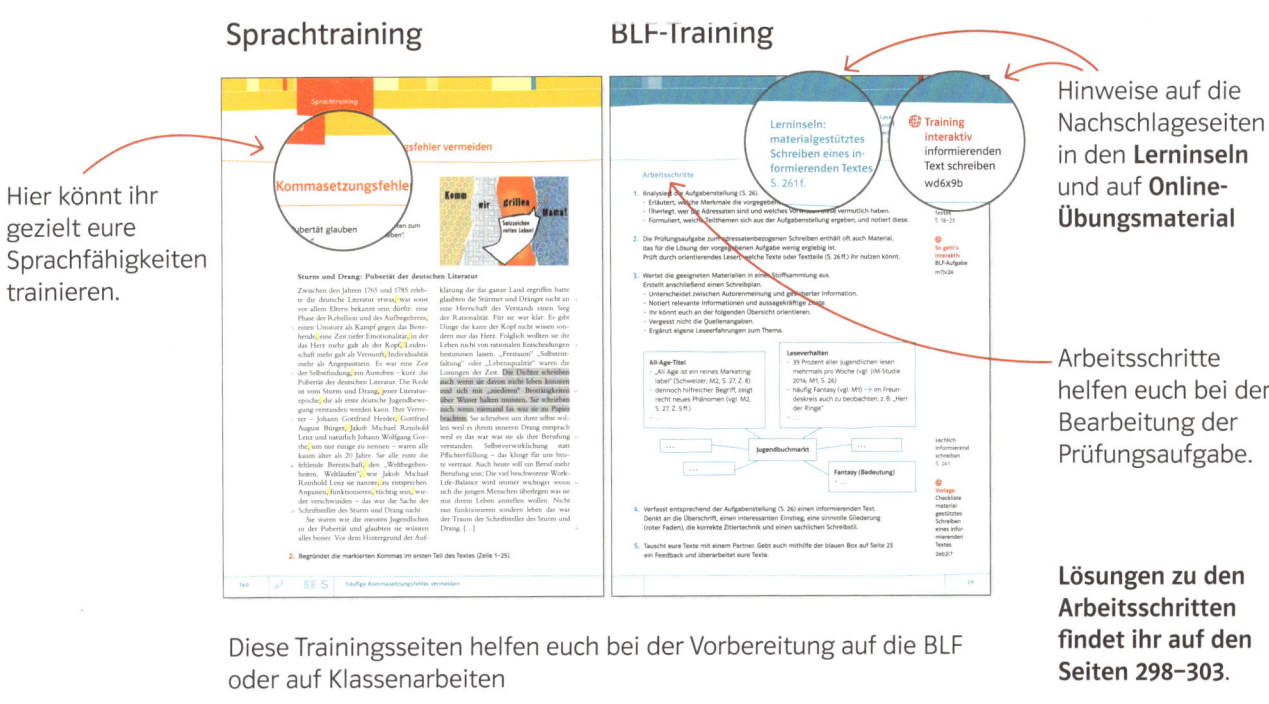

Hier könnt ihr gezielt eure Sprachfähigkeiten trainieren.

Hinweise auf die Nachschlageseiten in den **Lerninseln** und auf **Online-Übungsmaterial**

Arbeitsschritte helfen euch bei der Bearbeitung der Prüfungsaufgabe.

Diese Trainingsseiten helfen euch bei der Vorbereitung auf die BLF oder auf Klassenarbeiten

Lösungen zu den Arbeitsschritten findet ihr auf den Seiten 298–303.

Lerninseln geben den Überblick über ein Thema

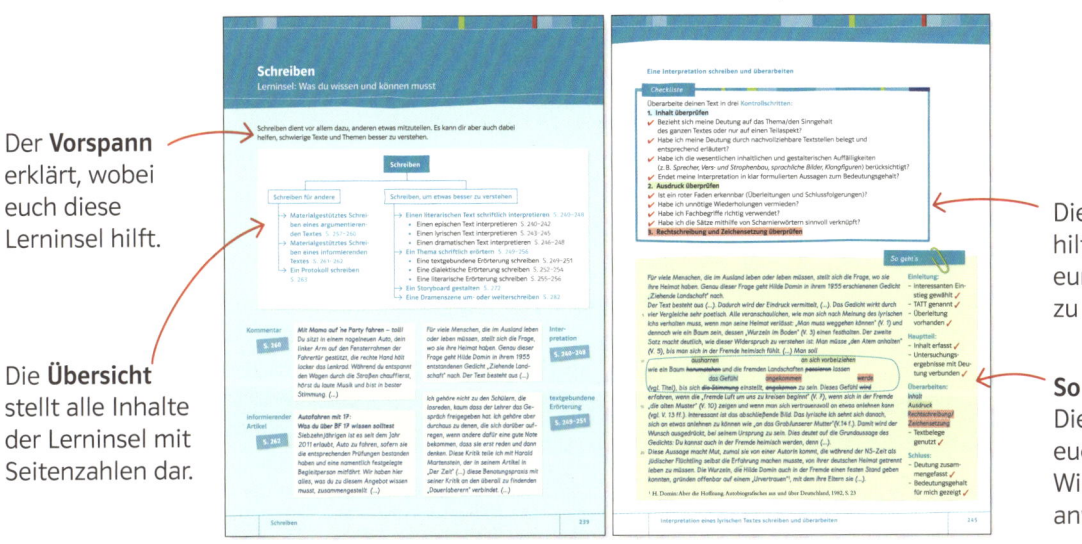

Der **Vorspann** erklärt, wobei euch diese Lerninsel hilft.

Die **Übersicht** stellt alle Inhalte der Lerninsel mit Seitenzahlen dar.

Die **Checkliste** hilft euch eure Ergebnisse zu überprüfen.

So geht's
Die Beispiele zeigen euch, wie ihr euer Wissen und Können anwenden könnt.

Die Lerninseln am Ende des Buches fassen zusammen, was ihr zu den einzelnen Gebieten wissen und können müsst.

deutsch.kompetent 10

Herausgegeben von:
Heike Henniger
Maximilian Nutz

Erarbeitet von:
Maja Bitterer
Martina Blatt
Joachim Dreessen
Heike Henniger
Susanne Jugl-Sperhake
Janina Kiehl
Thomas Labusch
Rosemarie Lange
Konrad Notzon
Angelika Schmitt-Kaufhold
Anja Seiffert

Unter Beratung von:
Michael Höhme

Ernst Klett Verlag
Stuttgart · Leipzig

Inhalt

Stürmische Zeiten
Dramatische Texte analysieren und interpretieren

DIFFERENZIEREN
■ ■ ■ ■
S. 144, 159

Des Pudels Kern
Rezeptionen von Goethes „Faust" analysieren und vergleichen

DIFFERENZIEREN
■ ■ ■ ■
S. 175, 180

Von wegen Happy End ...
Jugendbücher und ihre Filmadaptionen analysieren

DIFFERENZIEREN
■ ■ ■ ■
S. 192, 198

KOMPETENZBOX

Sprach-los?
Sprache betrachten

DIFFERENZIEREN
■ ■ ■ ■
S. 215, 221

Kenn ich – kauf ich – les ich
Sich und andere informieren

 Das könnt ihr schon!

- kontinuierliche und diskontinuierliche Sachtexte auswerten und präsentieren
- einen komplexen Sachtext analysieren
- Sachtexte nutzen, um adressatenbezogen Stellung zu beziehen

1. Besprecht, welche Bücher ihr lest und woran ihr euch bei der Buchauswahl orientiert. Überlegt, warum manche Bücher erfolgreicher sind als andere.

Julius Fischer (geb. 1984 in Gera): Kabarettist, Poetry-Slammer, Autor

„Shades of Grey": erotische Roman-Trilogie (2011–2012) von der britischen Autorin E.L. James; Bestseller in zahlreichen Ländern, in Deutschland über 5,7 Mio. Exemplare verkauft, weltweit mehr als 125 Mio.

Frank Schätzing: dt. Schriftsteller, sein Science-Fiction-Roman „Der Schwarm" (2004) wurde ein Bestseller

Julius Fischer: „Es muss sich nur verkaufen" (Ausschnitt, 2013)

Der Text ist ein Ausschnitt aus der Satire „Die schönsten Wanderwege der Wanderhure", deren Verkauf zwischenzeitlich verboten war, weil der Titel die erfolgreichen historischen Romane „Die Wanderhure" verunglimpfe.

Vom Schreiben leben kann man aber im Grunde genommen nur, wenn man einen hochbrisanten Stoff wie den Korea-Konflikt oder die Bühnenschlüpfer von Lady Gaga
5 mit einem Titel kombiniert, der so gut ist, dass die Leute das Buch ganz selbstverständlich in den Einkaufswagen legen. Wie Klopapier.

Der Inhalt ist vollkommen irrelevant, es
10 muss sich nur verkaufen.

Bei der Wahl des Titels müssen mehrere Faktoren beachtet werden. Zuerst natürlich die Art des Buches.

Was heutzutage geht: Krimis, historische
15 Krimis, Kochbücher, historische Kochbücher, Fantasy, Ratgeber, alles mit Vampiren, Frank Schätzing. Das wissen dummerweise alle anderen Autoren auch.

Wenn man auf einer Buchmesse unter-
20 wegs ist, wird einem schlagartig bewusst, wie viele Autoren es eigentlich gibt. Die dann von niemandem gelesen werden, denn das Publikum auf der Buchmesse hat nur zwei Gründe für seine Anwesenheit. Riesi-
25 ge Beutel mit Infomaterial […] abzustauben oder sich als Manga-Mäuschen zu verkleiden. […]

Statistiken zufolge, die ich hier nicht richtig wiedergeben kann, weil mich das nicht interessiert, soll der Umsatz des deutschen
30 Buchmarktes 2012 zu drei Vierteln von der Sadomaso-Klamotte *Shades of Grey* bestritten worden sein. Insofern wäre das natürlich das perfekte Trittbrett, nur gibt es eben nicht so viele Farben.
35

Das neueste Buch von Peter Handke wiederum, immerhin einer der wichtigsten deutschsprachigen Schriftsteller der letzten 40 Jahre, beheimatet in der Titanic der Großverlage, also Suhrkamp, soll sich laut
40 unabhängigen Medienberichten in den ersten zwei Wochen exakt viermal verkauft haben. Und wie war der Titel? … Sehnse? Dann doch lieber Krimis oder Ratgeber. Oder Ratgeber-Krimis. […]
45

Oder Krimi-Ratgeber: *Krimis für Dummies*. Oder Dummie-Ratgeber: *Dummies für Dummies*. Ratgeber sind prinzipiell eine gute Sache. […]

Wichtig ist nur: Irgendwas im Titel müs-
50 sen die Leute kennen. Dann verkauft es sich. […] In der Belletristik gibt es wieder andere Regeln. Wichtig ist, dass man als Autor beachtet, welche Zusatzartikel sich rund ums eigene Werk noch schaffen lassen.
55

2. Fasst den Inhalt des Textes (S. 8) zusammen. Klärt, was diesen Text von anderen Sachtexten unterscheidet.

3. Vergleicht eure Ergebnisse von Aufgabe 1 (S. 8) mit den Aussagen aus dem Text (S. 8). Diskutiert den Standpunkt Fischers.

4. Überlegt Themenbereiche für eine Facharbeit, die sich aus dem Text (S. 8) ableiten lassen. Besprecht, wie ihr interessante Themen für eine Facharbeit finden könnt, z. B. durch Praktika oder besondere Lernbereiche im Unterricht.

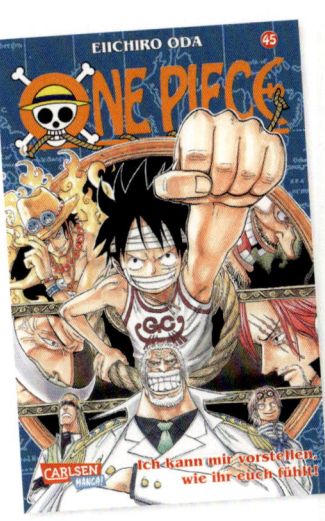

Mangas im Höhenflug (Börsenblatt, Ausschnitt, 2013)

Auch Mangas gehören seit einigen Jahren zu den Best-sellern in Deutschland.

[…] Wie die repräsentativen Verkaufszahlen […] belegen, machten Mangas und Manhwas im lau-fenden Jahr rund acht Prozent mehr Umsatz als 2012. Gleichzeitig erzielten sie ein Absatzplus von
5 sechs Prozent. „Damit führen die Kultheftchen den Wachstumskurs der letzten Jahre konsequent weiter und sind so erfolgreich wie seit 2007 nicht mehr", teilt Media control mit. Untersucht wurde jeweils der Zeitraum Januar bis August.
10 Zwei Comicreihen dominieren demnach die Hitliste der meistverkauften Mangas in den ersten acht Mo-naten 2013: „One Piece" und „Naruto".

Manga: das oder der Manga, Plural: Manga[s]; jap. *man* = bunt gemischt, kun-terbunt und *ga* = Bild

Börsenblatt: Fachzeitschrift für die Buch-branche

Manhwas: Comics aus Südkorea

Media control: ein Markt-forschungs-unternehmen

5. Besprecht, was ihr über Mangas wisst. Stellt Vermutungen an, warum diese so erfolgreich sind.

Das lernt ihr jetzt! ☆

· Grundlagen für das Vorbereiten, Planen und Schreiben einer Facharbeit kennen lernen
· kontinuierliche und diskontinuierliche Sachtexte auswerten und nutzen, um einen informierenden Text zu schreiben

Bitte einen Bestseller!
Eine Facharbeit schreiben

Die Facharbeit vorbereiten und planen

Buchreport:
Fachzeitschrift
für die Buch-
branche

Panem: Treffer im Kino und Buchhandel (Buchreport, Ausschnitt, 2012)

In Deutschland ist „Die Tribute von Panem
– The Hunger Games" laut dem Branchen-
blatt „Blickpunkt: Film" der Spitzenreiter
im Kino-Ranking. [...]

5   Im Buchhandel sorgt die Verfilmung
ebenfalls für starkes Interesse: Alle drei
„Panem"-Bücher haben sich in der neuen
SPIEGEL-Bestsellerliste (ab 28.3.2012 auf
buchreport.de und in der gedruckten SPIE-
10 GEL-Ausgabe vom 2.3.2012) in die Top 10
vorgeschoben: Collins' erster Roman der
Serie „Die Tribute von Panem. Tödliche
Spiele" rangiert auf Platz 2 (Vorwoche: 4),
„Gefährliche Liebe" auf 4 (10) und „Flam-
15 mender Zorn" auf 7 (16).

    Die Romane sind bei Oetinger erschie-
nen. Der Verlag hat zum Filmstart außerdem ein umfangreiches flankierendes Pro-
gramm aufgelegt: von der Filmausgabe über

die „Panem"-Brosche, Schlüsselanhänger 20
bis hin zu Fanbüchern.

Zahlen zu Collins' „Panem"-Trilogie:

– Die Gesamtauflage der amerikanischen
Ausgaben liegt über 23,5 Mio. Bücher.
Auf der Bestsellerliste der „New York 25
Times" (Children's Series) liegt „The
Hunger Games" aktuell auf Platz 1 – und
hält sich seit 82 aufeinander folgenden
Wochen auf der Bestsellerliste. Ab Sep-
tember 2008 rangierte das Buch bereits 30
160 Wochen ununterbrochen auf der
„NYT"-Liste.

– Die Trilogie wurde in 46 Länder verkauft.

– Die deutschen Ausgaben – u. a. mit dem 35
„Deutschen Jugendliteraturpreis" aus-
gezeichnet – wurden über 700.000 Mal
(Stand: Januar 2012) verkauft.

**SPIEGEL-
Bestsellerliste:**
wöchentliche
Aufstellung der
meistverkauften
Bücher auf Basis
der Verkaufs-
zahlen von etwa
500 Buchhand-
lungen

**Suzanne
Collins** (geb.
1962):
US-amerika-
nische Schrift-
stellerin

**New York
Times** (Abkür-
zung *NYT*):
einflussreiche
und über-
regionale Tages-
zeitung aus
New York City

1. Fasst zusammen, welchen Erfolg „Die Tribute von Panem" haben.
   Diskutiert die Bedeutung von Merchandising-Artikeln
   im Zusammenhang mit den Verkaufszahlen von Büchern.

2. Ergänzt die Liste, die ein Schüler für die Themenfindung der Facharbeit begonnen hat.

Zahlreiche Bücher auf dem Markt → Erfolg → Bestseller
- *Erfolg Tribute von Panem, Harry Potter, ... → Warum? → Marketing? Empfehlungen?*
  → Für wen relevant?
- *Wie schreibt man einen Bestseller? Was ist dafür wichtig?*
- *Wer liest was? Wie viel wird überhaupt gelesen?*
- *...*

3. Beurteilt die folgenden Themen für eine Facharbeit unter den Aspekten der inhaltlichen Genauigkeit und der Formulierung.
Verfasst eine eigene Themenformulierung und notiert Unterthemen.

> **Wer bestimmt, was gelesen wird? – Eine Untersuchung zum Zusammenhang zwischen Marketingstrategien und Verkaufszahlen in der Buchbranche**

> **Wie Bücher vermarktet werden**

> **Eine Reflexion über Verkaufsstrategien auf dem Buchmarkt und Erfolgsrezepte für Bestseller**

> **Wie entsteht ein Bestseller? – Marketingstrategien in der Buchbranche**

4. Erläutert die folgende These. Überprüft, ob die Anforderungen an eine These erfüllt sind. Überarbeitet sie so, dass sie zu eurer Themenformulierung passt (Aufgabe 3).

> Verfilmungen und Merchandising-Artikel beeinflussen die Verkaufszahlen eines Buchs und damit die Entstehung von Bestsellern. Durch die Digitalisierung des Buchmarkts erweitern sich diese Möglichkeiten und die digitale Datenerfassung ermöglicht Rückschlüsse auf Erfolgsrezepte für Bestseller.

5. Diskutiert mithilfe der folgenden Box, welche Methoden zur Verifizierung der These besser geeignet und welche weniger geeignet sind. Besprecht, warum ein empirisches Vorgehen im Rahmen der Facharbeit problematisch sein kann.

These:
eine zu beweisende Behauptung; sie wird als Aussagesatz formuliert, enthält ein Problem, muss verifizierbar (These wird bestätigt) oder falsifizierbar (These wird widerlegt) sein

Verifizierung:
Bestätigung der These

Arbeitstechnik

Methoden zur Überprüfung der Facharbeitsthese

Die **literaturbasierte Methode** wird im Rahmen von Facharbeiten häufig gewählt. Entscheidend sind die **Glaubwürdigkeit** und der **wissenschaftliche Gehalt** der recherchierten Literatur. Berücksichtigt dabei verschiedene Aspekte:
– Überprüft, wo der **Text veröffentlicht** wurde und wer der **Autor** ist.
– Verwendet **nicht ausschließlich Internetquellen**, da in ihnen häufig populärwissenschaftlich gearbeitet wird (weniger differenziert und fundiert).
– **Kennzeichnet** zusammenhängende Aussagen aus anderen Texten (nicht nur kopieren).
Zusätzlich zur literaturbasierten Methode kann die These außerdem durch **empirische Methoden** bestätigt oder widerlegt werden:

qualitative Methode	quantitative Methode
– meist **geringe Zahl** von Untersuchungspersonen	– meist **große Zahl** von Untersuchungspersonen (Anspruch auf Repräsentativität)
– **tiefer gehende** Betrachtungen und Einzelanalysen	– oft **Umfrage** mit **Fragebögen**, Antwortmöglichkeiten vorgegeben
– relativ offene Befragung, z. B. anhand eines **thematischen Leitfadens**	– alle **Formulierungen** haben erheblichen Einfluss auf das Ergebnis

Repräsentativität:
nachgewiesene Gültigkeit für die Gesamtheit

6. Extra

Lerninsel:
Interview
vorbereiten
und führen
S. 230

Führt ein Interview mit einem Buchhändler zu dem Thema, wie sich Verfilmungen und Merchandising-Artikel auf den Buchverkauf auswirken.
– Besprecht anhand des Beispiels, wie ihr das Interview gestalten könnt.
– Vervollständigt den begonnenen thematischen Leitfaden.
– Führt das Interview und schreibt es anschließend auf.
– Wertet das Interview aus. Markiert Textabschnitte, in denen Antworten auf eure Fragen gegeben werden, und fasst diese zusammen.

Guten Tag, Frau Schütze,
ich danke Ihnen, dass Sie sich die Zeit nehmen und mir meine Fragen beantworten. Sie ken-
nen sich ja als Buchhändlerin mit den Kundenwünschen und Kaufgewohnheiten gut aus, und
genau darum geht es in meiner Facharbeit. Wenn wir über Bücher sprechen, dann meine ich
auch die digitalen Formen von Büchern. Ich habe einige Fragen vorbereitet, Sie können natür-
lich auch gern von sich aus zu diesem Thema sprechen. Sind Sie damit einverstanden, dass
ich unser Gespräch aufnehme?

Grundfrage	Vertiefungsfrage
In den Medien hört man oft, dass immer weniger gelesen wird. Wie sehen Sie das als Buchhändlerin?	→ Welche Tendenz zeigen denn die Verkaufszahlen bei Büchern?
Wovon hängt Ihrer Erfahrung nach der Verkaufserfolg bei Büchern ab?	→ Welchen Einfluss haben zum Beispiel Verfilmungen, Merchandising-Artikel, Jahreszeiten oder Buchbesprechungen auf die Kaufentscheidung?
In den letzten Jahren waren bei Jugendlichen die „Panem"-Filme angesagt. Welchen Einfluss hatten die Filme auf den Buchverkauf?	→ Um wie viel Prozent haben sich die Verkäufe nach den Kinoerfolgen Ihrer Meinung nach gesteigert?
…	→ …
Eine letzte Frage: Welche Bücher, die auf der Bestsellerliste stehen, verkaufen Sie zurzeit besonders häufig?	→ Zu welchen dieser Bestseller gibt es eine Verfilmung?

7. Erstellt eine Liste mit Begriffen und Stichwörtern für die Literaturrecherche zu eurem Thema (S. 11, Aufgabe 3) und eurer These (S. 11, Aufgabe 4).
– Recherchiert und wertet aus, welche der Texte für ein literaturbasiertes Vorgehen geeignet sind und welche weniger.
– Fertigt eine Gliederung an.

Lerninsel:
Lesestrategi-
en und Lese-
techniken
S. 233 ff.

8. Wertet die Materialien (S. 13 f.) zu den Teilthemen „Erfolgsrezepte für Bestseller?" und „Marketingmöglichkeiten im Zeitalter digitaler Bücher" aus. Besprecht, welche Textteile im Hinblick auf das Thema und die These der Facharbeit relevant sind.

1 Marc Keuschnigg: Das Bestseller-Phänomen. Die Entstehung von Nachfragekonzentration im Buchmarkt (Ausschnitt aus einer Dissertation, 2011)

[Die These], dass Bestseller planbar und damit „synthetische Bucherfolge" (Fischer 1999: 774) möglich sind, wird vielfach abgelehnt [...]. Auch die vorliegenden Ergebnisse werden zeigen, dass keine Determinanten für sicheren Erfolg existieren. Spezifische Erfolgsfaktoren wie ein bekannter Autorenname oder ein vertriebsstarker Verlag wirken zwar unterstützend, können individuellen Bucherfolg aber bei weitem nicht erschöpfend erklären.

„Der Erfolg eines hervorragenden Buches nämlich ergibt sich aus einer unendlichen Zahl von verständlichen und wunderlichen Umständen, die auch bei allem Scharfsinn des forschenden Verstandes nicht voraussehbar sind" (Denis Diderot 1767; zitiert nach Ludwig 1998).

Diese Einschätzung besitzt auch heute noch Gültigkeit, wobei insbesondere für die Erfolgsvorhersage im Einzelfall eine hohe Unschärfe gilt. Zur Prognose von einzelnen Bucherfolgen müssen stattdessen schwer vorherzusehende gesellschaftliche Trends, sich verändernde Leserbedürfnisse und vor allem eine in ihrem Auftreten kaum zu prognostizierende soziale Nachfragedynamik beachtet werden. Die Produktion eines Bestsellers sei das „Zeichen eines geglückten soziologischen Experiments" (Siegfried Kracauer, zitiert nach Faulstich 1983: 77) oder in den Worten des Literaturwissenschaftlers Sutherland (2007: 29): „The bestseller [...] is a literary experiment that works, for its time. But, typically, only for its time."

Dissertation: wissenschaftliche Arbeit zur Erlangung des Doktorgrades

Determinante: vorhersagbarer, bestimmender Faktor

Denis Diderot (1713–1784): frz. Schriftsteller und Philosoph

prognostizieren: vorhersagen

Siegfried Kracauer (1889–1966): dt. Journalist, Soziologe und Filmtheoretiker

2 Jens Baumeister: Big Data: Verlage auf der Suche nach dem Kundenwunsch (Internet, Ausschnitt, 2014)

E-Books und Internetvertrieb geben Verlagen völlig neue Möglichkeiten an die Hand, um den Erfolg von Büchern und Marketingmaßnahmen einzuschätzen. Wir haben uns angesehen, was heute möglich ist und was die Zukunft bringen könnte.

Das Zauberwort für die neuen Werkzeuge heißt „Big Data". Die Anbieter werten permanent Einträge auf öffentlichen Plattformen aus – etwa Blogartikel, Tweets oder Facebook-Likes – und visualisieren sie für ihre Kunden. Der inzwischen eingestellte Dienst der US-Firma Bookseer etwa zeigte direkt an, wie sich Medienberichte oder Tweets von Prominenten auf den Verkaufsrang eines Buches auswirkten. Konkurrent Cover Cake hingegen konzentriert sich auf Daten über die Kunden. Wer spricht über das Buch und wo? Sind die Leser zufrieden? Welche Vorlieben haben sie? [...]

Ein weiteres Start-up namens Hiptype entwickelte eine Technik, um zu analysieren, was nach dem Verkauf passierte. Verleger konnten einen Schnipsel JavaScript in ihre E-Book-Dateien einfügen, der in regelmäßigen Abständen anonymisierte Informationen zum Leseverhalten an Hiptypes Server schickte. Auf diese Weise konnte die Firma umfangreiche Statistiken über die Nutzung der Bücher erstellen: Wie schnell wurde gelesen, welche Passagen wurden übersprungen? Wurden Bücher zu Ende gelesen oder beiseite gelegt? So könnte nicht nur Werbung koordiniert werden, es ließen sich sogar Entscheidungen darüber treffen, was für Inhalte in Büchern erfolgversprechend sind und was man lieber nicht publizieren sollte. [...]

Sobald [...] die Technik weit genug verbreitet ist, dürften mindestens zwei weitere gewichtige Player in das Geschäft einsteigen: Amazon und Google. Amazon hat Zugriff auf Verkaufszahlen und Bewertungen der eigenen Stores sowie auf die Datenbe-

JavaScript: Computerprogramm, um u. a. digitales Nutzerverhalten auszuwerten

Player (engl.): einflussreiche Unternehmen

Stores (engl.): hier: Verkaufsplattformen im Internet

45 stände von Shelfari, LibraryThing und natürlich Goodreads. Über die Synchronisation von Markierungen und Lesepositionen könnte es auch detailliert auswerten, welche Passagen besonders populär sind oder was 50 übersprungen wird. Auch Google gleicht Lesezeichen und Position im Buch zwischen verschiedenen Geräten ab. Der Play Books Store hat zwar nicht die Marktmacht von Amazon, aber dafür hat Google umfangrei-55 che weitere Informationen über seine Nutzer [...].

Spätestens dann könnte im E-Book-Markt der gläserne Kunde Realität werden. Bestenfalls beschert uns das bessere Werbung für publikumsgerechtere Bücher, 60 schlimmstenfalls führt es zu einem Verlust an Privatsphäre und noch mehr am Reißbrett entworfenen Bestsellern, die sich sklavisch an aus den Daten ermittelten „Erfolgsformeln" orientieren. 65

9. Überprüft auf der Grundlage eurer Auswertung der Texte, wie die These (S. 11, Aufgabe 4) und eure Gliederung (S. 12, Aufgabe 7) ergänzt oder verändert werden sollten.

10. Untersucht das folgende Inhaltsverzeichnis einer Facharbeit zum Thema „Wie entsteht ein Bestseller? – Marketingstrategien in der Buchbranche".
  – Achtet auf Inhalt, Sprache und Form.
  – Ergänzt fehlende Kapitelüberschriften.
  – Besprecht, welche Materialien sich im Anhang befinden könnten.

Es existieren unterschiedliche Anforderungen an die Form eines Inhaltsverzeichnisses. Beachtet die Vorgaben, die es an eurer Schule gibt.

Wenn es 3.1 gibt, muss es auch ein 3.2 geben.

Die Facharbeit schreiben und überarbeiten

1. Untersucht den Ausschnitt aus einer Einleitung zum Facharbeitsthema „Wie entsteht ein Bestseller? – Marketingstrategien in der Buchbranche" unter folgenden Aspekten: Begründung der Relevanz des Themas, Formulierung der These, Nennen der Methoden, Überblick über den Aufbau der Arbeit, Wecken von Leserinteresse, sprachliche und formale Gestaltung.

1 Einleitung

93.600 Titel sind im Jahr 2013 auf dem deutschen Buchmarkt produziert worden[1] – 116 Euro Ausgaben für Bücher pro Kopf wurden für das genannte Jahr erwartet[2]. Im Schnitt sind das etwa zehn Taschenbücher pro Person[3]. Es stellt sich angesichts der schier grenzenlosen Auswahl, vor der man als Käufer im

5   Buchladen steht, die Frage, wer eigentlich bestimmt, was schließlich gekauft und gelesen, was zum Bestseller und was zum Ladenhüter wird. Wie überzeugt der Verlag Buchhandel und Kunden von seinem Produkt?
Im Zentrum dieser Arbeit wird die Frage stehen, welche Marketingstrategien es im Buchhandel gibt und wie diese auf den Kunden wirken. Durch lite-

10 raturbasiertes Vorgehen sollen verschiedene Möglichkeiten des Marketings und deren Erweiterung durch die Digitalisierung des Buchmarkts analysiert werden. Um die These zu verifizieren, dass Verfilmungen und Merchandising-Artikel die Buchauswahl und damit die Entstehung von Bestsellern beeinflussen, sollen die wichtigsten deutschen Bestsellerlisten, veröffentlicht in

15 den Zeitschriften „Der Spiegel" und „Focus", aus den Jahren 2012 und 2013 ausgewertet werden.
In diesem Zusammenhang soll auch die Aussage kritisch hinterfragt werden, dass es „keine Determinanten für sicheren Erfolg" (Keuschnigg 2011, 19) gebe. (…)

---

[1] Börsenverein des Deutschen Buchhandels e.V.: Buch und Buchhandel in Zahlen 2014. In: http://www.buchmesse.de/images/fbm/dokumente-ua-pdfs/2014/buchmarkt_deutschland_buch_ und_buchhandel_in_zahlen_2014_deutsch.pdf_45274.pdf (zuletzt überprüft am 15.02.2015).
[2] Vgl. Börsenblatt. In: http://www.boersenblatt.net/649248/ (zuletzt überprüft am 15.02.2015).
[3] Eine Differenzierung der Kaufkraft nach Alter und Geschlecht soll an dieser Stelle nicht erfolgen. Relevant ist für diese Arbeit nur die Angabe der summarischen Kaufkraft.

2. Erläutert anhand der Einleitung, wie direkte und indirekte Zitate mit Quellen belegt werden können. Untersucht, welche Funktionen die Fußnoten übernehmen.

3. Überarbeitet und vervollständigt die Einleitung mithilfe eurer Vorarbeiten.

4. Verfasst einen Abschnitt für den Hauptteil der Facharbeit zum Gliederungspunkt „Erfolgsrezepte für Bestseller". Achtet auf die korrekte Zitiertechnik, passende Fußnoten und einen sachlichen Stil.

Differenzierung:
hier: Aufgliederung, Aufschlüsselung

summarisch:
gesamt

korrekt zitieren und paraphrasieren
S. 98 f.

Lerninsel:
Zitiertechnik
S. 231

5. Fasst zusammen, welche Aufgaben der Schlussteil einer Facharbeit hat. Ergänzt die Stichpunkte und formuliert einen Abschnitt des Schlussteils.

> _Ergebnisse:_ Bucherfolg von Sortiment an Merchandising-Produkten bestimmt, digitale Marketingstrategien für Käufer derzeit nicht relevant, Empfehlungen bedeutsamer, Datensammlungsmöglichkeiten zeigen jedoch neue Wege für das Schreiben erfolgreicher Romane, auch Auswirkungen auf Buchmarkt und Käufer → auf These und Einleitungsfragen Bezug nehmen!
> _Für weitere Untersuchung/Beobachtung interessant oder noch offen:_
> Möglichkeiten der Datenerfassung im Zusammenhang mit E-Books → Auswirkungen?
> – nur noch schreiben, was der Markt will (vgl. Julius Fischer, S. 8 f.), Funktion und Bedeutung von Literatur dadurch geschmälert
> – ...

korrekt zitieren und paraphrasieren
S. 98 f.

6. Erstellt aus den folgenden Angaben eine Harvard-Notation und einen Eintrag für das Quellenverzeichnis der Facharbeit. Nutzt die folgende Box.

Harry Potters literarischer Zauber/Silvia Himmelsbach/Eine Analyse zum Erfolg der Buchserie/2012/Reihe Literaturwissenschaft/Bd. 26/Marburg/S. 341–359

Arbeitstechnik

Bibliografische Angaben machen

Das Bibliografieren ist eine wichtige Technik des wissenschaftlichen Arbeitens. So können Quellen schnell gefunden und Informationen nachgelesen werden. Die gewählte **Reihenfolge der Angaben** und die **Zeichensetzung** müssen **durchgängig verwendet** werden.

A) Angaben im Quellenverzeichnis: Man unterscheidet bei der Angabe:

- **eigenständige Buchpublikationen:** Autor (Erscheinungsjahr): Titel. Ort.
  Keuschnigg, Marc (2011): Das Bestseller-Phänomen. Die Entstehung von Nachfragekonzentration im Buchmarkt. Wiesbaden.

- **Aufsätze aus Sammelbänden:** Autor (Erscheinungsjahr): Titel. In: Herausgeber (Hrsg.): Titel. Erscheinungsort, S. XX–XX.
  Biesterfeld, Wolfgang (1993): Utopie, Science Fiction, Phantastik, Fantasy und phantastische Kinder- und Jugendliteratur. Vorschläge zur Definition. In: Lange, Günter / Steffens, Wilhelm (Hrsg.): Literarische und didaktische Aspekte der Kinder- und Jugendliteratur. Würzburg, S. 71–80.

- **Aufsätze aus Zeitschriften:** Autor (Erscheinungsjahr): Titel. In: Name der Zeitschrift. Jahrgang, Heft, S. XX–XX.
  Müller, Christian (2013): Ist das Buch gut? In: Praxis Deutsch. Jg. 40, Heft 241, S. 41–45.

- **Internetquellen:** Autor (Erscheinungsjahr): Titel. In: Internetseite (zuletzt überprüft am XX.XX.XXXX).
  Widmann, Arno (2014): Digital und direkt zum Leser. In: http://www.fr-online.de/meinung/buchmarkt-digital-und-direkt-zum-leser,1472602,28767280.html (zuletzt überprüft am 25.04.2015).

B) Quellenangaben im Text: als „Harvard-Notation" direkt hinter dem Zitat angeben: (Autor Erscheinungsjahr, Seite) _(Keuschnigg 2011, 32)_

Die Seitenzahlen werden heute oft ohne „S" nur als Zahl angegeben.

Eine Facharbeit vorbereiten, schreiben und überarbeiten

Wissen und Können

Lerninsel:
Facharbeit
schreiben
S. 229

Lerninsel:
Lesestrategien
und Lese-
techniken
S. 233 ff.

Die Facharbeit ist eine Arbeit, in der eine **kritische Auseinandersetzung mit einer These** zu einem **relevanten Thema** erfolgt.

1. Vorbereiten und planen

- Themenfindung, Fragen an einen Themenbereich stellen
- Thema eingrenzen (z. B. überlegen, was strittig oder erklärungsbedürftig ist)
- These aufstellen
- Recherche und Auswertung der Materialien im Hinblick auf den Nutzen für die Überprüfung der These
- genaue Formulierung des Themas und der These, Absprache mit Betreuer
- thematische Aspekte und Unterthemen formulieren, Gliederung erstellen
- Zeitplan für den Schreibprozess bis zur Abgabe erstellen, Puffer einplanen

2. Die Facharbeit schreiben

Inhalt und Aufbau:
- **Deckblatt:** Beachtet die Gestaltungsvorschriften eurer Schule; oft: Name der Schule, Datum, Verfasser/in, Betreuer/in nennen, Facharbeit; Thema groß und zentriert in die Mitte des Deckblatts
- **Inhaltsverzeichnis:** Computerfunktion „Inhaltsverzeichnis erstellen" nutzen, alle thematischen Aspekte und Unterthemen müssen sichtbar sein
- **Einleitung:** Relevanz des Themas darstellen und die These ausformulieren, Leserinteresse wecken, interessanten Einstieg finden, methodisches Vorgehen sowie Aufbau der Arbeit erläutern und begründen
- **Hauptteil:** Informationen übersichtlich, verständlich und geordnet darstellen (roter Faden); Kapitel inhaltlich miteinander verknüpfen; Unterthemen zu thematischen Aspekten bilden; auf alle verwendeten Quellen verweisen und korrekt zitieren; ergänzende Hinweise oder Erklärungen in Fußnoten angeben
- **Schluss:** Ergebnisse bündeln, Bezug auf die These nehmen, Ausblick bieten, weitere Untersuchungsaspekte oder Fragestellungen aufzeigen
- **Quellenangaben:** alle verwendeten Quellen alphabetisch auflisten
- **Anhang:** Überblick über empirische Auswertungsergebnisse geben (z. B. *tabellarisch*), alle Ergebnisse anfügen (z. B. *Interviewmitschriften*)
- **Eigenständigkeitserklärung** formulieren, datieren und unterschreiben

Sprachliche und formale Gestaltung:
- sachlich schreiben, Zusammenhänge verdeutlichen
- Tempusform Präsens verwenden
- formale Vorgaben einhalten (z. B. *Seitenränder, Schriftgröße, Zeilenabstand*)

Lerninsel:
Eigenständig-
keitserklärung
S. 229

sachlich-
informierend
schreiben
S. 24 f.
Zusammen-
hänge
verdeutlichen
S. 57, 85, 94

3. Die Facharbeit in drei Schritten überarbeiten

- sachliche Richtigkeit, logische Struktur, sprachliche Richtigkeit

漫画 **Mangas**

Materialgestütztes Schreiben eines informierenden Textes

Den informierenden Text vorbereiten und planen

Black Butler: erstmals 2006 erschienen; 2008 als gleichnamige japanische Animationsserie im Fernsehen, 2010 und 2014 drei Fortsetzungen; 2014 in Japan Realfilm auf Basis dieses Mangas

Yana Toboso: Black Butler

Ein teuflisch guter Butler ist Sebastian Michaelis, der dem Familienoberhaupt der noblen Phantomhives dient. Teuflisch ist hier wörtlich zu nehmen, denn Sebastian ist wirklich ein Dämon, mit dem das Oberhaupt der Phantomhives einen Pakt schloss.

1. Erklärt mithilfe der Abbildung, was Mangas sind und wie sie sich von anderen Texten unterscheiden.

> Verfasst für den Kulturteil (Feuilleton) einer lokalen Zeitung einen informierenden Text zum Thema „Mangas in Deutschland". In dem Artikel soll über Herkunft und Inhalte von Mangas informiert werden sowie über ihre Verbreitung und wirtschaftliche Bedeutung, u.a. am Beispiel der Leipziger Buchmesse.

2. Analysiert die Aufgabenstellung.
   - Achtet darauf, welche thematischen Aspekte vorgegeben sind.
   - Tragt auf einer Skala von 1–10 ein, wie viel Vorwissen ihr bei den Lesern der Zeitung erwartet (1 = kein Vorwissen, 10 = viel Vorwissen).
   - Überlegt, welche Merkmale informierende Textsorten aufweisen.

Lerninsel: orientierendes Lesen S. 234

3. Prüft durch orientierendes Lesen, welche Texte oder Textteile (S. 9, S. 18–21) ihr für die Aufgabenstellung (Aufgabe 2) nutzen könnt.

1 Manga (Online-Artikel, Ausschnitt)

Der Begriff „Manga" (jap.: 漫画) setzt sich aus den japanischen Wörtern „man" für „spontan" und „ga" für „Bild" zusammen und ist der japanische Begriff für Comics.
5 Während der Begriff in Japan für alle Arten von Comics unabhängig von ihrer Herkunft steht, werden im Westen nur japanische Comics als „Manga" bezeichnet.

Mangas umfassen statische Bildergeschichten, Karikaturen, kurze Comicstrips 10

und auch Zeichentrickfilme. Diese werden jedoch für eine leichtere Unterscheidung mit dem Fachbegriff Anime – was sich von dem englischen Begriff „animated" für
15 „bewegt" ableitet – bezeichnet, der sich in der heutigen Zeit so weit etabliert hat, dass er sich vollständig von dem Begriff „Manga" abgrenzen lässt. Unter Mangas werden dementsprechend nur noch japanische Co-
20 mics in Buchform verstanden. […]

Die westlichen Einflüsse des 20. Jahrhunderts inspirierten die japanische Zeichenkunst und trieben die Entwicklung der Mangas stark voran. Als Urvater und Weg-
25 bereiter des modernen Manga gilt Osamu Tezuka, der in den 1950er Jahren begann, die Grundlagen des heutigen Manga-Stils und die Basis der Anime-Kultur zu entwickeln.
30 In der heutigen Zeit sind Mangas ein fester Bestandteil der japanischen Kultur und beliebt bei Jung und Alt. Der große Reichtum unterschiedlicher Mangas, der sich im Laufe der Zeit in Japan entwickelt
35 hat, spricht nahezu jede Zielgruppe an. Der hohe Stellenwert, den die Manga-Kultur

in der japanischen Gesellschaft einnimmt, ist nicht mit der Bedeutung der Comics in westlichen Gefilden zu vergleichen. Mangas werden von Erwachsenen ebenso gelesen 40 wie von Kindern und Jugendlichen, Frauen und Mädchen begeistern sich genauso wie Männer und Jungen für die japanischen Comics. Kleinkind-Mangas genießen ebenso große Popularität wie die sogenannten 45 „Silver-Mangas", die speziell an Senioren adressiert sind. Das Interesse zieht sich durch alle sozialen Schichten und Berufsgruppen. […] Manga und Anime wurden seitens der japanischen Regierung als eigenständige 50 Kunst anerkannt, die unterstützt und gefördert wird. Die Anhängerschaft wächst zunehmend und das Angebot an Manga-Lektüre und Merchandising-Produkten wird ständig ergänzt und ausgeweitet. Mangas 55 sind eine der Hauptsäulen des japanischen Verlagswesens und nehmen rund 40 % aller Druckerzeugnisse Japans ein. Dementsprechend sind auch die Umsatzzahlen mit ca. 4 Milliarden Euro im Jahr und die Aufla- 60 genzahlen von Manga-Magazinen und -Taschenbüchern ungemein hoch.

Osamu Tezuka (1928–1989): jap. Arzt, Regisseur und Zeichner

2 Interview mit Joachim Kaps: Mangas in Deutschland (Ausschnitt, 2009)

NEUES AUS JAPAN: Was ist für Sie das Besondere an Mangas und was macht ihren Charme aus?

DR. KAPS: Die unerschöpfliche Vielfalt
5 der Themen, die […] Gestaltung in Schwarzweiß, die Dynamik des Erzählens in Bildern, die hohe Effizienz bei der Ausgestaltung des Bildes im Dienste einer Geschichte und ihrer Charaktere –
10 all das fasziniert mich nach wie vor sehr. Ein wichtiger Faktor für mein persönliches Interesse an Mangas war zudem, dass sehr schnell deutlich wurde, dass sich Kinder und Jugendliche dank Man-
15 gas wieder für das Erzählen in Bildern begeistern ließen. Die französischen und amerikanischen Comics hatten über die Jahre eine gewisse thematische und gra-

fische Überalterung erfahren und waren für junge Leser eher uninteressant ge- 20 worden. Aber Mangas wurden von ihnen akzeptiert. […]

NEUES AUS JAPAN: Wie ist die aktuelle Marktsituation für Mangas in Deutschland? Wie groß ist der deutsche Markt? 25 Welche Art von Mangas verkauften sich besonders gut?

DR. KAPS: Über die Größe des deutschen Marktes gibt es keine wirklich verlässlichen Daten. Wir gehen derzeit davon 30 aus, dass im deutschsprachigen Markt im laufenden Jahr zwischen 5 und 6 Millionen Mangas verkauft werden. Das ist kein riesiger Markt, aber einer, der ohne Frage interessant genug ist, wenn 35 man bedenkt, dass er im Wesentlichen

„Neues aus Japan": Online-Magazin der Botschaft von Japan in Deutschland

Dr. Joachim Kaps: bis 2004 Chefredakteur und Verlagsleiter des Geschäftsbereichs Comic beim Carlsen-Verlag, führte zahlreiche erfolgreiche Manga-Serien in Deutschland ein, z.B. Dragon Ball, One Piece, Neon Genesis Evangelion, Angel Sanctuary

von nur drei Verlagen gestaltet wird. Frankreich hat deutlich höhere Manga-Verkäufe, sie werden aber von rund 30 Manga-Verlagen generiert. Dies muss man bei der Beurteilung solcher Daten bedenken.

generieren
hier: erzielen, erwirtschaften

40

Bezüglich der Themen waren in den frühen Jahren des Marktes die großen abenteuerlichen Serien dominierend, die von Jungs und Mädchen gleichermaßen begeistert gelesen werden. Dragon Ball, Inu Yasha oder One Piece sind Beispiele für solche Stoffe. […]

45

NEUES AUS JAPAN: Was ist notwendig, um noch mehr qualitativ hochwertige Mangas in Deutschland zu publizieren?

50

DR. KAPS: Meiner Auffassung nach sehr viel mehr Öffentlichkeitsarbeit und Aufklärung über die Welt der Mangas. Auch so viele Jahre nach Dragon Ball und Sailor Moon gibt es in weiten Teilen der deutschen Gesellschaft leider noch immer viele Vorurteile gegenüber Mangas, die meistens auf fehlender Kenntnis von der wunderbaren Vielfalt der Mangas basieren. Nicht nur bei Erwachsenen, auch bei manchen Jugendlichen werden Mangas in der Wahrnehmung völlig zu Unrecht auf große Augen oder Action reduziert. Wenn man sie dann aber über die vielen großartigen Spielformen der Mangas aufklärt, sind sie oftmals zuerst überrascht, dann fasziniert und bald schon begeistert.

55

60

65

70

3 Stefan Pannor: Deine scharfen Zähne machen mich so sentimental (Online-Artikel, spiegel.de, Ausschnitt, 2009)

konter-karieren:
durchkreuzen

„Naruto" erfindet das Rad der Mangas nicht neu. Zeichner Masashi Kishimoto ist „Dragon Ball"-Fan. Und wie bei diesem Flaggschiff des Kampfszenen-Mangas steht auch bei „Naruto" die Action im Vordergrund. Dank unzähliger mysteriöser Ninja-Kampftricks, seltsamer Pillen und einer Menge Magie geht's immer gleich um das große Ganze bei den Kämpfen. Die Erde bebt, die Bäume schütteln sich, Steine platzen. Die Action und der Humor sind ausgesprochen ruppig in „Naruto".

5

10

Trotzdem kommen die Figuren nicht zu kurz. Kishimoto übt sich in der für das Genre seltenen Kunst der Charakterentwicklung. Dreh- und Angelpunkt der Serie ist der titelgebende Held, eigentlich ein ziemlich unsympathisches Würstchen, großmäulig, karrieregeil und nudelsuppensüchtig. Wie aus diesem Naruto nicht nur ein respekta-

15

20

bler Kämpfer, sondern auch ein respektabler Mensch wird, der sich wirklich um das kümmert, was um ihn herum passiert – das ist das eigentliche Thema der Serie. Stille, emotionale Stellen und Anflüge von Poesie konterkarieren immer wieder die krachige Action und verleihen der Serie ihren eigenen Rhythmus.

25

Masashi Kishimoto

4 Miriam Brunner: Manga (Ausschnitt aus einem Fachbuch, 2010)

Die Positionierung [in Buchhandlungen] neben der Abteilung für Jugendbücher ist symptomatisch für die Verkaufsstrategie in Deutschland, denn die Hauptzielgruppe der Mangas sind zurzeit junge Leser zwischen 8 und 25 Jahren (Kloos/Eggert 2006, 41). Ganz anders in Japan, wo für jede Alters- und Interessensgruppe […] Angebote existieren.

5

In Deutschland hingegen ist das Angebot noch relativ beschränkt und der Versuch, eine erwachsene Zielgruppe einzubinden, ist eher zaghaft zu nennen. Zu groß ist die Angst vor herben finanziellen Rückschlägen und zu stark sind auch die Bedenken, dass die spezifische Lesart von Mangas nur mit Schwierigkeiten einer älteren Käufer-schicht nahegebracht werden kann. Denn die Manga-Lektüre unterscheidet sich in einigen Aspekten vom Comic, wobei besonders die umgekehrte Leserichtung nach japanischem Vorbild, also von rechts nach links und von hinten nach vorn, ein erstes Hindernis darstellt.

umgekehrte Leserichtung: Buch von hinten nach vorn, Bilder und Sprechblasen von rechts oben nach links unten

5 Leipziger Buchmesse endet mit Besucherrekord – insgesamt 175.000 Gäste an vier Tagen (Leipziger Volkszeitung, Ausschnitt, 2014)

„Wir haben eine stimmungsvolle Buchmesse 2014 erlebt mit sehr interessierten Besuchern und zufriedenen Ausstellern", sagte Messe-Direktor Oliver Zille. „Auch unsere Neuigkeiten, wie die eigene Messe für den Comic-Bereich, die Manga-Comic-Convention, sind sehr gut angenommen worden." Von den 175.000 Besuchern der Messe seien 31.000 wegen des Manga-Comic-Schwerpunktes gekommen.

4. Wertet die geeigneten Texte und Textteile (S. 9, S. 18–21) aus und erstellt eine Stoffsammlung. Ihr könnt so vorgehen:
   – Beurteilt Aussageabsicht und Glaubwürdigkeit (Quelle/Herkunft des Textes beachten).
   – Unterscheidet zwischen Autorenmeinung und gesicherter Information.
   – Fasst für jeden Text die Informationen zusammen, die für euren Zeitungsartikel (S. 18, Aufgabe 2) wichtig sein könnten. Notiert Stichpunkte.
   – Vergleicht die Auswertungen der einzelnen Texte. Streicht zum Beispiel Wiederholungen und hebt Unterschiede hervor.

Lerninsel: Lesestrategien und Lesetechniken S. 233 ff.

5. Untersucht den folgenden Schreibplan.
   – Erläutert den Unterschied zwischen einer Stoffsammlung und einem Schreibplan.
   – Überprüft, welche Aspekte aus der Aufgabenstellung (S. 18, Aufgabe 2) aufgegriffen wurden und welche noch fehlen.
   – Vervollständigt den Schreibplan mit einer logischen Gliederung der Teilthemen und ergänzt die Informationen.
   – Fügt weitere relevante Zitate aus den Texten ein.

Einleitung: ...
Hauptteil:
Was sind Mangas und woher kommen sie? (Inhalte und Herkunft von Mangas):
– „japanische Comics in Buchform" (M1, S. 19, Z. 19 f.) – Abgrenzung zu Anime
– in Japan besonders hoher Stellenwert, für alle Altersgruppen
– Faszination laut Kaps: „unerschöpfliche Vielfalt der Themen" (M2, S. 19, Z. 4 f.) und (...)
– ...
Verbreitung und wirtschaftliche Bedeutung von Mangas
– Hauptzielgruppe junge Leser zwischen 8 und 25 Jahren (vgl. M4, S. 20, Z. 4 f.)
– 31.000 von 175.000 Besuchern auf der Leipziger Buchmesse 2014 seien wegen des Manga-Comic-Schwerpunktes gekommen (vgl. M5, S. 21, Z. 8 ff.)
– ...

Den informierenden Text schreiben und überarbeiten

1 **Stefanie Ziegler: Bunter Hype um Mangas: Mein Tag auf der Leipziger Comic-Convention (Ausschnitt)**

Jahr für Jahr werden viele Leipziger ganz verrückt, wenn es wieder heißt: Die Buchmesse beginnt! Allein schon die Manga-Comic-Convention, die erstmals unab-
5 hängig von der Buchmesse stattfand, lockte über 31.000 Fans der japanischen Zeichentrickserien in die Halle 1 des Leipziger Messegeländes. Und ich war dabei, mitten in den Massen, die von überall zur Comic-
10 Convention stürmten, verkleidet oder auch nicht. Vergangenes Jahr verschlug es mich ebenfalls auf die Buchmesse. Ich war begeistert von den bunten und schrillen Farben, die die Manga-Welt zu bieten hatte. […]

Leipziger Buchmesse, 2013

2 **Mangas erobern den deutschen Buchmarkt (Ausschnitt)**

[…] Mangas haben in Deutschland einen großen Markt erobert. Dies zeigte sich auch auf der Leipziger Buchmesse 2014, zu der 31.000 der 175.000 Besucher wegen des Manga-Comic-Schwerpunktes angereist 5 waren, wie die LVZ berichtet.

Auch die steigenden Absatzzahlen verdeutlichen das gestiegene Interesse in Deutschland. Aber was sind Mangas eigentlich? Zunächst erscheinen die Mangas 10 beim ersten Durchblättern unverständlich. Mangas zu lesen bedeutet auch, neue Leseerfahrungen zu machen. Es ist tatsächlich sehr ungewohnt, geradezu fremd, die Mangas von hinten nach vorne und von rechts 15 nach links zu lesen. Diese ersten Hürden seien auch ein Grund dafür, warum Verlage Bedenken hätten, dass Mangas auch älteren Leserschichten zugänglich gemacht werden könnten, behauptet zumindest Miriam 20 Brunner 2010. Die Zielgruppe von Mangas liege noch immer bei den Jugendlichen und jungen Erwachsenen bis etwa 25 Jahren. Doch ist diese fünf Jahre alte Beobachtung heute noch genauso zutreffend? […] 25

1. Vergleicht die beiden Textausschnitte unter folgenden Aspekten: Textfunktion, Textsorte, Sprachstil und Adressatenbezug. Beurteilt, welcher der beiden eher als informierender Text für den Kulturteil einer lokalen Zeitung (S. 18, Aufgabe 2) geeignet ist.

2. Untersucht den zweiten Textausschnitt. Orientiert euch an folgenden Fragen:
   – Welche thematischen Aspekte werden erfasst?
   – Welche Materialien (S. 9, S. 18–21) werden berücksichtigt?
   – Wo werden eigenes Wissen und persönliche Erfahrungen eingebracht?
   – Welcher gedankliche Aufbau ist zu erkennen?
   – Welcher Sprachstil und welche sprachlichen Mittel werden verwendet?
   – Inwieweit wird der Adressatenbezug deutlich?
   – Ist die Überschrift geeignet? Welche Kriterien soll diese erfüllen?

sachlich-
informierend
schreiben
S. 24 f.

3. Verfasst entsprechend der Aufgabenstellung (S. 18, Aufgabe 2) einen eigenen informierenden Text. Überarbeitet ihn anschließend mithilfe der blauen Box (S. 23).

Materialgestütztes Schreiben eines informierenden Textes

Ziel ist es, durch Auswertung von Materialien einen bestimmten Adressatenkreis in einem eigenen Text über ein Thema genau, sachlich richtig und strukturiert zu informieren.

1. Den informierenden Text vorbereiten und planen

- **Aufgabenstellung** klären, z. B. Thema, Teilthemen, Anforderungen an den eigenen Text (z. B. *Ziel, Merkmale der Textsorte*)
- **Adressaten** beachten (z. B. *Vorwissen, Erwartungen, Anrede, Sprachstil*)
- **Material** auswählen und auswerten
  - orientierend lesen
  - Textsorte, Autor, Quelle, Sachtextfunktion, Qualität klären
  - geeignete Texte und Textteile auswerten
  - Textaussagen bewerten, Autorenmeinung (z. B. *Vermutungen, Behauptungen*) und gesicherte Informationen (z. B. *Fakten, anerkannte Normen, Sachverhalte, Zusammenhänge, Ergebnisse*) unterscheiden
- **eigenes Wissen** ergänzen
- Informationen ordnen (z. B. *Tabelle, Mindmap, Schaubild*)
- **Schreibplan** erstellen (Reihenfolge der Teilthemen festlegen, Textsorte beachten)

2. Den informierenden Text schreiben

Inhalt und Aufbau:
- **Überschrift** (Besonderheiten der Textsorte beachten)
- **Einleitung:** Thema und evtl. Teilthemen nennen, interessanten Einstieg finden, z. B. Zitat, rhetorische Frage
- **Hauptteil:** Informationen übersichtlich, verständlich und geordnet darstellen (roter Faden), auf Materialien verweisen, korrekt zitieren
- **Schluss:** Zusammenfassung; möglich: Bezug auf die Einleitung, Zitat, Ausblick, …

Sprachliche Gestaltung:
- Anforderungen der Textsorte und Adressaten beachten (Sprachstil)
- Tempusform Präsens verwenden
- sachlich schreiben (keine persönlichen Wertungen)
- Zusammenhänge verdeutlichen, z. B. durch Satzverknüpfungen

3. Den informierenden Text in drei Schritten überarbeiten

- sachliche Richtigkeit, logische Struktur, sprachliche Richtigkeit

4. Zum Differenzieren ■ ■ ■ ■

A Verfasst einen Lexikoneintrag für ein Online-Lexikon zum Stichwort „Manga".

B Informiert in der Schülerzeitung über aktuelle Trends auf dem Buchmarkt. Geht dabei z. B. auf Bestsellerlisten, verschiedene Genres und Verkaufszahlen ein.

Wissen und Können

Lerninsel:
material-
gestütztes
Schreiben
eines infor-
mierenden
Textes
S. 261 f.

Vorlage
Checkliste
material-
gestütztes
Schreiben
eines infor-
mierenden
Textes
2eb2i7

sachlich-
informierend
schreiben
S. 24 f.
Verknüpfungen
S. 57, 94

Differenzieren
material-
gestütztes
Schreiben
eines infor-
mierenden
Textes
76d96y

Sachlich-informierend schreiben

1. Vergleicht die Texte 1 und 2 sowie 3 und 4. Achtet auf Wortwahl, Grammatik und Satzbau. Beschreibt die unterschiedliche Wirkung.

1 […] Wenn man auf einer Buchmesse unterwegs ist, wird einem schlagartig bewusst, wie viele Autoren es eigentlich gibt. Die dann von niemandem gelesen werden, denn das Publikum auf der Buchmesse hat nur zwei Gründe für seine Anwesenheit. Riesige Beutel mit Infomaterial […] abzustauben oder sich als Manga-Mäuschen zu verkleiden. […] (S. 8, Z. 19–27)

2 Die Leipziger Buchmesse und das zu ihr gehörende Lesefest „Leipzig liest" präsentierten vom 12. bis 15. März 2015 in 3.200 Veranstaltungen mit über 3.000 Mitwirkenden eine äußerst vielseitige Literaturszene. Bei der zeitgleich stattfindenden Manga-Comic-Convention in Messehalle 1 prägten fantasievolle und aufwändige Kostüme das Bild. […]

3 […] Statistiken zufolge, die ich hier nicht richtig wiedergeben kann, weil mich das nicht interessiert, soll der Umsatz des deutschen Buchmarktes 2012 zu drei Vierteln von der Sadomaso-Klamotte *Shades of Grey* bestritten worden sein. […] (S. 8, Z. 28–33)

4 Die Umsätze im deutschen Buchmarkt sind 2012 leicht gestiegen. Laut Börsenverein des Deutschen Buchhandels verzeichnete die Belletristik Zuwächse um 0,8 %. Die Ursache für die Zuwächse sieht der Börsenverein insbesondere im Erfolg der Erotikreihe „Shades of Grey", deren Romane sich 2012 über 70 Millionen Mal verkauften.

2. Ordnet den Textausschnitten aus Aufgabe 1 die folgenden Textfunktionen und Stilzüge zu:

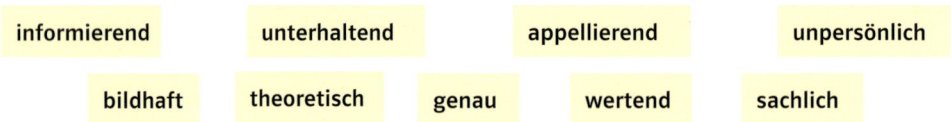

informierend   unterhaltend   appellierend   unpersönlich

bildhaft   theoretisch   genau   wertend   sachlich

3. Beurteilt den Stil in der folgenden Internetrezension zu Band 1 der Romantrilogie „Die Tribute von Panem". Berücksichtigt dabei die Funktion solcher Texte.

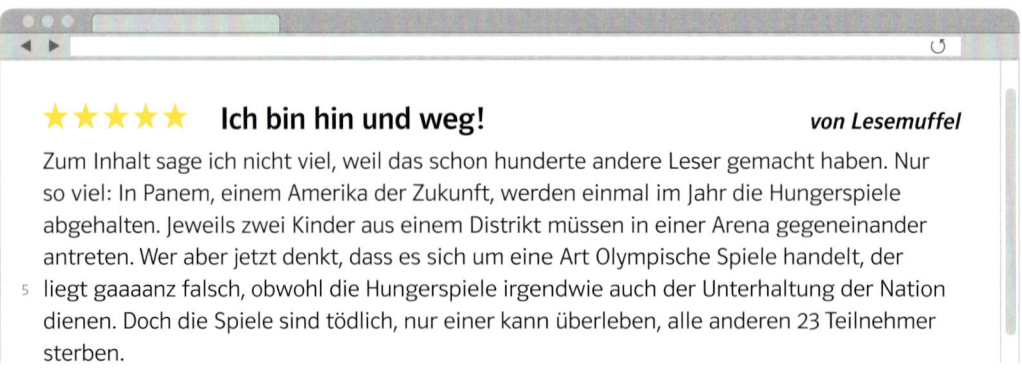

★★★★★   **Ich bin hin und weg!**   *von Lesemuffel*

Zum Inhalt sage ich nicht viel, weil das schon hunderte andere Leser gemacht haben. Nur so viel: In Panem, einem Amerika der Zukunft, werden einmal im Jahr die Hungerspiele abgehalten. Jeweils zwei Kinder aus einem Distrikt müssen in einer Arena gegeneinander antreten. Wer aber jetzt denkt, dass es sich um eine Art Olympische Spiele handelt, der liegt gaaaanz falsch, obwohl die Hungerspiele irgendwie auch der Unterhaltung der Nation dienen. Doch die Spiele sind tödlich, nur einer kann überleben, alle anderen 23 Teilnehmer sterben.

Lerninsel:
materialgestütztes
Schreiben eines in-
formierenden Textes
S. 261 f.

⊕ **Differenzieren**
sachlich-
informierend
schreiben
d9f7bd

Katniss aus einem ärmeren Distrikt nimmt anstelle ihrer kleinen Schwester Prim, die eigentlich ausgelost wurde, an diesen Spielen teil und aus ihrer Sicht wird die Geschichte erzählt.

10 Katniss muss mit Peeta antreten, der offenbar in sie verliebt ist. Nun beginnt ein Spiel um
Leben und Tod …

Der Schreibstil ist, abgesehen von den Grausamkeiten, jugendbuchtypisch, es gibt keine
Worte, die ich nicht verstanden habe oder sowas. Die Autorin schreibt im Präsens, was gut
zur Handlung passt, die dadurch aktuell und auch unvorhersehbar wird. Insgesamt ein echt

15 gutes Buch. In jedem Fall FÜNF STERNE VON MIR!

4. Verfasst selbst eine Kurzrezension des Romans „Die Tribute von Panem" oder
eines anderen Jugendbuchs, das ihr gelesen habt. Achtet auf einen sachlichen Stil.

5. Sucht im folgenden Text Stellen, an denen die Formulierung ungenau,
wenig aussagekräftig oder unsachlich ist. Überarbeitet den Text hinsichtlich
der Informationsqualität und der Genauigkeit des Ausdrucks.

Der Traum von Olympia. Eine Graphic Novel von Reinhard Kleist

Reinhard Kleist gehört wahrscheinlich zu den besten Zeich-
nern von Comics und Graphic Novels im deutschsprachigen
Raum. In seinem neuen Buch „Der Traum von Olympia"
erzählt er die wahre Geschichte von Samia Yusuf Omar, je-

5 ner Frau, die Somalia bei den Olympischen Spielen vertrat,
bejubelt vom Publikum, obwohl sie bereits im Vorlauf als
Letzte ausschied. Es ist eventuell eines von Kleists beeindru-
ckendsten Bildern: die zierliche Somalierin im schlabbrigen
T-Shirt neben ihren muskulösen Konkurrentinnen im High-

Samia Yusuf
Omar:
nahm als
200-Meter-
Läuferin 2008
an den Olympi-
schen Spielen in
Peking teil;
bei dem Versuch,
mit einem
Flüchtlings-
schiff nach
Europa zu flie-
hen, ertrank sie
2012 im Alter
von 21 Jahren
vor der Küste
von Malta

10 Tech-Sportdress – wohl ein Symbol für die ungleichen Start-
bedingungen. Denn trainieren kann Samia in Somalia nur in
einem vom Krieg ziemlich zerstörten Stadion, bedroht von is-
lamistischen Extremisten, die nicht wollen, dass Frauen Sport
treiben. Doch Samia träumt irgendwie davon, noch einmal an den Olympischen Spielen 2012

15 in London teilnehmen zu können. Für diesen Traum wagt sie die Flucht.
In einer Rezension heißt es, dass Kleist sich mit der Geschichte einmal mehr als Meister des
zeichnerischen Erzählens erwiesen hat. Dem ist eigentlich nichts hinzuzufügen. Empfohlen
wird das Buch für Leute zwischen 14 und 17 Jahren. Eventuell hat es aber das Zeug zu einem
echten All-Age-Titel.

6. Formuliert Tipps, wie ihr die Informationsqualität von Sachtexten verbessern könnt.

Adressatenbezogenes Schreiben eines informierenden Textes

Beispiellösung
BLF-Aufgabe
4647ak

Verfasst auf der Basis der folgenden Materialien einen Text, in dem ihr über das Leseverhalten Jugendlicher und Trends auf dem deutschen Jugendbuchmarkt informiert. Bezieht auch eigene Leseerfahrungen ein.
Der Text soll auf der Jugendseite der lokalen Tageszeitung erscheinen.

JIM-Studie:
seit 1998 jährliche Untersuchung zum Medienverhalten von Kindern, Jugendlichen und Familien; Langzeitprojekt, um allgemeine Trends zu dokumentieren; repräsentativ, gehört zu den bedeutendsten Jugendmedienstudien in Deutschland

1 **Bücher lesen (JIM-Studie, 2014)**

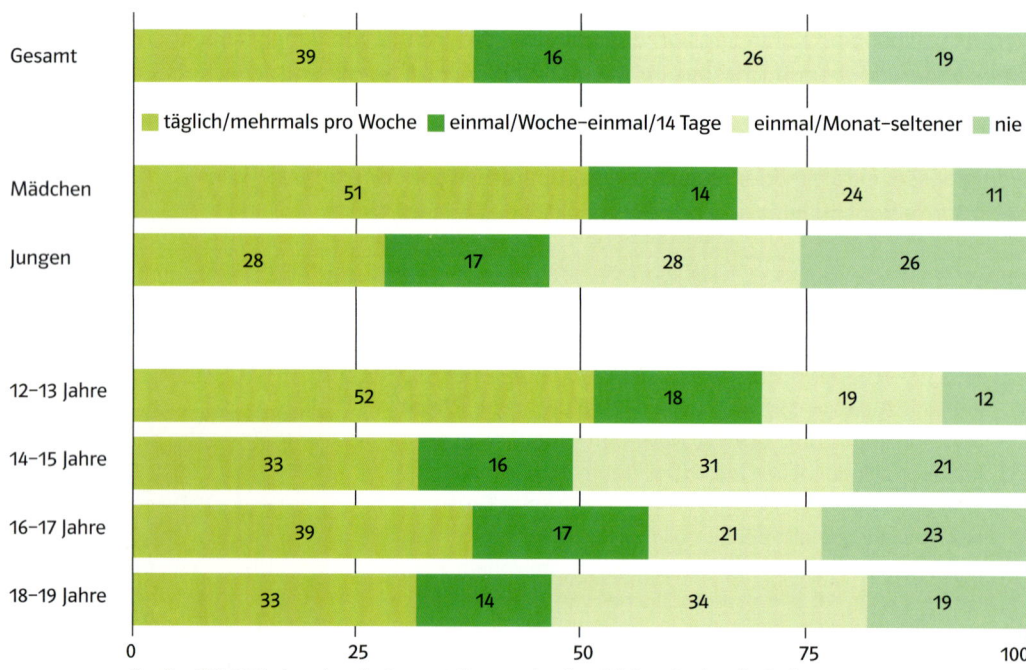

Quelle: JIM 2014, Angaben in Prozent, * nur gedruckte Bücher, Basis: alle Befragten, n = 1.200

Texte
BLF-Aufgabe
7x5n5z

Zum Zeitpunkt der Befragung gaben 59 Prozent der Jugendlichen (die zumindest selten Bücher lesen) an, gerade ein Buch zu lesen. Dies bejahten deutlich mehr Mädchen (64%) als Jungen (52%). Die Bandbreite der derzeit gelesenen Titel ist dabei sehr groß. Sie reicht von Titeln der „Twilight"-Reihe bis hin zur Gegenwartssatire „Er ist wieder da" von Timur Vermes. Die meistgenannten Titel in diesem Jahr sind „Harry Potter" und „Die Tribute von Panem". Anschließend folgen „Die Bestimmung" von Veronica Roth, die Comic-Roman-Serie „Gregs Tagebuch" sowie der Roman „Das Schicksal ist ein mieser Verräter" von John Green. Insgesamt sind Fantasy-Titel, wie beispielsweise aus der „Eragon"-Reihe, sehr häufig vertreten. Zum Zeitpunkt der Befragung hatten die Jugendlichen in der ersten Jahreshälfte (Januar bis Mai 2014) nach eigener Schätzung durchschnittlich neun Bücher gelesen.

2 All-Age-Literatur: Marketing oder Zeitgeist? (SRF, Ausschnitt, 2014)

SRF:
Schweizer
Radio und
Fernsehen

Erst fesselten die „Harry Potter"-Romane alle Generationen, dann waren es die liebeskranken Vampire aus „Twilight". Jetzt sind es Endzeitvisionen wie Suzanne Collins' „Die
5 Tribute von Panem". Die sogenannte All-Age-Literatur scheint eines der großen Medienphänomene des 21. Jahrhunderts zu sein.

„All Age ist ein reines Marketinglabel." Für Cornelia Schweizer, Inhaberin der Buch-
10 handlung am Hottingerplatz in Zürich, ist der Fall klar. Seit Jahrzehnten erlebt die Buchhändlerin mit, wie Kinder, Jugendliche und Erwachsene ihre Lektüre auswählen. Sie weiß, dass Jugendliche schon immer
15 Bücher gelesen haben, die eigentlich für Erwachsene bestimmt waren – und umgekehrt. Vor allem bei den Klassikern der Kinderliteratur war das so. […]

Ingrid Tomkowiak sieht es ähnlich: Für
20 die Professorin für Populäre Literaturen und Medien an der Universität Zürich ist All Age eine künstliche Kategorie – man könnte auch einfach nur von Literatur reden, ohne eine neue Schublade aufzumachen: „Der Begriff
25 vernachlässigt die individuellen Lektürepräferenzen ebenso wie der Begriff Kinderliteratur. Nicht alle Kinder, Jugendlichen oder Erwachsenen sind jeweils gleich."

Alter sei ein Konstrukt, das, ebenso wie
30 Geschlecht, für den Buchhandel praktisch sei, mit der Realität von Lesern aber wenig zu tun habe: „Menschen mit viel Rezeptionserfahrung, egal ob Kinder oder Erwachsene, lesen anders als solche, die selten ein
35 Buch in die Hand nehmen."

Und doch steckt mehr hinter dem All-Age-Phänomen. Neu ist nämlich, dass Erwachsene nicht nur ausgewählte Kinderbücher lesen, sondern Bücher für Jugendliche
40 verschlingen. Gerade da war die Trennung im 20. Jahrhundert recht streng, weil Literatur für junge Leser in der Nachkriegszeit nicht in erster Linie nach literarischen, sondern nach didaktisch-pädagogischen Krite-
45 rien gestrickt war.

Der Übergang von Jugendbüchern zur Lektüre für Erwachsene gehörte deshalb lange zum Prozess des Erwachsenwerdens: Irgendwann hatte der Nachwuchs genug und wollte wildere Bücher lesen, mit Sex 50 drin und Gewalt und einem schonungslosen Zugang zu existenziellen Problemen. Genau das bieten All-Age-Bücher.

Deshalb sind Genres wie Fantasy, Science Fiction und Thriller hier besonders gut ver- 55 treten, denn sie lassen ihre Leser tief eintauchen in eine andere Welt, greifen dabei die großen philosophischen Fragen auf und gehen an die Grenzen: In der Fantasy geht es unter anderem um Gut und Böse, um Macht 60 und die eigene Rolle im Weltgeschehen; die Science Fiction stellt im Kern die Frage, was der Mensch sei, und der Thriller leuchtet die Abgründe der menschlichen Seele aus.

Es gibt aber auch Bücher wie John Greens 65 „Das Schicksal ist ein mieser Verräter" […], die sich vor allem durch das jugendliche Alter der Protagonisten von Belletristik für Erwachsene unterscheiden – und durch eine berührende Mischung aus tiefem Schmerz, 70 Lebensfreude und Hoffnung.

Greens Roman erzählt die Geschichte zweier krebskranker Jugendlicher, die eine Liebe im Schatten des Todes erleben. Am Ende steht trotz allem nicht die Verzweif- 75 lung, sondern Zärtlichkeit und Hoffnung. So viel spirituelle Emotionalität wäre in der anspruchsvollen Literatur für Erwachsene nicht erlaubt – doch unter dem Label Jugend- oder eben All-Age-Literatur geht das, 80 die Kombination von literarischer Qualität und Lebenshilfe.

Die Verlage haben diese Wünsche der Leser tatsächlich als Marktlücke erkannt und versuchen seit einigen Jahren, eigene 85 All-Age-Programme mit dem Zielpublikum ältere Jugendliche und junge Erwachsene auf die Beine zu stellen. […]

Lektüre-
präferenz:
hier: die
Vorlieben beim
Lesen und der
Buchauswahl

Konstrukt:
hier: eine künst-
lich geschaffene
Kategorie

spirituell:
geistig

Rezeption:
hier: das
Aufnehmen
eines Textes als
Leser; jmd. mit
viel Rezepti-
onserfahrung
hat schon viele
Texte gelesen

3 Jahresbestsellerliste des „Spiegel", Taschenbuch 2014 (Ausschnitt)

4 **Umsatz bei Fantasy und Science Fiction geht zurück
(Börsenblatt, Ausschnitt, 2012)**

Überproduktion und zu viele ähnliche Stoffe: Die Nachfrage nach Fantasy- und Science-Fiction-Büchern ist in den vergangenen zwölf Monaten gesunken.

5 Die Warengruppe erzielte im Vergleich zum Vorjahreszeitraum ein Umsatzminus von 7,4 Prozent. Innerhalb der Belletristik haben Bücher aus dem Bereich Fantasy und Science Fiction einen Umsatzanteil von 7,4 Prozent (2010: 8,1 Prozent; 2009: 10 7,6 Prozent). Zum gesamten Buchmarkt trägt die fantastische Literatur einen Umsatzanteil von 2,8 Prozent bei.

Das geht aus den neuesten Marktdaten hervor, die media control GfK Internatio- 15 nal im Auftrag des „Börsenblatts" für seine Extraausgabe ermittelt hat, die heute erschienen ist.

media control GfK International: ein Marktforschungsunternehmen

5 **Gina Weinkauff, Gabriele von Glasenapp: Fantasy und Fantastik
(Ausschnitt aus einem Fachbuch, 2010)**

Die heute beliebteste Spielart fantastischer Literatur stellt die Fantasyliteratur dar. Vor allem in nichtwissenschaftlichen Kontexten werden die Begriffe Fantastik und Fantasy
5 vielfach synonym verwendet, eine Begriffsverwirrung, die möglicherweise der englischen Herkunft des Wortes Fantasy geschuldet ist. [...] Wie auch im Märchen ist die Handlung mehrheitlich in *einer* geschlosse-
10 nen Eigenwelt angesiedelt, die zum einen über eine andere Geschichte und Geografie als die der Welt der Leser verfügt und die zum anderen explizite Züge des Wunderbaren bzw. Mythischen tragen kann und von allen Akteuren als selbstverständlich 15 angesehen wird. Zu einer Konfrontation mit der real-fiktiven Welt kommt es nicht. Sehr viel stärker als Märchen oder fantastische Literatur sind die Texte den Strukturen der Abenteuererzählung verpflichtet, zu 20 deren wichtigsten Elementen der Aufbruch des Helden, das Spannungsmoment, eine ereignisstarke Handlung sowie der Kampf des eindeutig Guten gegen das ebenso klar markierte Böse zählen. 25

Lerninseln:
materialgestütztes
Schreiben eines in-
formierenden Textes
S. 261f.

Lesestrategien
und Lese-
techniken
S. 233 ff.

⊕ Training
interaktiv
informierenden
Text schreiben
wd6x9b

Arbeitsschritte

material-
gestütztes
Schreiben
eines infor-
mierenden
Textes
S. 18–23

1. Analysiert die Aufgabenstellung (S. 26).
   - Erläutert, welche Merkmale die vorgegebene Textsorte aufweist.
   - Überlegt, wer die Adressaten sind und welches Vorwissen diese vermutlich haben.
   - Formuliert, welche Teilthemen sich aus der Aufgabenstellung ergeben, und notiert diese.

2. Die Prüfungsaufgabe zum adressatenbezogenen Schreiben enthält oft auch Material, das für die Lösung der vorgegebenen Aufgabe wenig ergiebig ist.
   Prüft durch orientierendes Lesen, welche Texte oder Textteile (S. 26 ff.) ihr nutzen könnt.

⊕
So geht's
interaktiv
BLF-Aufgabe
m7jv24

3. Wertet die geeigneten Materialien in einer Stoffsammlung aus.
   Erstellt anschließend einen Schreibplan.
   - Unterscheidet zwischen Autorenmeinung und gesicherter Information.
   - Notiert relevante Informationen und aussagekräftige Zitate.
   - Ihr könnt euch an der folgenden Übersicht orientieren.
   - Vergesst nicht die Quellenangaben.
   - Ergänzt eigene Leseerfahrungen zum Thema.

All-Age-Titel
- „All Age ist ein reines Marketing-label" (Schweizer; M2, S. 27, Z. 8)
- dennoch hilfreicher Begriff, zeigt recht neues Phänomen (vgl. M2, S. 27, Z. 5 ff.)
- …

Leseverhalten
- 39 Prozent aller Jugendlichen lesen mehrmals pro Woche (vgl. JIM-Studie 2014; M1, S. 26)
- häufig Fantasy (vgl. M1) → im Freundeskreis auch zu beobachten, z. B. „Herr der Ringe"
- …

…

…

Jugendbuchmarkt

…

Fantasy (Bedeutung)
- …

sachlich-
informierend
schreiben
S. 24 f.

4. Verfasst entsprechend der Aufgabenstellung (S. 26) einen informierenden Text.
   Denkt an die Überschrift, einen interessanten Einstieg, eine sinnvolle Gliederung (roter Faden), die korrekte Zitiertechnik und einen sachlichen Schreibstil.

⊕
Vorlage
Checkliste
material-
gestütztes
Schreiben
eines infor-
mierenden
Textes
2eb2i7

5. Tauscht eure Texte mit einem Partner. Gebt euch mithilfe der blauen Box auf Seite 23 ein Feedback und überarbeitet eure Texte.

Wir müssen (miteinander) reden!
Sprachlicher Umgang mit anderen

Das könnt ihr schon!

- Referate vorbereiten und halten
- den rhetorischen Fünfsatz für Diskussionsbeiträge nutzen
- Kommunikationssituationen untersuchen und deuten

1. Klärt, was ihr über den Redner und den Redeanlass erfahrt. Sucht Stellen heraus, an denen der Adressatenbezug deutlich wird.

2. Erläutert, welchen Ratschlag Jobs den Zuhörern gibt. Nehmt dazu Stellung.

3. Untersucht, wie Jobs seinen Ratschlag den Zuhörern inhaltlich und sprachlich vermittelt.

Steve Jobs: „Bleibt hungrig, bleibt unangepasst!" (Ausschnitt, 2005)

Steve Jobs (1955–2011), einer der erfolgreichsten Männer des Computerzeitalters, hielt diese Rede bei einer Abschlussfeier an der Stanford-Universität vor Studenten.

Als ich 17 Jahre alt war, habe ich ein Zitat gelesen, das so oder ähnlich lautete: „Wenn du jeden Tag so lebst, als wäre es dein letzter Tag, wirst du irgendwann recht behalten."
5 Dieser Satz hat mich ziemlich beeindruckt. Und seither, während der vergangenen 33 Jahre, betrachtete ich mich jeden Morgen im Spiegel und fragte mich: „Wenn das heute der letzte Tag meines Lebens wäre, würde
10 ich das mögen, was ich heute tun werde?" Und wenn die Antwort über einen längeren Zeitraum „Nein" war, dann war mir klar: Ich musste etwas ändern.

Die Vorstellung, eines Tages tot zu sein, ist
15 das wichtigste Werkzeug, um mir bei den großen Entscheidungen des Lebens zu helfen. Alles, beinahe alles – jede äußere Erwartung, jeder Stolz, jede Furcht vor Versagen oder Enttäuschung – all das ist angesichts des
20 Todes bedeutungslos. Es bleibt nur das, was wirklich zählt. Der Gedanke an den Tod ist das beste Mittel, einer Falle zu entkommen: der Angst, etwas verlieren zu können. Wir

sind schon jetzt nackt. Es gibt keinen Grund, nicht seinem Herzen zu folgen.
25

Vor rund einem Jahr wurde bei mir Bauchspeicheldrüsenkrebs diagnostiziert. Ich wusste damals gar nicht, was die Bauchspeicheldrüse ist. […] Ich wurde operiert. Und es geht mir heute gut.
30

Nie war ich dem Tod näher. Und ich hoffe, dass ich die nächsten paar Jahrzehnte nicht mehr so nahe an ihn herankomme. […]

Eure Zeit ist begrenzt, vergeudet die Zeit
35 nicht, indem ihr das Leben anderer lebt. Tappt nicht in die Falle von Dogmen, das wäre ein Leben nach dem Denken anderer Leute. Lasst den Lärm der anderen Meinungen nicht eure innere Stimme übertönen.
40 Und ganz wichtig: Habt den Mut, eurem eigenen Herzen und Eingebungen zu folgen. Sie wissen irgendwie bereits, was ihr wirklich werden möchtet. Alles andere ist zweitrangig.
45

Bleibt hungrig, bleibt unangepasst.

Dogma
(Pl. *Dogmen*): Lehre, Meinung oder Glaubensaussage, die den Anspruch auf absolute Gültigkeit und Wahrheit erhebt

Lerninsel:
Sprachlicher
Umgang mit
anderen
S. 264 ff.

🌐 Eingangstest
Sprachlicher
Umgang mit
anderen
st8u5m

Kurt Tucholsky: Ratschläge für einen schlechten Redner (Ausschnitt, 1930)

Fang nie mit dem Anfang an, sondern immer drei Meilen *vor* dem Anfang! Etwa so:
„Meine Damen und Herren, bevor ich zum Thema des heutigen Abends komme, lassen Sie mich Ihnen kurz …" […]

5 Sprich nicht frei – das macht so einen unruhigen Eindruck. Am besten ist es, du liest deine Rede ab. Das ist sicher, zuverlässig, auch freut es jedermann, wenn der lesende Redner nach jedem viertel Satz misstrauisch hochblickt, ob auch noch alle da sind. […]

10 Sprich, wie du schreibst. Und ich weiß, wie du schreibst. Sprich mit langen, langen Sätzen, […] die Nebensätze schön ineinander geschachtelt […]. Fang immer bei den alten Römern an und gib stets, wovon du auch sprichst, die geschichtlichen Hintergründe der Sache. Das ist nicht nur
15 deutsch – das tun alle Brillenmenschen. […] Immer gib ihm Historie, immer gib ihm.
Kümmere dich nicht darum, ob die Wellen, die von dir ins Publikum laufen, auch zurückkommen – das sind Kinkerlitzchen. Sprich unbekümmert um die Wirkung, um die
20 Leute, um die Luft im Saale; immer sprich, mein Guter. Gott wird es dir lohnen.
Du musst alles in die Nebensätze legen. […]
Trink den Leuten ab und zu ein Glas Wasser vor – man sieht das gern.
25 Wenn du einen Witz machst, lach vorher, damit man weiß, wo die Pointe ist.
Eine Rede ist, wie könnte es anders sein, ein Monolog. Weil doch nur einer spricht. […] Zudem […] möchte ich noch kurz bemerken, dass viel Statistik eine Rede immer sehr
30 hebt. Das beruhigt ungemein, und da jeder imstande ist, zehn verschiedene Zahlen mühelos zu behalten, so macht das viel Spaß.
Kündige den Schluss deiner Rede lange vorher an, damit die Hörer vor Freude nicht einen Schlaganfall bekommen. […]
35 Sprich nie unter anderthalb Stunden, sonst lohnt es sich gar nicht erst anzufangen.
Wenn einer spricht, müssen die anderen zuhören – das ist deine Gelegenheit! Missbrauche sie.

Arend von Dam: Reden, 2004

4. Beschreibt und deutet die Karikatur. Überlegt, welche Gedanken und Gefühle die Zuhörer haben könnten.

Hörtext
Tucholsky
f7je2q

5. Formuliert Tucholskys Ratschläge in ernst gemeinte Ratschläge für einen Redner um und erläutert diese.

6. Hört euch den vollständigen Text von Tucholsky an und vergleicht seine Ratschläge für einen guten Redner mit euren Ergebnissen aus Aufgabe 5.

Das lernt ihr jetzt!

· eine Rede analysieren
· selbst eine Rede verfassen und halten
· Kommunikationsstörungen analysieren

„An die Jugend"

Reden analysieren, selbst verfassen und halten

Eine Rede analysieren

1. Stellt euch vor, ihr seid am Beginn eines neuen Ausbildungsabschnitts (z. B. Kursstufe, Ausbildung, Studium) und jemand hält in dieser Situation vor euch eine Rede. Besprecht eure Erwartungen an eine solche Rede.

Immatrikulation:
Einschreibung an einer Hochschule

Magnifizenz:
Rektor einer Hochschule oder Präsident

Spektabilität:
Dekan einer Hochschule

Hyperbel, Ironie
Aufzählung

Parallelismus

Vicco von Bülow alias „Loriot": An die Jugend (Ausschnitt, 1999)

Der deutsche Humorist hielt bei der Immatrikulationsfeier zur Begrüßung der neuen Studenten an der Freien Universität Berlin folgende Rede.

Liebe Neuimmatrikulierte und Studenten der FU Berlin,
hochverehrte Exzellenz,
hochverehrte Magnifizenzen und Spektabilitäten,
verehrte Professoren und Dozenten,
5 MEINE DAMEN UND HERREN,
die Ausrichtung der diesjährigen Immatrikulationsfeier obliegt praktischerweise dem Fachbereich Humanmedizin. So können die angehenden Ärzte gleich einen verbreiteten Irrtum der Neuimmatrikulierten korrigieren: häufige Anwesenheit bei Vorlesungen gefährdet nicht die Gesundheit.
10 Das ist gut zu wissen. Immerhin hat man euch jungen Menschen in dichter Folge ziemlich übel mitgespielt. Ihr wurdet entbunden, der Brust entwöhnt, in die Schule gezwungen, zum Abitur genötigt und wieder an die Luft gesetzt. Da seid ihr nun und erwartet Kluges aus dem Munde älterer Männer. EINES ALTEN MANNES. DER KANN
15 Die können sich auf verschiedene Weise blamieren. Zum Beispiel mit dem Versuch, nach Vollendung des 75. Lebensjahres eine Rede an die Jugend zu halten. Schon die schelmisch vorgetragene Behauptung, „ich bin auch mal jung gewesen", wirkt ziemlich unwahrscheinlich. Das ist auch gar nicht zu beweisen. Wer hat denn schon gesehen, dass ich klein war? Niemand!
20 Glaubwürdiger ist doch, dass alte Menschen, sogenannte Großeltern, immer schon alt waren. Und in abgelegenen Teichen darauf warten, von Störchen aufgenommen und nach ruhigem Anflug dort abgeworfen zu werden, wo sie von Nutzen sind. Das leuchtet ein.
Aber wie funktioniert das mit Vater und Mutter? Es ist doch verhängnisvoll, dass Eltern
25 früher auf die Welt kommen als ihr Kind. Dadurch entwickeln sie vorzeitig ein ungutes, durch nichts begründetes Überlegenheitsgefühl.
Kämen Eltern und Kinder gleichzeitig auf die Welt, wüchsen sie gemeinsam, in wohltuender Chancengleichheit in ihre Aufgaben hinein. Wie viel Verständnis hätte dann der Jugendliche für die Irrtümer seiner Eltern, wie viel nachsichtiger verliefe jede Meinungsverschiedenheit!
30

Nur wenn Vater, Mutter und Kind gemeinsam sprechen lernen, finden sie die nötige Gelassenheit für den Austausch pädagogischer Argumente.

Aber so weit sind wir eben noch nicht. Bis auf Weiteres wird die Jugend, auch die neuimmatrikulierte, doch ziemlich allein gelassen mit der Frage: „Wie erziehe ich meine
35 Eltern zu ordentlichen, gebildeten Mitgliedern unserer Gesellschaft?" Nicht einmal im Fachbereich Erziehungswissenschaft der FU findet sich ein entsprechender Studiengang. Es ist sonderbar, aber Eltern sind auch Menschen und sie sind, was die Herstellung und Aufzucht von Nachwuchs betrifft, so was wie ungelernte Arbeiter.

Niemandem ist es erlaubt, ohne gründliche Ausbildung und Führerschein am Straßen-
40 verkehr teilzunehmen, aber zur Produktion eines Kindes – das angeblich Kostbarste, was eine Nation besitzt – bedarf es keiner Eignungsprüfung. Nicht einmal Abitur wird verlangt.

Kein Wunder, dass die sogenannten Erwachsenen hinsichtlich der Lebensgewohnheiten der Jugend völlig im Dunkeln tappen. Hier bedarf es behutsamer Nachhilfe.
45 Kinder sollten ihre Eltern rechtzeitig daran gewöhnen, abends nicht zu lange aufzubleiben. Quängelnde, übermüdete Erwachsene benötigen Ruhe, um für die Anforderungen des Lebenskampfes gerüstet zu sein, während die Jugendlichen den endlich frei gewordenen Wohnraum nutzen für entspannte Geselligkeit mit ihren gleichaltrigen Freunden. Eine wichtige Übung zur Formung des späteren Sozialverhaltens.

50 Vor allem sollte genügend Zeit zum Fernsehen bleiben. Die Universitäten neigen dazu, durch ein überreichliches Arbeitspensum das geregelte Fernsehen zu erschweren. Ihr aber solltet nicht nachlassen, vor allem die Werbung intensiv zu verfolgen, die ja leider alle paar Minuten durch unverständliche Spielfilmteile unterbrochen wird.

Dann wisst ihr, was unser Leben so glücklich macht: nicht Wissen, nicht Bildung, nicht
55 Kunst und Kultur … nein, nein … es ist der echte Kokosriegel mit Knusperkruste, die sanfte Farbspülung für den Kuschelpullover und der Mittelklassewagen für die ganze glückliche Familie mit Urlaubsgepäck und Platz für ein Nilpferd. [...]

Diese mürrische Betrachtung mag den Eindruck erwecken, als fühle ich mich nur der Vergangenheit verpflichtet. Das stimmt insofern, als ich, wie alle Väter und Großväter,
60 zutiefst bedaure, meine Erfahrungen nicht weitergeben zu können, weil sie weder erwünscht sind noch glaubhaft erscheinen.

So bleibt mir nur die Hoffnung, ihr werdet nicht auf sämtliche Knöpfe drücken, die euch eine schrankenlose Technik zur Verfügung stellt. Vielleicht seid ihr dann die erste kluge Generation, die den wirklichen Fortschritt darin erkennt, nicht alles zu tun, was
65 machbar ist.

Ich danke euch.

Sarkasmus: beißender Spott; für alles bedarf es einer Eignungsprüfung, aber jeder kann Kinder bekommen und diese erziehen

Ironie: eigentlich Kritik an zu viel Fernsehkonsum und dem Einfluss der Werbung

Emphase: starke Betonung und viel Gefühl, um die Zuhörer gefühlsmäßig zu erreichen

2. Bestimmt den Redeanlass, die Art der Rede, die Adressaten und die Redeabsicht. Ihr könnt die blaue Box (S. 35) nutzen.

3. Vergleicht Loriots Rede mit euren Erwartungen aus Aufgabe 1 (S. 32).

Loriot (1923–2011) zählt mit seinem intelligenten und pointierten Humor zu den vielseitigsten deutschen Künstlern: Cartoonist, Autor von Sketchen und Bühnenstücken, Regisseur. „Loriot verfügte über eine ausgezeichnete Beobachtungsgabe, und es gelang ihm auch, die so gewonnenen Ideen in urkomische Szenen umzusetzen, sie auf den Punkt zu bringen und bis ins Groteske zu steigern." (Dieter Wunderlich)

4. Erläutert mithilfe eines Flussdiagramms den Aufbau der Rede (S. 32 f.).
Nehmt die folgenden Elemente einer Rede zur Hilfe, ordnet sie den entsprechenden Stellen in eurem Flussdiagramm zu und ergänzt weitere.

> kurzer Blick auf Vergangenheit   Aufhänger/Einstieg   Schilderung des Ist-Zustandes
>
> Ermunterung/Appell   Begrüßung/Anrede   Thema/Anlass der Rede

Gestaltungs-
mittel
S. 192

5. Untersucht die Rede (S. 32 f.) nach folgenden weiteren Aspekten:
Sprechhaltung, Sprechhandlungen, sprachlich-stilistische Mittel
und deren Wirkung. Orientiert euch an der blauen Box (S. 35).

6. Beurteilt, ob Loriot seine Redeabsicht (S. 33, Aufgabe 2) erreicht hat.

Charles de Gaulle: Rede an die deutsche Jugend (Ausschnitt, 1962)

**Charles
de Gaulle:**
Der ehemalige
französische Prä-
sident Charles
de Gaulle
(1890–1970)
hielt diese Rede
bei einem
Staatsbesuch in
Deutschland vor
ca. 20.000 jun-
gen Zuhörern
in Ludwigsburg.
Dieser Staatsbe-
such gilt nach
dem 2. Weltkrieg
als wichtige
Etappe in der
Aussöhnung
mit dem ehema-
ligen Erzfeind
Deutschland.

Sie alle beglückwünsche ich! Ich beglückwünsche Sie zunächst, jung zu sein. Man
braucht ja nur die Flamme in Ihren Augen
zu beobachten, die Kraft Ihrer Kundgebun-
5 gen zu hören, bei einem jeden von Ihnen die
persönliche Leidenschaftlichkeit und in Ihrer Gruppe den gemeinsamen Aufschwung
mitzuerleben, um überzeugt zu sein, dass
diese Begeisterung Sie zu den Meistern des
10 Lebens und der Zukunft auserkoren hat.

Ich beglückwünsche Sie ferner, junge
Deutsche zu sein, das heißt Kinder eines
großen Volkes. Jawohl! eines großen Volkes!, das manchmal im Laufe seiner Ge-
15 schichte große Fehler begangen hat. Ein
Volk, das aber auch der Welt fruchtbare
geistige, wissenschaftliche, künstlerische und
philosophische Wellen beschert hat, das
die Welt um unzählige Erzeugnisse seiner
20 Erfindungskraft, seiner Technik und seiner Arbeit bereichert hat; ein Volk, das in
seinem friedlichen Werk, wie auch in den
Leiden des Krieges, wahre Schätze an Mut,
Disziplin und Organisation entfaltet hat.
25 Das französische Volk weiß das voll zu wür-
digen, da es auch weiß, was es heißt, unter-
nehmungs- und schaffensfreudig zu sein, zu
geben und zu leiden.

Schließlich beglückwünsche ich Sie, die
30 Jugend von heute zu sein. Im Augenblick,
wo Sie in das Berufsleben treten, beginnt für

die Menschheit ein neues Leben. […] Ihre
Generation erlebt es und wird es noch weiter erleben, wie die Gesamtergebnisse der
wissenschaftlichen Entdeckungen und der 35
maschinellen Entwicklung die physischen
Lebensbedingungen der Menschen tief um-
wälzen. […]

Das Leben in dieser Welt birgt jedoch Gefahren. Sie sind umso größer, als der Einsatz 40
stets ethisch und sozial ist. Es geht darum
zu wissen, ob im Laufe der Umwälzungen
der Mensch zu einem Sklaven in der Kol-
lektivität wird oder nicht; ob es sein Los ist,
in dem riesigen Ameisenhaufen angetrieben 45
zu werden oder nicht; oder ob er die mate-
riellen Fortschritte völlig beherrschen kann
und will, um damit freier, würdiger und
besser zu werden.

Darum geht es bei der großen Ausein- 50
andersetzung in der Welt, die sie in zwei
getrennte Lager aufspaltet und die von den
Völkern Deutschlands und Frankreichs er-
heischt, dass sie ihrem Ideal die Treue halten, es mit ihrer Politik unterstützen und es, 55
gegebenenfalls, verteidigen und ihm kämp-
fend zum Sieg verhelfen.

Diese jetzt natürliche Solidarität müssen
wir selbstverständlich organisieren. Es ist die
Aufgabe der Regierungen. Vor allem müssen 60
wir ihr aber den lebensfähigen Inhalt geben,
und das soll insbesondere das Werk der Ju-

gend sein. Während es die Aufgabe unserer beiden Staaten bleibt, die wirtschaftliche,
65 politische und kulturelle Zusammenarbeit zu fördern, sollte es Ihnen und der französischen Jugend obliegen, alle Kreise bei Ihnen und bei uns dazu zu bewegen, einander immer näher zu kommen, sich besser kennen
70 zu lernen und engere Bande zu schließen.

Die Zukunft unserer beiden Länder, der Grundstein, auf dem die Einheit Europas errichtet werden kann und muss, und der höchste Trumpf für die Freiheit der Welt bleiben die gegenseitige Achtung, das Ver- 75 trauen und die Freundschaft zwischen dem französischen und dem deutschen Volk.

7. Erläutert die Redesituation (S. 34 f.). Sprecht über die Bedeutung dieser Rede vor dem historischen Hintergrund.

8. Analysiert die Redestrategie (S. 34 f.). Arbeitet heraus, mit welchen Mitteln de Gaulle versucht, die deutschen Jugendlichen zu erreichen.

Wissen und Können

Lerninsel:
eine Rede
analysieren
S. 266

Eine Rede analysieren

Im Zentrum eurer Analyse stehen der **Inhalt** der Rede, ihr **Aufbau (Gliederung)** sowie ihre **sprachliche Gestaltung**. Berücksichtigt folgende Aspekte:

Redesituation:
- **Redeanlass** (z. B. *Feierlichkeit*)
- **historischer Kontext** (z. B. *geschichtlicher/politischer Zusammenhang*)
- **Redner** (z. B. *Rolle im öffentlichen Leben, Repräsentant einer Gruppe*)
- **Adressaten/Publikum** (z. B. *soziale Zusammensetzung*)

Art der Rede: z. B. Sachrede/Fachvortrag, Laudatio (Lobrede), Antritts-/Abschiedsrede, Eröffnungsrede, Trauerrede, Jubiläumsrede, Festrede

Redeabsicht:
= Wirkung, die beim Publikum erzielt werden soll (beeinflusst z. B. durch *Bewertungen*, *Emotionen*, *Haltungen* des Redners) mit dem Ziel zu informieren, zu überzeugen, zu argumentieren, …

Redestrategie:
= Gestaltungsweise, die der Redner **bewusst** wählt, um seine Redeabsicht zu realisieren
Die Redestrategie äußert sich in:
- der **Darstellung des Themas/Problems** und dessen Bewertung
- dem **Aufbau** der Rede (der gedanklichen Gliederung)
- der **Sprechhaltung** (z. B. *sachlich, wertend, emotional, aggressiv*)
- den **Sprechhandlungen** (z. B. *behaupten, warnen, fragen, auffordern*)
- der **sprachlichen Gestaltung** (den Schlüsselbegriffen, sprachlich-stilistischen Mitteln)

Differenzieren
Rede
analysieren
d6m5hc

Kommentar
schreiben
S. 69

9. Zum Differenzieren ■ ■ ■ ■

A Stellt euch vor, ihr hättet als Jugendlicher die Rede de Gaulles (S. 34 f.) gehört. Schreibt zur Rede einen Kommentar für eine Schülerzeitung.

B Diskutiert, ob es die mustergültige Rede gibt. Notiert Stichpunkte.

Selbst eine Rede verfassen und halten

1. Versetzt euch in folgende Situation: Ihr nehmt am Jugendkongress des
„Bündnisses für Demokratie und Toleranz" teil. Dieser findet jährlich
in Berlin statt und steht unter dem Motto „Demokratie mit Wirkung".
In einer 2- bis 3-minütigen Rede könnt ihr euch zum Thema
„Wofür sollten sich Jugendliche mehr engagieren?" äußern.
  - Überlegt, welches konkrete Problem euch am Herzen liegt
    und welches Ziel ihr mit eurer Rede verfolgt.
  - Sammelt in einem Brainstorming Schwerpunkte,
    die ihr in eure Rede aufnehmen wollt.
  - Recherchiert Pro- und Kontra-Argumente zu eurem Thema.

2. Findet für eure Rede einen passenden Einstieg („Aufhänger").
  - Schaut euch die ersten Passagen der Reden Jobs' (S. 30), Loriots (S. 32 f.)
    und de Gaulles (S. 34 f.) sowie die folgenden Redeeinstiege an.
  - Diskutiert, ob diese „Aufhänger" der jeweiligen Redesituation
    und der Redeabsicht angemessen sind.
  - Formuliert schriftlich den Einstieg für eure Rede.

Henry Greulich: Festrede zum Jahrestag des Max-Steenbeck-Gymnasiums

Stellen Sie sich vor, Sie wären für ein Formel-1-Rennen verantwortlich.
Wen brauchen wir für ein solches Rennen?
Für dieses Formel-1-Rennen brauchen wir in erster Linie ein gut zusammenarbeitendes
Team. Ein Team aus den verschiedensten Menschen und Talenten:
5   – Da sind zum einen die Renningenieure, die Techniker und der Teamchef.
   – Dann die Menschen, die für die Infrastruktur und die Rennstrecke verantwortlich sind.
   – Die Rennfahrer an sich.
   – Eine Truppe für Sponsoring und Instandhaltung.
   – Und nicht zuletzt die Fans, moralischen Unterstützer und Mutmacher.
10 Und genau solch ein Team hat in den vergangenen 15 Jahren hervorragende Arbeit
geleistet und beeindruckende Erfolge errungen. Dieses Team heißt Max-Steenbeck-
Gymnasium: […]
Mein Name ist Henry Greulich. Ich bin einer der ersten 36 Rennfahrer, die diese Schule
absolviert haben. Und ich habe heute die Ehre, diesem Team meine herzlichsten Glück-
15 wünsche auszusprechen. […]

Rede zur Verleihung des Schülerjournalistenpreises

Die Frage „Was macht einen guten Journalisten, eine gute Journalistin aus?" bringt bei
Google 16 Millionen Ergebnisse in 0,42 Sekunden. Dies zeigt für sich genommen schon,
wie wichtig Medienkompetenz heute ist, um in der Flut der Informationen Wichtiges
von Unwichtigem, Wahres von Unwahrem unterscheiden zu können.

3. Fertigt auf der Basis eurer bisherigen Vorarbeiten ein Redekonzept in Form
eines Stichpunktzettels an. Orientiert euch an der blauen Box (S. 37).

4. Formuliert eure Rede schriftlich aus.

5. Bildet kleine Gruppen und haltet eure Reden.
Wertet eure Reden mithilfe der folgenden Checkliste aus.

Missverständnisse
Kommunikationsstörungen analysieren

weitere Text-
ausschnitte
S. 186, 188, 190,
192, 193, 196

John Green: Das Schicksal ist ein mieser Verräter (Ausschnitt, 2012)

Die sechzehnjährige Hazel Grace Lancaster leidet an Krebs. Auf Anraten ihrer Eltern besucht sie eine Selbsthilfegruppe für Krebspatienten, wo sie den siebzehnjährigen Augustus Waters (genannt Gus) kennenlernt, dem infolge eines Knochentumors ein Bein amputiert werden musste. Zwischen den beiden entwickelt sich allmählich eine enge Beziehung.
Gus teilt Hazels Begeisterung für ihr Lieblingsbuch „Ein herrschaftliches Leiden" von Peter Van Houten und fasst einen Plan. Bei einer Organisation, die jugendlichen Krebspatienten Herzenswünsche erfüllt, hat er noch einen Wunsch frei, den er für Hazel einsetzt: ein Treffen mit Van Houten und seiner Assistentin Lidewij in Amsterdam.

[…] Van Houten legte die Füße auf den zum Sessel gehörigen Hocker und kreuzte die Pantoffeln. Er zeigte auf die Couch. Augustus und ich setzten uns nebeneinander hin,
5 nicht zu nah.

„Möchtet ihr etwas frühstücken?", fragte Lidewij.

Ich wollte gerade sagen, dass wir bereits gefrühstückt hatten, als mir Van Houten
10 das Wort abschnitt. „Es ist viel zu früh fürs Frühstück, Lidewij."

„Aber sie kommen aus Amerika, Peter, ihr Körper denkt, es wäre schon Mittag."

„Dann ist es zu spät für Frühstück", er-
15 widerte er. „Aber wenn der Körper denkt, dass Mittag ist, welcher auch immer, könnten wir uns einen Cocktail genehmigen. Trinkst du Scotch?", fragte er mich.

„Ob ich …? O nein, vielen Dank", sagte
20 ich.

„Augustus Waters?", fragte Van Houten und nickte Gus zu.

„Äh, nein danke."

„Dann nur für mich, Lidewij. Einen
25 Scotch und Soda, bitte."

Peter wandte sich wieder an Gus. „Weißt du, wie wir hier Scotch und Soda machen?"

„Nein, Sir", sagte Gus.

„Wir schenken Scotch in ein Glas und denken fest an Sodawasser, und dann
30 mischen wir den konkreten Scotch mit der abstrakten Idee von Sodawasser."

Lidewij sagte: „Vielleicht zuerst ein bisschen Frühstück, Peter."

Er sah uns an und flüsterte theatralisch:
35 „Sie glaubt, ich hätte ein Alkoholproblem."

„Und ich glaube, dass gerade erst die Sonne aufgegangen ist", antwortete Lidewij. Trotzdem ging sie zur Bar im Wohnzimmer, griff nach einer Flasche Scotch und
40 schenkte ein Glas halb voll ein. Sie brachte es ihm. Peter Van Houten trank einen Schluck, dann setzte er sich in seinem Sessel auf. „Ein guter Drink verdient die beste Haltung", sagte er.
45

Mir wurde meine eigene Haltung bewusst, und ich richtete mich ein wenig auf. Ich rückte den Sauerstoffschlauch zurecht. Mein Vater sagte immer, dass man Menschen daran messen kann, wie sie mit Kell-
50 nern und Assistenten umgehen. Danach war Peter Van Houten möglicherweise der bescheuertste Depp der Welt. „Euch hat also mein Buch gefallen", sagte er zu Augustus,

nachdem er einen weiteren Schluck getrunken hatte.

„Ja", sagte ich, indem ich für Augustus antwortete. „Und ja, wir – also, Augustus – er hat Sie kennenzulernen zu seinem Herzenswunsch gemacht, damit wir kommen konnten, damit Sie uns erzählen können, was nach dem Ende von *Ein herrschaftliches Leiden* passiert." […]

„Da bin ich", sagte Van Houten nach einem Moment. „Was habt ihr für Fragen?"

„Hm", begann Augustus.

„Wenn er schreibt, wirkt er so intelligent", sagte Van Houten zu Lidewij. „Vielleicht hat der Krebs auf sein Gehirn übergegriffen."

„Peter", rief Lidewij mit angemessenem Entsetzen.

Ich war auch entsetzt, aber irgendwie war es auch erfrischend, vor einem Kerl zu sitzen, der so widerlich war, dass er nicht mal *uns* gegenüber höflich war. Peter Van Houten war ein derart egozentrischer Fiesling, dass ihn nicht scherte, ob wir Krebs hatten, und unwillkürlich mochte ich ihn dafür. „Wir haben wirklich ein paar Fragen", sagte ich. „Ich habe sie in meiner E-Mail angesprochen. Ich weiß nicht, ob Sie sich erinnern."

„Ich erinnere mich nicht."

„Er hat Probleme mit dem Gedächtnis", sagte Lidewij.

„Das Gedächtnis hat Probleme mit mir", gab Van Houten zurück.

„Also, unsere Fragen", wiederholte ich.

„Sie benutzt den majestätischen Plural", sagte Van Houten zu niemand Bestimmtem. Noch ein Schluck. Ich wusste nicht, wie Scotch schmeckte, aber wenn er auch nur entfernt wie Champagner schmeckte, war es mir ein Rätsel, wie er so schnell so viel davon so früh am Morgen trinken konnte. „Kennst du Zenons Paradox?", fragte er mich.

„Wir würden gern wissen, was nach dem Ende des Buchs aus den anderen Romanfiguren wird, insbesondere Annas …"

„Fälschlicherweise scheinst du davon auszugehen, dass ich deine Frage kennen muss, um sie zu beantworten. Kennst du den Philosophen Zenon?" Ich schüttelte langsam den Kopf. […] „O weh! Zenon war ein vorsokratischer Philosoph, von dem es heißt, er habe vierzig Paradoxe in der Weltsicht entdeckt, die Parmenides lehrte – Parmenides kennst du sicher", sagte er, und diesmal nickte ich, als würde ich Parmenides kennen, was nicht stimmte. „Gott sei Dank", sagte er. „[…] Zenons wichtigstes … Wartet – erst will ich sehen, wie gut ihr euch mit schwedischem Hip-Hop auskennt."

Ich wusste nicht genau, ob Peter Van Houten Witze machte oder nicht. Einen Moment später antwortete Augustus für mich: „Begrenzt." […]

Zenon
(490–430 v. Chr.): griechischer Philosoph; er soll behauptet haben, ein schneller Läufer wie Achilles könne eine Schildkröte, die einen Vorsprung hat, niemals einholen

Parmenides
(ca. 520/515–460/455 v. Chr.): griechischer Philosoph, Lehrer Zenons

1. Überlegt, mit welchen Erwartungen Hazel zu dem Treffen mit Van Houten reist und warum diese nicht erfüllt werden.

2. Analysiert das Gespräch unter folgenden Gesichtspunkten:
   - Rollenverteilung
   - Gesprächslenkung
   - Gesprächsverhalten

3. Untersucht den markierten Textabschnitt mithilfe eines Kommunikationsmodells. Überlegt, was dieses für das Verständnis des Gesprächs leistet.

4. Beurteilt das Gesprächsverhalten Van Houtens und Hazels. Charakterisiert die beiden literarischen Figuren.

Lerninsel:
Kommunikationsmodelle
S. 264 f.

Gliederungssignale erkennen und anwenden

1. Überfliegt die folgende Website und benennt optische Signale, mit denen die Textgliederung verdeutlicht wird. Erläutert die Funktion dieser Gliederungssignale.

Hilde Malcomess: Rhetorik-Tipps (Internet)

Reden schreiben   Redner trainieren   Rhetorik-Seminar

Rhetorik-Tipps

Verblüffende Tatsachen über das Lampenfieber

Über die wichtige, aber lästige Nervosität vor einem Auftritt

Zu Beginn eine Anekdote: Das Kolosseum im Alten Rom ist voll besetzt. Ein Delinquent wird einem Löwen zum Fraß vorgeworfen. Die Menge johlt und jubelt, als der Löwe sich dem Mann nähert, ihn umwirft und sich zum Todesbiss über ihn beugt. Gerade als das Ende unausweichlich scheint, flüstert der Todgeweihte etwas. Der Löwe lässt sofort von ihm ab und trottet mit eingezogenem Schwanz davon.

Der Kaiser ist beeindruckt und fragt den Mann, wie er dieses Wunder vollbracht habe. „Ganz einfach", antwortet der, „ich habe ihm gesagt, dass nach dem Fressen eine Rede von ihm erwartet wird."

1. Sie sind in guter Gesellschaft: Jeder Redner hat Lampenfieber.
Neun von zehn Seminarteilnehmern nennen als größtes Hemmnis auf dem Weg zur freien Rede ihre Nervosität. Es sind Schüler und Studenten, Angestellte, Handwerksmeister, Wissenschaftler, Manager und Politiker – viele von ihnen schon erfahrene Redner. Das Erstaunliche: Jeder ist überzeugt, er sei der Einzige, dem beim bloßen Gedanken an eine öffentliche Rede der Schreck in die Glieder fährt.
Deshalb: Willkommen im Club!

2. Ein guter Redner braucht Lampenfieber.
Lampenfieber erscheint vielen als unerwünschte Schwäche, die man bekämpfen sollte. Falsch!
Richtig ist: Lampenfieber befähigt Sie zu Höchstleistungen. Lampenfieber macht Sie hellwach. Ähnlich wie bei Spitzensportlern und Künstlern erhöht die Nervosität Ihre geistige Präsenz und die körperliche Spannung. Die brauchen Sie, um Ihr Publikum anzustecken. Sie benötigen die auch, um Ihre eigenen Fähigkeiten auszuschöpfen und Grenzen zu überschreiten. […]

2. Nennt Gliederungssignale, mit denen ihr die Textgliederung in euren handschriftlich verfassten Texten optisch sichtbar machen könnt.

Lerninsel:
Adverbialsätze
S. 293

⊕ **Differenzieren**
Gliederungssignale
erkennen und
anwenden
4625us

3. Untersucht den Textausschnitt der Website (S. 40) genauer:
Durch welche sprachlichen Mittel wird die Textgliederung verdeutlicht?

4. Ordnet die folgenden sprachlichen Gliederungssignale nach ihrer inhaltlichen
Funktion. Legt eine Tabelle an und ergänzt weitere Beispiele.
*zunächst, Sinn/Unsinn, einerseits/andererseits, wenn/dann, schließlich,
zwar/aber, anfangs, Vorteil/Nachteil, positiv/negativ, gerade weil*

Sprachtipps
S. 57, 85, 94

sachlich-argu-
mentierend
schreiben
S. 222

inhaltliche Funktion	Beispiele
Aufzählungen strukturieren	erstens, zweitens, drittens, …
Kausalzusammenhänge verdeutlichen	…
…	…

5. Während einer Rede kann es zu äußeren
Störungen kommen, z. B. wenn ein Zuhörer
den Raum verlassen muss.
– Schreibt für die Website „Rhetorik-Tipps"
einen kurzen Text, in dem ihr erklärt,
welche Auswirkungen dies auf die Sicherheit
des Redners haben könnte, und gebt Tipps
für das richtige Verhalten.
– Verwendet beim Schreiben Gliederungssignale.

*Wahrscheinlich hat
er einen wichtigen
Termin.*

*Bestimmt ist
meine Rede so
schlecht.*

6. Überarbeitet den folgenden Schlussteil eines Sachtextes.
Verwendet optische und sprachliche Mittel der Textgliederung.

Eine Rede halten – ohne Lampenfieber?

Fazit: Lampenfieber ist normal. Die allermeisten Redner verspüren dieses Gefühl. Die
Zuhörer merken davon viel weniger, als man denkt. Lampenfieber ist notwendig. Ganz
ohne Lampenfieber würde der Redevortrag nur halb so gut. Spitzenleistungen sind ohne
kontrollierten Stress nicht möglich. Extremer, als sehr belastend empfundener Stress kann
5   die Leistungsfähigkeit einschränken und zu einem „Blackout" führen. Wer unter zu starkem Lampenfieber leidet, kann einiges dagegen tun: die Rede rechtzeitig und gründlich
vorbereiten, den Redevortrag zu Hause vor dem Spiegel oder mit der Videokamera ein-
üben, technische Hilfsmittel rechtzeitig vorher überprüfen, eine positive Grundhaltung
aufbauen und den Stress als etwas Positives akzeptieren, vor allem zu Beginn der Rede
10 das Sprechtempo kontrollieren, um in einen gleichmäßigen Sprech- und Atemrhythmus
zu kommen und Kurzatmigkeit durch zu schnelles Sprechen zu vermeiden, eventuelle
Störungen während des Vortrags nicht sofort negativ auf sich selbst beziehen. Und es gilt:
Übung macht den Meister.

Adressatenbezogenes Schreiben eines argumentierenden Textes

Beispiellösung
BLF-Aufgabe
vr43yr
Texte
BLF-Aufgabe
zx4h4f

An eurer Schule wird unter den Schülern, Lehrern und Eltern diskutiert, ob als Wahlfach „Praktisches Leben" bzw. „Verbraucherbildung" eingeführt werden soll. Ausgangspunkt war die Äußerung der Abiturientin Naina bei Twitter und die sich anschließende Diskussion in den Medien.
Verfasst auf der Basis der folgenden Materialien und eurer eigenen Erfahrungen eine argumentierende Rede, die als Grundlage für die Diskussion in der Schulkonferenz dienen soll.

1

Naina @nainablabla · 10. Jan 2015
Ich bin fast 18 und hab keine Ahnung von Steuern, Miete oder Versicherungen.

Aber ich kann 'ne Gedichtanalyse schreiben. In 4 Sprachen.

↩   ⟲ 14 Tsd.   ★ 25 Tsd   …

Naina @nainablabla · 10. Jan 2015
Klar, wir lernen in der Schule wichtige Sachen. Aber niemand bringt uns bei, wie man später auf eigenen Beinen steht.

↩   ⟲ 744   ★ 2,1 Tsd   …

2 Albert Einstein: Persönlichkeit oder Spezialist? (Ausschnitt, 1952)

Es ist nicht genug, den Menschen ein Spezialfach zu lehren. Dadurch wird er zwar zu einer Art benutzbarer Maschine, aber nicht zu einer vollwertigen Persönlichkeit. Es kommt
5 darauf an, dass er ein lebendiges Gefühl dafür bekommt, was erstrebenswert ist. Er muss einen lebendigen Sinn dafür bekommen, was schön und was moralisch gut ist. Sonst gleicht er mit seiner spezialisierten Fachkenntnis mehr
10 einem wohlabgerichteten Hund als einem harmonisch entwickelten Geschöpf. […]

3 Rektorin von Schülerin Naina: „Habe keine Zeit, mit euch zu bügeln" (Focus, Ausschnitt, 2015)

[…] Die Rektorin zeigt Verständnis für den Wunsch nach mehr Praxisnähe, dämpft aber die Hoffnung auf allzu viel Anwender-Orientierung: „Wir vermitteln Kompetenzen, die lebensfähig machen, und
5 öffnen auf das Leben hin." Praktische Ausübungen seien jedoch „utopisch". Der Schwerpunkt liege nicht auf der praktischen Ausführung, sagte Rektorin Burbaum zu „Bild". „Dazu gehört kein Kurs im Ziehen von Kontoauszügen. Ich hab auch keine
10 Zeit, mit euch zu bügeln. Ich kann niemandem zeigen, wie man ein Schnitzel brät." Das sei nun mal Aufgabe der Eltern. […]

4 Ergebnisse einer Umfrage des Instituts YouGov unter 1330 Bürgern (2015)

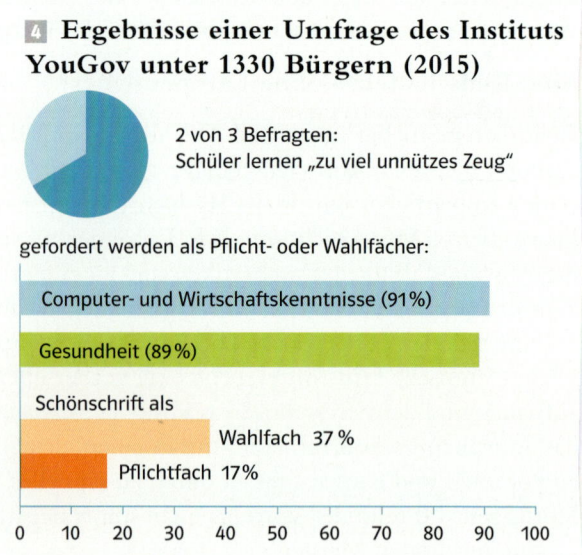

2 von 3 Befragten:
Schüler lernen „zu viel unnützes Zeug"

gefordert werden als Pflicht- oder Wahlfächer:

Computer- und Wirtschaftskenntnisse (91%)

Gesundheit (89%)

Schönschrift als

Wahlfach 37%

Pflichtfach 17%

0 10 20 30 40 50 60 70 80 90 100

5 KMK empfiehlt politische und wirtschaftliche Bildung (2015)

So einiges vom Wunschzettel der Bürger empfiehlt die Kultusministerkonferenz (KMK) der 16 Bundesländer ohnehin schon länger als „fächerübergreifende Inhalte" für den Unterricht. Das betreffe „vor allem Fragen der politischen und wirtschaftlichen Bildung im weitesten Sinne" und sei „in der Regel Gegenstand mehrerer Unterrichtsfächer". Um neue Pflichtfächer geht es dabei noch
5 nicht. „Verbraucherbildung" etwa soll laut KMK stärker in den Lehrplänen der Schulen verankert werden.

KMK: Kultusministerkonferenz, gemeinschaftliches politisches Organ, das die Bildungs- und Kultuspolitik der Länder koordinieren soll

6 Fabian Ziehe, Tanja Wolter: Muss Schule praktisches Leben unterrichten? (Südwest Presse, Ausschnitt, 2015)

Fabian Ziehe: Naina, Du hast Recht! Erstmal keine Ahnung zu haben von Steuern, Miete oder Versicherungen, das nervt – und Du
5 darfst sehr wohl verlangen, nach zwölf Jahren die Schule zu verlassen und zumindest solch grundlegende Dinge des Alltags zu kennen. Dass man dennoch vier Sprachen be-
10 herrscht und ein Gedicht interpretieren kann, schließt das ja nicht aus. Schule muss für beides Platz bieten, der Aneignung von (nützlichem!) Wissen und dem Erlernen von
15 Schlüsselkompetenzen.
Aus eigener Erfahrung, aus Erzählungen von Freunden und Kommilitonen kennt so ziemlich jeder junge Mensch diese Nöte: Auf einmal
20 fordert das Finanzamt nicht nur die erste Steuererklärung ein, sondern gleich auch die für die vier Jahre zuvor. Auf einmal fliegt man aus der Familienversicherung und stellt
25 fest, dass man nicht so einfach in eine gesetzliche Krankenversicherung wechseln kann. Und dann die Debatten am WG-Tisch, was ein Vermieter darf oder nicht …
30 Natürlich, Naina, kannst Du nicht erwarten, dass die Schule dir alles liefern kann. So wenig wie der Kanon der deutschen Prosa lässt sich im Unterricht das Steuerrecht in
35 allen Details vermitteln. Es reicht ja auch die Grundidee, beim Rest helfen Fachleute, Familie, Freunde oder auch Google weiter. Es braucht kein extra Schulfach „Alltag" – Fächer, in
40 denen solche Inhalte vermittelt werden können, gibt es genug. Nur fehlt ihnen der zeitliche Spielraum.
Eigentlich sind die Schulen zumindest im Südwesten auf einem guten
45 Weg: mehr fächerübergreifender Unterricht, mehr „Lernen lernen", mehr Selbermachen. […]
Die Lösung – sorry für die ausgelutschten Worte – sind Ganzheit-
50 lichkeit und Ausgewogenheit. An einem Beispiel erklärt: Vielleicht reicht es, Gleichungen mit Unbekannten lösen zu können - wer braucht fürs weitere Leben das In-
55 tegral, das reicht doch noch an der Uni? Stattdessen könnte man doch das Steuersystem mal ganz praktisch durchspielen. So würdest Du, Naina, nicht noch mehr Zeit in der
60 Schule verbringen – und doch mehr fürs Leben lernen.
Tanja Wolter: Liebe Naina, Du kannst Gedichtanalysen in vier verschiedenen Sprachen schrei-
65 ben? Gratuliere! Bei mir reicht es – trotz Abitur – allenfalls für zwei. So schlecht kann deine Schule also nicht sein. […] Ich finde, es ist nicht Aufgabe der Schule, junge Men-
70 schen auf alles vorzubereiten, was sie im Leben erwartet. Denn zum Leben gehört es nun mal dazu, hineingeworfen zu werden und aus Erfahrung zu lernen.
75 Damit ist die Frage, ob Schule „praktisches Leben" unterrichten soll, eigentlich schon beantwortet. Dein Tweet wirft aber eine weitere Frage auf. Müssen junge Menschen
80 heute alles auf dem Silbertablett präsentiert bekommen oder sind sie in der Lage, sich selbst Fähigkeiten anzueignen – durch Nachdenken, Nachfragen, Nachlesen, Begreifen
85 oder schlichtweg durch Ausprobieren? Die Grundlagen dafür müssen Schulen genauso vermitteln wie Rechtschreibung, die Photosynthese oder Fremdsprachen – sonst haben
90 sie versagt. Sie teilen sich diese Aufgabe mit den Eltern, die von ihren Kindern durchaus auch mal „Alltag" einfordern sollten. […] Okay, Schulen vermitteln viel Wissen, das man
95 im praktischen Leben nie braucht, sofern man nicht gerade eine Karriere als Chemiker anstrebt. Dass man dabei aber auch Fähigkeiten wie logisches Denken und Analysieren
100 schult, gerät in der Debatte oft in den Hintergrund. Es sind Fähigkeiten, die einem durch das Leben helfen. Mit dem Internet ist es heute so viel einfacher, an Informationen
105 zu Fragen des praktischen Lebens zu gelangen. In diesem Datenmeer klarzukommen und das Relevante vom Irrelevanten zu trennen – auch dies muss Schule vermitteln. So
110 kannst du viele Wissenslücken selbst schließen. […]

7 Lisa Becker: Nicht für die Schule, sondern fürs Leben (FAZ, Ausschnitt, 2015)

[…] Naina ist nicht allein; oft beklagen Schüler, sie lernten vor allem für die Schule und nicht für das Leben. Doch auch mit einer

5 Gedichtanalyse kann man viel fürs Leben lernen. Das zu vermitteln, junge Leute durch einen guten Unterricht für Literatur, Philosophie, Kunst und Musik zu gewinnen, ist

10 deshalb eine wichtige Aufgabe von Lehrern, schließlich stammt nicht jeder Schüler aus einem Elternhaus, in dem Schöngeistiges einen hohen Stellenwert hat.

15 Ein Wissen über Wirtschaft und Finanzen wird hingegen als nützlich empfunden. Gleichzeitig beklagt die große Mehrheit der Jugendlichen seit vielen Jahren in Umfragen,

20 dass diese Wissensgebiete in den Schulen ein Nischendasein fristen. Viele wissen nicht einmal, was die Inflationsrate ist, oder haben abenteuerliche Vorstellungen davon, wie

25 der Staat seine Aufgaben finanziert. Ihr Nichtwissen verunsichert die jungen Leute, bekommen sie doch mit, welche große Rolle die Öko-

nomie im Leben der Erwachsenen
30 spielt.

Diese Verunsicherung dürfte auch Nainas Forderung, in der Schule müsse man lernen, wie man einen Mietvertrag oder eine Versicherung

35 abschließt, befördert haben. Doch sie geht zu weit. Schule sollte zwar auf das Leben vorbereiten, doch nicht auf jede denkbare Lebenssituation. Das überfrachtete sie, das

40 muss und kann sie nicht leisten. Der von Naina genannten Themen kann sich der Unterricht, möglichst in einem eigenständigen Fach Wirtschaft, in einer allgemeinbildenden

45 Weise annehmen; das wird dann auch die Unsicherheit in der Praxis verringern. Wirtschaftsdidaktiker haben dafür solide Konzepte ausgearbeitet. Darin ist nicht vorge-

50 sehen, dass Lehrer zu Finanz- oder Steuerberatern werden. Doch sie sollten ihren Schülern beispielsweise die Funktionsweise der Finanzmärkte, die Prinzipien der Geldan-

55 lage und das Steuersystem erklären können.

Sollte eine große Zahl von Schülern das Bedürfnis haben, über ein wichtiges Alltagsthema mehr zu

60 erfahren, dann sollte eine Schule dem ein paar Extrastunden widmen. Ein aktuelles Beispiel ist der Umgang mit den neuen Medien. Der überfordert, in Teilen zumindest,

65 Schüler und Eltern gleichermaßen. Einige Schulen holen sich deshalb Medienpädagogen ins Haus, die über einen verantwortungsvollen Medienkonsum aufklären.

70 Was wichtig ist, sollte freilich jede Schule für sich entscheiden. In manchem sozialen Umfeld ist es geboten, über gesunde Ernährung aufzuklären, in anderen werden

75 Eltern dies zu Recht als unnötigen und nervigen Eingriff in ihre Erziehung empfinden. Insgesamt sollten Verbraucherthemen im Unterricht aber keine große Rolle spielen –

80 nicht nur weil es Schule überfordert, sondern auch weil die Gefahr groß ist, dass Lehrer ihre Verbraucherweltsicht und Konsumgewohnheiten ihren Schülern überstülpen.

8 Sylvia Löhrmann (Schulministerin von NRW, 2015)

[Sie] wies im Gespräch mit der Deutschen Presse-Agentur nicht nur auf die weiterhin erforderliche Verantwortlichkeit

5 der Eltern für bestimmte „Alltagsfähigkeiten" hin, sondern warnte auch indirekt vor einer Überdehnung der Lehrpläne: „Wie schaffen wir das, ohne

10 dass wir ständig von oben draufsatteln?"

9 Statt Geometrie und Gedichtanalyse: Was hätten Sie gerne in der Schule gelernt? (Focus, Ausschnitt, 2015)

[…] Auch auf FOCUS Online diskutierten die User heftig über den Tweet. Zwar wies ein User in seinem Kommentar darauf hin, dass Schule nicht dafür da sei, „für jede Lebenssituation einen Königsweg in Form

5 von Wissen zu verbreiten". Vielmehr solle sie einem Schüler die notwendigen Mittel an die Hand geben, um komplexe Situationen alleine bewältigen zu können. „Die Ahnung von Steuern, Miete und Versicherung kommt, wenn sie sich damit beschäftigt", ist dieser User

10 überzeugt. […]

Lerninseln:
materialgestütztes
Schreiben eines
argumentierenden Textes
S. 257 ff.

Lesestrategien
und Lesetechniken
S. 233 ff.

 **Training
interaktiv**
Rede
schreiben
pz95pe

Arbeitsschritte

eine Rede
verfassen
S. 36 f.

1. Analysiert die Aufgabenstellung (S. 42).
   – Welche Anforderungen ergeben sich aus der Textsorte Rede?
   – Wodurch ist die konkrete Redesituation gekennzeichnet?
   – Welches Ziel hat die Rede?

⊕
**So geht's
interaktiv**
BLF-Aufgabe
xz2tj4

2. Formuliert eine These und eine Gegenthese zur Problemstellung.

3. Wertet die Materialien aus. Markiert auf Kopien wichtige Stellen
und notiert Randbemerkungen.

4. Ordnet eure Ergebnisse in einer Tabelle mit Pro- und Kontra-Argumenten
und Argumentationsstützen.
   – Schreibt wichtige Schlüsselstellen aus den Materialien heraus.
   – Ergänzt Argumente und Argumentationsstützen aus eurer Erfahrung.
   – Entscheidet euch für einen eigenen Standpunkt.
   – Überlegt euch eine Redestrategie und nummeriert
     die Argumente entsprechend.

5. Prüft und ergänzt den Ausschnitt aus dem Redekonzept eines Schülers.

> *Redekonzept: Soll ein Wahlfach „Praktisches Leben" eingeführt werden?*
>
> <u>*Hauptteil:*</u>
> <u>*Wahlfach „Praktisches Leben" sollte eingeführt werden*</u>
> –   *Beherrschen von Alltagsdingen nach 12 Jahren Schule*
> –   *Forderung nach neuen Pflicht- und Wahlfächern (vgl. Umfragen, M4, S. 42)*
> –   *Notwendigkeit der Vermittlung allgemeiner Fähigkeiten durch Schule*
>   *→ wie schon Einstein sagte: „Es genügt nicht, den Menschen zu einem Spezialisten*
>   *zu erziehen."*
> <u>*Wahlfach „Praktisches Leben" sollte nicht eingeführt werden*</u>
> –   *Hauptaufgabe der Schule: Vermittlung von Fähigkeiten zum logischen Denken und*
>   *Analysieren, um Wissenslücken im tagtäglichen Leben selbst schließen zu können*
> –   *Verweis der Schulministerin von NRW (S. Löhrmann) auf die Verantwortung der Eltern*

sachlich-
argumentierend
schreiben
S. 222 f.

6. Erstellt ein eigenes Redekonzept und formuliert die Rede aus.
Ihr könnt auf prägnante Äußerungen wichtiger Persönlichkeiten hinweisen,
diese eventuell auch wörtlich wiedergeben.

Vorlage
Checkliste
Rede
verfassen
nt7r22

7. Überarbeitet mithilfe der blauen Box (S. 37) die Rede.

Das Geschäft mit dem Sport
Ein Thema erörtern

 Das könnt ihr schon!

- eine schriftliche Sachtextanalyse verfassen
- Probleme und Sachverhalte mithilfe des Sanduhrprinzips oder des Ping-Pong-Prinzips erörtern
- kontinuierliche und diskontinuierliche Texte auswerten und nutzen, um adressatenbezogen Stellung zu beziehen
- einen Kommentar schreiben

Jugendmannschaft des FC Barcelona, 2011

Arsenal-Trainer empört über Kinderhandel-Vorwurf (Ausschnitt, 2009)

Karl-Heinz Rummenigge:
Vorstandsvorsitzender des FC Bayern München

Arsène Wenger:
Teammanager des FC Arsenal London

Bayern-Boss Rummenigge legte vor, nun schlägt Arsène Wenger zurück. Im Gespräch mit dem SPIEGEL weist der Coach des Londoner Clubs FC Arsenal den Vor-
5 wurf des Kinderhandels zurück. „Ich bin bestürzt über solch einen Blödsinn."
Karl-Heinz Rummenigge hatte Arsenal vorgeworfen, er hole jedes Jahr „Heerscharen von Spielern", das habe Ausmaße von
10 „Kidnapping" angenommen. Im Gespräch mit dem SPIEGEL sagt Wenger nun: „Ich bin überrascht über so ein aggressives Statement, das mit der Realität nichts zu tun hat. Wir holen pro Jahr nur zwei, drei Spieler",
15 kontert Wenger, „und wenn wir Jugendli-
che holen, dann geben wir ihnen eine richtige Chance. Das alles kann man von Bayern nicht behaupten. Ich bin bestürzt über solch einen Blödsinn. […] Bei Arsenal bekommen die Jugendlichen eine gute fußballerische 20 und eine hervorragende soziale Ausbildung. Sie leben bei Gasteltern, die wir über Jahre ausgewählt haben. […] Wir bei Arsenal verpflichten keine Spieler unter 16 Jahren. Wenn Kinder ein besonderes Talent haben 25 – egal ob es Literatur, Musik oder Fußball ist –, dann wollen die Eltern sie natürlich auf die bestmögliche Schule schicken. Und wir helfen den Jungen, sich ihren Traum zu erfüllen." 30

1. Erläutert, um welche Streitfrage es geht. Analysiert die Aussagen Wengers.
   - Formuliert die These, die er vertritt, und nennt seine Argumente.
   - Entscheidet, ob euch die Argumentation Wengers überzeugt. Begründet.

2. Bezieht selbst Stellung zu der Frage: Sollte man jugendliche Fußballtalente von nah und fern holen, um ihnen ihren Traum zu erfüllen?
   Notiert Pro- und Kontra-Argumente und führt eine Diskussion in der Klasse.

Lerninsel:	material-	🌐 Eingangstest
eine textgebundene	gestütztes	schriftliche
Erörterung	Schreiben eines	Sachtextana-
schreiben	argumentieren-	lyse, Erörtern,
S. 249 ff.	den Textes	Kommentar
	S. 257 ff.	gv6u8j

Dürfen Topmanager ihre Gehälter an Star-Gagen messen? (Ausschnitt, 2012)

Georg Meck: Ist es für die Gesellschaft nicht wertvoller, einen Weltkonzern zu managen, als gegen einen Ball zu treten, im Auto im Kreis zu fahren oder Liedchen zu
5 trällern? Die wahren Helden sind wir, sagen die Vorstände – nicht die Messis, Schumis und Madonnas. Ein heikles Argument: Ausgerechnet jene, die den Neid in der Gesellschaft beklagen, reden voller Miss-gunst
10 über Spitzenverdiener, die mit Spaß und Spiel zu Vermögen kommen, während sie, die Manager, im Schweiße des Angesichts ihr Werk verrichten.

Das Gehalt richtet sich aber nicht nach
15 vergossenem Schweiß (sonst wäre der Straßenbau ein Hochlohnbezirk), auch nicht nach dem Grad der Verantwortung (sonst wäre die Kanzlerin eine reiche Frau), sondern nach dem Marktwert (erstaunlich, dies
20 Managern sagen zu müssen): Es gibt auf dem Globus etliche tolle Konzernchefs, aber nur einen Lionel Messi: Ein Artist am Ball, sagen Leute, die es wissen müssen. Ein Genie (weitere Lobpreisungen sind dem Sportteil zu entnehmen). [...] 25

Nirgendwo wirken so unverfälscht die Kräfte des Marktes wie im Sport und Showgeschäft. Jeder kann sich auf eine Bühne stellen und losträllern. Findet er Leute, die dafür zahlen, wird er reich. Wenn nicht, 30 dann nicht.

3. Klärt, welche Position Meck vertritt, und untersucht, welche Argumente er anführt. Beurteilt die Überzeugungskraft seines Kommentars.

4. Nutzt den Text „Die Abkassierer im Sport" für eine Erweiterung des Kommentars von Meck an geeigneter Stelle. Ihr könnt auch einen eigenen Kommentar mit einer Kontra-Position schreiben.

Die Abkassierer im Sport (Ausschnitt, 2014)

Der amerikanische Box-Weltmeister Floyd Mayweather Jr. ist laut des US-Wirtschaftsmagazins Forbes der best-bezahlte Sportler der Welt. [...] Hinter
5 Mayweather folgen der portugiesische Fußballstar Cristiano Ronaldo von Real Madrid (80 Millionen Dollar) und Basketballer LeBron James von NBA-Champion Miami Heat (72,3). [...] Als bestbezahlter
10 deutscher Athlet [...] erhielt Dirk Nowitzki (45./Basketball/Dallas Mavericks) laut Forbes 23,2 Millionen Dollar. In der Forbes-Liste werden das Gehalt und Werbeeinnahmen berücksichtigt.

Floyd Mayweather, Cristiano Ronaldo, LeBron James

Floyd Mayweather Jr.: verdiente in einem Jahr 105 Mio. US-Dollar

Das lernt ihr jetzt!

· eine textgebundene Erörterung vorbereiten, schreiben und überarbeiten
· kontinuierliche und diskontinuierliche Sachtexte auswerten und nutzen, um einen Kommentar zu schreiben

Sporttalente: kaufen – fördern – verkaufen?
Eine textgebundene Erörterung verfassen

Eine textgebundene Erörterung vorbereiten: die Textanalyse

Winand von Petersdorff: Lionel Messi und der Kinderhandel (FAZ.NET, Ausschnitt, 2014)

FAZ:
Frankfurter
Allgemeine
Zeitung

Mit 13 Jahren wurde Messi vom FC Barcelona gekauft. Es gibt schlimmere Schicksale!
Die Fifa ist ein eingetragener Verein, der die
5 Regeln im Weltfußball bestimmt. Wie dieses Unglück geschehen konnte, ist eine andere Geschichte. Zu den von der Organisation erlassenen Regeln gehört es, dass professionelle Clubs keine minderjährigen Spieler aus
10 dem Ausland kaufen und verkaufen dürfen, von einigen Ausnahmen einmal abgesehen.

Die Disziplinarkommission der Fifa hat den spanischen Verein FC Barcelona nun bestraft, weil er in den Jahren 2009 bis 2013
15 mehrmals diese Vorschrift verletzt hat. […] Auf den ersten Blick leuchtet die Regel ein. Internationaler Menschenhandel ist das Schlagwort mit Empörungspotenzial, und dann auch noch mit Kindern. Klar muss der
20 unterbunden werden.

Nur ist die Frage noch zu beantworten, was hier eigentlich geschützt wird von der Fifa – außer dem eigenen Image. Kamerun, eines der Herkunftsländer der vermeintlich
25 ausgebeuteten Spieler, ist ein armes, aber für afrikanische Verhältnisse recht stabiles Land, das seinen Bürgern ein durchschnittliches Jahreseinkommen von weniger als 1000 Euro bietet und nur geringe Aufstiegspers-
30 pektiven lässt. Paraguay, das ebenfalls Spieler beisteuerte, ist arm und korrupt. Für Kinder herrscht im Alter von 5 bis 15 Jahren eine Schulpflicht, die aber nicht ausreichend durchgesetzt wird. Die Reichen schicken
35 ihre Kinder auf Privatschulen, die Armen lassen sie zu Hause mitarbeiten.

Die Familien dieser Kinder aus Kamerun und Paraguay haben ihre Sprösslinge gewiss

Ambiente:
Atmosphäre

mit ambivalenten Gefühlen nach Spanien ziehen lassen. Der Sorge, ob die Jungen 40 in der Fremde zurechtkommen, stand eine große Hoffnung gegenüber: auf Geld und auf sozialen Aufstieg der Sprösslinge und damit der ganzen Familie.

Die Alternative im eigenen Land ist für 45 die Jungen nicht annähernd so attraktiv. Deshalb gehen sie das Risiko des Scheiterns ein. Denn selbst wenn die jungen Spieler scheitern, wären sie nicht verloren. Enden sie nicht in einem Topclub, dann vielleicht 50 in einer unteren Liga. Oder sie kehren in ihre Heimat zurück – um eine Erfahrung reicher und um eine Illusion ärmer.

Selbst wenn man den Jungen die Risiken des Scheiterns drastisch vor Augen führt, 55 würden sie wohl kaum zögern. Auf die Frage, ob sie in ihrer Heimat bleiben oder lieber nach Europa gehen wollen, um das zu tun, was sie ohnehin am liebsten tun, in einem Ambiente, das sie als reinen Luxus empfin- 60 den müssen, wäre ihre Antwort vorhersehbar: ein kraftvolles Ja.

Dazu kommt noch in diesem speziellen Fall, dass der Vertragspartner FC Barcelona einen ganz besonders guten Ruf hat, was 65 die Betreuung der jungen Spieler angeht. Als der heute beste Fußballer der Welt, der Argentinier Lionel Messi, nach Barcelona kam, war er gerade 13 Jahre alt. Er kam mit seiner ganzen Familie, weil der Fußballclub 70 dem Jungen eine Hormonbehandlung zur Wachstumsförderung bezahlte, sich um seine sportliche und schulische Ausbildung kümmerte und der Familie Jobs besorgte.

Barcelona ist der erfolgreichste Club der 75 Welt, der seine sensationellen Erfolge der

letzten Jahre überwiegend mit selbst geschulten Spielern erreicht hat, unter anderem Lionel Messi. Der Mann war mehrmals
80 Weltfußballer des Jahres. […]

Ob sein Transfer als 13-Jähriger heute vor der Fifa Gnade fände, ist nicht ganz klar. Klarer ist dagegen, dass ein 16-jähriger Junge aus Kamerun oder Paraguay, dem die Fifa
85 eine vergleichbare Lebenschance verbaut, kein Verständnis dafür aufbringen würde. In armen Ländern tragen Jugendliche häufig schon viel mehr Verantwortung für sich und ihre Familien als im saturierten Westen, wo
90 die Eltern die Jungen zum Training fahren und an die Trinkflasche erinnern.

Seltsam ist das Ganze schon: Die Fifa selbst hat in den letzten Jahren hingebungsvoll an der Kommerzialisierung des Fußballs ge-
95 arbeitet und an seiner globalen Expansion. Die Vergabe der Fußball-Weltmeisterschaft 2022 nach Qatar ist skurriler Höhepunkt beider Bestrebungen. Qatar ist eine absolute Monarchie, märchenhaft reich, und die Sor-
100 ge um soziale Bedingungen der importierten Arbeitnehmer stehen – nach allem, was man hört – nicht ganz oben auf der Prioritätenliste des Emirs. Dieser vermögende Herr darf sich aber trotzdem darauf verlassen, dass
105 Fifa-Chef Sepp Blatter ein größeres Herz für ihn zeigt als für ambitionierte Kicker aus dem armen Kamerun.

Konträr zum Verbot, talentierte junge Kicker aus anderen Ländern zu holen, laufen
110 Regelungen, denen vor allem der europäische Profifußball unterworfen wird. Zum einen sollen alle Profivereine eigene Nachwuchsakademien aufbauen. Und zum anderen geht es um das sogenannte Financial
115 Fairplay. Demzufolge wird es – vereinfacht gesprochen – den europäischen Clubs künftig untersagt, ihren Spielbetrieb zu subventionieren. Er muss sich wirtschaftlich selbst tragen durch Fernseheinnahmen, Stadion-
120 erlöse und – Spielerverkäufe.

Deshalb entwickeln einige wenige Clubs eine Strategie, die vor allem britische Zeitungen als „stockpiling young talents" aufge-

---

Fifa-Reglement zum Transfer von Spielern, Artikel 19

1. Ein Spieler darf nur international transferiert werden, wenn er mindestens 18 Jahre alt ist.
2. Diese Bestimmung gilt nicht in folgenden drei Fällen:
   a) Die Eltern des Spielers nehmen aus Gründen, die nichts mit dem Fußballsport zu tun haben, Wohnsitz im Land des neuen Vereins,
   b) der Wechsel findet innerhalb der EU oder des Europäischen Wirtschaftsraums (EWR) statt und das Alter des Spielers liegt zwischen 16 und 18 Jahren. […]
   c) der Spieler wohnt höchstens 50 km von einer Landesgrenze entfernt […].

---

spießt haben, das „Einlagern von jungen Talenten". Das Geschäftsmodell funktioniert so: 125 Man holt junge, vielversprechende Spieler in großer Zahl, bildet sie in der Nachwuchsakademie aus, lässt sie ihre Fähigkeiten weiterentwickeln im Rahmen von Leihgeschäften. Das heißt, ein Club verleiht einen vertraglich 130 an ihn gebundenen Spieler an einen anderen Verein gegen Gebühr für eine begrenzte Zeit, vielleicht eine oder zwei Saisons.

Genau dieses Geschäftsmodell scheint der Londoner Verein FC Chelsea zu praktizie- 135 ren. Die Briten haben gerade in den letzten Jahren zum Ärger der Konkurrenz unzählige junge Spieler eingekauft. Der Club hat zurzeit 30 Vertragsspieler in Ausleihe, doppelt so viele wie die wichtigen Wettbewer- 140 ber in der englischen Liga. Erste Früchte dieser Geschäftspolitik erntet man schon: Jüngst wurde ein junger Belgier für 17 Millionen Euro nach Wolfsburg transferiert.

Dass dieses Geschäftsmodell schlecht für 145 die Talente sein muss, ist nicht gesagt. Es kann sogar sehr gut sein. Was sich allerdings verändert hat, ist die Haltung des kaufenden Clubs. Er holt die jungen Spieler nicht mehr, um sie zu Stammkräften der eigenen 150 Elf zu machen, sondern schlicht, um mit ihnen Geld zu verdienen. Der Anreiz, sich mit jungen, hungrigen Spielern aus armen Ländern einzudecken, ist dadurch groß geworden. Nur verstoßen die Clubs damit leider 155 gegen die Regeln der Fifa. Das weiß nun auch der FC Barcelona.

---

saturiert:
übersatt, verwöhnt

Kommerzialisierung:
etwas wirtschaftlichen Interessen und dem Streben nach Gewinn unterordnen

globale Expansion:
weltweite Ausdehnung

subventionieren:
finanziell fördern, unterstützen

Lerninsel:
Lesestrategien und Lesetechniken
S. 234
sprachliche Mittel der Leserlenkung erkennen
S. 70 f.

1. Analysiert den Text (S. 48 f.). Ihr könnt so vorgehen:
- Erschließt den Text inhaltlich und bestimmt das Thema sowie die Kernaussage.
- Notiert die wesentlichen Argumente. Nutzt auch die Informationen aus Artikel 19 der Fifa-Regeln (S. 49).
- Untersucht die Argumentationsstruktur.
- Zeigt, wie die Absicht des Autors durch sprachliche Mittel unterstützt wird, und beschreibt die jeweilige Wirkung.
- Formuliert die vermutliche Zielsetzung des Autors.

2. Der Autor benutzt in seinem Text die Bezeichnung „Menschenhandel" (S. 48, Z. 17).
- Vergleicht die Praxis der Fußballvereine mit § 233 des Strafgesetzbuchs.
- Untersucht, wie die Verwendung des Begriffs mit der Argumentation und der Absicht des Autors zusammenhängt.

---

§ 233 StGB: Menschenhandel zum Zweck der Ausbeutung der Arbeitskraft

(1) Wer eine andere Person unter Ausnutzung einer Zwangslage oder der Hilflosigkeit, die mit ihrem Aufenthalt in einem fremden Land verbunden ist, in Sklaverei, Leibeigenschaft oder Schuldknechtschaft oder zur Aufnahme oder Fortsetzung einer Beschäftigung bei ihm oder einem Dritten zu Arbeitsbedingungen, die in einem auffälligen Missverhältnis zu den Arbeitsbedingungen anderer Arbeitnehmerinnen oder Arbeitnehmer stehen, welche die gleiche oder eine vergleichbare Tätigkeit ausüben, bringt, wird mit Freiheitsstrafe von sechs Monaten bis zu zehn Jahren bestraft. [...]

---

3. Vergleicht die folgenden Aussagen mit euren Ergebnissen:
- Welche Aussagen erfassen den Text nicht oder zu ungenau?
- Welche Formulierungen könnt ihr nutzen, um eure eigenen Ergebnisse zu ergänzen?

angemessen

A) **Thema**: Winand von Petersdorff befasst sich mit dem Problem der Verpflichtung minderjähriger Fußballtalente durch große Vereine und geht der Fragestellung nach, ob diese Praxis tatsächlich als „Kinderhandel" bezeichnet werden kann.
Kernaussage: Er kommt zu dem Ergebnis, dass dieser angebliche „Kinderhandel" für die Jugendlichen – vor allem aus armen Herkunftsländern – eher als Chance bezeichnet werden muss und nicht nur für den Verein, sondern auch für die Jugendlichen gut ist.

*geht nicht
vordergründig
um FC Barce-
lona
? ug*

B) **Thema**: Der Autor stellt sich die Frage, ob die Empörung über Kinderhandel beim FC Barcelona nicht zu vordergründig ist.
Kernaussage: Die Verpflichtung junger Fußballtalente ist in der Regel eine große Chance für junge Spieler, auch wenn aus dem ersehnten Starruhm nicht immer etwas wird.

C) **Thema**: Ist die Bestrafung des FC Barcelona durch die Fifa mehr als ein moralisches Mäntelchen der völlig kommerzialisierten Fifa?
Kernaussage: Selbst wenn für Vereine wie Chelsea die Verpflichtung junger Spieler aus armen Ländern nur dazu dient, selbst Geld zu verdienen, ist das für viele eine realistische Chance, der Armut zu entkommen, sich zu entwickeln und vielleicht zum Star zu werden.

---

4. Ergänzt die folgende Liste mit Argumenten aus dem Text.
Notiert für jedes Argument Textbelege.

> **Argumente aus dem Text „Lionel Messi und der Kinderhandel" (S. 48 f.)**
>
> 1) nur auf den ersten Blick: Kinder- oder Menschenhandel – Empörungspotenzial!
>   Fifa schützt nur eigenes Image (S. 48, Z. 16–20)
> 2) Fußballtalente oft aus armen Ländern, Hoffnung auf Geld und sozialen Aufstieg (S. 48, Z. …)
> 3) Jugendliche riskieren Scheitern, schlimmstenfalls zurück in die Heimat (S. 48, Z. …)
> 4) …

5. Übernehmt die folgende Tabelle und ergänzt die jeweilige Argumentart.
Sucht zur These „Übung macht den Meister" je ein passendes Beispiel
zu einer selbst gewählten Sportart. Ihr könnt dafür die folgenden Stichworte nutzen:

Lerninsel:
Argument-
arten
S. 252

> **Fairness – Sportgericht – Sportmediziner Professor Dr. Maren Bergmann – Handwerksmeister –
> Doping – 68 Prozent der Landessieger – Training – Weltmeister – Vortrag – Ausdauer**

Argument-art	Erläuterung	Beispiel
…	bezieht sich auf allgemein akzeptierte Wertvorstellungen	…
…	beruft sich auf Experten als fachlich kompetente Autorität	…
…	nutzt Vergleiche mit ähnlichen Sachverhalten, um nachvoll-ziehbar zu wirken	…
…	stützt sich auf belegbare Fakten wie z. B. wissenschaftliche Untersuchungen oder bekannte Tatsachen	…

6. Ordnet die Argumente aus dem Text „Lionel Messi und der Kinderhandel" (Aufgabe 4)
den Argumentarten zu. Prüft, ob der Text (S. 48 f.) auch Argumente enthält,
die sich diesen Argumentarten nicht zuordnen lassen, und beschreibt diese.

7. Beurteilt die Überzeugungskraft der Argumente im Text „Lionel Messi und
der Kinderhandel" (S. 48 f.).
   - Gewichtet die Argumente und bringt sie in eine Rangfolge.
   - Diskutiert eure Rangfolgen.

8. Eine textgebundene Erörterung besteht aus zwei Teilen, dem analytischen
und dem erörternden Teil. Fasst für den Teil der Textanalyse die Ergebnisse
in Stichpunkten zusammen:
   - Thema des Textes
   - Position des Autors (Kernaussage)
   - zentrale Argumente und Beispiele mit Textbelegen
   - Textaufbau (Argumentationsstruktur)
   - Gestaltungsmittel und Wirkung

text-
gebundene
Erörterung
S. 58

Eine textgebundene Erörterung vorbereiten: von der Stoffsammlung zum Schreibplan

1. Besprecht und begründet aufgrund eurer bisherigen Arbeitsergebnisse,
  – ob ihr dem Autor des Textes „Lionel Messi und der Kinderhandel" (S. 48 f.) zustimmen könnt,
  – welche Argumente des Autors euch überzeugend, bedenkenswert oder wenig stichhaltig erscheinen.

textgebundene Erörterung S. 58

2. Ergänzt für den Erörterungsteil die folgende Stoffsammlung.
  Ihr könnt weitere Argumente durch die Beantwortung von W-Fragen finden, z. B.:
  Wer profitiert vor allem?
  Welche Motive haben die „Händler", welche die „Gekauften"?
  Warum werden Jugendliche aus armen Ländern gekauft?
  Wie geht es Jugendlichen fern ihrer Heimat?

Stoffsammlung für den Erörterungsteil (Teil 2)
Thema: *Ist der Kauf und Verkauf von jungen Fußballtalenten aus aller Welt verwerflicher Kinderhandel?*
Kernaussage des Textes: *Nein. Trotz mancher Probleme ist es eine Chance, der Armut zu entkommen, auch wenn sich nicht alle Starträume erfüllen sollten.*

Argumente des Autors im Text	*eigene Argumente pro*	*eigene Argumente kontra*
Jugendliche aus armen Ländern hoffen auf Chance, der Armut zu entkommen	*in armen Ländern keine Chance zur Talententfaltung, aber in Vereinen in reichen Ländern*	*besser: reiche Vereine gründen Förderstützpunkte in armen Ländern*
...	*jugendliche Talente werden zwar weiterverkauft, aber sammeln Erfahrungen, steigern ihren Marktwert*	*...*
...	*...*	*„Financial Fairplay" = gut gegen Macht reicher Vereinsbesitzer, ungewollte Folgen des Kinderhandels müssen verhindert werden*

---

3. Fasst eure eigene Position zur Kernaussage des Textes knapp zusammen.

4. Betrachtet die Grafik auf Seite 53.
  – Erläutert, welche Funktion die einzelnen Teile der Gliederung haben.
  – Besprecht die Vor- und Nachteile der Gliederung nach dem Sanduhrprinzip oder nach dem Ping-Pong-Prinzip.

Gliederungsmöglichkeiten einer textgebundenen Erörterung

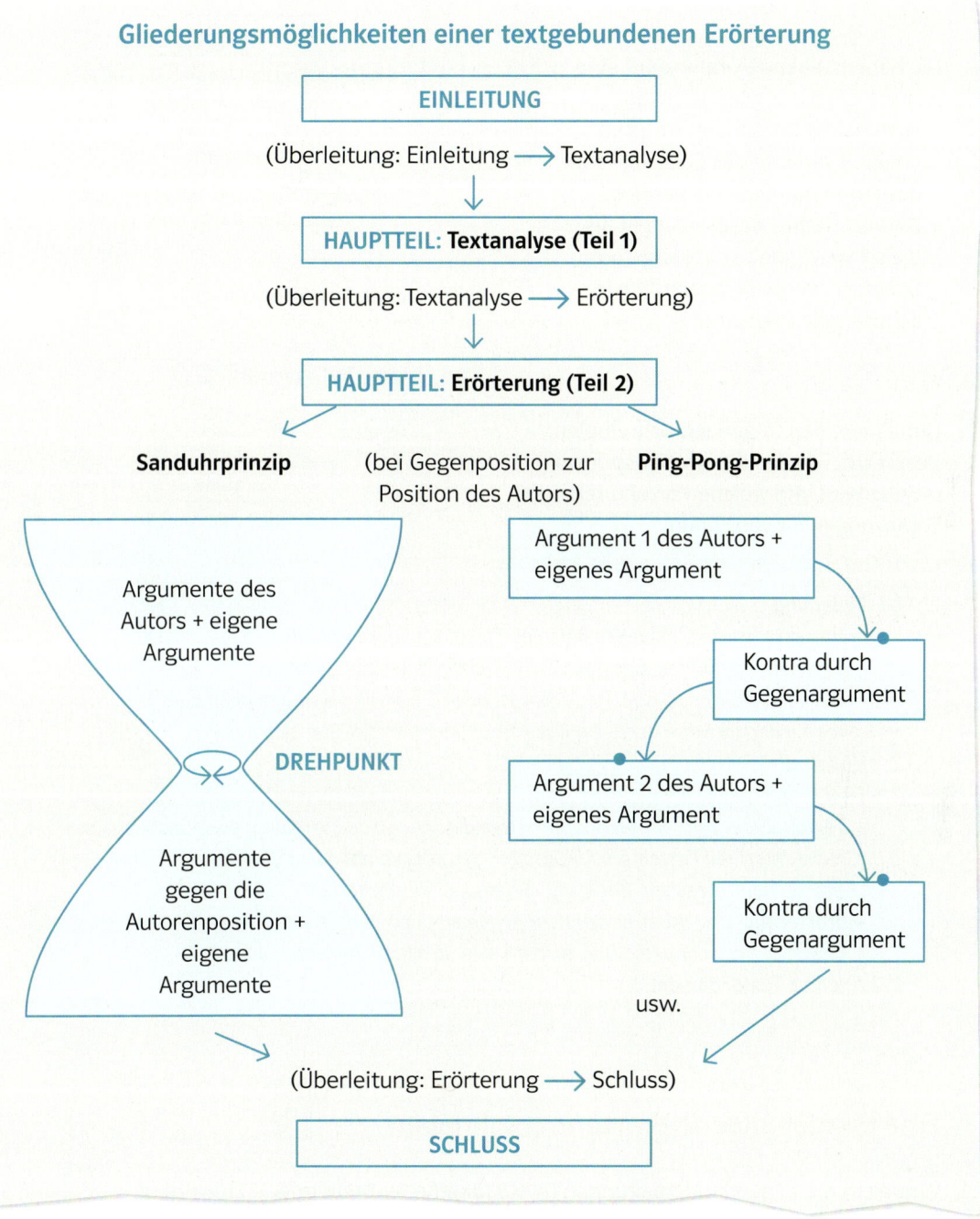

EINLEITUNG

(Überleitung: Einleitung → Textanalyse)

HAUPTTEIL: **Textanalyse (Teil 1)**

(Überleitung: Textanalyse → Erörterung)

HAUPTTEIL: **Erörterung (Teil 2)**

Sanduhrprinzip   (bei Gegenposition zur Position des Autors)   **Ping-Pong-Prinzip**

Argumente des Autors + eigene Argumente

Argument 1 des Autors + eigenes Argument

Kontra durch Gegenargument

DREHPUNKT

Argument 2 des Autors + eigenes Argument

Argumente gegen die Autorenposition + eigene Argumente

Kontra durch Gegenargument

usw.

(Überleitung: Erörterung → Schluss)

SCHLUSS

5. Erstellt für eure textgebundene Erörterung zum Text „Lionel Messi und der Kinderhandel" (S. 48 f.) einen vollständigen Schreibplan.
 – Nutzt für die Textanalyse eure Stichpunkte aus Aufgabe 8 (S. 51).
 – Entscheidet, ob ihr die Erörterung nach dem Sanduhr- oder dem Ping-Pong-Prinzip gliedert.

6. Tauscht eure Schreibpläne mit einem Partner, gebt euch ein Feedback und überarbeitet sie.

7. Extra

Die nebenstehende Grafik zeigt eine
weitere Gliederungsmöglichkeit.
– Entscheidet begründet, ob es sich
um eine Variante des Sanduhr- oder
des Ping-Pong-Prinzips handelt.
– Dieses Integrationsprinzip gilt als
die schwierigste Gliederungsform.
Erläutert, worin die besondere
Schwierigkeit besteht.

8. Extra

Untersucht den folgenden Schreibplan.
Besprecht, wie das Integrationsprinzip um-
gesetzt wird und welche Korrekturen oder
Ergänzungen ihr vorschlagt.

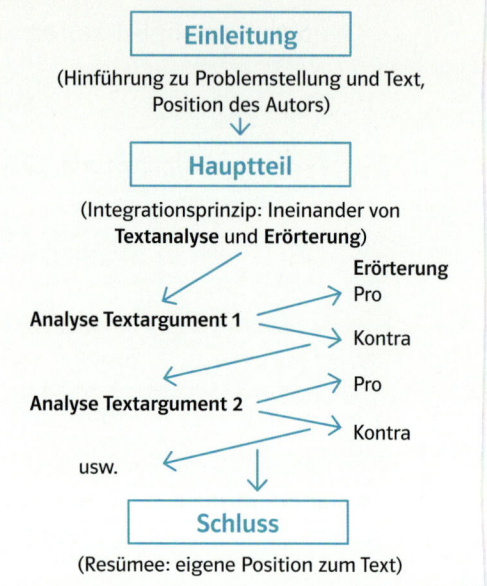

TATT:
Textsorte, Autor,
Titel, Thema

1. *Einleitung*
    – *Interesse wecken: aktuelles Beispiel: Einkauf junger Fußballer*
    – *Grundinformationen zum Text: TATT, Quelle, Entstehungsdatum*
    – *Thema und Kernaussage: Fifa bestraft den FC Barcelona wegen des Kaufs
    von Kinderkickern – scheinheilige Moral oder berechtigter Schutz?*
2. *Hauptteil*
2.1 *Titel, Untertitel*
    – *Textanalyse: Titel: Messi und Kinderhandel = Kontrast, Wirkung: passt nicht zusam-
    men; Untertitel: Fakten (im Kindesalter gekauft) kombiniert mit Meinung (Ironie),
    Signal: Kauf Messis in Ordnung, Gegenposition lächerlich*
    – *Erörterung: pro: Absicht deutlich, Argumentation vorbereitet; kontra: Emotionen
    geweckt, Messi unantastbar, bisher keine sachliche Argumentation*
2.2 *Analyse Textargument 1*
    – *...*

Eine textgebundene Erörterung schreiben

1. Vergleicht die folgenden Einleitungen (A – C) für eine textgebundene Erörterung.
Nennt Stärken und Schwächen. Schlagt Verbesserungen vor.

*weckt nicht
das Lese-
interesse*

A) *In seinem Text „Lionel Messi und der Kinderhandel", 2014 auf der Internetseite der FAZ
veröffentlicht, geht Winand von Petersdorff der Frage nach, ob es verwerflich ist, wenn
Fußballvereine jugendliche Talente unter 18 Jahren verpflichten, sie fördern und ausbil-*
5 *den. Er kommt zu dem Ergebnis, dass dieser angebliche „Kinderhandel" für die Jugendlichen selbst – vor allem aus armen Herkunftsländern – eine große Chance ist, auch wenn
sich nicht alle Träume erfüllen.*

B) Die Fifa als Dachorganisation des Weltfußballs hat aufgrund ihres Regelwerks, wonach Vereine – mit einigen Ausnahmen – keine minderjährigen ausländischen Spieler verpflichten dürfen, im letzten Jahr den FC Barcelona bestraft, der Verein darf in nächster

10 Zeit überhaupt keine neuen Spieler engagieren. Die Reaktion auf diese Maßnahme ist weltweit sehr unterschiedlich und auch der vorliegende Text, „Lionel Messi und der Kinderhandel" von Winand von Petersdorff, positioniert sich in diesem Feld der Meinungen. Der Autor befasst sich mit der Frage, ob die Verpflichtung bzw. der Kauf von jugendlichen Talenten tatsächlich als Menschenhandel verurteilt werden kann.

15 C) Die Verpflichtung minderjähriger Fußballtalente aus aller Welt durch Fußballvereine ist erneut in den Blick der Öffentlichkeit geraten, denn dabei geht es nicht nur um Förderung, sondern auch um viel Geld, um Kaufen und Verkaufen. In dieser Diskussion vertritt Winand von Petersdorff in seinem Text „Lionel Messi und der Kinderhandel" aus dem Jahr 2014 die Meinung, dass trotz aller Bedenken die „eingekauften Jugendlichen" eine einmalige

20 Chance haben, sodass von „Kinderhandel" keineswegs die Rede sein kann.

[Handschriftliche Anmerkungen am rechten Rand:]

Veröffentlichungs- ort u. -datum fehlen

*i.O.
Quellenangaben fehlen*

2. Formuliert selbst eine Einleitung für eine textgebundenen Erörterung zu dem Text „Lionel Messi und der Kinderhandel" (S. 48 f.).

3. Schreibt auf der Grundlage des Schreibplans (S. 53, Aufgabe 5) als ersten Teil des Hauptteils die Textanalyse.

4. Notiert in Stichpunkten, wie ihr bei einer textgebundenen Erörterung zum Text „Lionel Messi und der Kinderhandel" (S. 48 f.) die Überleitungen gestalten könnt:
  – von der Einleitung $\rightarrow$ zur Textanalyse
  – von der Textanalyse $\rightarrow$ zur Erörterung
  – von der Erörterung $\rightarrow$ zum Schluss

5. Entscheidet, welches Prinzip bei den folgenden Überleitungen zwischen dem analytischen und dem erörternden Teil verwendet wurde. Bewertet die Beispiele nach Stärken und Schwächen.

Überleitungen zur Erörterung nach dem ?-Prinzip	Überleitungen zur Erörterung nach dem ?-Prinzip
A) *Winand von Petersdorff will also nicht signalisieren, dass es immer gut ist, wenn große Vereine minderjährige Talente „einkaufen", er will vielmehr deutlich machen, dass die ganze Aufregung darüber eher lächerlich ist.* Aber darf man die Verpflichtung junger Spieler, z. B. aus armen Ländern, wirklich so auf die leichte Schulter nehmen? Es gibt Gründe für eine andere Sicht (…)	**A)** *Winand von Petersdorff will nicht signalisieren (…) eher lächerlich ist.* Schon die sachliche Beschreibung des Falles zu Beginn des Textes mündet in eine ironische Sichtweise, der Autor macht sich lustig über die Rede vom Menschenhandel mit Kindern (…)

Überleitungen zur Erörterung nach dem ?-Prinzip	Überleitungen zur Erörterung nach dem ?-Prinzip
B) *„Fasst euch erst mal an die eigene Nase!", ist die Botschaft des Autors an die Fifa, die eine extreme Kommerzialisierung des Fußballs direkt und indirekt fördert und nun Vereine dafür bestraft, dass sie aus finanziellen Gründen jugendliche Talente an sich binden und ausbilden. Doch diese Blickrichtung verdeckt das eigentliche Problem: das Wohl und die Zukunft der Jugendlichen selbst (…)*	B) *„Fasst euch erst mal (…) binden und ausbilden. Nach der kurzen Beschreibung des Falls, der zu einer Bestrafung des FC Barcelona geführt hat, blickt der Autor hinter die Kulissen und weist darauf hin, dass die jungen Fußballtalente oft aus armen Ländern kommen und (…)*
C) *Die „hungrigen" Spielertalente wollen Fußball spielen und die Vereine kümmern sich um sie und bieten ihnen beste Voraussetzungen. „Wozu also die Aufregung oder gar das Gerede von Kinder- oder Menschenhandel?", fragt sich der Autor mit Recht. Natürlich sollte man (…)*	C) *Die „hungrigen" (…) fragt sich der Autor mit Recht. Am Beispiel zweier Herkunftsländer der jungen Spieler, Kamerun und Paraguay, zeigt der Autor überzeugend, dass hier Kinder nicht ins Unglück gestürzt werden, sondern die Chance nutzen, die (…)*

6. Schreibt selbst eine Überleitung zwischen Textanalyse und Erörterung. Nutzt eure Textanalyse (S. 55, Aufgabe 3) und den Schreibplan (S. 53, Aufgabe 5).

sachlich-argu-
mentierend
schreiben
S. 222 f.

7. Prüft den folgenden Ausschnitt aus dem erörternden Teil.
– Entscheidet, ob der Schüler dem Sanduhr- oder dem Ping-Pong-Prinzip folgt.
– Ergänzt an den markierten Stellen die fehlenden gedanklichen Verbindungen zwischen den Argumenten aus dem Text und den Gegenargumenten des Schülers. Nutzt auch den Sprachtipp (S. 57).

(…) *Von Petersdorff macht zunächst geltend, dass man schon deshalb nicht von „Menschenhandel" sprechen könne, weil die jungen Fußballtalente oft aus sehr armen Ländern kämen und ihnen in Europa finanzielle Sicherheit und sozialer Aufstieg winkten (Z. 26–67).*
▫ *Die Chancen auf ein besseres Leben, vielleicht sogar als Star in einer Spitzenmann-*
5 *schaft, sind verlockend und lassen die Risiken fern der Heimat leicht vergessen.* ▫ *Wenn man Jugendliche bei uns z. B. fragen würde, ob sie in einem Internat für Musiker oder Sänger ausgebildet werden möchten, um ein reicher Star zu werden, würden viele spontan zusagen, die Risiken werden ausgeblendet.* ▫ *Die reichen Vereine haben Interesse am Fußballtalent, nicht aber vorrangig am jungen Menschen selbst.* ▫ *Sie sind Geschäftsleute, die mit den Ju-*
10 *gendlichen Geld verdienen wollen.* ▫ *Die Anwerbung und weitere fußballerische Ausbildung junger Leute kann aus dieser Perspektive als Ausbeutung bezeichnet werden.*
Wenn von Petersdorff ergänzt, dass Jugendliche das Risiko des Scheiterns gern auf sich nähmen und schlimmstenfalls wieder nach Hause fahren müssten (Z. 56 f.) ▫ *Er versteht den Sprung nach Europa als Lottospiel.* ▫ *Die Risiken werden heruntergespielt, die psychischen*
15 *Schäden für einen jungen Menschen, der alle Hoffnungen begraben muss und als Versager*

dasteht, werden nicht gesehen. Neben der finanziellen Ausbeutung kann man also durchaus auch von einer seelischen Ausbeutung sprechen. ▦ *Wer scheitert, ist unbrauchbar und wird nach Hause geschickt.*

▦ *Es nutzt wenig, mögliche Risiken vor Augen zu führen, wie von Petersdorff schreibt (Z.*
20 *54 ff.), für die unerfahrenen Sportler ist die Verlockung von Reichtum und Ruhm zu groß.* ▦
Man lässt Jugendliche auch nicht darüber abstimmen, ob sie mit 15 den Führerschein machen oder mit 13 Alkohol trinken wollen. ▦ *Jugendliche sind für manche Entscheidungen zu jung.*

weiterer
Sprachtipp
S. 94

Sprachtipp

Verknüpfungen zwischen Argument aus dem Text und Gegenargument sowie zwischen eigenen Argumenten

richtig ist sicherlich …, aber …; der Autor übersieht dabei jedoch …; vordergründig gesehen argumentiert er wie jemand, der …; dagegen spricht allerdings …; spielt er damit … herunter; macht sich lustig über …, aber …; kann man durchaus zustimmen, allerdings …; sollte aber auch berücksichtigt werden, dass …; ist zwar in sich schlüssig, aber …; das liegt auf der Hand, denn …; ähnlich wäre es, wenn …; das zeigt doch, dass …; hinzu kommt, dass …; vor allem aber …; schließlich ist doch …; man sollte nicht vergessen …; schon deshalb …; denn auf den Punkt gebracht, bedeutet das …; jeder kennt doch …

8. Entscheidet, welche Schlusssätze (1–3) zu den folgenden Positionen (A–C) passen:

A) *Der Verfasser der textgebundenen Erörterung stimmt dem Text zu.*
B) *Der Verfasser der textgebundenen Erörterung stimmt dem Text nicht zu.*
C) *Der Verfasser der textgebundenen Erörterung hat sich für einen Kompromiss entschieden.*

1) *Der Vorwurf, die Empörung gegen den Handel mit jungen Fußballtalenten sei vordergründig, erweist sich selbst als vordergründig, denn die Sorge um das Wohl und die Entwicklung kann nicht mit Verweisen auf Beispiele aus der dritten Welt abgebügelt werden.*

2) *Man muss differenzieren, denn der Vorwurf an die Fifa, selbst eine hochgradige Kommerzialisierung des Sports zu betreiben, ist richtig, kann aber nicht darüber hinwegtäuschen, dass der Handel mit Kindern eine Verletzung von Menschen- bzw. Kinderrechten bleibt. Allerdings sollte die Fifa alle Vereine mit gleichem Maß messen und nicht den FC Barcelona bestrafen, andere aber ungeschoren davonkommen lassen.*

3) *Die Empörung über den angeblichen Kinderhandel ist also lächerlich, denn hier werden Kinder in dem Bereich gefördert, der ihnen am meisten Freude macht. Das Schlimmste, was passieren kann, ist doch, dass sie wieder nach Hause fahren und der Traum vom Fußballstar und vom großen Reichtum früher ausgeträumt ist als erhofft.*

9. Schreibt eine vollständige textgebundene Erörterung zum Text „Lionel Messi und der Kinderhandel" (S. 48 f.). Präsentiert eure Erörterungen in Schreibkonferenzen. Nutzt die blaue Box (S. 58) für ein Feedback und die Überarbeitung.

Wissen und Können

Lerninsel:
text-
gebundene
Erörterung
schreiben
S. 249 ff.

Eine textgebundene Erörterung verfassen

Bei einer textgebundenen Erörterung sind die Fragestellung oder das Problem durch einen **Text vorgegeben**. Dieser Text wird zuerst **analysiert** und dann **erörtert**.

1. Vorbereiten und planen

- **Textanalyse:**
  - den **Inhalt** erschließen: Thema oder Fragestellung bestimmen, zentrale Argumente benennen, Argumentationsstruktur skizzieren, Kernaussage zusammenfassen
  - **Ziele** und **Absichten** des Textes entschlüsseln
  - **sprachliche Gestaltung** und **Funktion** untersuchen
  - für Schreibplan Stichpunkte notieren
- **Erörterung:**
  - **Stoffsammlung** erstellen: den Text ergänzende Pro-Argumente, dem Text widersprechende Kontra-Argumente sowie Argumentationsstützen sammeln
  - **Schreibplan** erstellen: Sanduhr-, Ping-Pong- oder Integrationsprinzip
    - Entscheidung zu Kernaussage (zu Beginn oder als Resümee am Schluss)
    - Argumentarten beachten, eigene Argumente und Argumentationsstützen gewichten und den Textargumenten zuordnen
    - Stichpunkte zu Einleitung, Überleitungen zwischen den Teilen und dem Schluss

2. Schreiben

- **Inhalt und Aufbau:**
  - **Einleitung:** Hinführung zum Thema, Interesse wecken (z. B. *Bedeutung, Aktualität, Erfahrungen*), Überleitung zum Text (TATT)
  - **Hauptteil: 1. analytischer Teil, 2. erörternder Teil** nach Sanduhr- oder Ping-Pong-Prinzip:
    - **Textanalyse:** Kernaussage, Argumentation, Absicht, sprachliche Gestaltung
    - **Erörterung:** die Position des Verfassers mit eigenen Argumenten bestätigen oder ihm mit eigenen Argumenten widersprechen, durch Überleitungen strukturieren
  - **Hauptteil nach Integrationsprinzip:** schwierigste Form der textgebundenen Erörterung, Textanalyse und Erörterung werden miteinander verschränkt
  - **Schluss:** Resümee und Abrundung (z. B. *Kompromiss, Bezug auf Einleitung, Blick in die Zukunft: Aufforderung, Wunsch, Hoffnung*)

sachlich-
argumentierend
schreiben
S. 222 f.

- **Sprachliche Gestaltung:**
  - adressatenbezogen, sachlich und im Präsens schreiben
  - auf Überleitungen achten
  - bei Zitaten mit indirekter Rede Konjunktiv verwenden
  - Textbelege mit Zeilenangabe einfügen

⊕
Vorlage
Checkliste
textgebundene
Erörterung
vy5im8

3. Überarbeiten

- Arbeitstechniken Schreibkonferenz, Textlupe nutzen, Checkliste verwenden
- Rechtschreibung und Zeichensetzung mit dem Wörterbuch oder am PC prüfen

10. Zum Differenzieren ■ ■ ■ ■

Differenzieren
textgebundene Erörterung
6tm6pe

A Erstellt zu folgendem Text einen vollständigen Schreibplan für eine textgebundene Erörterung. Formuliert den Erörterungsteil aus.

B Analysiert, wie der Autor im folgenden Text seine These begründet, dass „das Kartenhaus Topfußball so langsam zusammenbricht" (Z. 71f.). Verfasst eine vollständige textgebundene Erörterung.

Dieter Mussler: Überkommerzialisierung des Sports (Fachbuch, Ausschnitt, 2014)

[…] Nach Gerüchten, die der Spielervermittler François Gallerdo in die Welt setzte, soll Bayern München mit beträchtlicher finanzieller Unterstützung von Adidas versucht haben, Lionel Messi zu verpflichten. Adidas ist privater Ausrüster von Messi, dessen Club Barcelona spielt hingegen mit dem Rivalen Nike. Deshalb sollte der Topspieler unbedingt zu einem Adidas-Club geholt werden: für eine Ablösesumme von 250 Millionen Euro. Doch Messi hat abgelehnt, er wollte bei Barcelona bleiben.

Die Frage ist, ob derartige Millionentransfers noch etwas mit rationalem ökonomischen Verhalten zu tun haben? Oder ob dies nicht Anzeichen einer aufkommenden Überkommerzialisierung im Sportbusiness sind? […] Und wird damit nicht das gefährdet, was den Sport bislang so stark und einzigartig machte: Emotionen, Authentizität, Nähe, Menschlichkeit und Fair Play? Sind sportliche Erfolge nur noch dann möglich, wenn es gelingt, für exorbitante Millionenbeträge Fußballer von hier nach dort zu lotsen? […]

Mesut Özil [wechselte] für 50 Millionen von Real zu Arsenal. Nur einmal so zum Vergleich: Mit der Transfersumme für Özil könnte ein Unternehmen für die Dauer eines Jahres 1.000 durchschnittlich bezahlte Mitarbeiter finanzieren. Diese Investitionsfreude europäischer Fußballclubs wird zunehmend unheimlich. Schließlich haben in den vergangenen Jahren immer mehr von ihnen über ihre finanziellen Möglichkeiten gewirtschaftet, Verluste produziert und Schuldenberge aufgebaut. So zum Beispiel Real Madrid. Dessen angesammelte Verluste belaufen sich auf weit über 500 Millionen Euro. […]

Aber vielleicht hat der Verein mittlerweile dazugelernt und einen Weg gefunden, wie er seine Schulden wieder abbaut. So hat er Ende 2013 erneut auf dem Transfermarkt zugeschlagen und diesmal den neunjährigen Japaner „Pipi" verpflichtet, der in seiner Heimat als großes Talent gilt. Real bezeichnet ihn bereits heute als „Cristiano Ronaldo der Zukunft". Und gibt damit eine Antwort auf den Erzrivalen Barcelona, der zuvor den elfjährigen Kubo eingekauft und als „japanischen Messi" aufgebaut hat.

Weil die Ablösesummen mittlerweile in unvorstellbare Höhen getrieben werden, kämpfen europäische Topclubs nun offensichtlich auch um ganz junge Talente – in der Hoffnung, dass diese sich später zu großen Stars entwickeln. Auf der einen Seite mögen dies richtige Ansätze der Vereine sein: Nachwuchsarbeit, Talentförderung, internationales Scouting. Doch auf der anderen Seite darf man diese Aktivitäten auch nicht unkritisch betrachten. Beispielsweise dann, wenn sie ethischen Prinzipien widersprechen. Wenn diese Jungs verantwortungslos aus ihrem familiären Umfeld und Kulturkreis herausgerissen werden. Es gibt hierfür zwar internationale Regularien, die Frage ist jedoch, inwieweit diese auch eingehalten werden und ausreichen.[…]

Alle diese Zahlen weisen darauf hin, dass das Kartenhaus Topfußball so langsam zusammenbricht. […]

exorbitant: enorm, außergewöhnlich

internationales Scouting: auf der ganzen Welt nach talentiertem Nachwuchs suchen

Eine textgebundene Erörterung überarbeiten

1. Bei der Arbeit am Text als Vorbereitung einer textgebundenen Erörterung
sind unterschiedliche Farben verwendet worden.
- Erklärt, was mit den Farben gekennzeichnet werden soll.
- Benennt die Kernaussage und die Absicht des Autors.

Marek Dutschke: Jugendsport unter Erfolgsdruck (Blog, Ausschnitt, 2009)

[…] Im Jugendsport in den USA geht es zwar nicht um Millionenbeträge, aber dort werden die Grundlagen für den professionellen Leistungssport geschaffen. Viele Eltern von Jugendlichen träumen davon, dass ihr Nachwuchs durch den Spitzensport ein Universitätsstipendium bekommt oder sogar eines Tages Millionen Dollar als Profisportler verdient. Dies hat dazu geführt, dass der Jugend- und Breitensport sich zunehmend professionalisiert hat. Eltern bezahlen für Privatstunden, Tutoren und Sportlager, um ihre Kinder auf Sport zu drillen. Die Jugendlichen werden inzwischen sogar medizinischen Tests unterzogen, um zu überprüfen, ob sie bestimmte Gene haben, die Proteine produzieren, die bestimmten Muskeln mehr Kraft geben.

[…] Die großen Erwartungen der Eltern an den Jugendsport bergen potenzielle Konflikte. In einer Umfrage des US-amerikanischen Magazins *Sports Illustrated* wurde festgestellt, dass 74 Prozent der Befragten schon einmal bei einem sportlichen Wettkampf gesehen hätten, dass Eltern in wütendem Eifer wegen vermeintlich schlechter Leistung ihres Kindes außer Kontrolle geraten wären. Darüber hinaus hätten 43 Prozent der Befragten angegeben, dass im Jugendsport zu viel Druck und Gewalt seitens der Eltern vorhanden sei.

Doch nicht nur die außer Kontrolle geratenen Eltern bringen den Jugendsport in Verruf. Die zunehmende Professionalisierung der Jugendlichen birgt das Risiko beträchtlicher Gesundheitsschäden. Zum Beispiel sind überambitionierte Trainer von Baseballmannschaften keine Seltenheit. Diese Trainer setzen ihre jugendlichen Spieler das ganze Jahr über unter Druck, permanent erfolgreich zu sein und deshalb das Training immer weiter zu intensivieren. Die Überstrapazierung des Körpers führt oft zu Armschäden. Die Zahl von Verletzungen am Ellenbogengelenk von unter 18-jährigen Baseballspielern ist stark angestiegen. […]

Der Druck der Eltern und Trainer führt nicht nur zu der Gefahr von Knochenbrüchen oder Überstrapazierung, sondern auch zu Dopingmissbrauch. In einem Artikel in der *Süddeutschen Zeitung* wurde eine Befragung von amerikanischen Schülern zwischen 8 und 13 Jahren zitiert, wonach fast drei Prozent der Schüler bereits Anabolika verwenden würden. […]

Kinder und Jugendliche in allen Gesellschaften sind in gleicher Weise bedroht. Den Strukturen, die Kindesmissbrauch auf allen Ebenen verursachen und fördern, ist entschieden entgegenzutreten.

Anabolika: Mittel, die den Aufbau von Eiweiß im Organismus steigern und zum Muskelaufbau verwendet werden

2. Prüft den Schülertext aus einer textgebundenen Erörterung (S. 61) zum Text „Jugendsport unter Erfolgsdruck".
- Achtet darauf, ob die Argumentation des Ausgangstextes sachlich zutreffend wiedergegeben bzw. gekennzeichnet wurde.
- Begründet, ob die Auseinandersetzung mit dem Text überzeugend ist.
- Erläutert die Randbemerkungen und setzt sie fort.

(...) *Viele Eltern träumten davon, so argumentiert Marek Dutschke, dass ihre Kinder durch Spitzenleistungen im Sport ein Universitätsstipendium bekommen oder einmal als Profi schnell reich werden können. Dadurch werde der*	Formulierung zu nah an Wortwahl im Text
5 *Druck der Eltern, so folgert der Autor, auf die Jugendlichen enorm erhöht.*	Eltern in den USA!
Sicherlich gibt es auch bei uns in Deutschland Eltern, die nicht nur möchten, dass es ihre Kinder „einmal besser haben", sondern sich für die Kinder und für sich selbst	
10 *ein sorgenfreies Leben vorstellen. Das verbinden deutsche Eltern erfahrungsgemäß nur in Ausnahmefällen mit dem Sporttraining ihrer Kinder. Dass es sich dabei also um „viele Eltern" handelt, wie Dutschke schreibt, ist kaum nachvollziehbar. Natürlich freuen sich auch in Deutsch-*	Teilargumente fehlen noch; *wichtig: Stipendium an Uni!* Beispiele? statistische Erhebungen? (Belege?) Behauptungen!
15 *land Eltern, wenn ihre Kinder Freude am Sport haben und sportlich erfolgreich sind, aber so weit wie in den USA dürften dabei nur die wenigsten gehen. Vor allem wütende Eltern, die angesichts vermeintlich schlechter Leistungen ausrasten, sieht man hierzulande eher selten. Deshalb*	Unklar: wie weit geht es denn in den USA?
20 *gerät auch keineswegs der gesamte Jugendsport in Verruf, zumal es die Kombination zwischen Leistungen im Sport und Stipendium an der Uni hier nicht gibt und somit der Druck geringer ist, der von Eltern ausgeht.*	Ausdruck

3. Überarbeitet den Schülertext und setzt ihn fort. Tauscht eure Texte aus und prüft, ob
- die Textanalyse des Ausgangstextes vollständig und korrekt ist,
- euch die Auseinandersetzung mit den Argumenten des Textes überzeugt.

4. Nutzt für eure Überarbeitungen eine eigene Checkliste.
- Erstellt anhand eurer Kenntnisse und mithilfe der blauen Box (S. 58) eine Checkliste.
- Besprecht eure Checklisten, ergänzt oder korrigiert sie.
- Markiert mit drei Farben, was sehr wichtig, wichtig und weniger wichtig ist.
- Verwendet die Checkliste zur Überprüfung eurer textgebundenen Erörterung (S. 57, Aufgabe 9) und überarbeitet eure Texte – am besten am Computer.

Zu viel „Geld im Spiel"?
Materialgestütztes Schreiben eines Kommentars

Den Kommentar vorbereiten und planen

1. Tragt Argumente zu der These „Spitzensportler bekommen viel zu viel Geld!" zusammen und diskutiert eure Positionen.

Kommentar

Eine journalistische, meinungsbetonte Schreibform. Der persönlich genannte Autor äußert sich argumentierend und wertend zu einem meist aktuellen Thema. Er erläutert Wichtigkeit und Hintergründe, macht Zusammenhänge deutlich, verhilft dem Leser zu einem differenzierten Bild und regt ihn an, sich selbst eine eigene Meinung zu bilden.

Lerninsel:
Kommentar
S. 260

2. Lest den Kommentar auf Seite 47 und die Informationen im grünen Kasten. Weist an dem Kommentar wesentliche Textmerkmale nach.

„Spitzensportler bekommen viel zu viel Geld!" – Nahrung erhält dieser Vorwurf zum Beispiel durch Medienberichte über Verträge von Fußballern oder Rennfahrern, aber auch durch das jährliche Ranking der Bestverdiener unter den Sportlern des renommierten US-Wirtschaftsmagazins Forbes (S. 47).
Eure örtliche Tageszeitung schreibt in ihrer Internetausgabe zu diesem Thema einen Wettbewerb für Jugendliche aus. Jeder ist eingeladen, zu seiner Lieblingssportart zu recherchieren und einen Kommentar zu der Frage einzusenden: „Bekommen Spitzensportler zu viel Geld?" Nutzt für euren Kommentar die Materialien 1–5 (S. 63–65) und eigene Sachkenntnisse und Erfahrungen.

3. Analysiert die Aufgabenstellung. Besprecht, worauf es bei der Auswertung der Materialien ankommt. Beachtet dabei:
  – die Besonderheiten der Textsorte Kommentar
  – das Medium der Veröffentlichung
  – die möglichen Adressaten
  – die Zielsetzung des Kommentars

Lerninsel:
orientierendes
Lesen
S. 234

sprachliche
Mittel der
Leserlenkung
erkennen
S. 70 f.

4. Wertet die Materialien auf Seite 47 und den Seiten 63–65 (**1** – **5**) aus.
  – Prüft durch orientierendes Lesen, welche Texte oder Textteile ihr für die Aufgabenstellung (Aufgabe 3) nutzen könnt.
  – Beurteilt Aussageabsicht und Glaubwürdigkeit (Quelle/Herkunft des Textes beachten).
  – Unterscheidet zwischen Autorenmeinung und gesicherter Information.
  – Entscheidet euch für eine Sportart und legt fest, welche Position ihr in eurem Kommentar vertreten wollt.
  – Sucht aus den geeigneten Texten verwertbare Informationen und Argumente heraus.
  – Beachtet, dass auch Textinformationen interessant sein können, die nicht direkt die von euch gewählte Sportart erwähnen.
  – Notiert Stichpunkte.

Aufgabenstellung analysieren, Texte auswerten

1 Jörg Römer: 40 Stunden arbeiten, 20 Stunden trainieren (spiegel.de, Ausschnitt, 2014)

Trainieren, arbeiten, schlafen: Am Samstag tritt der Kölner Torsten Jungbluth beim Ironman auf Hawaii an. Der IT-Projektleiter hat neben seinem Vollzeit-
5 job 20 Stunden pro Woche trainiert – Konflikte mit Familie und Kollegen inklusive.

Heute hofft Torsten Jungbluth auf einen Acht-Stunden-Tag. Das tut jeder Triath-
10 let, der an diesem Samstag beim legendären Ironman-Wettkampf auf Hawaii antritt. Denn wer die 3,8 Kilometer Schwimmen, 180 Kilometer Radfahren und 42,195 Kilometer Laufen in einer Zeit um acht Stunden
15 bewältigt, darf sich Hoffnungen auf den Sieg machen. So wie die Profis Sebastian Kienle und Kurzdistanz-Olympiasieger Jan Frodeno, die am Start in Kailua-Kona zu den Favoriten zählen. Als Hobbysportler muss
20 Jungbluth wohl mindestens eine Überstunde einplanen. Seine Bestzeit liegt bei neun Stunden und zehn Minuten. „Zeit ist das wertvollste Gut, das ich habe", sagt Jungbluth – seine Leidenschaft ist ein Zeitkiller.
25 Langdistanz-Triathlon zählt zu den trainingsintensivsten Sportarten überhaupt. Er ist Projektleiter im IT-Bereich bei einer großen Versicherung, arbeitet Vollzeit. Der 41-Jährige ist verheiratet, hat eine Tochter.

Sein Hobby kostet ihn 20 Stunden die Wo- 30 che in der Rennvorbereitung – eine Halbtagsstelle für den Sport. Fußballprofis trainieren deutlich weniger. Wie kriegt man das alles unter einen Hut?

Jungbluth ist einer von knapp 160 Deut- 35 schen, die sich für den Start auf Hawaii qualifiziert haben. Während die knapp 20 Profis unter ihnen bis zu 40 Stunden in der Woche trainieren, von ihren Sponsoren mit Schuhen, Kleidung und Rädern ausgestattet 40 werden, startet Jungbluth als Amateur und ist damit auf sich selbst gestellt. […]

Umfragen unter Sportlern legen nahe, dass es vor allem ehrgeizige und gut ausgebildete Besserverdiener in den Triath- 45 lonsport zieht. Das liegt zum einen an den Kosten – neben teuren Rennrädern und etlichen Laufschuhen sind beim Ironman-Wettkampf neben Flug- und Übernachtungskosten etwa 500 Euro Startgebühr 50 fällig. […]

Ironman, Hawaii

2 Arme Spitzensportler (spiegel.de, Ausschnitt, 2012)

Sie sehen gut aus, werden angefeuert und bejubelt – Spitzensportler sind zu beneiden. Könnte man denken. Ein Blick aufs Konto zeigt die Schattenseiten: Im
5 Schnitt verdienen Profiathleten weniger als 2000 Euro. Deutlich besser schneiden Segler ab, besonders arm dran sind Bogenschützen.

Sie werden mit Medaillen behängt, mit
10 Blumen geschmückt, um Autogramme angefleht – und nach wenigen Tagen ist alles vorbei. Spitzensportler führen zwei Leben: eines im Rampenlicht und eines fern der

Scheinwerfer, in Turnhallen, Schwimmbädern oder Reitställen. In den vielen Mo- 15 naten zwischen den Wettkämpfen sieht ihr Leben wenig glamourös aus, hat eine Studie des Bundesinstituts für Sportwissenschaft ergeben: Spitzensportler kommen im Schnitt auf ein Bruttoeinkommen von 1919 20 Euro im Monat. Nach Abzug von Steuern und Ausgaben für ihren Sport bleiben ihnen durchschnittlich 626 Euro zum Leben.

40 Prozent ihres Lebensunterhalts verdienen die Athleten mit einer beruflichen 25 Tätigkeit oder einem Nebenjob. Dafür ra-

ckern sie jede Woche 27 Stunden. Weitere 32 Stunden widmen sie ihrem Sport, Fahrten zu Wettkämpfen oder Physiotherapie-
30 stunden mitgerechnet – ohne dafür Geld zu bekommen.

Unterstützung von Eltern, Verwandten oder Bekannten gaben die Sportler als zweitwichtigste Einnahmequelle an. Spon-
35 soren- und Werbeverträge folgen auf Platz

drei. Mit Preis- und Startgeldern können die Sportler nur knapp zehn Prozent ihres Einkommens bestreiten.

Wie viel am Monatsende auf dem Konto landet, hängt stark von der Sportart ab: 40 Segler kommen auf ein monatliches Bruttoeinkommen von 4561 Euro, Bogenschützen nur auf 447 Euro. […]

3 **Fehlverhalten und gesundheitsrelevante Verhaltensweisen von Spitzensportlern (Bundesinstitut für Sportwissenschaft, 2013)**

Aussage	ehrlich „Ja"	ehrlich „Nein"	keine Antwort
Greifen Sie regelmäßig zu Dopingmitteln?	5,9%	53,4%	40,7%
Greifen Sie regelmäßig zu Schmerzmitteln?	10,8%	51,3%	37,9%
Greifen Sie regelmäßig zu Nahrungsergänzungsmitteln?	34,3%	40,4%	25,4%
Leiden Sie unter depressiven Erkrankungen?	9,3%	49,8%	40,9%
Leiden Sie unter Burn-Out?	11,4%	46,1%	42,4%
Leiden Sie unter Essstörungen?	9,6%	52,2%	38,2%
Sehen Sie absichtliche Regelverstöße als legitimes sportliches Mittel an?	10,2%	49,2%	40,6%
Waren Sie schon einmal an Absprachen über den Spiel-/ Wettkampfausgang beteiligt?	8,7%	54,0%	37,2%
Nehmen Sie gesundheitliche Risiken bewusst in Kauf?	40,5%	29,7%	29,7%

4 **Arme Schlucker in der Überzahl (stern.de, Ausschnitt, 2014)**

Salär:
Gehalt

Manche Olympiateilnehmer fuhren schon reich nach Sotschi, andere mussten einen Spendenaufruf starten, um an ihr Ziel zu kommen. Und nicht jeder Me-
5 **daillengewinn rentiert sich am Ende auch finanziell.**

Das Gefälle zwischen den armen Schluckern und den Superverdienern bei den Olympischen Winterspielen wird durch die
10 Eishockey-Stars der nordamerikanischen Profiliga NHL besonders krass illustriert. Die Gehälter der fast 150 NHL-Profis sum-

mieren sich laut „The Wall Street Journal" auf insgesamt 629,74 Millionen Dollar (rund 457,68 Millionen Euro) jährlich. 15 Dieses horrende Salär übersteigt vermutlich das Einkommen des Großteils der übrigen 2750 Athleten in Sotschi zusammen. Aber: Mit Geld bekommt man kein Olympiagold.

Das hat die deutsche Skisprung-Olym- 20 piasiegerin Carina Vogt schon in der Tasche. Aussicht auf Reichtum besteht für die Himmelsstürmerin aber nicht. 45.000 Euro bekommt sie nach dem historischen Tri-

NHL:
National
Hockey League

umph bei der Olympiapremiere der Frau-
endisziplin an Prämien von Sporthilfe und
Skiverband. Von hochkarätigen Werbever-
trägen wie ihre zu Millionären gewordenen Vorbilder Sven Hannawald und Martin
Schmitt kann sie nur träumen. […]

Das Berliner Eistanzduo Tanja Kolbe
und Stefano Caruso startete mangels Sponsoren sogar einen Spendenaufruf im Internet, um Geld für die Finanzierung ihrer
Sportleidenschaft zu sammeln. Es kamen
5200 Euro zusammen. Eishockeyspielerin
Manuela Anwander hatte vor dem noch ab-
gewendeten Abstieg aus der A-Gruppe sogar befürchtet, Babysitten zu müssen, „um
ein bisschen Geld zu verdienen".

Dagegen kann der Alpin-Star Maria
Höfl-Riesch entspannt ans Kinderkriegen
denken. Seit ihrem Doppel-Olympiasieg
von 2010 sollen ihre jährlichen Einnahmen
im siebenstelligen Euro-Bereich liegen. Al-

Carina Vogt, Olympiasiegerin 2014 im Skispringen

lein die Werbeaufschrift auf Rennhelmen
soll Firmen bis zu 100.000 Euro wert sein.
Ausgesorgt fürs Leben hat nun auch die Ös-
terreicherin Anna Fenninger, die Riesch im
Super-G Gold wegschnappte. „Das war der
wichtigste Sieg ihres Lebens", freute sich ihr
Manager Klaus Kärcher. […].

5 Holger Gerska, Moritz Cassalette: Wie gerecht ist Sportförderung? (deutschlandfunk.de, Ausschnitt, 2014)

**Der Sport in Deutschland steht vor einer
ungewissen Zukunft. Zwar klopfen sich
Politiker gern für ihre Unterstützung auf
die Schultern, aber Sportler und Funkti-
onäre klagen über zu wenig Hilfe. Und
Wissenschaftler stellen das gesamte System infrage. Nur einer Sparte geht es un-
eingeschränkt gut.**
Brasilien. Selten war eine Fußballweltmeis-
terschaft so spektakulär wie diese. Viele
Tore, packende Spiele und prominente Besucher.

Die deutschen Fußballer bekommen
während eines großen Turniers regelmäßig
die volle mediale Aufmerksamkeit. Selbst
von Bundeskanzlerin Angela Merkel:

„Dass ich die Daumen für die deutsche
Mannschaft drücke, das wird mir die brasi-
lianische Präsidentin zugestehen."

Viel Anerkennung, viel Ehre und: viel
Geld. Die deutschen Fußballnationalspieler bei der WM verdienen im Schnitt rund

370.000 Euro pro Monat – plus Werbegel-
der und Prämien. Andere deutsche Spitzensportler wie Ruderer, Leichtathleten,
Skilangläufer oder eben auch Hockeyspieler
bekommen auch sehr viel Geld. Zumindest
im Glauben der Öffentlichkeit …

„Ich weiß nicht, zehntausend Euro im
Schnitt?" – „Im Monat? Zehntausend
Euro!" […] Keine Ahnung." – „Ich selbst
spiele Hockey und kann mir vorstellen,
was die Hockeyspieler verdienen – und die
verdienen nicht viel. Also, mit zweitausend
Euro im Monat wäre man mehr als gut be-
dient teilweise. Brutto."

Genau so ist es. Eine Umfrage unter
deutschen Spitzensportlern, also auch unter jenen, die unser Land bei Olympischen
Spielen vertreten, hat ergeben, dass sie
durchschnittlich knapp 2.000 Euro im Monat verdienen. Brutto. Die Fußballnationalspieler verdienen ungefähr das 200-Fache
[…].

5. Prüft die folgende Auswertung der Materialien (S. 47, S. 63–65, **1** – **5**).
 – Unterscheidet Thesen, Argumente und Beispiele.
 – Entscheidet, was thematisch zusammengehört.

34 Prozent nehmen Nahrungsergänzungsmittel

Training oft neben Vollzeitjob

Einnahmen der Spitzensportler oft überschätzt

Kosten Sportkleidung

Profiathleten: im Schnitt weniger als 2000 € brutto

Dunkelziffer bei gesundheitlichen Risiken

Sportförderung ungerecht, Bevorzugung des Fußballs

Spendenaufruf, Sponsoren

große Unterschiede zwischen den Sportarten

Spitzensport: trainingsintensiv

Sportart bestimmt Höhe der Einnahmen

gesundheitliche Risiken bewusst in Kauf genommen (40,5 Prozent der Befragten)

Fußballnationalspieler verdienen das 200-Fache des Durchschnitts der Profiathleten

zweitwichtigste Finanzquelle: Eltern

Segeln 4561 €, Bogenschützen 447 €

abhängig von Zuschauer- und Medieninteresse

6. Wertet eure eigenen Notizen aus (S. 62, Aufgabe 4).
 – Ordnet, was thematisch zusammengehört. Erstellt eine Tabelle oder Mindmap.
 – Ergänzt Aspekte und Informationen aus eurem eigenen Erfahrungsbereich.
 – Markiert mit unterschiedlichen Farben Thesen, Argumente und Beispiele.

7. Beurteilt den Schreibplan unter folgenden Aspekten:
 – Passt er zu den Vorgaben der Aufgabenstellung (S. 62, Aufgabe 3)?
 – Ist er klar strukturiert und genügend differenziert?
 – Lässt der Schreibplan das Ziel des Kommentars erkennen?

> *„Bekommen Spitzensportler zu viel Geld?", am Beispiel der Sportart Rudern*
> *eigene Position/Ziel:*
> *– zu wenig finanzielle Förderung* → *Abhängigkeit von Einnahmen aus Werbung usw.*
> *– Überschätzung der Einnahmen von Spitzensportlern als wirklichkeitsfremd entlarven*
> ₅ *– Verständnis wecken für Forderung nach größerer finanzieller Unterstützung*
> *Inhalt und Aufbau:*
> *– Überschrift: „Spitzensportler an der Armutsgrenze", „Weltmeister mit 514 Euro im Monat"*
> *– Einleitung: Zitat: „Segler kommen auf ein monatliches Bruttoeinkommen von 4561 Euro,*
> *Bogenschützen nur auf 447 Euro." (M 2, S. 64, Z. 41 ff.)*
> ₁₀ *ohne Beruf neben dem Sport, ohne Eltern nicht möglich* → *Ungerechtigkeit*
> *– Hauptteil I: Situation: riesige Diskrepanz, wenige Sportler bekommen sehr viel, die meisten*
> *fast nichts (Beispiele: Boxer, Fußballer* ↔ *Leichtathleten, Ruderer), falsche Vorstellungen*
> *in der Öffentlichkeit (Überschätzung der Einkünfte)*

– *Hauptteil II*: Argumentation: geringe, ungerechte Förderung von Sportarten, trotz Spitzen-
15 leistungen in Medien nur „Randsportarten" (Beispiele: ...); Medienabhängigkeit, Orientie-
    rung am Interesse der breiten Masse, Werbeinteressen im Blick, nicht der einzelne Sport-
    ler, gesundheitliche Risiken der Sportler in „Randsportarten" ohne finanzielle Sicherung
– *Schluss*: Forderung an Sportförderung: gerechtere Unterstützung in Sportarten mit geringem Medieninteresse; Forderung an Medien: Blick ausweiten in der Sportberichterstattung

8. Erstellt selbst einen Schreibplan. Tauscht die Schreibpläne aus,
gebt euch ein Feedback und überarbeitet sie.

Den Kommentar schreiben und überarbeiten

1. Vergleicht die folgenden Einleitungen für einen Kommentar zum Thema:
„Bekommen Spitzensportler zu viel Geld?"
– Achtet auf die Vorgaben in der Aufgabenstellung (S. 62, Aufgabe 3).
– Benennt Stärken und Schwächen und entscheidet begründet,
  welche Einleitung am besten gelungen ist.

A) *Ruderweltmeisterschaft, wieder einmal! Und wieder einmal hört man landauf, landab den
uralten Vorwurf: Die Spitzensportler bekommen doch viel zu viel Geld! Fragt man näher nach,
kommen meist die altbekannten Beispiele: Fußballer natürlich, aber auch Basketballer oder Au-
torennfahrer, denn hier hat man in den Medien schon Zahlen gehört und sich gewundert. Ist da
etwas dran? Und wie steht es um die Spitzensportler bei Sportarten wie dem Rudersport? (...)*

B) *„Sportler müsste man sein, am besten Weltmeister, dann hätte man ausgesorgt!" Wer würde
da nicht zustimmen! Und jeder denkt auch sofort an die, die's geschafft haben, an Champions-
League-Sieger, Boxweltmeister, Tennisstars. Aber das ist nur die eine Seite der Medaille. Die
meisten Weltmeister sind keine Millionäre geworden, im Gegenteil. (...)*

C) *Die verbreitete Vermutung, dass erfolgreiche Sportler auch finanziell auf der Siegerstraße
sind, gilt leider nur für die wenigen Stars, die im Rampenlicht stehen, die die Zuschauermas-
sen anziehen; sie verdienen Millionen, aber die vielen anderen? (...)*

2. Beurteilt den folgenden Ausschnitt aus dem Hauptteil und den Schluss
des Kommentars. Nutzt die blaue Box auf Seite 69.

Lerninsel:
Kommentar
S. 260

*(...) Über die Einnahmen von Fußballern wissen Sportinteressierte Bescheid, vielleicht auch
noch über Gehälter von Rennfahrern und Boxern, aber Einnahmen von Spitzensportlern im
Rudersport? Insiderwissen. Die meisten neigen mit Blick auf den Fußball zu einer wirklich-
keitsfremden Überschätzung. Gerecht ist das nicht, denn auch eine Ruderin oder ein Leicht-*

5 athlet trainiert hart, muss hart und lange kämpfen, um zur Landes- oder gar Weltspitze zu gehören. Und das auch noch meist im Nebenjob, denn ohne Beruf neben dem Sport, oft auch ohne Unterstützung der Eltern, würde es nicht zum Leben reichen.

Hilfreich ist ein genauerer Blick auf die Zahlen: Im Schnitt verdienen Spitzensportler in Deutschland, also auch Olympiateilnehmer und Teilnehmer an Weltmeisterschaften, an

10 Zuschüssen der Sporthilfe, an Werbeeinnahmen und Preisgeldern, also alles in allem etwa 2000 Euro brutto im Monat. Viel zu viel Geld? Nach Abzügen bleiben ganze 626 Euro im Monat. Bezogen auf Sportarten, die nicht im Zentrum des Medieninteresses stehen, nehmen sich die Zahlen noch deutlich bescheidener aus, wie eine Umfrage unter deutschen Spitzensportlern aus dem Jahr 2010 ergibt. (...)

15 Sieht man auf die nüchternen Zahlen, kann bei vielen Sportarten also nicht die Rede sein von „viel-zu-viel-Geld"! Nur eine breitere, gerechtere Sportförderung kann Abhilfe schaffen. Und auch die Medien sind hier gefragt: Wie sollen sich Zuschauer für Sportarten wie Rudern interessieren, wenn darüber kaum berichtet wird? Wer hier um Spitzenleistungen kämpft, ist nicht auf Reichtum aus – allenfalls auf Ruhm und Ehre, für sich und für unser Land.

sachlich-argumentierend schreiben
S. 222 f.

3. Vergleicht die beiden folgenden Ausschnitte aus einem Kommentar unter sprachlichen Gesichtspunkten.
- Besprecht und begründet, welcher Schreibstil euch besser gefällt.
- Stellt zusammen, worin die Unterschiede in Wortwahl und Satzbau bestehen, und diskutiert mögliche Gründe für den jeweiligen Schreibstil.

A) Hungerlohn für Weltmeister
Spitzensportler schwimmen im Geld! Weiß doch jeder – oder? Wenn Messi 65 Millionen im Jahr verdient und Bayern-Trainer Guardiola immerhin mindestens 15 Millionen, dann wird es doch für eine Weltmeisterin im Weitsprung sicher für mehr reichen als für das tägliche Mittagessen. Weit gefehlt! Zwischen Fußballmeister und Weitsprungmeister liegen Millionen! Durchschnittlich 626 Euro monatlich blieben 2010 einem Spitzensportler in der Leichtathletik. Ein Hungerlohn!
Woran liegt das? Die Medien (...)

B) Gerechtere Förderung im Sport?
Viele glauben, dass Spitzensportler finanziell ausgesorgt haben; man kann sich nicht vorstellen, dass zwischen dem Gehalt eines Weltfußballers und einer Weltmeisterin in der Leichtathletik ein gewaltiger Unterschied besteht. Während Spitzensportler in medienwirksamen Sportarten wie Fußball, Tennis oder Rennsport Millionen verdienen, müssen andere, die nicht im Zentrum medialen Interesses stehen, mit weitaus weniger zufrieden sein. (...)

4. Schreibt auf der Grundlage eures Schreibplans (S. 67, Aufgabe 8) entsprechend der Aufgabenstellung (S. 62, Aufgabe 3) selbst einen vollständigen Kommentar.

5. Diskutiert und überarbeitet eure Ergebnisse.
- Nutzt die blaue Box (S. 69) für ein differenziertes Feedback.
- Überarbeitet in kleinen Schreibteams eure Kommentare.
- Ihr könnt zur abschließenden Bewertung anstelle der Tageszeitung eine Jury bilden und Preise für die Sieger vergeben.

Materialgestütztes Schreiben eines Kommentars

Nach der Auswertung der Materialien nehmt ihr in einem Kommentar zu einem Thema für einen bestimmten Adressatenkreis argumentierend und wertend Stellung.

1. Den Kommentar vorbereiten und planen

- **Aufgabenstellung** klären, z. B. *Ziel, Merkmale der Textsorte* (s. S. 62)
- **Adressaten** beachten (z. B. *Vorwissen, Erwartungen, Anrede, Sprachstil*)
- **Material** auswählen und auswerten (s. S. 23)
- **eigenes Wissen** ergänzen
- **Informationen ordnen** (z. B. *Tabelle, Mindmap, Schaubild*)
- **Schreibplan** erstellen

2. Den Kommentar schreiben

Inhalt und Aufbau:
- **Überschrift:** knapp, provokativ, reizt zum Weiterlesen
- **Einleitung:** holt die Leser ab, führt in die Thematik ein
- **Hauptteil:** stellt Sachverhalt, aktuellen Bezug dar; stützt eigene Position durch überzeugende Argumentation; geht auf unterschiedliche Positionen ein
- **Schluss:** resümiert, fordert auf, appelliert

Sprachliche Gestaltung:
- Anforderungen der Textsorte und Adressaten beachten (Sprachstil)
- meist einfache Sätze, prägnante und wertende Formulierungen

3. Den Kommentar überarbeiten

- Sprachstil und sprachliche Richtigkeit mit Wörterbuch oder am PC prüfen

6. Zum Differenzieren ■ ■ ■ ■

A Schreibt zum Text „Jugendsport unter Erfolgsdruck" (S. 60) einen Kommentar für die Schülerzeitung.

B Wertet den folgenden Text sowie den auf Seite 72 aus und schreibt einen Kommentar für eine überregionale Tageszeitung.

Kosten von Polizeieinsätzen: Bremen macht Ernst (zdf.de, Ausschnitt, 2015)

Die Bremer Risikospiele haben den Steuerzahler vergangene Saison rund 1,4 Millionen Euro gekostet. Pro zusätzlichem Einsatz kostet die Überwachung der Risikobegegnungen Schätzungen zufolge 250.000 Euro pro Einsatz. Nach Berechnungen der Zentralen Informationsstelle Sporteinsätze (ZIS) fallen pro Saison bei Spielen der 1. und 2.
5 Bundesliga fast 1,8 Millionen Arbeitsstunden für Polizisten an. Das entspreche 1351 Vollzeitstellen oder – wie die Polizeigewerkschaft errechnet hat – einem Gegenwert von ca. 90 Millionen Euro.

Wissen und Können

Lerninsel:
material-
gestütztes
Schreiben
eines argu-
mentierenden
Textes
S. 257–260

Vorlage
Checkliste
material-
gestütztes
Schreiben
eines argu-
mentierenden
Textes
ha4xz4

sachlich-argu-
mentierend
schreiben
S. 222 f.

Differenzieren
material-
gestütztes
Schreiben
eines Kom-
mentars
hz5ef8

Risikospiele:
z. B. SV Werder
Bremen gegen
Hannover 96,
Hamburger SV
oder Eintracht
Frankfurt

Sprachliche Mittel der Leserlenkung erkennen

**Dieter Mussler: Überkommerzialisierung des Sports
(Fachbuch, Ausschnitt, 2014)**

Die Frage ist, ob derartige Millionentransfers noch etwas mit rationalem ökonomischen Verhalten zu tun haben? Oder ob dies nicht Anzeichen einer aufkommenden Überkommerzialisierung im Sportbusiness sind? […] Und wird damit nicht das gefährdet, was den Sport bislang so stark und einzigartig machte: Emotionen, Authentizität, Nähe, Menschlichkeit und Fair Play? Sind sportliche Erfolge nur noch dann möglich, wenn es gelingt, für exorbitante Millionenbeträge Fußballer von hier nach dort zu lotsen?

**Überkommer-
zialisierung:**
zu sehr am Gewinn orientiert

Authentizität:
Glaubwürdigkeit, Echtheit

exorbitant:
enorm, außergewöhnlich

1. Benennt und erläutert die Stilmittel in dem Ausschnitt.
Übernehmt dazu die Tabelle und ergänzt sie.

Beispiel	Stilmittel	Wirkung auf den Leser
Emotionen, Authentizität, Nähe, Menschlichkeit und Fair Play	*Aufzählung (Akkumulation)*	*Steigerung der Eindringlichkeit der Aussage, Intensivierung*
exorbitante Millionenbeträge	…	…
…	…	…

2. Formuliert die folgenden Sätze so um, dass die sprachlichen Bilder aufgelöst werden, die Bedeutung der Sätze aber weitgehend erhalten bleibt.
– Orientiert euch an dem Beispiel. Verwendet für die zweite Spalte ein Wörterbuch.
– Vergleicht eure Sätze mit den Originalsätzen. Beschreibt, inwiefern sich die Wirkung auf den Leser verändert hat.

sprachliches Bild	Bedeutung	Wirkung
Die Zeche dürfte vor allem Werder Bremen zahlen müssen. (S. 72, Z. 8 f.)	*„die Zeche zahlen" = die unangenehmen Folgen von etwas tragen; für einen Schaden aufkommen* ➔ *Die unangenehmen Folgen dürfte vor allem Werder Bremen zu tragen haben.*	Bild wirkt anschaulicher ➔ die Folgen werden intensiver wahrgenommen

1) Alle diese Zahlen weisen darauf hin, dass das Kartenhaus Topfußball so langsam zusammenbricht. (Dieter Mussler, S. 59, Z. 70 ff.)
2) Darf ein Manager in Gehaltssphären vordringen, in denen sich sonst nur einzigartig begabte Ballvirtuosen tummeln? Jawohl. (Patrick Bernau, S. 47, Z. 10–13)
3) Das lässt auch beim finanziell nicht auf Rosen gebetteten Bundesliga-Schlusslicht die Alarmglocken schrillen. (Bremer Gesetz verabschiedet, S. 72, Z. 33 ff.)

Lerninsel:
sprachliche
Bilder, besondere
Gestaltungsmittel
S. 275 f.

⊕ **Differenzieren**
sprachliche MIttel
der Leserlenkung
erkennen
a6qe25

4) Das Gefälle zwischen den armen Schluckern und den Superverdienern bei den Olympischen Winterspielen wird durch die Eishockey-Stars der nordamerikanischen Profiliga NHL besonders krass illustriert. (Arme Schlucker in der Überzahl, S. 64, Z. 7–11)

3. Beschreibt, worin sich die beiden folgenden Sätze unterscheiden. Prüft, ob sich aus den Unterschieden auch verschiedene Wirkungen ergeben. Begründet.

A) Und wird damit nicht das gefährdet, was den Sport bislang so stark und einzigartig machte […]? (S. 70, Z. 3 f.)

B) Wird damit das gefährdet, was den Sport bislang stark machte?

4. Formuliert die folgenden Aussagesätze aus dem Text von Winand von Petersdorff (S. 48 f.) als rhetorische Fragen. Beschreibt, inwiefern sich die Aussage verändert.

Die Alternative im eigenen Land ist für die Jungen nicht annähernd so attraktiv. (Z. 45 f.)

Auf die Frage, ob sie in ihrer Heimat bleiben oder lieber nach Europa gehen wollen, um das zu tun, was sie ohnehin am liebsten tun, in einem Ambiente, das sie als reinen Luxus empfinden müssen, wäre ihre Antwort vorhersehbar […]. (Z. 56–62)

Selbst wenn man den Jungen die Risiken des Scheiterns drastisch vor Augen führt, würden sie wohl kaum zögern. (Z. 54 ff.)

5. Durch die folgenden Formulierungen wird der Leser nicht nur gelenkt, sondern manipuliert. Erklärt, woran ihr dies erkennt, und überlegt, wie man darauf reagieren könnte.

Jeder, der auch nur einen Funken Verstand besitzt, wird mir darin zustimmen, dass der Kauf eines minderjährigen Spielers aus dem Ausland ein klarer Fall von Menschenhandel ist.

Es gibt Fragen, auf die es nur eine Antwortmöglichkeit gibt. Die Antwort auf die Frage, ob Fußballclubs die Möglichkeit eingeräumt werden sollte, minderjährige Spieler aus dem Ausland zu verpflichten, lautet daher eindeutig: Nein!

Ich bin bestürzt über solch einen Blödsinn!

Es ist doch allgemein bekannt, dass mehr als 70 Prozent der deutschen Spitzensportler jedes Jahr Werbeverträge in Millionenhöhe abschließen.

Textgebundene Erörterung

Beispiellösung
BLF-Aufgabe
2749gm

Erörtert den folgenden Text.
– Arbeitet die Argumentation der Gegner des Bremer Gesetzes heraus.
– Setzt euch mit ihrer Position auseinander.

DFL:
Deutsche
Fußball-Liga

Text
BLF-Aufgabe
z54he6

Bremer Gesetz verabschiedet: DFL will vor Gericht gehen
(kicker.de, Ausschnitt, 2014)

Bremen macht Ernst: Am Mittwoch verabschiedete die Bürgerschaft das umstrittene Gesetz, nach dem die Kosten für Polizeieinsätze bei Risikospielen dem
5 Veranstalter auferlegt werden können. Die DFL reagierte mit Unverständnis und kündigte den Gang durch die Instanzen an. Die Zeche dürfte vor allem Werder Bremen zahlen müssen.
10 Bislang wurden sämtliche Kosten für die Sicherheit außerhalb der Stadien aus öffentlichen Mitteln getragen. Nach der Verabschiedung des Gesetzes in zweiter Lesung am Mittwoch wird die Stadt Bremen für
15 Polizeieinsätze bei Risikospielen im Weserstadion schon bald die DFL zur Kasse bitten. [...]

DFL-Präsident Reinhard Rauball kündigte für diesen Fall noch am Mittwoch-
20 abend an, notfalls bis vor das Bundesverfassungsgericht ziehen zu wollen. „Wir bleiben dabei, dass es mit unserem Rechtsverständnis grundsätzlich nicht vereinbar ist. Das Bremer Gesetz löst nicht die Probleme,
25 sondern soll nur die Haushaltslöcher stopfen. Sollte der Ligaverband einen Kostenbescheid aus Bremen erhalten, werden wir in jedem Fall juristische Schritte dagegen einleiten", sagte der Jurist, der zudem betonte,
30 dass eine etwaige Zahlungsaufforderung direkt an Werder Bremen weitergeleitet werden würde.

Das lässt auch beim finanziell nicht auf Rosen gebetteten Bundesliga-Schlusslicht die Alarmglocken schrillen. „Der SV Wer- 35 der wird durch den Bremer Weg finanziellen Schaden nehmen", ist sich Geschäftsführer Klaus Filbry sicher: „[...] Den Verein könnte das drei bis vier Millionen Euro kosten." Für Filbry sei es „unverständlich, warum 40 Bremen als einziges Land aus dieser bundesweiten Solidargemeinschaft ausschert". Der Werder-Boss dachte laut darüber nach, dass der Verein sein soziales Engagement in der Stadt zurückfahren könne. 45

Dass sich die Bremer Landesregierung noch von ihrem Vorhaben abbringen lässt, ist trotz dieses Säbelrasselns nahezu ausgeschlossen. Auch dass der DFB das schon fest für den 14. November im Weserstadion 50 geplante EM-Qualifikationsspiel der Nationalmannschaft gegen Gibraltar kurzerhand nach Nürnberg verlegt hatte, konnte die Verabschiedung des Gesetzes schließlich nicht verhindern. 55

Innensenator Ulrich Mäurer (SPD) blickte dem Gang vor die Gerichte gelassen entgegen: „Wenn man sich seitens der DFL die erste Niederlage eingehandelt hat, wird man vielleicht zur Vernunft kommen und darü- 60 ber nachdenken, ob man nicht einen anderen Weg gehen kann", sagte der Politiker, der sich in der Rolle des Vorreiters gefällt und damit rechnet, dass andere Bundesländer dem Bremer Weg folgen werden [...]. 65

Lerninsel:
eine textgebundene
Erörterung schreiben
S. 249 ff.

⊕ Training
interaktiv
textgebundene
Erörterung
2i6s8p

Arbeitsschritte

1. Analysiert die Aufgabenstellung (S. 72).
   - Prüft, welche Akzente sie für die Lösung der Aufgabe setzt.
   - Lest den Text mit Blick auf die Schwerpunktsetzung mehrfach.
   - Überlegt, in welchen Schritten ihr vorgehen könnt.

2. Bereitet die Textanalyse vor.
   - Bestimmt die Fragestellung und die Kernaussage.
   - Stellt stichpunktartig die Argumente der Deutschen Fußball-Liga
     und des Vereins Werder Bremen zusammen.
   - Benennt Gestaltungsmittel (Sprache und Form), mit denen
     die Deutsche Fußball-Liga und der Verein ihre Position unterstützen.
   - Notiert Stichpunkte.

3. Bereitet die Erörterung vor.
   - Entscheidet, welche Position ihr selbst vertreten wollt.
   - Belegt eure Zustimmung oder Ablehnung mit Argumenten aus dem Text.
   - Sammelt eigene Argumente und Argumentationsstützen (Beispiele, Zitate).
   - Wählt das Gliederungsprinzip eures Erörterungsteils aus: Sanduhrprinzip
     oder Ping-Pong-Prinzip.
   - Notiert Stichpunkte.

4. Entwerft einen Schreibplan mit Stichpunkten zu Einleitung, Hauptteil
   (Teil 1: analytischer Teil, Teil 2: erörternder Teil) und Schluss.
   Ergänzt Ideen für die Überleitungen zwischen Einleitung und Textanalyse,
   Textanalyse und Erörterung sowie Erörterung und Schluss.

5. Schreibt die vollständige textgebundene Erörterung.

6. Überarbeitet die textgebundene Erörterung. Nutzt die blaue Box auf Seite 58.
   Achtet beim
   - analytischen Teil auf die Aufgabenstellung (S. 72), die sachliche Richtigkeit
     und die sprachliche Korrektheit.
   - erörternden Teil auf die Einhaltung des Gliederungsprinzips, die Über-
     zeugungskraft der Argumente und die Logik der Gedankenführung.

7. Tauscht eure textgebundenen Erörterungen aus und gebt euch ein Feedback.

8. Extra

   Ihr könnt die textgebundene Erörterung auch nach dem Integrationsprinzip
   schreiben.

text-
gebundene
Erörterung
S. 48–61

⊕
So geht's
interaktiv
BLF-Aufgabe
n87z7f

sprachliche
Mittel der
Leserlenkung
erkennen
S. 70 f.

sachlich-argu-
mentierend
schreiben
S. 222 f.

Vorlage
Checkliste
textgebundene
Erörterung
6tm6pe

Das könnt ihr schon!

· epische, dramatische und lyrische Texte
  schriftlich interpretieren
· eine literarische Erörterung schreiben
· mit literarischen Texten produktiv umgehen

Theaterplakat, Schauburg, München 2013

Eden:
Garten Eden, in der Bibel Bezeichnung für Paradies, aus dem Adam und Eva vertrieben wurden

Connecticut:
Bundesstaat im Nordosten der Vereinigten Staaten

vermaledeit:
verflucht

John Steinbeck: Jenseits von Eden (Ausschnitt, 1952)

Auf einer Farm in Connecticut leben die Brüder Charles und Adam mit ihrem Vater Cyrus und dessen zweiter Frau. Adam ist der Erstgeborene und stammt von Cyrus' erster Frau. Der Vater möchte Adam – und nicht Charles – die Möglichkeit verschaffen, Soldat zu werden. Charles hat ein Gespräch zwischen seinem Vater und Adam beobachtet und möchte Genaueres erfahren:

Charles drängte sich dichter an ihn. „Was hat er am Nachmittag zu dir gesagt? Ich habe gesehen, ihr seid zusammen spazieren gegangen. Was hat er dir gesagt?"

5 „Er sprach bloß von der Armee – wie immer."

„So sah es mir nicht aus", sagte Charles argwöhnisch. „Ich hab' gesehen, wie er sich zu dir hinbeugte, so wie er mit Männern
10 spricht – nicht wenn er etwas erzählt, sondern wenn er mit jemand spricht."

„Er hat erzählt", sagte Adam noch ruhig, aber er musste auf seinen Atem achtgeben, denn eine leise Angst begann, sich in seiner
15 Magengrube bemerkbar zu machen. Er tat einen möglichst tiefen Atemzug und hielt die Luft an, um die Angst zu verdrängen.

„Was hat er dir erzählt?", fragte Charles abermals.
20 „Von der Armee und vom Soldatenleben."

„Ich glaube dir nicht", sagte Charles. „Weißt du, was du bist? Ein vermaledeiter Heuchler und Lügner. Wovor willst du dich
25 drücken? Was hast du zu verschweigen?"

„Nichts", sagte Adam.

Raubeinig sagte Charles: „Deine verrückte Mutter hat sich ertränkt. Sie hat dich wohl angeschaut. Das hat ihr genügt."

30 Adam ließ vorsichtig die eingezogene Luft entweichen und unterdrückte seine schreckliche Angst. Er blieb stumm.

Charles schrie ihn an: „Du versuchst, ihn wegzunehmen! Ich weiß nicht, wie du das anstellst. Was fällt dir denn ein?"
35

„Nichts", sagte Adam.

Charles sprang vor ihn hin und stellte sich ihm in den Weg, sodass Adam, fast Brust an Brust mit dem Bruder, stehenbleiben musste. Er wich zurück, doch vorsichtig, wie
40 wenn man einer Schlange ausweichen will.

„Zum Beispiel an seinem Geburtstag!", schrie Charles. „Fünfundsiebzig Cents hab' ich's mich kosten lassen und hab' ihm ein Messer, deutsches Fabrikat, gekauft: mit drei
45 Klingen und einem Korkzieher, das Heft mit Perlmutter beschlagen. Wo ist das Messer? Hast du gesehen, dass er es jemals gebraucht hat? Hat er's dir geschenkt? Ich hab' nicht mal gesehen, dass er's geschliffen hat. Hast
50 du das Messer vielleicht in deiner Tasche? Was hat er damit angefangen? ,Danke', hat

Lerninseln:
einen litera-
rischen Text
interpretieren
S. 240 f.

eine literari-
sche Erörte-
rung schreiben
S. 255 ff.

Umgang
mit epischen
Texten
S. 267 ff.

Umgang mit
dramatischen
Texten
S. 277 ff.

Umgang
mit lyrischen
Texten
S. 273 ff.

🌐 Eingangstest
Interpretation,
literarische
Erörterung
3cs453

er gesagt, weiter nichts. Das war alles, was ich je gehört hab' von einem Messer, echt
55 deutsches Fabrikat, mit Perlmuttergriff, das fünfundsiebzig Cents gekostet hat."

Aus seinem Ton klang die Wut; Adam beschlich Angst; aber er wusste auch, dass ihm noch ein Augenblick Frist blieb. Oft genug
60 hatte er ja die bösartige Maschine an der Arbeit gesehen, die alles niederwalzte, was ihr im Wege stand. Zuerst kam die heiße, dann die kalte Wut, Beherrschtheit; der nichtssagende Blick, das zufriedene Lächeln, die
65 tonlose Stimme, lediglich Geflüster. Wenn es so weit kam, dann war Mord im Verzug, aber kühler, überlegter Mord mit genau und geschmeidig arbeitenden Händen. Adam schluckte seinen Speichel, um seine ausge-
70 dörrte Kehle zu netzen. Es fiel ihm nichts zu sagen ein, worauf gehört worden wäre, denn wenn der Bruder einmal in die Wut geraten war, dann hörte er nicht einmal zu, geschweige dass er auf etwas hörte. Massig,
75 dunkel stand er vor Adam, der kleiner, brei-

ter, dicker war, aber noch nicht geduckt. Im Sternenlicht glänzten seine feuchten Lippen, aber er lächelte noch nicht, und in seiner Stimme war noch Wut.

„Was hast du an seinem Geburtstag getan? 80 Meinst du, ich habe es nicht bemerkt? Hast du fünfundsiebzig Cents ausgegeben oder auch nur fünfzig? Einen jungen Hund hast du ihm gebracht, so einen Scherenschleifer, den du irgendwo im Wald aufgelesen hast. 85 Hast gelacht wie ein Irrer und gesagt, der gäbe mal einen guten Hühnerhund. Der Hund schläft in seinem Zimmer. Er spielt mit ihm, während er liest. Er hat ihn vollkommen dressiert. Und wo ist das Messer? 90 ,Danke', hat er gesagt. Einfach ,Danke'." Charles flüsterte jetzt, und seine Schultern senkten sich.

Adam machte einen verzweifelten Satz nach rückwärts und hob die Hände zum 95 Schutz vors Gesicht. Einen Fuß fest vor den andern pflanzend, rückte der Bruder näher, genau wie ein Uhrwerk. […] Die ganze Zeit über blickte Adam den Bruder an, so wie der zum Tode Verurteilte voll hoff- 100 nungsloser Qual den Henker anblickt.

Adam gelingt es, sich aus den Fängen seines Bruders zu befreien. Sein Vater bezichtigt ihn, er habe Charles einen Grund für diesen Übergriff gegeben. Adam gibt schließlich 105 *als Erklärung für Charles´ Verhalten an: „Er meint, du liebest ihn nicht."*

Scherenschleifer: hier: Schimpfwort; als herumziehender Handwerker gering geachtet

Lerninsel: Erzählperspektive S. 270

1. Besprecht, wie die Szene auf euch wirkt. Beschreibt den Grundkonflikt und die Motive der Beteiligten.

2. Untersucht die Erzählperspektive sowie die Gestaltung der inneren und äußeren Handlung.

3. Sucht nach Textstellen, aus denen ihr Pro- und Kontra-Argumente für die folgende These ableiten könnt: Charles ist nicht nur Täter, sondern auch Opfer.

4. Nennt weitere literarische Werke, in denen Rivalität ein zentrales Thema ist.

Das lernt ihr jetzt!

- schriftliche Interpretationen und literarische Erörterungen sicher verfassen
- textexterne Informationen für die Interpretation nutzen
- einen literarischen Text für die Vorbereitung einer Filmsequenz verwenden

Verloren, verstoßen, gestrandet
Literarische Texte schriftlich interpretieren

Die Interpretation eines epischen Textes vorbereiten

Hans-Ulrich Treichel:
Der Verlorene (Anfang, 1998)

Osten:

hier: Flucht aus den Ostgebieten (Ostpreußen, Westpreußen, Pommern, Schlesien) im letzten Kriegsjahr des Zweiten Weltkriegs; die Familie des Ich-Erzählers floh aus einem kleinen Ort südlich von Danzig

Mein Bruder hockte auf einer weißen Wolldecke und lachte in die Kamera. Das war während des Krieges, sagte die Mutter, im letzten Kriegsjahr, zuhaus. Zuhaus, das war
5 der Osten, und der Bruder war im Osten geboren worden. Während die Mutter das Wort „Zuhaus" aussprach, begann sie zu weinen, so wie sie oft zu weinen begann, wenn vom Bruder die Rede war. Er hieß
10 Arnold, ebenso wie der Vater. Arnold war ein fröhliches Kind, sagte die Mutter, während sie das Foto betrachtete. Dann sagte sie nichts mehr, und auch ich sagte nichts mehr und betrachtete Arnold, der auf einer
15 weißen Wolldecke hockte und sich freute. Ich weiß nicht, worüber Arnold sich freute, schließlich war Krieg, außerdem befand er sich im Osten, und trotzdem freute er sich. Ich beneidete den Bruder um seine Freu-
20 de, ich beneidete den Bruder um die weiße Wolldecke, und ich beneidete ihn auch um seinen Platz im Fotoalbum. Arnold war ganz vorn im Fotoalbum, noch vor den Hochzeitsbildern der Eltern und den
25 Porträts der Großeltern, während ich weit hinten im Fotoalbum war. Außerdem war Arnold auf einem ziemlich großen Foto abgebildet, während die Fotos, auf denen ich abgebildet war, zumeist kleine, wenn nicht
30 winzige Fotos waren. Fotos, die die Eltern mit einer sogenannten Box geschossen hatten, und diese Box konnte anscheinend nur kleine beziehungsweise winzige Fotos machen. Die Fotos, auf denen ich abgebildet
35 war, musste man schon sehr genau betrachten, um überhaupt irgendetwas erkennen zu

können. Eines dieser winzigen Fotos zeigte beispielsweise ein Wasserbecken mit mehreren Kindern, und eines dieser Kinder war ich. Allerdings war von mir nur der Kopf 40 zu sehen, da ich, der ich damals noch nicht schwimmen konnte, im Wasser saß, das mir wiederum fast bis zum Kinn reichte. Außerdem war mein Kopf teilweise verdeckt von einem im Wasser und vor mir stehenden 45 Kind, sodass das winzige Foto, auf dem ich abgebildet war, nur einen Teil meines Kopfes direkt über der Wasseroberfläche zeigte. Darüber hinaus lag auf dem sichtbaren Teil des Kopfes ein Schatten, der wahrscheinlich 50 von dem vor mir stehenden Kind ausging, sodass von mir in Wahrheit nur das rechte Auge zu sehen war. Während mein Bruder Arnold schon zu Säuglingszeiten nicht nur wie ein glücklicher, sondern auch wie ein 55 bedeutender Mensch aussah, war ich auf den meisten Fotos meiner Kindheit zumeist nur teilweise und manchmal auch so gut wie überhaupt nicht zu sehen. So gut wie überhaupt nicht zu sehen war ich beispiels- 60 weise auf einem Foto, das anlässlich meiner Taufe aufgenommen war. Die Mutter hielt ein weißes Kissen auf dem Arm, über dem eine wiederum weiße Decke lag. Unter dieser Decke befand ich mich, was man 65 daran erkennen konnte, dass die Decke sich am unteren Ende des Kissens verschoben hatte und die Spitze eines Säuglingsfußes darunter hervorschaute. In gewisser Weise setzten alle weiteren Fotos, die von mir in 70 meiner Kindheit gemacht worden waren, die Tradition dieses ersten Fotos fort, nur

dass auf späteren Fotos statt des Fußes der rechte Arm, die halbe Gesichtshälfte oder
75 wie auf dem Schwimmbadfoto ein Auge zu sehen war. Nun hätte ich mich mit der nur teilweisen Anwesenheit meiner Person im Familienalbum abfinden können, hätte es sich die Mutter nicht zur Angewohnheit ge-
80 macht, immer wieder nach dem Album zu greifen, um mir die darin befindlichen Fotos zu zeigen. Was jedes Mal darauf hinauslief, dass über die kleinen und winzigen und mit der Box geschossenen Fotos, auf denen
85 ich beziehungsweise einzelne Körperteile von mir zu sehen waren, ziemlich schnell hinweggegangen wurde, während das mir gleichsam lebensgroß erscheinende Foto, auf dem mein Bruder Arnold zu sehen war,
90 Anlass zu unerschöpflicher Betrachtung bot. Das hatte zur Folge, dass ich zumeist mit verkniffenem Gesicht und misslaunig neben der Mutter auf dem Sofa saß und den fröhlichen und gut gelaunten Arnold betrach-
95 tete, während die Mutter zusehends ergriffener wurde. In den ersten Jahren meiner Kindheit hatte ich mich mit den Tränen der Mutter zufriedengegeben und mir keine weiteren Gedanken darüber gemacht, wa-
100 rum die Mutter beim Betrachten des fröhlichen Arnold so häufig zu weinen begann. Und auch die Tatsache, dass Arnold wohl mein Bruder war, ich ihn aber noch nie-

mals leibhaftig zu Gesicht bekommen hatte, hatte mich die ersten Jahre nur beiläufig 105 beunruhigt, zumal es mir nicht unlieb war, mein Kinderzimmer nicht mit ihm teilen zu müssen. Irgendwann aber klärte mich die Mutter insoweit über Arnolds Schicksal auf, als sie mir offenbarte, dass Arnold auf 110 der Flucht vor dem Russen verhungert sei. „Verhungert“, sagte die Mutter, „in meinen Armen verhungert.“ Denn auch sie selbst sei mehr oder weniger gänzlich ausgehungert gewesen während des langen Trecks 115 vom Osten in den Westen, und sie habe keine Milch und auch sonst nichts gehabt, um das Kind zu ernähren. […] Arnold war also tot, was wohl sehr traurig war, mir aber den Umgang mit seinem Foto erleichterte. 120 Der fröhliche und wohlgeratene Arnold war mir nun sogar sympathisch geworden, und ich war stolz darauf, einen toten Bruder zu besitzen, der zudem noch so fröhlich und wohlgeraten ausschaute. Ich trauerte um 125 Arnold, und ich war stolz auf ihn, ich teilte mit ihm mein Kinderzimmer und wünschte ihm alle Milch dieser Welt. Ich hatte einen toten Bruder, ich fühlte mich vom Schicksal ausgezeichnet. Von meinen Spielkameraden 130 hatte kein einziger einen toten und schon gar nicht einen auf der Flucht vor dem Russen verhungerten Bruder.

vor dem Russen: hier: russische Armee; verbunden mit rassischen Vorurteilen, aber auch schrecklichen Erfahrungen (z. B. Vergewaltigungen) beim Vormarsch der russischen Armee

Später erfährt der Ich-Erzähler, dass sein Bruder Arnold auf der Flucht nicht verhungert, sondern verloren gegangen ist. Die Eltern versuchen seit Jahren, Arnold ausfindig zu machen. Als der Ich-Erzähler Jugendlicher ist, wird er in die äußerst aufwändige Suche nach seinem Bruder eingebunden.

1. Beschreibt die familiäre Situation.

2. Vergleicht, wie der Erzähler und sein Bruder Arnold charakterisiert werden.
Erklärt, weshalb der Erzähler „stolz“ (Z. 126) auf Arnold war und
sich „vom Schicksal ausgezeichnet“ (Z. 129 f.) fühlte.

3. Analysiert die Erzählweise. Sucht exemplarische Textstellen heraus. Legt dar,
– wie die Erzählhaltung (z. B. *sachlich, kritisch, melancholisch*) gestaltet ist.
– wie von den Darstellungen auf den Fotografien erzählt wird und
welche Wirkung dies auf den Leser hat.

Lerninsel: Erzählweise S. 270

interpretieren
S. 88

4. Erstellt eine gegliederte Stoffsammlung zur Darstellung der Beziehung
zwischen dem Erzähler und seinem Bruder Arnold (S. 76 f.).
Nutzt eure bisherigen Ergebnisse (S. 77, Aufgaben 1–3).
- Fasst den Inhalt des Anfangs stichpunktartig zusammen.
- Überlegt, warum gerade diese Erinnerung
als Anfang der Erzählung gewählt wurde.
- Formuliert eine Deutungshypothese. (Um welches Problem/Thema geht es?)
- Notiert Stichpunkte zum Vergleich zwischen dem Erzähler und seinem Bruder
Arnold (einschließlich der Fotografien) und zur Erzählweise.
- Ordnet eure Analyse- und Interpretationsergebnisse nach den wichtigsten
Untersuchungsaspekten. Legt eine Reihenfolge fest.
- Fertigt für den Schlussteil Notizen an, wie die familiäre Situation auf euch wirkt.

Die Interpretation eines epischen Textes schreiben und überarbeiten

Hans-Ulrich Treichel: Der Verlorene (Ausschnitt, 1998)

*Eines Tages offenbaren die Eltern dem jugendlichen Ich-
Erzähler, dass sein Bruder nicht auf der Flucht gestorben,
sondern verloren gegangen ist. Nach jahrelanger Suche
haben die Eltern eine Spur: „Findelkind 2307" könnte
der verschollene Arnold sein. Um dies zu klären, benötigen
die Eltern die Mithilfe des Ich-Erzählers. Deshalb sucht
der Vater das Gespräch mit seinem Sohn.*

„Wir suchen ihn." „Wen?", sagte ich. „Arnold", sagte der Vater, ohne zu bemerken,
wie unsinnig meine Frage war. „Seit Jahren
schon." Daraufhin sagte ich nichts, sodass der
5 Vater mir erklären konnte, dass er und die
Mutter schon viele Jahre mithilfe des Such-
dienstes des Roten Kreuzes auf der Suche
nach Arnold seien, dass sie mich aber damit
nicht hatten belasten wollen. Nun jedoch,
10 nach so vielen Jahren, hätten sie jemanden gefunden, bei dem es sich um Arnold
handeln könnte. „Ihr habt ihn gefunden?",
frage ich, und noch während ich die Frage
stellte, spürte ich, dass sich die alte Übelkeit
15 wieder einstellte. „Vielleicht", sagte der Vater. „Es ist nicht sicher. Um ganz sicher zu
sein, brauchen wir deine Hilfe." So hatte ich
den Vater noch nie mit mir sprechen hören. Er sprach zu mir wie zu einem Freund.
20 Oder zumindest wie zu einem Kunden. Er
wollte mich um etwas bitten. Der Vater
hatte mich noch nie um etwas gebeten. Er
hatte immer nur gesagt, was gemacht werden muss, und dann habe ich gemacht, was
gemacht werden muss. Er hatte auch noch 25
nie ein so langes Gespräch mit mir geführt.
Der Ton des Vaters beunruhigte mich, mir
wurde flau, und am liebsten hätte ich meiner
alten Gewohnheit nachgegeben und mich
erbrochen. Es sei notwendig, sagte der Va- 30
ter, verschiedene Untersuchungen vorzu-
nehmen, um die Verwandtschaft mit dem
fraglichen Jungen zu bestätigen. Und diesen Untersuchungen müsste auch ich mich
unterziehen. „Wie habt ihr ihn gefunden", 35
wollte ich wissen, und ich stellte mir vor,
dass wir schon bald nicht mehr zu dritt, sondern zu viert am Mittagstisch sitzen und dass
ich nicht nur den Nachtisch, sondern auch
mein Zimmer teilen, wenn nicht sogar räu- 40
men müsste, um dem großen Bruder Platz
zu machen. Denn der Arnold, den ich von
dem Foto kannte, war wohl ein Säugling,
aber er war noch vor Kriegsende geboren

worden und darum einige bedrohliche Jahre älter als ich. „Wir haben dem Suchdienst mitgeteilt", sagte der Vater, „wann und wo Arnold verloren gegangen ist und dass er einen auffällig starken Haarwirbel an der rechten Seite hat. Daraufhin haben wir vom Roten Kreuz eine Nachricht erhalten, dass eines der vom Roten Kreuz betreuten Findelkinder ebenfalls einen auffällig starken Haarwirbel an der rechten Seite hat." Diese Nachricht, so der Vater, habe sowohl in der Mutter wie auch ihm selbst die Hoffnung geweckt, Arnold gefunden zu haben. […] „Der Junge", sagte der Vater, „ist dir wie aus dem Gesicht geschnitten." Eine Vorstellung, die mir so großes physisches Unbehagen bereitete, dass ich mich zwar nicht übergeben musste, wohl aber eine Art Magenkrampf bekam, der auch mein Gesicht erfasste, die Wangen durchzog und hinter der Stirn endete. Fast schien es, als würde ich die Schnitte spüren, mit denen mir Arnold aus dem Gesicht geschnitten wurde, wobei sich die Schnitte auch in Stromschläge und Schmerzblitze verwandeln konnten, die durch mein Gesicht fuhren und mir ein krampfartiges Grinsen aufnötigten. „Was gibt es hier zu grinsen", sagte der Vater, der nichts von den Schmerzen ahnte und nur den unerzogenen Jungen in mir erblickte. Aus dem freundlichen Kameraden- beziehungsweise Kundengespräch wurde nun wieder das gewohnte Vater-Sohn-Gespräch […]. Wohl war der Magenkrampf inzwischen abgeklungen, doch hatte ich auch weiterhin und speziell in Stresssituationen unter Gesichtskrämpfen zu leiden, die mir nicht nur ein unfreiwilliges Grinsen aufnötigten, sondern gelegentlich auch die Tränen in die Augen trieben. Es war Letzteres, was den Vater veranlasste, mich zum Arzt zu schicken. Der diagnostizierte eine Trigeminusneuralgie, die allerdings so gut wie nicht behandelbar sei, da man ihre Ursachen nicht kenne. In schweren Fällen würde man den Trigeminusnerv lahmlegen, das könne aber mit einer Störung der gesamten Gesichtsmuskulatur einhergehen und sei darum nicht zu empfehlen. In meinem Fall, so der Arzt, sei Abwarten das beste. Vielleicht würde man eines Tages die Ursache meiner Beschwerden herausfinden, vielleicht würden die Beschwerden aber auch von selbst abklingen. Es wäre nicht das erste Mal, dass eine Trigeminusneuralgie ebenso plötzlich verschwinden würde, wie sie aufgetaucht war. Die Trigeminusneuralgie verschwand nicht, sondern plagte mich weiterhin in größeren, aber regelmäßigen Abständen mit ihren stromstoßähnlichen Attacken. Ursachenforschung brauchte ich nicht zu betreiben, ich war mir sicher, dass die Gesichtskrämpfe mit Arnold und speziell mit dem zu tun hatten, was der Vater eine verblüffende Ähnlichkeit nannte. Ich wollte niemandem ähnlich sein, und schon gar nicht meinem Bruder Arnold. Die angeblich verblüffende Ähnlichkeit hatte die Wirkung, dass ich mir selbst immer unähnlicher wurde. Jeder Blick in den Spiegel irritierte mich. Ich sah nicht mich, sondern Arnold, der mir zunehmend unsympathischer wurde. Wäre er doch auf der Flucht verhungert. Stattdessen mischte er sich in mein Leben ein. Und in mein Aussehen. Um ihn doch noch verhungern zu lassen, wünschte ich mir einen dritten Weltkrieg. Doch der dritte Weltkrieg kam nicht.

Trigeminusneuralgie: äußerst schmerzhafter Reizungszustand des Trigeminusnervs, führt zu Schmerzattacken im Gesicht

Die Eltern lassen viele medizinische Untersuchungen über sich ergehen und verlangen denselben Einsatz auch vom Ich-Erzähler. Der Vater stirbt schließlich an einem Herzinfarkt, die Mutter nimmt in der Firma die Stellung ihres Mannes ein und lässt erst Jahre später – als sie Arnold offenbar tatsächlich gefunden haben – von der Suche ab.

1. Stellt dar, wie der Erzähler auf die Nachricht von der offenbar erfolgreichen Suche nach Arnold reagiert. Nennt Gründe für seine Reaktion. Notiert Stichpunkte.

2. Erläutert den Interpretationsschwerpunkt der folgenden Aufgabenstellung:

> Interpretiert den Ausschnitt aus der Erzählung „Der Verlorene" von Treichel (S. 78 f.). Geht dabei auf die Situation und die Gedanken und Gefühle des Erzählers, deren Ursachen sowie auf die erzählerische Darstellung ein.

3. Analysiert den Textausschnitt (S. 78 f.) und formuliert eine Deutungshypothese. (Um welches Problem/Thema geht es?)

4. Beurteilt die folgenden Einleitungen. Prüft, ob ein interessanter Einstieg gewählt wurde und euch die Deutungshypothese überzeugt.

> *Einleitung A:*
> *Es ist alltäglich, dass ein Einzelkind durch ein jüngeres Geschwisterkind entthront wird und leidet. Was aber geschieht, wenn das Einzelkind eines Tages davon erfährt, in Wahrheit einen älteren Bruder zu haben? Einen Bruder, der im letzten Kriegsjahr auf der Flucht aus dem Osten verloren gegangen ist und nach jahrelanger heimlicher Suche der Eltern offenbar gefunden wird. Davon handelt der Ausschnitt aus Hans-Ulrich Treichels Erzählung „Der Verlorene", die 1998 erschien.*

> *Einleitung B:*
> *Wenn einen Jugendlichen „jeder Blick in den Spiegel irritiert[...]" (Z. 113 f.), wenn er seiner selbst nicht mehr sicher ist, dann kann das verschiedene Ursachen haben. In dem Ausschnitt aus Hans-Ulrich Treichels 1998 erschienener Erzählung „Der Verlorene" stürzt der jugendliche Erzähler in eine Identitätskrise, da der Vater seinen Sohn nicht beachtet, weil er mit der Suche nach dem erstgeborenen, auf der Flucht aus dem Osten verloren gegangenen Bruder beschäftigt ist.*

5. Beurteilt den Ausschnitt aus dem Schülertext nach folgenden Kriterien:

- ✔ Die für die Aufgabenstellung relevanten Abschnitte wurden zusammengefasst und der Ausschnitt aus der Erzählung in den Textzusammenhang eingeordnet.
- ✔ Die Gefühlslage des Erzählers wird deutlich und die Ursachen dafür sind nachvollziehbar dargelegt.
- ✔ Die Anordnung der Abschnitte und Untersuchungsergebnisse ist logisch.
- ✔ Die Aussagen sind überzeugend belegt und die Zitate in den Text integriert.

Lerninsel:
zitieren und
paraphra-
sieren
S. 231

> *Über Jahre hinweg wird dem Erzähler von seinen Eltern die Unwahrheit über seinen Bruder erzählt. Erst als Jugendlicher erfährt er von seinem Vater, dass sein Bruder Arnold nicht tot, sondern auf der Flucht aus dem Osten verloren gegangen sei und die Eltern schon lange mithilfe des Roten Kreuzes Nachforschungen angestellt haben.*

Als der Erzähler hört, dass sein Bruder womöglich gefunden wurde, reagiert er darauf
schockiert und verstört. Eifersucht und die Angst, seinem älteren Bruder das Feld überlassen
zu müssen, treiben ihn um. Er leidet physisch, ihm wird übel, er empfindet heftige Gesichts-
schmerzen und muss zwanghaft Grimassen ziehen. Sein Vater erkennt nicht die seelischen
Qualen, die sein Sohn durchlebt. Er macht ihm vielmehr noch Vorhaltungen. Auch im weiteren
Verlauf wird der Erzähler von seinen Eltern kaum beachtet, alles dreht sich nur um die Suche
nach Arnold.
Wie unterkühlt das Verhältnis zwischen dem Erzähler und seinem Vater ist, wird allein schon
durch die Formulierung „der Vater" (u. a. Z. 2) statt „mein Vater" deutlich. Die Verwendung
des Artikels anstelle des Possessivpronomens unterstreicht die Distanz zwischen den beiden.
Besonders aussagekräftig ist aber die Feststellung des Erzählers, dass sein Vater „noch nie"
(Z. 18) auf diese Weise zu ihm gesprochen habe, nämlich „wie zu einem Freund" (Z. 19) oder
– mit einem weiteren Vergleich einschränkend – „wie zu einem Kunden" (Z. 20). Seltsam ist,
dass sich der Erzähler nicht über diese Verhaltensänderung freut, sondern sich „flau" (Z. 28)
fühlt. Dieses Unwohlsein steigert sich immer mehr, ihm wird übel und er erleidet „Schmerz-
blitze" (Z. 69). Dieser Neologismus veranschaulicht dem Leser die Qualen des Sohnes, die
eine Trigeminusneuralgie hervorrufen. Neben der Schilderung der physischen Symptome
wird auch das seelische Leiden des Erzählers dargestellt. Er kommt sich selbst fremd vor.
Schuld daran hat wohl vor allem sein Vater, der ihn fast immer lieblos behandelt.

6. Bereitet entsprechend der Aufgabenstellung (S. 80, Aufgabe 2)
eine vollständige Interpretation vor. Erstellt einen Schreibplan.
 – Nutzt für die Einleitung eure Ergebnisse von Aufgabe 1 (S. 79) und 3 (S. 80).
 – Überlegt, welche Aspekte ihr für den Hauptteil ergänzen müsst.
   Fertigt dazu Notizen an und sucht geeignete Textbelege.
 – Schreibt in Stichpunkten für den Schlussteil auf, wie sich die Haltung
   des Erzählers gegenüber Arnold im Vergleich zum Anfang der Erzählung
   verändert hat.

7. Schreibt mithilfe eures Schreibplans (Aufgabe 6) eine vollständige Interpretation
und überarbeitet sie. Ihr könnt Teile des Schülertextes verwenden und
euch an der blauen Box (S. 88 f.) orientieren.

korrekt zitie-
ren und para-
phrasieren
S. 98 f.

8. Extra

Recherchiert biografische Informationen über den Autor Hans-Ulrich Treichel und
stellt dar, inwiefern diese Erzählung mit seiner eigenen Biografie zusammenhängt.
Ihr könnt auch Interviews mit dem Autor nutzen.

textexterne
Aspekte zur
Interpretation
nutzen
S. 132

9. Zum Differenzieren ■ ■ ■ ■

A Charakterisiert das Verhältnis zwischen dem Erzähler und seinem Bruder Arnold
in dem Textausschnitt auf den Seiten 76 f. Nutzt eure Vorarbeiten (S. 77 f.,
Aufgaben 2–4). Überarbeitet eure Interpretation mithilfe der blauen Box (S. 88 f.).

B Interpretiert schriftlich den Romanausschnitt aus „Jenseits von Eden"
von Steinbeck (S. 74 f.) unter dem Aspekt der Rivalität der Brüder.

Differenzieren
Interpretation
eines epischen
Textes
tq4h6t

Die Interpretation eines dramatischen Textes vorbereiten

weitere Texte
S. 162, 278–282

Friedrich Schiller: Die Räuber, Erster Akt, erste Szene (Ausschnitt, 1781)

Der ältere Sohn des Grafen von Moor, Karl, wurde bislang von seinem Vater bevorzugt. Weg von zuhause führt er allerdings ein wildes Studentenleben, macht Schulden, besinnt sich schließlich aber und bittet den Vater um Vergebung. Sein jüngerer Bruder Franz fängt den Brief ab und intrigiert gegen Karl, indem er dem Vater vorspielt, Karl habe gebrandschatzt, Frauen geschändet und gemordet. Franz gelingt es schließlich durch seine Intrige, dass Karl verbannt und enterbt wird.

**gebrand-
schatzt:**
durch Brand-
drohung erpresst

FRANZ [in Abwesenheit des Vaters] *(mit Lachen ihm nachsehend)*. Tröste dich, Alter, du wirst ihn nimmer an diese Brust drücken, der Weg dazu ist ihm verrammelt, wie der Himmel der Hölle. — Er war aus deinen Armen gerissen, ehe du wusstest, dass du es wollen könntest — Da müsst ich ein erbärmlicher Stümper sein, wenn ichs nicht einmal so weit gebracht hätte, einen Sohn vom Herzen des Vaters loszulösen, und wenn er mit ehernen Banden daran geklammert wäre. — Ich hab einen magischen Kreis von Flüchen um dich gezogen, den er nicht überspringen soll. — Glück zu, Franz! Weg ist das Schoßkind — Der Wald ist heller. Ich muss diese Papiere vollends aufheben, wie leicht könnte jemand meine Handschrift kennen! *(Er liest die zerrissenen Briefstücke zusammen.)* Und Gram wird auch den Alten bald fortschaffen — und ihr muss ich diesen Karl aus dem Herzen reißen, wenn auch ihr halbes Leben dran hängen bleiben sollte.
Ich habe große Rechte, über die Natur ungehalten zu sein, und bei meiner Ehre! ich will sie geltend machen. — Warum bin ich nicht der Erste aus Mutterleib gekrochen? Warum nicht der Einzige? Warum musste sie mir diese Bürde von Hässlichkeit aufladen? Gerade mir? Nicht anders, als ob sie bei meiner Geburt einen Rest gesetzt hätte. Warum gerade mir die Lappländernase? Gerade mir dieses Mohrenmaul? Diese Hottentottenaugen? Wirklich, ich glaube, sie hat von allen Menschensorten das Scheußliche auf einen Haufen geworfen und mich daraus gebacken. Mord und Tod! Wer hat ihr die Vollmacht gegeben, jenem dieses zu verleihen und mir vorzuenthalten? Könnte ihr jemand darum hofieren, eh er entstund? Oder sie beleidigen, eh er selbst wurde? Warum ging sie so parteilich zu Werke? Nein! nein! ich tu ihr Unrecht. Gab sie uns doch Erfindungsgeist mit, setzte uns nackt und armselig ans Ufer dieses großen Ozeans *Welt.* — Schwimme, wer schwimmen kann, und wer zu plump ist, geh unter! Sie gab mir nichts mit; wozu ich mich machen will, das ist nun meine Sache. Jeder hat gleiches Recht zum Größten und Kleinsten, Anspruch wird an Anspruch, Trieb an Trieb und Kraft an Kraft zernichtet. Das Recht wohnet beim Überwältiger, und die Schranken unserer Kraft sind unsere Gesetze. […] Armer Hase! Es ist doch eine jämmerliche Rolle, der Hase sein zu müssen auf dieser Welt — aber der gnädige Herr braucht Hasen! Also frisch drüber hinweg! Wer nichts fürchtet, ist nicht weniger mächtig als der, den alles fürchtet. Es ist itzo die Mode, Schnallen an den Beinkleidern

hofieren:
umwerben

Schoßkind:
Lieblingskind

**Der Wald ist
heller.**
Das Ziel ist
näher.

ihr:
Amalia, Karls
Geliebte

**einen Rest
gesetzt hätte:**
pleite gewesen
wäre

**Lappländer-
nase, Mohren-
maul, Hotten-
tottenaugen:**
Vorstellungen
von Gesichts-
merkmalen von
Menschenras-
sen; hier mit
der Funktion,
die Hässlich-
keit Franz' zu
betonen

Schauspielhaus, Dresden 2012

Analyse eines dramatischen Textes

zu tragen, womit man sie nach Belieben weiter und enger schnürt. Wir wollen uns ein Gewissen nach der neuesten Façon anmessen lassen, um es hübsch weiter aufzuschnallen, wie wir zulegen. Was können wir dafür? Geht zum Schneider! Ich habe Langes und Breites von einer so genannten *Blutliebe* schwatzen gehört, das einem ordentlichen Hausmann den Kopf heiß machen könnte. – Das ist dein Bruder! – das ist verdolmetscht: Er ist aus eben dem Ofen geschossen worden, aus dem du geschossen bist – also sei er dir heilig! – Merkt doch einmal diese verzwickte Konsequenz, diesen possierlichen Schluss von der Nachbarschaft der Leiber auf die Harmonie der Geister, von eben derselben Heimat zu eben derselben Empfindung, von einerlei Kost zu einerlei Neigung. Aber weiter – es ist dein Vater! Er hat dir das Leben gegeben, du bist sein Fleisch, sein Blut – also sei er dir heilig. Wiederum eine schlaue Konsequenz! Ich möchte doch fragen, *warum* hat er mich gemacht? Doch wohl nicht gar aus Liebe zu mir, der erst ein *Ich* werden sollte? Hat er mich gekannt, ehe er mich machte? Oder hat er mich gedacht, wie er mich machte? Oder hat er *mich* gewünscht, da er mich machte? Wusste er, was ich werden würde? Das wollt ich ihm nicht raten, sonst möcht ich ihn dafür strafen, dass er mich doch gemacht hat! Kann ichs ihm Dank wissen, dass ich ein Mann wurde? So wenig, als ich ihn verklagen könnte, wenn er ein Weib aus mir gemacht hätte. Kann ich eine Liebe erkennen, die sich nicht auf Achtung gegen mein *Selbst* gründet? Konnte Achtung gegen mein Selbst vorhanden sein, das erst dadurch entstehen sollte, davon es die Voraussetzung sein muss? Wo stickt denn nun das Heilige? Etwa im Aktus selber, durch den ich entstund? – Als wenn dieser etwas mehr wäre als viehischer Prozess zur Stillung viehischer Begierden! […] Soll ich ihm etwa darum gute Worte geben, dass er mich liebt? Das ist eine Eitelkeit von ihm, die Schoßsünde aller Künstler, die sich in ihrem Werk kokettieren, wär es auch noch so hässlich. – Sehet also, das ist die ganze Hexerei, die ihr in einen heiligen Nebel verschleiert, unsre Furchtsamkeit zu missbrauchen. Soll auch ich mich dadurch gängeln lassen wie einen Knaben? Frisch also! mutig ans Werk! – Ich will alles um mich her ausrotten, was mich einschränkt, dass ich nicht *Herr* bin. *Herr* muss ich sein, dass ich das mit Gewalt ertrotze, wozu mir die Liebenswürdigkeit gebricht. *(Ab.)*

Façon:
hier: Form, Zuschnitt von Kleidungsstücken

Blutliebe:
natürliche Liebe unter Verwandten

Hausmann:
hier: Familienvater

Aktus:
Geschlechtsakt

verdolmetscht:
hier: im Klartext gesprochen

aus eben dem Ofen geschossen:
abfällig für: von derselben Mutter geboren

possierlich:
ursprünglich auf Kleintiere bezogen, durch ihr Verhalten putzig wirkend, hier ironisch gebraucht

Über das gefälschte Antwortschreiben ist Karl vollkommen bestürzt. Unmittelbar darauf lässt er sich zum Hauptmann einer Räuberbande ernennen.

1. Baut ein Standbild, das Franz' Verhältnis zu seinem Vater und dem Bruder Karl verdeutlicht. Notiert in Stichpunkten eine Begründung für eure Darstellung und belegt diese am Text.

2. Erläutert die Interpretationsschwerpunkte der folgenden Aufgabenstellung:

Beschreibt das Selbstbild von Franz aus „Die Räuber" (S. 82 f.) und vergleicht es mit dem Selbstbild des älteren Sohns aus dem biblischen Gleichnis. Arbeitet Parallelen und Unterschiede im Hinblick auf ihre Haltung gegenüber dem Vater und Bruder heraus.

3. Lest das biblische Gleichnis vom verlorenen Sohn (Lukas, 15, 11–32; S. 109) und fasst es mit eigenen Worten zusammen.

interpretieren
S. 88

4. Vervollständigt entsprechend der Aufgabenstellung (S. 83, Aufgabe 2)
die gegliederte Stoffsammlung.

<u>Selbstbild Franz:</u>
– Franz leidet darunter, hässlich zu sein („Bürde von Hässlichkeit", Z. 31), fühlt sich von der
  Natur benachteiligt, z. B. durch „die Lappländernase" (Z. 34) oder „dieses Mohrenmaul"
  (Z. 35); hadert damit, der Zweitgeborene zu sein ⟶ große Unzufriedenheit, Verletzung,
  Minderwertigkeitsgefühle
– will seinen „Erfindungsgeist" (Z. 47) nutzen, seine Furcht besiegen, sein Gewissen
  ausschalten und sich aus dieser Lage befreien

<u>Vergleich des Selbstbilds:</u>
– der ältere Sohn aus dem Gleichnis sieht sich als treu ergebenen Sohn, der seinem Vater
  immer gedient und ihm gehorcht habe und immer genügsam gewesen sei

<u>Gemeinsamkeiten bei der Haltung gegenüber dem Vater und Bruder:</u>
– fühlen sich vom Vater ungerecht behandelt und benachteiligt
– glauben, der Vater bevorzuge den anderen Sohn

<u>Unterschiede bei der Haltung gegenüber dem Vater und Bruder:</u>

<u>Franz</u>	<u>älterer Sohn aus dem Gleichnis</u>
– denkt, dass sein Vater schon immer seinen Bruder mehr liebte als ihn	– ...
– hat keinerlei Respekt gegenüber seinem Vater, empfindet erst recht keine Liebe, sondern hasst ihn; will ihn wie eine Schachfigur benutzen	– ...
– seinen Bruder ...	– ...
– will sich an seinem Vater und Bruder rächen	– ...: „Da ward er zornig." (S. 109, Z. 48)
– ...	– verlangt im Gespräch mit seinem Vater Rechenschaft für dessen großzügiges Verhalten gegenüber dem jüngeren Bruder
– ...	– ...

Die Interpretation eines dramatischen Textes schreiben und überarbeiten

1. Prüft den Ausschnitt aus einem Schülertext auf Seite 85.
– Erläutert die Randnotizen und ergänzt weitere auf einer Kopie.
  Nutzt auch den Sprachtipp (S. 85).
– Findet heraus, welche Aspekte der gegliederten Stoffsammlung (Aufgabe 4)
  zu ergänzen sind, und notiert dazu Stichpunkte.

Franz fühlt sich durch seine Position als Zweitgeborener ohnehin benachteiligt ("Warum bin ich nicht der Erste aus Mutterleib gekrochen?", Z. 28 f.). Verstärkt wird diese Benachteiligung durch weitere Faktoren: Franz ist hässlich (rhetorische Frage: "Warum musste sie [die Natur] mir diese Bürde von Hässlichkeit aufladen?", Z. 30 f.)

5 *und der Vater hat Karl immer mehr geliebt als Franz (Metapher "Schoßkind", Z. 16). Franz glaubt, er habe bei allem den Kürzeren gezogen, und ist zutiefst verletzt. Mit seinem "Erfindungsgeist" (Z. 47), den ihm die Natur gegeben hat, will er sich über alle Schranken hinwegsetzen, ein "Überwältiger" (Z. 57) werden, um selbst "Herr" (Z. 124) zu sein. Um nicht mehr verletzbar zu sein, bricht er mit allen moralischen Werten, auch*

10 *der Bruder- und Vaterliebe. Er benutzt seinen Vater wie eine Schachfigur und erreicht die Verbannung seines Bruders. Hass und Verachtung prägen das Verhältnis Franz' zu seinem Vater und Bruder. Und er scheut nicht davor zurück, alles "aus[zu]rotten, was mich [ihn] einschränkt" (Z. 123 f.). Die brutale Wortwahl führt dem Leser vor Augen, dass Franz bereit ist, alle gesetzlichen und moralischen Grenzen zu überschreiten. Er*

15 *will nicht nur jegliche Furcht ablegen, sondern auch sein Gewissen ignorieren. In dem biblischen Gleichnis vom verlorenen Sohn ist die Ausgangslage eine andere: Der jüngere Sohn lässt sich sein Erbe auszahlen, um in die Welt hinauszuziehen. Der Vater teilt dieses gerecht, sodass der ältere Sohn keinen Grund hat, sich benachteiligt zu fühlen und einen Groll gegen seinen Bruder zu hegen. Der zu Hause gebliebene*

20 *Sohn dient seinem Vater und zeigt sich gehorsam. Seine Beziehung zu seinem Vater unterscheidet sich somit grundlegend von der zwischen Franz und seinem Vater. Erst als der jüngere Sohn von seinem Vater mit einer großen Feier (…)*

Zitate in den Text integrieren

Vergleich mit dem biblischen Gleichnis besser verknüpfen

Textbelege ergänzen

---

2. Verfasst entsprechend der Aufgabenstellung (S. 83, Aufgabe 2) eine vollständige Interpretation. Überarbeitet eure Interpretation mithilfe der blauen Box (S. 88 f.).

interpretieren
S. 88 f.

3. Zum Differenzieren ■ ■ ■ ■

A Analysiert und interpretiert die sogenannte Kammerdienerszene aus Schillers "Kabale und Liebe" (S. 154 f.). Setzt den Inhalt in Bezug zur gängigen Praxis des Soldatenverkaufs. Nutzt dazu den Text (S. 156).

B Interpretiert Brechts Bearbeitung von Lenz' "Der Hofmeister" (S. 147) im Hinblick auf die Aktualität des Werks. Nutzt dazu den Ausgangstext (S. 146).

Differenzieren
Interpretieren eines dramatischen Textes
48k6y2

Lyrische Texte schriftlich interpretieren

Christoph W. Bauer: fremd bin ich eingezogen unter meine Haut (2009)

fremd bin ich eingezogen unter meine haut
so lässt sich das am anschaulichsten sagen
im spiegel das visavis es bleibt unvertraut
besser so als anders kein grund, zu klagen

5 das hirn vollgepumpt mit sehnsuchtsdrogen
mit chimären die den winter pulverisieren
der blick hat sich den raum zurechtgebogen
um die tür nicht aus den augen zu verlieren

sitze ich in mir mit dem rücken zur wand
10 tu so als hätte es sich zwangsläufig ergeben
die koffer griffbereit den pass in der hand

wie ein schlafgänger im körpereigenen haus
keine ahnung wer mich treibt so zu leben
ich weiß nur eins fremd zieh ich wieder aus

Chimären:
hier: Einbildungen, Fantasien

Schlafgänger:
Mensch, der zur Zeit der Industrialisierung in einer fremden Wohnung eine Schlafgelegenheit mietete

1. Bereitet eine Rezitation des Gedichts vor. Tragt das Gedicht vor und begründet eure Vortragsweise.

2. Beschreibt die Situation des lyrischen Sprechers und charakterisiert die Stimmung.

3. Vergleicht die beiden folgenden Deutungshypothesen. Begründet, welche euch für die Interpretation des Gedichts geeignet scheint.

A) Das 2009 erschienene Gedicht „fremd bin ich eingezogen unter meine haut" von Christoph W. Bauer handelt von einem lyrischen Sprecher, der sich selbst sein Leben lang fremd bleibt und nichts dagegen unternehmen kann.

B) Der Mensch bleibt sich selbst ein Rätsel, das er bestaunen kann. Von dieser Erkenntnis handelt das 2009 erschienene Gedicht „fremd bin ich eingezogen unter meine haut" von Christoph W. Bauer.

4. Analysiert und interpretiert die sprachlichen und formalen Besonderheiten. Übernehmt dazu die folgende Tabelle und vervollständigt sie.

Sonett
S. 133

Besonderheiten der Form und Sprache	Interpretation
Sonett: zwei Quartette, zwei Terzette; Kreuzreim in den Quartetten (abab, cdcd), Reimschema in den Terzetten: efe, gfg	strenge Form steht im Kontrast zu …
Parallelen und Gegensätze bei der Wortwahl im ersten und letzten Vers	inhaltlicher Rahmen: der Zustand der Fremdheit bleibt ein Leben lang bestehen

Interpretation eines lyrischen Textes

durchgängige Kleinschreibung, keine Einteilung in Sätze (fehlende Satzzeichen, Ausnahme V. 4)	bildet Kontrast zur strengen Sonettform; drückt das Assoziative und Fließende der Gedankengänge des lyrischen Sprechers aus
Redewendungen: *„nicht aus den augen verlieren"* (V. 8) *„mit dem rücken zur wand"* (V. 9)	… …
Vergleich: *„wie ein schlafgänger im körpereigenen haus"* (V. 12)	…
Neologismus: *„sehnsuchtsdrogen"* (V. 5)	…
Personifikationen: …	…
alltagssprachliche Formulierungen: *„vollgepumpt"* (V. 5) *„keine ahnung"* (V. 13)	… …

5. Ordnet eure Untersuchungsergebnisse (Aufgabe 4) chronologisch (Strophe für Strophe) oder aspektorientiert. Verfasst eine Interpretation zu dem Gedicht „fremd bin ich eingezogen unter meine haut" (S. 86). Überarbeitet eure Interpretation mithilfe der blauen Box (S. 88 f.).

6. Zum Differenzieren ■ ■ ■ ■

Das folgende Gedicht spielt auf die gleichnamige Hauptfigur aus dem Roman „Robinson Crusoe" von Daniel Defoe an. Robinson lebt jahrelang als Gestrandeter auf einer einsamen Insel.

A Analysiert und interpretiert das Gedicht „Robinson" unter dem Aspekt der Selbstentfremdung.

B Informiert euch genauer über den Inhalt des Romans von Defoe. Schreibt eine Interpretation zu dem Gedicht „Robinson" und vergleicht die Entwicklung Robinsons im Gedicht mit der der Romanfigur.

Differenzieren
Interpretieren
eines lyrischen
Textes
yi6vh5

Christa Reinig: Robinson (1960)

manchmal weint er wenn die worte
still in seiner kehle stehn
doch er lernt an seinem orte
schweigend mit sich umzugehn

5 und erfindet alte dinge
halb aus not und halb aus spiel

splittert stein zur messerklinge
schnürt die axt an einen stiel

kratzt mit einer muschelkante
10 seinen namen in die wand
und der allzu oft genannte
wird ihm langsam unbekannt

Literarische Texte schriftlich interpretieren

1. Die Interpretation vorbereiten

Bei der Interpretation von **epischen, dramatischen** und **lyrischen Texten** gibt es viele **Gemeinsamkeiten**. Ihr könnt ähnlich vorgehen, müsst allerdings die **gattungsspezifischen** Besonderheiten beachten. Die folgende Übersicht könnt ihr als Leitfaden nutzen.

epische Texte	dramatische Texte	lyrische Texte
1. Text **gründlich lesen** und **erste Eindrücke** sammeln		
2. Inhalt zusammenfassen, in Stichpunkten festhalten		
– äußere und innere Handlung – Ort und Zeit – ggf. Gesprächsverlauf – ggf. Ausschnitt einordnen	– Handlung – Ort und Zeit – äußerer und innerer Konflikt – ggf. Gesprächsverlauf – Szene einordnen	– Thema – zentrale Vorgänge, Bilder, Gedanken oder Motive
3. Deutungshypothese aufstellen (Thema/Problem)		
4. Notizen zu **Besonderheiten** und **Funktionen** von **Form** und **Sprache** anfertigen, Zusammenhang zwischen Gestaltung und Aussage verdeutlichen		

– **Figuren** analysieren und interpretieren
  · Figuren **einordnen** und **charakterisieren**
  · **Handlungsmotive** und **-ziele** klären
  · **Figurenkonstellation** verdeutlichen
		– **Grundstimmung** charakterisieren
		– **Sprecher** und **Sprechsituation** bestimmen
		– **Form** des Gedichts beschreiben
		– **besondere Stilmittel** analysieren (z. B. *Bilder/Bildfiguren, Klangfiguren, Satzbau*)

– **Erzählweise** analysieren (z. B. *Erzählform, Erzählverhalten, Erzählperspektive, Erzählhaltung*) – **Darstellungsweise** analysieren – **Komposition** erkennen	– **Dialoggestaltung** analysieren (z. B. *Aufbau, Verlauf, Satzbau, Wortwahl, Redeanteil*), ggf. **Monologgestaltung** – **Regieanweisungen** beachten	
– **sprachliche Gestaltungsmittel** analysieren (z. B. *Satzbau, Wortwahl, rhetorische Stilfiguren*)		
5. Wirkung auf den Leser beschreiben, in Stichpunkten festhalten		
6. Untersuchungs- und Deutungsergebnisse **gliedern** und **erweitern**; Deutungshypothese **überprüfen** und ggf. **überarbeiten**; evtl. **zusätzliche Informationen** (z. B. *historische und biografische*) einbeziehen		
7. Gedanken zu **Einleitung** und **Schlussteil** stichpunktartig festhalten		

2. Die Interpretation schreiben

Einleitung:
interessanten Einstieg wählen; Textsorte, Autor, Titel, evtl. Entstehungsjahr benennen; Thema und Deutungshypothese formulieren; Überleitung zum Hauptteil

Hauptteil:
- kurze Inhaltsangabe verfassen
- ggf. den Textausschnitt einordnen
- Inhalt, Form und Sprache nach den gattungsspezifischen Schwerpunkten beschreiben und deuten
- Aussagen durch Textbelege stützen
- Gliederungsmöglichkeiten für den Hauptteil:
  - nach dem Handlungs- oder Gesprächsverlauf
  - nach dem Problemgehalt: Ausgangslage, Problem, …
  - nach vorgegebenen oder selbst gewählten Schwerpunkten

Schluss:
auf die Einleitung Bezug nehmen, zusammenfassende Wertung abgeben oder Vergleich ziehen, z. B. mit anderen Figurengestaltungen oder Figurenkonstellationen oder mit anderen Werken

3. Die Interpretation überarbeiten

mögliche Kriterien (Checkliste nutzen): logischer Aufbau; Deutungen basieren auf Beobachtungen, die am Text belegt werden; angemessene Ausdrucksweise; sprachliche Richtigkeit

TATT:
Textsorte, Autor, Titel, Thema

korrekt zitieren und paraphrasieren
S. 98 f.

**Lerninsel:
Zitiertechnik**
S. 231

Vorlage
Checklisten Interpretation
386d62

7. Extra

Das Motiv der rivalisierenden Brüder ist in der Literatur, der Kunst und im Film weit verbreitet. Sucht Beispiele und wählt eine passende Präsentationsform für eure Ergebnisse.

Tizian: Kain und Abel, 1543

Filmbild aus „Jenseits von Eden", 1955

Der Zweck heiligt die Mittel (nicht)
Eine literarische Erörterung schreiben

Friedrich Dürrenmatt: Der Richter und sein Henker (Ausschnitt, 1950)

Kommissar Bärlach und Gastmann, eine scheinbar hoch angesehene Persönlichkeit, begegnen sich nach Jahrzehnten wieder.

Achtung:
alte Rechtschreibung

Tophane:
Stadtviertel in Istanbul

Judenschenke:
eine Bar, die von einem Wirt jüdischen Glaubens geführt wird

Bosporus:
Meerenge zwischen Europa und Kleinasien, die Istanbul teilt

Odessa:
Stadt in der heutigen Ukraine

„Über vierzig Jahre ist es her", begann der andere von neuem zu reden, „daß wir uns in irgendeiner verfallenen Judenschenke am Bosporus zum erstenmal getroffen ha-
5 ben. Ein unförmiges gelbes Stück Schweizerkäse von einem Mond hing bei dieser Begegnung damals zwischen den Wolken und schien durch die verfaulten Balken auf unsere Köpfe, das ist mir in noch guter Er-
10 innerung. Du, Bärlach, warst damals ein junger Polizeifachmann aus der Schweiz in türkischen Diensten, herbestellt, um etwas zu reformieren, und ich – nun, ich war ein herumgetriebener Abenteurer wie jetzt
15 noch, gierig, dieses mein einmaliges Leben und diesen ebenso einmaligen, rätselhaften Planeten kennenzulernen. Wir liebten uns auf den ersten Blick, wie wir einander zwischen Juden im Kaftan und schmutzigen
20 Griechen gegenübersaßen. Doch wie nun die verteufelten Schnäpse, die wir damals tranken, diese vergorenen Säfte aus weiß was für Datteln und diese feurigen Meere aus fremden Kornfeldern um Odessa her-
25 um, die wir in unsere Kehlen stürzten, in uns mächtig wurden, daß unsere Augen wie glühende Kohlen durch die türkische Nacht funkelten, wurde unser Gespräch hitzig. O ich liebe es, an diese Stunde zu denken, die
30 dein Leben und das meine bestimmte!"

Er lachte.

Der Alte saß da und schaute schweigend zu ihm hinüber.

„Ein Jahr hast du noch zu leben", fuhr
35 der andere fort, „und vierzig Jahre hast du mir wacker nachgespürt. Das ist die Rechnung. Was diskutierten wir denn damals, Bärlach, im Moder jener Schenke in der Vorstadt Tophane, eingehüllt in den Qualm türkischer Zigaretten? Deine These war, 40 daß die menschliche Unvollkommenheit, die Tatsache, daß wir die Handlungsweise anderer nie mit Sicherheit vorauszusagen, und daß wir ferner den Zufall, der in alles hineinspielt, nicht in unsere Überlegung 45 einzubauen vermögen, der Grund sei, der die meisten Verbrechen zwangsläufig zutage fördern müsse. Ein Verbrechen zu begehen nanntest du eine Dummheit, weil es unmöglich sei, mit Menschen wie mit 50 Schachfiguren zu operieren. Ich dagegen stellte die These auf, mehr um zu widersprechen als überzeugt, daß gerade die Verworrenheit der menschlichen Beziehungen es möglich mache, Verbrechen zu begehen, 55 die *nicht* erkannt werden könnten, daß aus diesem Grunde die überaus größte Anzahl der Verbrechen nicht nur ungeahndet, sondern auch ungeahnt seien, als nur im Verborgenen geschehen. Und wie wir uns nun 60 weiterstritten, von den höllischen Bränden der Schnäpse, die uns der Judenwirt einschenkte, und mehr noch, von unserer Jugend verführt, da haben wir im Übermut eine Wette geschlossen, eben da der Mond 65 hinter dem nahen Kleinasien versank, eine Wette, die wir trotzig in den Himmel hineinhängten, wie wir etwa einen fürchterlichen Witz nicht zu unterdrücken vermögen, auch wenn er eine Gotteslästerung ist, nur 70 weil uns die Pointe reizt als eine teuflische Versuchung des Geistes durch den Geist."

„Du hast recht", sagte der Alte ruhig, „wir haben diese Wette damals miteinander geschlossen." 75

„Du dachtest nicht, daß ich sie einhalten würde", lachte der andere, „wie wir am andern Morgen mit schwerem Kopf in der öden Schenke erwachten, du auf einer morschen Bank und ich unter einem noch von Schnaps feuchten Tisch."

„Ich dachte nicht", antwortete Bärlach, „daß diese Wette einzuhalten einem Menschen möglich wäre."

Sie schwiegen.

„Führe uns nicht in Versuchung", begann der andere von neuem. „Deine Biederkeit kam nie in Gefahr, versucht zu werden, doch deine Biederkeit versuchte mich. Ich hielt die kühne Wette, in deiner Gegenwart ein Verbrechen zu begehen, ohne daß du imstande sein würdest, mir dieses Verbrechen beweisen zu können."

„Nach drei Tagen", sagte der Alte leise und versunken in seiner Erinnerung, „wie wir mit einem deutschen Kaufmann über die Mahmud-Brücke gingen, hast du ihn vor meinen Augen ins Wasser gestoßen."

„Der arme Kerl konnte nicht schwimmen und auch du warst in dieser Kunst so ungenügend bewandert, daß man dich nach deinem verunglückten Rettungsversuch halb ertrunken aus den schmutzigen Wellen des Goldenen Hornes an Land zog", antwortete der andere unerschütterlich. „Der Mord trug sich an einem strahlenden türkischen Sommertag bei einer angenehmen Brise vom Meer her auf einer belebten Brücke in aller Öffentlichkeit zwischen Liebespaaren der europäischen Kolonie, Muselmännern und ortsansässigen Bettlern zu, und trotzdem konntest du mir nichts beweisen. Du ließest mich verhaften, umsonst. Stundenlange Verhöre, nutzlos. Das Gericht glaubte meiner Version, die auf Selbstmord des Kaufmanns lautete."

„Du konntest nachweisen, daß der Kaufmann vor dem Konkurs stand und sich durch einen Betrug vergeblich hatte retten wollen", gab der Alte bitter zu, bleicher als sonst.

„Ich wählte mir meine Opfer sorgfältig aus, mein Freund", lachte der andere.

„So bist du ein Verbrecher geworden", antwortete der Kommissär.

Der andere spielte gedankenverloren mit dem türkischen Messer. „Daß ich so etwas Ähnliches wie ein Verbrecher bin, kann ich nun nicht gerade ableugnen", sagte er endlich nachlässig. „Ich wurde ein immer besserer Verbrecher und du ein immer besserer Kriminalist: Den Schritt jedoch, den ich dir voraushatte, konntest du nie einholen. Immer wieder tauchte ich in deiner Laufbahn auf wie ein graues Gespenst, immer wieder trieb mich die Lust, unter deiner Nase sozusagen immer kühnere, wildere, blasphemischere Verbrechen zu begehen, und immer wieder bist du nicht imstande gewesen, meine Taten zu beweisen. Die Dummköpfe konntest du besiegen, aber ich besiegte dich."

Dann fuhr er fort, den Alten aufmerksam und wie belustigt beobachtend: „So lebten wir denn. Du ein Leben unter deinen Vorgesetzten, in deinen Polizeirevieren und muffigen Amtsstuben, immer brav eine Sprosse um die andere auf der Leiter deiner bescheidenen Erfolge erklimmend, dich mit Dieben und Fälschern herumschlagend, mit armen Schluckern, die nie recht ins Leben kamen, und mit armseligen Mörderchen, wenn es hochkam, ich dagegen bald im Dunkeln, im Dickicht verlorener Großstädte, bald im Lichte glänzender Positionen, ordenübersät, aus Übermut das Gute übend, wenn ich Lust dazu hatte, und wieder aus einer anderen Laune heraus das Schlechte liebend. Welch ein abenteuerlicher Spaß! Deine Sehnsucht war, mein Leben zu zerstören, und meine war es, mein Leben dir zum Trotz zu behaupten. Wahrlich, *eine* Nacht kettete uns für ewig zusammen!"

Da es Bärlach nie gelang, Gastmann zu überführen, beschließt der Kommissar,
illegale Methoden anzuwenden, um ihn zu stellen.

blasphemisch:
Heiliges, Göttliches verlästernd

Mahmud-Brücke:
von dem Sultan Mahmud II. gebaute Brücke über das Goldene Horn

Goldenes Horn:
ca. 7 km lange Bucht des Bosporus in Istanbul, trennt den europäischen Teil in einen südlichen und nördlichen Bereich

Muselmänner:
veraltet für Muslime

1. Fasst den Inhalt der Wette zwischen Bärlach und Gastmann (S. 90 f.) zusammen. Erläutert die Motive für die Wette und deren Ausführung.

2. Erklärt die folgende Aussage: „Bärlach […] stürzt […] in den Abgrund, der zwischen Justiz (dem Recht) und der Gerechtigkeit gähnt." Beachtet dabei vor allem die Textstelle Seite 91, Zeilen 105 bis 121.

3. Analysiert die folgende Aufgabenstellung. Beurteilt, welche Einleitung zur Aufgabenstellung passt, und begründet eure Entscheidung.

> Erörtert anhand der beiden Textausschnitte aus „Der Richter und sein Henker" (S. 90 f., 93 f.) die folgende These: Dürrenmatts Kriminalroman legt nahe, dass es rechtens sei, illegale Mittel anzuwenden, um Verbrechen zu sühnen und schlimmere Verbrechen zu verhindern.

Einleitung A
Hat der Mensch das Recht, illegale Mittel anzuwenden, um Verbrechen zu sühnen und schlimmere Verbrechen zu verhindern?
Auf den ersten Blick könnte man diese Frage bejahen. Zunächst sollte man klären, was illegale Mittel sind.

Einleitung B
In Dürrenmatts Roman „Der Richter und sein Henker" greift Kommissar Bärlach zu illegalen Mitteln, um Gastmann unschädlich zu machen und um weitere Verbrechen zu verhindern. Gibt es im Roman Anhaltspunkte für eine positive Bewertung dieser Vorgehensweise?

4. Formuliert zu den folgenden Textstellen ein Pro-Argument für die These (Aufgabe 3).

Textbelege	Pro-Argumente
„Du ließest mich verhaften, umsonst. Stundenlange Verhöre, nutzlos. Das Gericht glaubte meiner Version, die auf Selbstmord des Kaufmanns lautete." (Z. 112–116)	…
Gastmann ist schon „bald im Lichte glänzender Positionen, ordenübersät." (Z. 155 f.)	Es wird betont, dass Gastmann eine prominente, in der Öffentlichkeit hoch anerkannte Persönlichkeit ist. Er scheint damit über jeden Verdacht erhaben und unantastbar zu sein.
„Ich wurde ein immer besserer Verbrecher." (Z. 130 f.)	…

„Immer wieder tauchte ich in deiner Laufbahn auf wie ein graues Gespenst, immer wieder trieb mich die Lust, unter deiner Nase sozusagen immer kühnere, wildere, blasphemischere Verbrechen zu begehen. […]" (Z. 134–138)	
Bärlach habe „bescheidene[…] Erfolge" gehabt, er habe „arme […] Schlucker und armselige[…] Mörderchen" stellen können. (Z. 149–152)	…
„Die Dummköpfe konntest du besiegen, aber ich besiegte dich." (Z. 140 ff.)	
Gastmann habe „aus Übermut das Gute" verübt, wenn er „Lust dazu hatte, und wieder aus einer anderen Laune heraus das Schlechte" getan und empfindet dies als einen „abenteuerliche[n] Spaß" (Z. 156–159).	…

5. Beschreibt, welchen Eindruck ihr von Bärlach im folgenden Romanausschnitt gewinnt.

Friedrich Dürrenmatt: Der Richter und sein Henker (Ausschnitt, 1950)

Achtung:
alte Recht-
schreibung

Der todkranke Bärlach will vor seinem Tod unbedingt Gastmann stellen. Zu diesem Zweck beauftragt er seinen besten Kollegen, Schmied, Gastmann zu überführen. Doch dieser wird von einem Kollegen, Tschanz, aus Eifersucht ermordet. Bärlach weiß um die Vorgänge, verbirgt dies aber vor Tschanz, um diesen instrumentalisieren zu können. Als Bärlach und Gastmann sich ein letztes Mal begegnen, sagt der Kommissar:

„Es ist mir nicht gelungen, dich der Verbrechen zu überführen, die du begangen hast, nun werde ich dich eben dessen überführen, das du nicht begangen hast."

5 Gastmann schaute den Kommissär prüfend an. […] „Es ist das letzte Mal, daß ich mit dir rede, Bärlach", sagte Gastmann. „Das nächste Mal werde ich dich töten, gesetzt, daß du deine Operation überstehst."

10 „Du irrst dich", sagte Bärlach, der auf dem morgendlichen Platz stand, alt und leicht frierend. „Du wirst mich nicht töten. Ich bin der einzige, der dich kennt, und so bin ich auch der einzige, der dich richten 15 kann. Ich habe dich gerichtet, Gastmann,

ich habe dich zum Tode verurteilt. Du wirst den heutigen Tag nicht mehr überleben. Der Henker, den ich ausersehen habe, wird heute zu dir kommen. Er wird dich töten,

Tiroler Landestheater, Innsbruck 2014

20 denn das muß nun eben einmal in Gottes Namen getan werden."

Die Prophezeiung Bärlachs tritt ein: Tschanz tötet Gastmann. Bärlach lädt Tschanz zu einem Essen ein und setzt ihn über die wah-
25 *ren Geschehnisse ins Bild:*

Tschanz hörte dem unerbittlichen Schach-spieler zu, der ihn mattgesetzt hatte und nun sein grauenhaftes Mahl beendete. […]

„Sie haben mit mir gespielt", sagte
30 Tschanz langsam.

„Ich habe mit dir gespielt", antwortete Bärlach mit furchtbarem Ernst. „Ich konnte nicht anders. Du hast mir Schmied getötet, und nun mußte ich dich nehmen."

35 „Um Gastmann zu töten", ergänzte Tschanz, der mit einem Male die ganze Wahrheit begriff.

„Du sagst es. Mein halbes Leben habe ich hingegeben, Gastmann zu stellen, und
40 Schmied war meine letzte Hoffnung. Ich

hatte ihn auf den Teufel in Menschengestalt gehetzt, ein edles Tier auf eine wilde Bes-tie. Aber dann bist du gekommen, Tschanz, mit deinem lächerlichen, verbrecherischen Ehrgeiz, und hast mir meine einzige Chan- 45
ce vernichtet. Da habe ich *dich* genommen, dich, den Mörder, und habe dich in meine furchtbarste Waffe verwandelt, denn dich trieb die Verzweiflung, der Mörder mußte einen anderen Mörder finden. Ich machte 50
mein Ziel zu deinem Ziel."

„Es war für mich die Hölle", sagte Tschanz.

„Es war für uns beide die Hölle", fuhr der Alte mit fürchterlicher Ruhe fort. […] 55

„Da haben Sie mich und Gastmann auf-einander gehetzt wie Tiere!"

„Bestie gegen Bestie", kam es unerbitt-lich vom andern Lehnstuhl her.

„Dann waren Sie der Richter und ich der 60
Henker", keuchte der andere.

„Es ist so", antwortete der Alte.

6. Formuliert zur These in Aufgabe 3 (S. 92) eine Gegenthese. Sammelt wie in Aufgabe 4 (S. 92) Textbelege zur Gegenthese und leitet daraus Kontra-Argumente ab.

7. Vergleicht eure Pro- und Kontra-Argumente und Textbelege (S. 92, Aufgabe 4, S. 94, Aufgabe 6). Entscheidet, welche Argumente stärker zu gewichten sind.
   – Ordnet eure Pro- und Kontra-Argumente zur Erörterungsaufgabe (S. 92, Aufgabe 3) nach dem Sanduhrprinzip oder dem Ping-Pong-Prinzip.
   – Notiert für den Schlussteil Notizen für eine Zusammenfassung eurer eigenen Sicht auf die These.

Lerninsel:
Sanduhr-
prinzip, Ping-
Pong-Prinzip
S. 253 f.

Sprachtipp

Verknüpfungsmöglichkeiten bei literarischen Erörterungen

Argumente aufzählen: außerdem, auch, darüber hinaus, zudem, weiterhin, …
Argumente hervorheben: Besonders auffallend ist …; Zu beachten ist vor allem …; Bedeutsamer ist …; Am überzeugendsten/wichtigsten erscheint mir …
Überleitungen zwischen Pro- und Kontra-Argumenten: Auf der einen Seite …, auf der anderen Seite; Auch wenn …, so gilt zu beachten …; Obwohl …, zeigt sich doch; Trotz … ist nicht außer Acht zu lassen; Während …, erscheint im Folgenden …

korrekt zitie-
ren und para-
phrasieren
S. 98 f.

8. Verfasst eine vollständige literarische Erörterung und überarbeitet sie mithilfe der blauen Box (S. 95).

Eine literarische Erörterung schreiben

Eine literarische Erörterung ist eine **argumentative Auseinandersetzung mit Thesen** zu einem **literarischen Werk**. Eure Pro- und Kontra-Argumente müsst ihr durch **Textbelege aus diesem literarischen Text** stützen.

1. Vorbereiten und planen

- **Problemstellung (strittige Frage)** klären, als Frage formulieren, These und Gegenthese überlegen
- den für die Problemstellung relevanten **Inhalt** und das **Thema** klären, ggf. zentrale Begriffe definieren
- den **Text** unter Aspekten **untersuchen**, die für die Problemstellung wichtig sind
- in einer **Stoffsammlung** Pro- und Kontra-Argumente sowie Textbelege sammeln
- **Gliederung** nach dem **Sanduhrprinzip** oder dem **Ping-Pong-Prinzip** erstellen

2. Schreiben

Inhalt und Aufbau:
- **Einleitung:** Textsorte, Autor, Titel, ggf. Entstehungszeit, Thema nennen; zur Erörterungsaufgabe hinführen (Problem benennen)
- **Hauptteil:** These, Gegenthese und die dazugehörigen Argumente mit Textbelegen nach dem Sanduhrprinzip oder dem Ping-Pong-Prinzip ausformulieren
- **Schluss:** Zusammenfassung der eigenen Sicht auf die Problemstellung, evtl. Vergleich mit anderen Werken oder Autoren

Sprachliche Gestaltung:
- Argumente entfalten, verknüpfen und gewichten
- sachlich schreiben und Präsens verwenden

3. Überarbeiten

- Arbeitstechniken Schreibkonferenz, Textlupe nutzen, Checkliste verwenden
- Rechtschreibung und Zeichensetzung mit dem Wörterbuch oder am PC prüfen

9. Zum Differenzieren ■ ■ ■ ■

A „Bärlach ist [...] ein bernischer Dämon." (Peter Ruedi)
Erörtert diese These auf der Grundlage der Textausschnitte aus „Der Richter und sein Henker" (S. 90 f., 93 f.). Prüft, welche Pro- und Kontra-Argumente ihr aus eurer ersten Erörterung (S. 94, Aufgabe 8) nutzen könnt.

B „Er [Franz] ist eine gepeinigte Natur, die sich auflehnt gegen ihr Schicksal." (Jost Nolte)
Erörtert diese These auf der Grundlage des Textausschnitts „Die Räuber" (S. 82 f.) von Schiller.

C „Der Richter und sein Henker – definitiv kein typischer Kriminalroman." Informiert euch über die Merkmale eines typischen Kriminalromans und schreibt auf der Grundlage der Romanausschnitte (S. 90 f., S. 93 f.) eine literarische Erörterung zu dieser Aussage.

Wissen und Können

Lerninsel:
literarische
Erörterung
S. 255 f.

sachlich-argumentierend
schreiben
S. 222 f.

Sprachtipp:
Verknüpfungen
S. 57

TATT:
Textsorte, Autor,
Titel, Thema

Vorlage
Checkliste
literarische
Erörterung
g7bv2b

Differenzieren
literarische
Erörterung
7c4vb4

**bernischer
Dämon:**
eine aus der
Stadt Bern
stammende böse
Macht

Text
Kriminalroman
uz28ds

„Ich werde ein Glanz."
Eine Filmsequenz vorbereiten

Gottfried Greiffenhagen (1935–2013): deutscher Dramaturg; die Bühnenfassung von 1995 wird an vielen Theatern aufgeführt

Text
Das kunstseidene Mädchen (Anfang)
a8k7nm

Colleen Moore (1900–1988): US-amerikanische Schauspielerin, großer Star der Stummfilmzeit, schuf Rollentyp des Flappers; in 1920er Jahren junge Frauen, die kurze Röcke und kurze Haare trugen, Jazz hörten, sich über Regeln des „guten Benehmens" selbstbewusst hinwegsetzten, sich schminkten, rauchten und hochprozentigen Alkohol tranken

Irmgard Keun: Das kunstseidene Mädchen (1932)
Bühnenfassung von Gottfried Greiffenhagen zum Roman (Anfang, 1995)

Die Handlung spielt Anfang der 1930er Jahre. Die 18-jährige Doris kehrt ihrem bisherigen Leben als Sekretärin den Rücken und geht nach Berlin, um dort groß herauszukommen.

Doris tritt im Publikum auf, bleibt dort zunächst stehen und spricht direkt zum Publikum.
DORIS: Ich werde ein Glanz. Ich werde ein Glanz. –

5 *Sie singt kurz die Melodie von „Das ist die Liebe der Matrosen".*
Wollen Sie wissen, was ein Glanz ist? Ein Glanz ist – also es gibt Mädchen, die sind ganz eklig hässlich und können doch ein
10 Glanz werden, wie …
Sie sieht sich um.
Aber besser ist es schon, wenn man nicht wie ein totes Skelett aussieht. Und ich werde ein Glanz. Weil nämlich ein
15 Glanz sein ist das Großartigste, was gibt. Das weiß ich seit gestern Abend so um zwölf.
Sie geht langsam auf die Bühne.
Da fühlte ich, dass etwas Großartiges in
20 mir vorging. Ich lag im Bett – eigentlich hatte ich mir noch die Füße waschen wollen, aber ich war zu müde wegen dem Abend vorher. Also ohne Füße waschen und Hals auch nicht. Und dann
25 lag ich so und schlief schon am ganzen Körper, nur meine Augen waren noch auf – der Mond schien mir ganz weiß auf den Kopf – ich dachte noch, das müsste sich gut machen auf meinem schwarzen
30 Haar, und schade, dass der Hubert mich nicht sehen kann, der doch schließlich und endlich der Einzige ist, den ich wirklich liebe.

Da ging etwas Großartiges in mir vor
35 – wie auch früher manchmal – aber da doch nie so sehr. Ich erkannte, dass etwas Besonderes in mir ist, was auch Hubert findet.
Sie geht zur Spiegelkommode und betrachtet sich.
Ich bin ganz verschieden von Therese
40 und den anderen Mädchen auf dem Büro und so, in denen nie etwas Großartiges vorgeht.
(zum Publikum) Und dann spreche ich fast ohne Dialekt, was viel ausmacht und mir
45 eine Note gibt, besonders da mein Vater und meine Mutter ein Dialekt sprechen, das mir geradezu beschämend ist. Mein Vater ist übrigens arbeitslos, und meine Mutter ist am Theater, was als Gardero-
50 benfrau auch unsicher ist durch die Zeit. Es ist eine mittlere provinzielle Stadt, wo ich lebe, und ein Rheinland mit Industrie und ein – uah! – Drecknest.
Sehe ich nicht aus wie Colleen Moo-
55 re, wenn sie Dauerwellen hätte und die Nase mehr schick ein bisschen nach oben. Eigentlich ist alles erstklassig an mir – nur mein linkes Bein ist dicker als mein rechtes. Aber kaum, oder?
60 Und ich will ein Glanz werden, der oben ist, und habe mir ein schwarzes dickes Heft gekauft und ausgeschnittne weiße Tauben draufgeklebt. Ich denke, dass es gut ist, wenn ich alles beschreibe, weil
65 ich ein außergewöhnlicher Mensch bin.

1. Wie wirkt Doris auf euch? Tragt zusammen, was ihr über Doris erfahrt, und charakterisiert sie.

2. Begründet, wie ihr die folgenden Darstellungen von Doris beurteilt. Beschreibt, wie ihr Doris für eine Filmszene ausstatten würdet (z. B. Kostüm, Frisur, Make-up).

Filmbild aus „Das kunstseidene Mädchen", 1959

Hamburger Kammerspiele, 2011

Landestheater Detmold, 2013

3. Der Ausspruch „Ich werde ein Glanz. –" (S. 96, Z. 3) steht für Doris' Pläne. Diskutiert, wie realistisch sie sind.

4. Plant eine Filmsequenz zu dieser Szene. Notiert auf einer vergrößerten Kopie des Textes Stichpunkte zu den folgenden filmischen Mitteln:

Sprechweise der Figur:
Pausen, Betonung (Lautstärke, Stimmhöhe/-tiefe), …

Mise en Scène:
– Raumgestaltung (Kulissen, Möbel, Accessoires, …)
– Licht- und Farbgestaltung
– Requisiten
– Ausstattung der Figur (Aufgabe 2)

Perspektivierung (Point of View):
– Kameraeinstellungen
– Kameraperspektive
– Kamerastandort
– Kamerabewegung
– Linienführung (horizontal, vertikal, diagonal)
– Montagetechniken

einen Kurzfilm auf der Basis eines epischen Textes drehen
S. 201

Lerninsel: Perspektivie-rung, Mise en Scène
S. 285

Lerninsel: ein Storyboard gestalten
S. 272

5. Entwerft ein Storyboard zur Szene.

Korrekt zitieren und paraphrasieren

1. Überarbeitet die folgende Einleitung zu einer literarischen Erörterung stilistisch. Prüft dabei, wie die Position des Redebegleitsatzes variiert werden kann.

> *Friedrich Dürrenmatt antwortet auf die Frage, was sein größter Fehler sei: „Ich glaube, ich habe die Leute zu sehr verunsichert, man kommt bei mir zu wenig nach, wie ich eigentlich denke." Dürrenmatt führt in dem Interview aus dem Jahr 1985 in der Wochenzeitung „Die Zeit" weiter aus: „Das Wichtigste bei mir steht zwischen den Zeilen, und man weiß nicht, was zwischen den Zeilen steht."*

2. Gebt die Aussage Friedrich Dürrenmatts (Aufgabe 1) indirekt wieder.

3. Beurteilt, ob in den folgenden Ausschnitten aus Interpretationen zu Reinigs Gedicht „Robinson" (S. 87) korrekt zitiert oder paraphrasiert wird. Überprüft dabei, ob
  - der Inhalt textadäquat paraphrasiert wird,
  - die Fundstelle durch genaue Versangaben nachgewiesen wird,
  - originalgetreu zitiert wird bzw. grammatikalische Änderungen oder Auslassungen kenntlich gemacht werden,
  - das Zitat in den eigenen Text integriert wird,
  - die Beschreibungsebene (Metaebene) und die Inhaltsebene getrennt werden.

paraphrasieren: einen Text sinngemäß wiedergeben (nicht wortwörtlich)

> *Christa Reinig thematisiert im Gedicht „Robinson" die Ausgesetztheit des Menschen, seine Einsamkeit. Dies wird gleich zu Beginn deutlich. „Wenn*
> 5 *die worte still in seiner kehle stehn" (V.1f.), haben sie ihre Mitteilungsfunktion verloren und kennzeichnen damit einen Zustand der Isolation.*

> *Auf den ersten Blick erscheint die Formulierung „alte dinge erfinden" (V. 5) paradox. Doch tatsächlich erfindet Robinson in den Versen 5–8 aus der Not heraus konventio-*
> 5 *nelle Alltagsgegenstände neu. Er benutzt dabei vorhandenes Material auf originelle Weise („splittert Stein zur Messerklinge, schnürt die Axt an einen Stiel", V. 7f.).*

> *Auch die Autorin erfindet letztlich die „alten Dinge" neu, indem sie nicht nur in der Wahl des Stoffes, sondern auch formal mit der sogenannten Volksliedstrophe, einer vierversigen Strophe mit Kreuzreim, auf literarisch Altbekanntes zurückgreift, dieses aber neu gestaltet und damit gleichsam verwandelt.*
> 5 *Der allzu oft genannte Name „Robinson" bleibt im Gedicht – abgesehen vom Titel – ungenannt. Sogar das Personalpronomen „er" taucht in der zweiten und dritten Strophe nicht mehr auf (Ellipsen „splittert stein zur messerklinge/schnürt die axt an einen stiel//kratzt mit einer muschelkante", V. 7–9).*

Lerninsel:
Bibliografische
Angaben machen,
zitieren und para-
phrasieren
S. 231

⊕ **Differenzieren**
korrekt zitieren
und para-
phrasieren
4d35qi

4. Integriert die Zitate in den Klammern in den jeweils vorangestellten Text.
Achtet auf korrektes Zitieren und nutzt den entsprechenden Textausschnitt auf Seite 82 f.

Franz Moor verkörpert wie kaum eine andere Figur den Zweifel an der bestehenden Ordnung. Vehement wendet er sich gegen die ewige, scheinbar naturgegebene Rechtsordnung innerhalb der Familie. („Ich habe große Rechte, über die Natur ungehalten zu sein, und bei meiner Ehre! ich will sie geltend machen. – Warum bin ich nicht der Erste aus Mutterleib gekrochen? Warum nicht der Einzige?")

Von der Erbfolge ausgeschlossen kündigt Franz die Loyalität zur eigenen Familie radikal auf. Aus kalt-rationalem Kalkül heraus plant er, sich auf Kosten seines Vaters und seines Bruders zum Herrn zu erheben. („Ich habe Langes und Breites von einer so genannten Blutliebe schwatzen gehört …"; „Frisch also! mutig ans Werk! – Ich will alles um mich her ausrotten, was mich einschränkt, dass ich nicht Herr bin.")

5. Prüft, ob im Text rechts korrekt aus dem Originaltext zitiert und der Kurzbeleg (Harvard-Notation) richtig eingefügt wurde. Korrigiert anschließend den Text.

Harvard-
Notation
S. 16

Bei der Lektüre des Romans wird bald deutlich, dass wir es im Wesentlichen mit gesprochener Standardsprache zu tun haben, in die hin
5 und wieder Dialektismen eingestreut sind. Diese Sprache (Sprachmischung) wirkt durchaus authentisch für die soziale Schicht, der Doris angehört. *(Gerd Schank: „Das kunstseidene Mäd-*
10 *chen" von Irmgard Keun. Skizze einer Frauensprache. In: Hans Ester / Guillaume van Gemert (Hrsg.): Annäherungen. Amsterdam 1985, S. 35 f.)*

Betrachten wir zunächst die Sprache der Hauptfigur in Irmgard Keuns Roman „Das kunstseidene Mädchen", so wird deutlich, dass wir es im Wesent-
5 *lichen mit gesprochener Standardsprache zu tun haben, in die hin und wieder Dialektismen eingestreut sind (Schank, Seite 35). Diese Sprachmischung kennzeichnet zum einen die soziale Schicht Doris' (vgl. Schank*
10 *1985, 36). Zum anderen unterstützt sie den filmischen Erzählstil, der durch die Montagetechnik entsteht. (...)*

6. Schreibt die folgenden Quellenangaben in der korrekten Form auf:

Lerninsel:
bibliografi-
sche Angaben
machen
S. 231

- Ingrid Marchlewitz: Irmgard Keun. Leben und Werk / 1999 / Würzburg
- Christine Bach: Irmgard Keun – Leben und Schreiben zwischen Hoffnung und Zweifel / In: Wege der Emanzipation. Bedeutende Frauen im 20. Jahrhundert. Zehn biografische Essays / hrsg. von Katharina Kaminski / Würzburg / 2009 / S. 121–142.
- „Weil sie heimlich weinen muss, lacht sie über Zeitgenossen". Über Irmgard Keun / von Elfriede Jelinek / In: Die Horen. Zeitschrift für Literatur, Grafik und Kritik / Seite 121–125 / 2. Jg. (1980) / Heft 120.

Literarische Erörterung

Beispiellösung
BLF-Aufgabe
vp8844

Sigrid Löffler: „Nebenrollen sind manchmal ergiebiger als Hauptrollen. Aus der Nebenrolle hat man einen schärferen Blick auf die Protagonisten. Wer selber nicht im Mittelpunkt steht, kann die Helden im Zentrum ungehemmt anstarren und dem Familiendrama mit grausamer Klarheit zusehen." (Ausschnitt aus einer Rezension zu „Der Verlorene" von Hans-Ulrich Treichel, 26.3.1998 in DIE ZEIT erschienen)

Erörtert die Position Löfflers anhand des folgenden Ausschnitts aus „Der Verlorene" von Hans-Ulrich Treichel und bezieht eigene Lese- und Filmerfahrungen ein.

Text
BLF-Aufgabe
g3i2iu

Hans-Ulrich Treichel: Der Verlorene (Ausschnitt, 1998)

Die Familie musste im letzten Kriegsjahr ihr Gut in Westpreußen verlassen. Auf der Flucht geht der Bruder des Ich-Erzählers, Arnold, verloren. Die Familie baut sich in Westfalen eine neue Existenz auf, sucht aber die ganze Zeit nach dem Bruder. Zweimal im Jahr findet bei der Familie ein Schweinekopfessen statt.

Der Vater hätte den Hof erben und selbst ein Bauer werden sollen; und zumindest an dem Tag, an dem er sich mit seiner Familie und den Gästen um das frische Hirn versammel-
5 te, fühle er sich auch so. „Hirn macht klug", sagte der Vater, was es mir ganz und gar un- möglich machte, auch nur zu hoffen, vom Schweinehirnessen befreit zu werden, denn in den Augen des Vaters fehlte mir nichts
10 so sehr wie eine anständige Portion Hirn. Wohl konnte er gelegentlich großmütig sein und mich vom Verzehr von Blutsuppe oder Blutkuchen befreien, doch in Bezug auf das Hirn kannte er keine Kompromisse. Aller-
15 dings muss ich zugeben, dass ich mich vor dem Hirn zwar ekelte, mich andererseits aber an den abendlichen Schweinehirnessen gern beteiligte, denn so heiter und ausgelas- sen ging es in meinem Elternhaus sonst nie
20 zu. In gewisser Weise löste das Verspeisen des Schweinhirns bei dem Vater und seinen Gästen regelrechte Heiterkeitsräusche aus. Besonders wenn die Bekannten des Vaters zu Gast waren, die ebenso wie er aus dem
25 Osten stammten und eigentlich Bauern

werden sollten, konnte das Essen von einem unermüdlichen Gelächter begleitet sein, ohne dass ich, der ich die weichliche Hirn- masse so schnell und unzerkaut wie möglich die Speiseröhre hinunterzubringen suchte, 30 begriff, warum hier eigentlich gelacht wur- de. Denn es war während des Schweine- hirnessens fast ausschließlich vom Essen die Rede, und wenn nicht vom Essen die Rede war, dann war vom Schlachten die Rede. 35 Da die meisten Bekannten des Vaters auch selber schlachteten oder früher geschlach- tet hatten, wusste jeder auch Anekdoten zu erzählen, die vom Schlachten handelten. Natürlich ging es hierbei nicht so sehr um 40 das Schlachten von Schweinen, sondern vor allem um das Schlachten von kleineren Tie- ren, Hühnern, Kaninchen, Enten, Gänsen und Tauben. Denn letztere konnten auch dann noch eigenständig geschlachtet wer- 45 den, wenn man keinen Bauernhof mehr besaß und in einer Mietwohnung lebte. Das Gelächter, das die Geschichten vom Schlachten auslösten, war kein bösartiges oder blutrünstiges Gelächter, sondern eher 50 friedfertig. Es war wohl ein lautes, aber auch ein augenzwinkerndes Gelächter […].

Während ich nach solchen Essensgesprächen zuweilen Albträume hatte und meine
55 Nächte damit zubrachte, ganz gegen meinen Willen Hühnern den Kopf abzuhacken, Tauben den Hals umzudrehen, Kaninchen den Schädel einzuschlagen und Schweinen ein Messer in den Hals zu stoßen, wirkte
60 sich das Schweinehirnessens auf den Vater äußerst beruhigend aus, so dass der ansonsten aufbrausende und zum Jähzorn neigende Mann einen so versöhnlichen Glanz in den Augen hatte, dass ich glaubte, mich nie

wieder vor ihm fürchten zu müssen. Die 65 Mutter hingegen blieb auch während des Schweinehirnessens still und in sich gekehrt. Wohl schien sie sich über die Ausgelassenheit des Vaters und der Gäste zu freuen, doch selbst während dieser seltenen und festlichen 70 Stunden spürte ich die Bedrückung, unter der sie litt. Und fast immer endeten die Essensabende damit, dass irgendwann auch der Vater und die Gäste zuerst nur noch leise und schließlich gar nicht mehr miteinander 75 sprachen. Dann saßen sie stumm beieinander und schwiegen.

Arbeitsschritte

1. Analysiert die Aufgabenstellung (S. 100).
   – Definiert die Begriffe Haupt- und Nebenfigur bzw. Haupt- und Nebenrolle.
   – Klärt, was mit der Formulierung „hat man einen schärferen Blick" gemeint ist.
   – Formuliert Löfflers Thesen als Entscheidungsfragen.

literarische Erörterung S. 90–95

So geht's interaktiv BLF-Aufgabe uf56ad

2. Untersucht den Ausschnitt aus der Erzählung entsprechend der Aufgabenstellung. Wählt geeignete Literatur- oder Filmbeispiele, in denen das Geschehen ebenfalls aus der Sicht einer Nebenrolle dargestellt wird. Fertigt Notizen zu folgenden Fragen an:
   – Inwiefern nehmen der Erzähler aus der Erzählung und
     Figuren aus euren selbst gewählten Beispielen eine Nebenrolle ein?
   – Wie blicken der Erzähler und die Figuren auf das Geschehen?
     Sehen sie mit „einem schärferen Blick" und mit „grausamer Klarheit"
     auf ein „Familiendrama"?

3. Erstellt einen Schreibplan für eure literarische Erörterung.
   – Sammelt auf der Grundlage eurer Notizen zu Aufgabe 2
     Pro- und Kontra-Argumente zu Löfflers These.
   – Ergänzt aus Treichels Erzählung Textstellen, die die Argumente bekräftigen.
   – Paraphrasiert relevante Ausschnitte aus euren selbst gewählten Beispielen
     zur Stützung eurer Argumentation.
   – Ordnet die Argumente und Textbelege nach dem Sanduhrprinzip oder Ping-Pong-Prinzip.
   – Fertigt Notizen zu Einleitung und Schluss an.

korrekt zitieren und paraphrasieren S. 98 f.

Vorlage Checkliste literarische Erörterung g7bv2b

4. Verfasst die literarische Erörterung und überarbeitet Sie mithilfe der blauen Box (S. 95).

Junge Menschen in der Literatur
Epische Texte analysieren und interpretieren

 Das könnt ihr schon!

· Darstellungsweisen und deren Wirkung erkennen
· Möglichkeiten der Figurenrede unterscheiden
· die Erzählhaltung bestimmen

Schwimmende Märkte in Bangkok

Aus Silvias Reiseblog: Bangkok

Mag ich das wirklich? So chaotisch, so wild?
[…] Bangkok ist für mich Sinnbild für den
Beginn eines Abenteuers und für das erhol-
same Ende einer langen Thailandreise.

1. Besprecht eure Eindrücke von
dem Bild und vergleicht mit Silvias
Reiseblog. Was erwartet ihr von einer
Fernreise?

Sibylle Berg: Hauptsache weit (2001)

Und weg, hatte er gedacht. Die Schule war
zu Ende, das Leben noch nicht, hatte noch
nicht begonnen, das Leben. Er hatte nicht
viel Angst davor, weil er noch keine Enttäu-
5 schung kannte. Er war ein schöner Junge mit
langen dunklen Haaren, er spielte Gitarre,
komponierte am Computer und dachte, irgendwie werde ich wohl später nach London
gehen, was Kreatives machen. Aber das war
10 später.
    Und nun?
    Warum kommt der Spaß nicht? Der Jun-
ge hockt in einem Zimmer, das Zimmer ist
grün, wegen der Neonleuchte, es hat kein
15 Fenster und der Ventilator ist sehr laut. Schatten huschen über den Betonboden, das Glück
ist das nicht, eine Wolldecke auf dem Bett,
auf der schon einige Kriege ausgetragen wurden. Magen gegen Tom Yam, Darm gegen

Curry. Immer verloren die Eingeweide. Der 20
Junge ist 18, und jetzt aber Asien hatte er sich
gedacht. Mit 1000 Dollar durch Thailand,
Indien, Kambodscha, drei Monate unterwegs und dann wieder heim, nach Deutschland. Das ist so eng, so langweilig, jetzt was 25
erleben und vielleicht nie zurück. Hast du
keine Angst, hatten die blassen Freunde zu
Hause gefragt, so ganz alleine? Nein, hatte er
geantwortet, man lernt ja so viele Leute kennen unterwegs. Bis jetzt hatte er hauptsäch- 30
lich Mädchen kennen gelernt, nett waren die
schon, wenn man Leute mag, die einen bei
jedem Satz anfassen. Mädchen, die aussahen
wie dreißig und doch so alt waren wie er,
seit Monaten unterwegs, die Mädchen, da 35
werden sie komisch. Übermorgen würde er
in Laos sein, da mag er jetzt gar nicht dran
denken, in seinem hässlichen Pensionszim-

Tom Yam:
heiße, sauer-
scharfe Suppe
in der thailändi-
schen Küche

Lerninsel:
Umgang mit
epischen
Texten
S. 267 ff.

Eingangstest
epische Texte
98c5n8

mer, muss Obacht geben, dass er sich nicht
40 aufs Bett wirft und weint, auf die Decke,
wo schon die anderen Dinge drauf sind. In
dem kleinen Fernseher kommen nur Leute
vor, die ihm völlig fremd sind, das ist das
Zeichen, dass man einsam ist, wenn man die
45 Fernsehstars eines Landes nicht kennt und
die eigenen keine Bedeutung haben. Der
Junge sehnt sich nach Stefan Raab, nach
Harald Schmidt und Echt. Er merkt weiter,
dass er gar nicht existiert, wenn er nichts
50 hat, was er kennt. Wenn er keine Zeitung in
seiner Sprache kaufen kann, keine Klatsch-
geschichten über einheimische Prominente
lesen, wenn keiner anruft und fragt, wie es
ihm geht. Dann gibt es ihn nicht. Denkt
55 er. Und ist unterdessen aus seinem heißen
Zimmer in die heiße Nacht gegangen, hat
fremdes Essen vor sich, von einer fremdspra-
chigen Servicierin gebracht, die sich nicht
für ihn interessiert, wie niemand hier. Das
60 ist wie tot sein, denkt der Junge. Weit weg
von zu Hause, um anderen beim Leben
zuzusehen, könnte man umfallen und sterben in der tropischen Nacht und niemand

würde weinen darum. Jetzt weint er doch,
denkt an die lange Zeit, die er noch rum- 65
bekommen muss, alleine in heißen Ländern
mit seinem Rucksack, und das stimmt so
gar nicht mit den Bildern überein, die er zu
Hause von sich hatte. Wie er entspannt mit
Wasserbüffeln spielen wollte, in Straßenca- 70
fés sitzen und cool sein. Was ist, ist einer
mit Sonnenbrand und Heimweh nach den
Stars zu Hause, die sind wie ein Geländer
zum Festhalten. Er geht durch die Nacht,
selbst die Tiere reden ausländisch, und dann 75
sieht er etwas, sein Herz schlägt schneller.
Ein Computer, ein Internet-Café. Und er
setzt sich, schaltet den Computer an, liest
seine E-Mails. Kleine Sätze von seinen
Freunden, und denen antwortet er, dass es 80
ihm gut gehe und alles großartig ist, und er
schreibt und schreibt und es ist auf einmal
völlig egal, dass zu seinen Füßen ausländi-
sche Insekten so groß wie Meerkatzen her-
umlaufen, dass das fremde Essen im Magen 85
drückt. Er schreibt seinen Freunden über die
kleinen Katastrophen und die fremde Welt
um ihn verschwimmt, er ist nicht mehr allein, taucht in den Bildschirm ein, der ist
wie ein weiches Bett, er denkt an Bill Ga- 90
tes und Fred Apple, er schickt ein Mail an
Sat. 1, und für ein paar Stunden ist er wieder
am Leben, in der heißen Nacht weit weg
von zu Hause.

Stefan Raab
(geb. 1966):
deutscher Enter-
tainer, Fern-
sehmoderator,
Fernseh- und
Musikproduzent

**Harald
Schmidt**
(geb. 1957):
deutscher
Schauspieler,
Kabarettist,
Entertainer,
Schriftsteller
und Fernseh-
moderator

Echt:
Popgruppe
(1994–2002)

2. Beschreibt, wie die fremde Welt auf
den Jungen wirkt und wie er sich fühlt.
Sprecht über mögliche Gründe.

3. Untersucht, durch welche
Gestaltungsmittel der Leser sich in
die Gedanken und Gefühle des Jungen
hineinversetzen kann. Achtet auf das
Erzählverhalten, die Erzählhaltung,
die Darstellungsweise und die
Figurenrede.

Das lernt ihr jetzt!

- Kurzprosa analysieren und interpretieren
- Gleichnisse und Parabeln analysieren,
  interpretieren und vergleichen
- typische Merkmale von Gleichnis und
  Parabel kennen lernen
- textexterne Aspekte zur Interpretation nutzen

Lerninsel:
Erzähl-
verhalten,
Erzählhaltung,
Darstellungs-
weise
S. 270
Figurenrede
S. 271

Lebenspläne und Lebenswege
Kurzprosa analysieren und interpretieren

Achtung:
alte Recht-
schreibung

defilieren:
feierlich vorbei-
ziehen

Plaste:
Plastik

**Vorabend
eines Ersten
Mai:**
Der Maifeier-
tag wurde in
der ehemali-
gen DDR mit
großen Paraden
gefeiert.

Jenny Erpenbeck: Haare (2001)

Sandro Botticelli: Die Geburt der Venus, um 1482

*1. Lebens-
jahre*

Im Bauch meiner Mutter sind mir lange
schwarze Haare gewachsen, die zu Berge
stehen, als ich auf die Welt komme. Es ist
Frühling, und die Welt ist sehr hell. Ein
5 schwarzes Haar nach dem andern kapitu-
liert, fällt aus, fliegt davon und überläßt
blonden Geschwistern die Nachfolge auf
meinem Kopf.
    Als ich drei Jahre alt bin, steckt mein Va-
10 ter mir noch Zöpfe aus Gras an, aber bald
kann man meine Haare schon in zwei Bü-
scheln zusammenfassen. Rechts und links
über den Ohren stehen diese Büschel in einem Bogen von mir ab, wie Wasser, das aus
15 einem Rohr kommt, entspringen sie einem
Zopfhalter, der aussieht wie eine Kreuzung
aus Margaritenblüte und Kronkorken. Bis
ich fünf Jahre alt bin, werden meine Haare
also gewaschen, gebürstet und gebüschelt,
20 manchmal sogar schon geflochten. Warum
es meiner Mutter ausgerechnet am Vorabend
eines Ersten Mai einfallen muß, sie kurz
zu schneiden, weiß inzwischen niemand
mehr. Heraus zum Ersten Mai! Im Radio
25 spielen sie Blasmusik. Den abgeschnittenen
Zopf steckt meine Mutter zur Erinnerung

in ein durchsichtiges Etui. Ich muß heraus
zur Maidemonstration, aber zu Hause liegen
fünfzehn Zentimeter von mir im gläsernen
Sarg! An diesem Morgen defilieren Tausen- 30
de an meinem kurzgeschorenen Kopf vorüber, sie zeigen mir ihre Zähne, sie lachen,
nein, sie lachen mich aus, die ganze Stadt
beugt sich über mich und streicht mir über
den Kopf und lacht mich aus, selbst die Fah- 35
nen lachen, sie neigen sich über mich und
lassen in einzigartiger Bosheit ihr langes ro-
tes Haar in Wellen auf mich herabfallen.
    Von diesem Ersten Mai an will ich min-
destens so dicke Zöpfe haben wie meine 40
Cousine Heike. An deren Zöpfe kann sich
rechts und links je ein Kind anhängen, dann
dreht sie sich, und die Kinder fliegen. Meine
Cousine Heike ist ein Karussell, ich will auch
ein Karussell werden. Zu dieser Zeit sind die 45
Haarbürsten mit den vielen einzelnen Bors-
ten aus Plaste noch nicht erfunden, und einige Jahre später, als sie im Westen schon erfunden sind, erfahren wir nichts davon. Mit
einem Kamm dauert das Auskämmen nach 50
dem Haarewaschen zwei Stunden. Zwei
Stunden sitze ich auf einem Hocker im Bad,
ein Handtuch um die Schultern, und halte
meiner Mutter den nassen Kopf hin, während diese ihre schwere Maischuld abbüßt, 55
mein Haar in Strähnen unterteilt und Strähne für Strähne entfilzt. Einmal pro Woche
geben wir uns auf diese Weise der Wieder-
herstellung der Pracht hin, zum Glück ist
zu dieser Zeit die tägliche Haarwäsche noch 60
nicht erfunden, und als sie im Westen schon
erfunden ist, erfahren wir nichts davon.
Während eines knappen Jahrzehnts gehören nun zwei blonde Zöpfe zu mir, die in
Schlangenlinien in der Luft herumfliegen, 65
wenn ich auf dem Schulweg renne, weil ich
schon wieder zu spät bin. Mit deren Enden

ich die Schallplatten abputze, wenn ich den Lappen nicht finden kann. Aus denen ich im Sommer nach dem Baden das Wasser sauge. Ich knote die Zöpfe hinten ineinander, damit sie mir nicht über die frische Tinte wischen, klemme sie manchmal aus Versehen ein, wenn ich eine Tür zu schnell hinter mir zumache, und ich gehe mit diesen zwei Zöpfen zu meinem ersten Rendezvous. Der mir gefällt, trägt eine Lederjacke, die über und über mit Sicherheitsnadeln besteckt ist. Die Punks sind erfunden, aber ich habe nichts davon erfahren. Ich wickle mir die Quaste vom Zopf um den Zeigefinger und weiß nicht, was ich sagen soll. Der Punk ruft kein zweites Mal an, meine Haare geraten in Auflösung. Die Revolution auf meinem Kopf sieht nicht rot oder lila aus wie bei meinen Altersgenossinnen – mich emanzipiert sie zum Weihnachtsengel. Offene Haare! Was bisher Feiertagsfrisur war, erlaube ich mir jetzt für immer, natürlich muß ich nun selber kämmen. Und was bei Botticelli paradiesisch aussieht, verklemmt sich unter den Riemen meines Schulranzens, lädt sich elektrisch auf, wenn ich einen Pullover über den Kopf ziehe, verzwirbelt sich in unruhigen Nächten zu einem Filz. Für fünf selige Minuten im Fahrtwind hinten auf einem Moped reiße ich mir hinterher eine halbe Stunde am Schopf herum, und die ganz und gar unauflösbaren winzigen Knoten schnei-

de ich schließlich nach klassischem Vorbild einfach ab. Einmal werde ich im Sommerurlaub ohnmächtig, als ich bei über dreißig Grad mit schiefem Kopf und einem wie der Hebel einer Maschine auf und ab fahrenden Arm an der allmorgendlichen Herrichtung meiner Frisur arbeite. Hin und wieder verwünsche ich diese Haare inbrünstig, aber so inbrünstig, wie man nur Dinge verwünscht, auf die man sich verlassen kann. Keinen Moment lang vergesse ich, daß meine Haare ein Schatz sind, in dem meine ganze Lebenszeit aufbewahrt ist, und bin geradezu besessen von der Idee, daß jemand sie mir im Schlaf abschneiden könnte. In blutigen Phantasien male ich mir aus, wie ich den Schändling martern würde.

Als ich sechzehn bin, verfängt sich der erste Mann in meinem Haar, und da, wie es scheint, haben die Fangschnüre ihren Zweck endlich erfüllt. Es wandelt mich eine Lust an, die ich bis dahin nicht kannte: diesen Flachs, der mir als Mädchen gewachsen ist, von mir zu trennen. Zum ersten Mal in meinem Leben gehe ich zu einem Friseur, der Friseur schneidet über einen halben Meter ab, das Haar fällt zu Boden, der Friseur kehrt es zusammen und wirft es in den Mülleimer. Als ich mit meinem Freund in den Herbstferien nach Hiddensee übersetze, bläst mir der Wind um den Kopf. Es gibt aber nichts mehr, das sich verwirren könnte.

Quaste:
Büschel von Fäden, hier: von Haaren

martern:
foltern, quälen

Sandro Botticelli
(1445–1510): italienischer Maler der Frührenaissance

Flachs:
pflanzliche Faser, die wie blondes Haar aussieht

Hiddensee:
Insel in der Ostsee

1. Besprecht eure Eindrücke von Text und Bild (S. 104).

2. Lest den Text (S. 104 f.) mehrmals und fasst den Inhalt in Stichpunkten zusammen. Ermittelt das Thema und formuliert eine Deutungshypothese.

3. Analysiert und interpretiert den Text (S. 104 f.) detailliert. Ihr könnt so vorgehen:
   – Klärt den Aufbau der Erzählung. Stellt die Situationen und Figuren, die für die Erzählerin wichtig sind, in einer Skizze dar.
   – Untersucht, wie durch die Erzählform, die Erzählperspektive und das Erzählverhalten die Sicht der Erzählerin deutlich wird.
   – Haare sind in dieser Kurzgeschichte ein zentrales Symbol. Interpretiert, welche Bedeutung die Haare in den verschiedenen Altersstufen für die Erzählerin haben. Notiert wichtige Wörter.
   – Untersucht die Zeitgestaltung und überlegt, ob diese eure Interpretation stützt.

Lerninsel: textnahes Lesen S. 235

Lerninseln: Erzählform, Erzählperspektive, Erzählverhalten S. 270 Symbol S. 275

4. „Als sie im Westen schon erfunden ist, erfahren wir nichts davon." (S. 104, Z. 61f.)
Notiert, wie die gesellschaftliche Realität von der Erzählerin wahrgenommen wird.

5. Erläutert, worin sich dieser Text von einer klassischen Kurzgeschichte unterscheidet.
Kein unvermittelter Beginn / Kein offener Schluss / Darstellg. einer Entw.-gesch.

Robert Naumann: Wie meine Karriere mal einen ganz schönen Knacks bekam (2001)

Klopapier:
In der DDR waren manche Waren knapp.

Westautos:
Automarken der Bundesrepublik

Karl-Marx-Stadt:
heute: Chemnitz

Bezirk:
Verwaltungseinheit in der DDR

Scherge:
Handlanger, der (auch gewaltsam) Aufträge einer politischen Macht ausführt

Früher, als Jugendlicher, wusste ich oft nichts Rechtes mit meiner Zeit anzufangen. Es war ja Sozialismus. „Klopapier?", fragte ich manchmal flehend meine Mutter. Aber
5 sie schüttelte nur den Kopf.

Im Sommer saß ich auf dem Balkon und zählte die Westautos, die unten vorbeifuhren. Ich war ja Regimekritiker. Der Balkon befand sich in Karl-Marx-Stadt, dem Bezirk
10 mit der geringsten Westautodichte. Mein Leben verlief also eher langweilig. Doch nur im Sommer. Im Winter war ich der Kälte wegen genötigt – das Ohr am Balkonfenster – am Motorengeräusch zu erkennen, wie
15 viele Westautos vorbeifuhren. Es war unglaublich. Es wimmelte von Westautos. Ich erkannte sogar die verschiedenen Fahrzeugtypen. Ein Schreibheft von damals belegt die Daten: 17. Januar 1985: 27 × Mercedes,
20 15 × Audi, 22 × BMW, 65 × Porsche!

Das Phänomen begann mich zu interessieren, und ich beschloss, einen Roman über die Sommer-Winter-Schwankungen von Westautos in Karl-Marx-Stadt zu schreiben.
25 Als ich vier Jahre später erschöpft „Ende" auf die letzte Seite schrieb, fiel die Mauer.

Mir wurde bewusst, dass sich mein Roman unter den veränderten Bedingungen schlecht verkaufen würde. Manche wissen gar nicht, dass der Mauerfall nicht nur Gu-
30 tes mit sich brachte. Eine hoffnungsvolle Schriftstellerkarriere war von den Schergen des Kapitalismus im Keim erstickt worden. Ich kam danach nie wieder richtig auf die Beine. Eine Schreibblockade jagte die
35 nächste.

Heute kann ich infolge dieses Traumas nur noch ganz kurze Texte schreiben. Ein Roman ist nicht mehr drin. Die gewonnene Zeit verbringe ich auf dem Balkon und zäh-
40 le die Ostautos, die vorbeifahren. Eigentlich hat sich nicht viel verändert.

6. Beschreibt euren Eindruck von dem Erzähler und untersucht, wie er sich selbst darstellt.
Prüft diese Selbstdarstellung kritisch, indem ihr die Handlungen des Erzählers beurteilt.
Orientiert euch an dem Beispiel:
Regimekritiker (Z. 8): jemand, der die Regierung kritisiert ⟷
Erzähler: Er zählt Westautos. → *prahlerische Behauptung, Übertreibung*

Gestaltungsmittel
S. 192

7. Bestimmt die Erzählhaltung (z. B. *neutral, kritisch, ironisch*) und benennt die sprachlichen Mittel (z. B. *Satzbau, Wortwahl*), mit denen sie gestützt wird. Beschreibt die mögliche Wirkung auf den Leser.

8. Besprecht, wie das Leben eines Jugendlichen in der DDR dargestellt wird. Leitet das Thema des Textes ab und diskutiert eure Interpretationen.

Epische Texte analysieren und interpretieren

Wissen und Können

Lerninsel:
Umgang mit epischen Texten
S. 267 ff.

epische Texte interpretieren
S. 240 ff.

- Text **gründlich lesen** und **erste Eindrücke** sammeln, evtl. **Fragen zum Textverständnis** formulieren
- wichtige Schritte der **äußeren** und **inneren Handlung** zusammenfassen
- **Deutungshypothese** aufstellen (Thema/Problem)
- Text **detailliert analysieren** (z. B. chronologisch, aspektorientiert nach Schwerpunkten, die z. B. durch die Aufgabenstellung vorgegeben sein können)

Handlung, Aufbau: z. B.
- Handlungsverlauf (z. B. *steigernd*)
- äußere und innere Handlung
- einsträngige/mehrsträngige Handlung
- Verknüpfung der Handlungsstränge

episches Genre: z. B. *Kurzgeschichte, Parabel, Gleichnis, Novelle, Roman, Erzählung, Fabel*

Sprache, Stil: z. B.
- Satzbau (z. B. *Parataxe, Hypotaxe*)
- Wortwahl (z. B. *Handlungsverben, beschreibende Adjektive*)
- sprachlich-stilistische Mittel (z. B. *Metaphern, Symbole*)

Figurenanalyse und Figurenkonstellation:
- Verhalten, Handlungsmotive und Ziele, Denkweise und Einstellungen
- Einordnen der Figuren (*Haupt- und Nebenfiguren, Protagonist, Antagonist*)
- Skizze zum Zusammenspiel der Figuren
- Wirkung der Figuren auf den Leser

Analyseaspekte

textexterne Aspekte:
- historische Umstände (z. B. *Nachkriegszeit, Leben in der DDR*)
- Biografie des Autors (z. B. *Herkunft, familiäre Situation, wichtige Lebensstationen*)
- geistesgeschichtliche und literaturgeschichtliche Aspekte (z. B. *Epoche, Literaturauffassung*)

Erzählweise:
- Erzählform (*Ich-Erzähler oder Er-/Sie-Erzähler*)
- Erzählperspektive (*Innensicht, Außensicht*)
- Darstellungsweise (*Bericht, Beschreibung, szenische Darstellung*)
- Figurenrede (*direkte Rede, indirekte Rede, innerer Monolog in der direkten Rede, innerer Monolog als erlebte Rede*)
- Erzählverhalten (*auktorial, personal, neutral*)
- Erzählhaltung (z. B. *ironisch, sachlich, humorvoll, kritisch, distanziert, neutral*)
- Zeitgestaltung (z. B. *Reduktion der erzählten Zeit auf einen zentralen Moment*)

Belegt alle Analyseergebnisse am Text. Verwendet nur Analyseergebnisse, die zum Nachweis eurer Deutungshypothese dienen.

Differenzieren
Kurzprosa
interpretieren
u4ry2x

9. Zum Differenzieren ■ ■ ■ ■

A Beurteilt die beiden Deutungshypothesen zu folgender Kurzgeschichte und formuliert eine eigene.
a) Der Text thematisiert die Verweigerung einer Jugendlichen.
b) Der Text verdeutlicht den Willen einer Jugendlichen, dem Alltag nicht nachzugeben und ihre Fantasie auszuleben.

B Analysiert in der folgenden Kurzgeschichte das Verhalten der Erzählerin. Beschreibt, durch welche Erzählweise und mit welchen sprachlichen Mitteln es dargestellt wird. Berücksichtigt die Verwendung der Tempora. Notiert Stichpunkte.

C Analysiert und interpretiert die folgende Kurzgeschichte. Nutzt dazu die blaue Box (S. 107) und notiert Stichpunkte.

Nadja Einzmann: An manchen Tagen (2001)

An manchen Tagen warte ich, dass etwas passiert. Auf einen Anruf; dass das Haus einstürzt; oder der Arzt mir sagt, dass ich nur noch wenige Wochen zu leben habe. Ich
5 sitze im Bett und warte, und meine Mutter klopft an die Türe. Zu berichten hat sie nichts. Sei so gut, sagt sie, bring den Müll hinunter, oder: Wie wäre es mit einem Spaziergang, es ist ein wunderbarer Tag, son-
10 nig, und die Spatzen pfeifen es von allen Dächern. Nein, rufe ich ihr zu, durch die geschlossene Tür, mir ist nicht danach, mir ist nicht nach Welt. Und ich sitze im Bett, der Himmel schaut blau durch mein Fenster
15 oder umwölkt sich, oder ein Gewitter zieht auf. Mein Bett ist mein Schiff, mein Bett ist mein Floß, ich treibe dahin, Haie und andere Meerestiere unter mir und Sterne und Himmel über mir.
20 Was soll ich unternehmen mit dir, sagt meine Mutter, und stellt mir das Abendessen vor die Tür. Keines meiner Kinder, keines meiner Kinder, alle sind sie normal

und gehen zur Arbeit, gehen morgens aus dem Haus und kehren abends zurück, nur 25 du nicht. Was soll nur werden mit dir?

Es gab Zeiten, da ich anders war, solche Zeiten hat es gegeben. Ausgesprochen lebhaft war ich. Keine Aufgabe war sicher vor mir, und dann noch zum bloßen Zeit- 30 vertreib zeichnete ich und voltigierte und focht und tanzte die Nächte durch. Meine Geschwister sahen müde aus, wenn sie von der Arbeit kamen. Sie hatten sich das Weiß in ihren Augen blutig gesehen über 35 den Tag, und auch ihre Hände waren wund und schmerzten. Mir sah man keine Mühen an. Nie. Ich schwebte über den Boden, wo andere gingen, und dass ich mich bückte, kam nur sehr selten vor. Ja, es hat Zeiten 40 gegeben, da ich anders war, und ich traure ihnen nicht nach. Packt eure Herzen in Alufolie, dass sie geschützt sind, wenn ihr aus dem Haus geht, und reicht sie nicht frei herum! 45

Es hat Zeiten gegeben, da ich anders war, und meine Mutter trauert ihnen nach. Kind, sagt sie, willst du nicht aufstehen, dass dein Vater mit dir fischen gehen kann und deine Geschwister dir berichten von ihrem Tag? 50 Nein, sage ich, mir ist nicht nach Welt. In meinem Bett sitze ich, das mein Floß ist, und der Seegang ist hoch. Salziger Wind fährt mir durchs Haar und die Wellen überschlagen sich. 55

voltigieren:
am (galoppierenden) Pferd turnen

focht:
Präteritum von
fechten

Ausbrechen und heimkommen

Gleichnis und Parabel analysieren, interpretieren und vergleichen

Ein Gleichnis analysieren und interpretieren

Das Gleichnis vom verlorenen Sohn (Lukasevangelium, 15, 11–32)

Als die Pharisäer und Schriftgelehrten Jesus kritisieren, weil er Sünder aufnehme, sagt er, bei den Engeln Gottes herrsche „Freude über einen einzigen Sünder, der umkehrt". Als Beispiel erzählt er den Zuhörern folgende Geschichte:

Ein Mensch hatte zwei Söhne. Und der jüngste unter ihnen sprach zu dem Vater: Gib mir, Vater, das Teil der Güter, das mir gehört. Und er teilte ihnen das Gut. Und
5 nicht lange darnach sammelte der jüngste Sohn alles zusammen und zog ferne über Land; und daselbst brachte er sein Gut um mit Prassen. Da er nun all das Seine verzehrt hatte, ward eine große Teuerung durch das-
10 selbe ganze Land, und er fing an zu darben. Und ging hin und hängte sich an einen Bürger des Landes; der schickte ihn auf seinen Acker, die Säue zu hüten. Und er begehrte seinen Bauch zu füllen mit Trebern, die die
15 Säue aßen; und niemand gab sie ihm. Da schlug er in sich und sprach: Wie viel Tagelöhner hat mein Vater, die Brot in Fülle haben, und ich verderbe im Hunger! Ich will mich aufmachen und zu meinem Va-
20 ter gehen und zu ihm sagen: Vater, ich habe gesündigt gegen den Himmel und vor dir und bin hinfort nicht mehr wert, dass ich dein Sohn heiße; mache mich zu einem deiner Tagelöhner! Und er machte sich auf und
25 kam zu seinem Vater. Da er aber noch ferne von dannen war, sah ihn sein Vater, und es jammerte ihn, lief und fiel ihm um seinen Hals und küsste ihn. Der Sohn aber sprach zu ihm: Vater, ich habe gesündigt gegen den
30 Himmel und vor dir; ich bin hinfort nicht mehr wert, dass ich dein Sohn heiße. Aber der Vater sprach zu seinen Knechten: Brin-

get das beste Kleid hervor und tut es ihm an, und gebet ihm einen Fingerreif an seine Hand und Schuhe an seine Füße, und brin- 35 get ein gemästet Kalb her und schlachtet's; lasset uns essen und fröhlich sein! Denn dieser mein Sohn war tot und ist wieder lebendig geworden; er war verloren und ist gefunden worden. Und sie fingen an fröh- 40 lich zu sein.

Aber der älteste Sohn war auf dem Felde. Und als er nahe zum Hause kam, hörte er das Gesänge und den Reigen; und er rief zu sich der Knechte einen und fragte, was das 45 wäre. Der aber sagte ihm: Dein Bruder ist gekommen, und dein Vater hat ein gemästet Kalb geschlachtet, dass er ihn gesund wieder hat. Da ward er zornig und wollte nicht hineingehen. Da ging sein Vater heraus und 50 bat ihn. Er aber antwortete und sprach zum Vater: Siehe, so viel Jahre diene ich dir und habe dein Gebot noch nie übertreten; und du hast mir nie einen Bock gegeben, dass ich mit meinen Freunden fröhlich wäre. 55 Nun aber dieser dein Sohn gekommen ist, der sein Gut mit Huren verschlungen hat, hast du ihm ein gemästet Kalb geschlachtet. Er aber sprach zu ihm: Mein Sohn, du bist allezeit bei mir, und alles, was mein ist, das 60 ist dein. Du solltest aber fröhlich und guten Muts sein; denn dieser dein Bruder war tot und ist wieder lebendig geworden; er war verloren und ist wieder gefunden.

Pharisäer:
Angehörige einer alt-jüdischen Bewegung, die sich streng an religiöse Gesetze halten

darben:
Mangel leiden

Säue zu hüten:
Schweinehüten galt als niedrigste Arbeit.

Treber:
Viehfutter, Überbleibsel von gepressten Früchten

Vergleich Selbstbild von Franz in „Die Räuber" mit Selbstbild des älteren Sohnes S. 84 f.

1. Beschreibt die Positionen des Vaters und seines älteren Sohnes.
Diskutiert das Verhalten des Vaters und die Argumente des Sohnes.

2. Die konkrete Handlung der Erzählung (S. 109) erhält durch die Erklärung, die vor der eigentlichen Geschichte gegeben wird, eine Deutungsebene. Stellt den Bezug zwischen beiden Ebenen her und erläutert seine Funktion.

3. Diskutiert die Botschaft des Gleichnisses (S. 109).

Parabeln analysieren, interpretieren und vergleichen

Günter Kunert: Der verlorene Enkel (1975)

Jeden Morgen treten sie vor die Tür: Vater, Mutter, Sohn und Schwiegertochter und legen die Hände schirmend über ihre acht Augen, als blende sie die noch gar nicht
5 aufgegangene Sonne. Doch wenn diese erst einmal über den Horizont hoch ist, haben die vier längst ihren Wachtposten vorm Haus verlassen, um zu arbeiten oder zumindest sich den Anschein zu geben. Nach
10 jedem Beilhieb hebt der Vater lauschend den Kopf, ob da nicht ein Trittgeräusch gewesen, ein Sohlenknarren, ein verlegenes Hüsteln, ein stilles Greinen, das er unbeabsichtigt mit dem Axtgeräusch übertönt
15 hätte. Der Oberkörper des Sohnes erscheint immer wieder in dieser und jener Dachluke, weit hinausgereckt bis zum Nabel, eine Art menschliches Periskop, damit ja nicht der Moment verpasst werde, wo der Heim-
20 kehrende durchs stets offene Hoftor stolpert und seligen Schrittes über den festgestampften Lehmboden wankt, Tränen des Glückes vergießend, in den Staub zu fallen und die Heimaterde zu küssen, umgeben von
25 Großvater, Vater, Mutter und Großmutter, einigen Ziegen und Schweinen und etwas Geflügel.

Worte um Worte aus vier Mündern malen Abend um Abend die Szene bunter
30 und bunter aus: seit Jahren. Zuerst war man entschlossen, ein Exempel zu statuieren, den verlumpten Rückzügler in den Stall zu

sperren, auf Lebenszeit etwa oder wenigstens auf vier Wochen, zumindest ein, zwei Stunden, Strafe muss sein, wo kommen wir 35 hin, wenn jeder Enkel weglaufen wollte, bloß weil er nicht Vater und Großvater werden will, nicht auf Großmutter liegen, nicht auf der Mutter, nicht zwischen Schweinen und Ziegen, also aus purem Trotz und an- 40 deren niedrigen Beweggründen: ob man ihn nicht doch in den Schweinekoben auf ein Jahrzehnt, sobald man seiner habhaft geworden, wann wird man das bloß, darauf richtet sich alles Interesse und alles Mü- 45 hen im zunehmenden Verfall des Gehöftes, in das kein verlorener Enkel zurückkehrt, weil das melodiöse Klirren das Gewicht der Ketten den nicht aufwiegt, der sie einmal abgestreift hat. 50

Periskop:
ausfahr- und drehbares Fernrohr für die militärische Beobachtung

Schweinekoben:
Schweinestall

1. Beurteilt die folgende Zusammenfassung eines Schülers und begründet.
G. Kunert zeigt in dieser Parabel das vergebliche Warten einer Familie auf den Sohn bzw. Enkel, der dem tristen Dorfleben entfloh.

2. Skizziert die Figurenkonstellation und vergleicht sie
mit der des Bibelgleichnisses (S. 109). Beschreibt,
wie sich die Haltung der Familie gegenüber dem Enkel entwickelt.

3. Untersucht, wie das Motiv des verlorenen Sohnes dargestellt wird. Achtet auf
– Erzählperspektive, Erzählverhalten und Erzählhaltung,
– Tempus und Redewiedergabe.

Lerninsel:
Erzähl-
perspektive,
Erzähl-
verhalten,
Erzählhaltung
S. 270

4. „… weil das melodiöse Klirren das Gewicht der Ketten den nicht aufwiegt,
der sie einmal abgestreift hat." (S. 110, Z. 48 ff.)
– Was ist mit dem „Gewicht der Ketten" gemeint?
– Interpretiert die Textstelle und diskutiert eure Ergebnisse.

5. Bestimmt Sach- und Bildteil der Parabel. Wie erhellen sie sich gegenseitig?
Nutzt die blaue Box (S. 113).

6. Sammelt Assoziationen zum Thema „nach Hause kommen". Vergleicht diese
mit den Eindrücken und Gefühlen des Erzählers in dem folgenden Text.

Franz Kafka: Heimkehr (1920)

Ich bin zurückgekehrt, ich habe den Flur durchschritten und blicke mich um. Es ist meines Vaters alter Hof. Die Pfütze in der Mitte. Altes, unbrauchbares Gerät, ineinan-
⁵ derverfahren, verstellt den Weg zur Bodentreppe. Die Katze lauert auf dem Geländer. Ein zerrissenes Tuch, einmal im Spiel um eine Stange gewunden, hebt sich im Wind. Ich bin angekommen. Wer wird mich emp-
¹⁰ fangen? Wer wartet hinter der Tür der Küche? Rauch kommt aus dem Schornstein, der Kaffee zum Abendessen wird gekocht. Ist dir heimlich, fühlst du dich zu Hause? Ich weiß es nicht, ich bin sehr unsicher.
¹⁵ Meines Vaters Haus ist es, aber kalt steht Stück neben Stück, als wäre jedes mit seinen eigenen Angelegenheiten beschäftigt, die ich teils vergessen habe, teils niemals kannte. Was kann ich ihnen nützen, was bin ich
²⁰ ihnen und sei ich auch des Vaters, des alten Landwirts Sohn. Und ich wage nicht, an der Küchentür zu klopfen, nur von der Ferne horche ich, nur von der Ferne horche ich stehend, nicht so, dass ich als Horcher über-
²⁵ rascht werden könnte. Und weil ich von der Ferne horche, erhorche ich nichts, nur einen leichten Uhrenschlag höre ich oder glaube ihn vielleicht nur zu hören, herüber aus den Kindertagen. Was sonst in der Küche ge-
³⁰ schieht, ist das Geheimnis der dort Sitzenden, das sie vor mir wahren. Je länger man vor der Tür zögert, desto fremder wird man. Wie wäre es, wenn jetzt jemand die Tür öffnete und mich etwas fragte. Wäre ich dann
³⁵ nicht selbst wie einer, der sein Geheimnis wahren will.

Franz Kafka beim Vorlesen der Erzählung
„Der Kübelreiter", © Archiv Klaus Wagenbach

7. Beschreibt die Struktur des Textes (S. 111). Gliedert ihn dazu in Abschnitte und formuliert inhaltliche Überschriften.

8. Untersucht, wie durch die Wahrnehmung des Ortes die Gefühle des Erzählers zum Ausdruck kommen.
   – Setzt auf einer Kopie die folgende Erschließung des Textes fort.
   – Formuliert eine Deutungshypothese.

Franz Kafka: Heimkehr (1920)

vertraut, Heimat

Hindernisse

Es ist meines Vaters alter Hof. Die Pfütze in der Mitte. Altes, unbrauchbares Gerät, ineinanderverfahren, verstellt den Weg zur Bodentreppe. Die Katze lauert auf dem Geländer. Ein zerrissenes Tuch, einmal im Spiel um eine Stange gewunden, hebt sich im Wind. Ich bin angekommen. Wer wird mich empfangen? Wer wartet hinter der Tür der Küche? Rauch kommt aus dem Schornstein, der Kaffee zum Abendessen wird gekocht. Ist dir heimlich, fühlst du dich zu Hause? Ich weiß es nicht, ich bin sehr unsicher. Meines Vaters Haus ist es, aber

feindlich bekannt

Fragen, Konjunktion (Gegensatz)

zwei Räume:
der Ort
Ambivalenz zwischen vertraut und abweisend
→ Heimkehr ist erschwert

die Innenwelt des Ich-Erzählers
→ fühlt sich bedroht, unsicher

9. Diskutiert, welche allgemeine Bedeutung die konkret geschilderte Situation enthalten könnte.

10. Vergleicht die drei Erzählungen aus der Bibel (S. 109), von Kunert (S. 110) und von Kafka (S. 111). Übernehmt die Tabelle. Erklärt, wie sich das Thema und die Aussageabsicht verändern.

	Bibelgleichnis	Kunert	Kafka
Handlungssituation, Handlungsträger	*Diskussion Vater/ältester Sohn*	*... die Daheim- gebliebenen*	*...*
Beweggründe	*Liebe/Eifersucht*	*...*	*...*
Figurenkonstellation	*...*	*...*	*...*
Darstellungsweise	*...*	*...*	*...*
Thema	*...*	*...*	*...*
Aussageabsicht	*...*	*...*	*...*

Parabel und Gleichnis analysieren und interpretieren

Die Parabel und das Gleichnis haben eine belehrende Funktion oder
regen den Leser zum Nachdenken an.

Lerninsel:
Gleichnis,
Parabel
S. 269

Ein Gleichnis analysieren und interpretieren

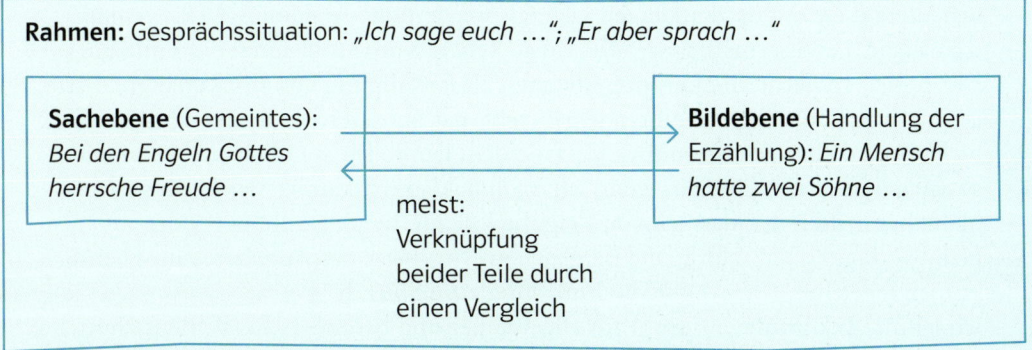

Rahmen: Gesprächssituation: *„Ich sage euch …"; „Er aber sprach …"*

Sachebene (Gemeintes):
*Bei den Engeln Gottes
herrsche Freude …*

meist:
Verknüpfung
beider Teile durch
einen Vergleich

Bildebene (Handlung der
Erzählung): *Ein Mensch
hatte zwei Söhne …*

Eine Parabel analysieren und interpretieren

- Eine **konkrete Ebene (Bildteil)** verweist auf eine **abstrakte Ebene (Sachteil)**.
- Aus der Übertragung des Bildteils auf den Sachteil ergibt sich die **Bedeutung**.
  Fragt euch zum Beispiel: Welche Bedeutung hat die Handlungssituation?
  „Ich bin heimgekehrt. Wer wird mich empfangen?"
  → *Situation der Fremdheit in der Heimat*
- Elemente des Bildteils können vor allem in modernden Parabeln
  auf **verschiedene Bereiche der Wirklichkeit** bezogen werden.
- Der **Leser** stellt die **Verknüpfung** zwischen Bild- und Sachteil selbst her.

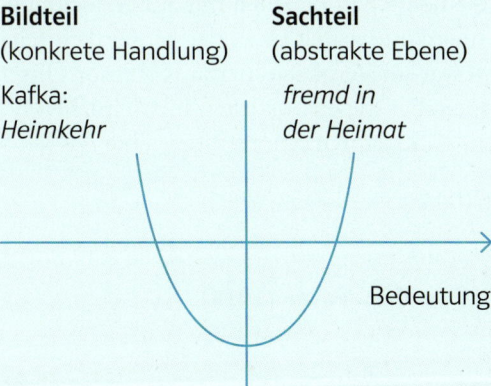

Bildteil
(konkrete Handlung)

Kafka:
Heimkehr

Sachteil
(abstrakte Ebene)

*fremd in
der Heimat*

Bedeutung

11. Extra

Sucht einen weiteren Text zum Thema Heimkehr.
- Untersucht, wie das Motiv der Heimkehr gestaltet ist.
- Unterlegt den Text mit Bildern, Collagen oder Musik.
- Stellt euren Text der Klasse vor und begründet eure Auswahl.

Textexterne Aspekte zur Interpretation nutzen

Franz Kafka: Tagebucheinträge

1 25. Oktober 1921

Die Eltern spielten Karten; ich saß allein dabei, gänzlich fremd; der Vater sagte, ich
solle mitspielen oder wenigstens zuschauen; ich redete mich irgendwie aus. Was
bedeutete diese seit der Kinderzeit vielmals wiederholte Ablehnung? Das gemein-
schaftliche, gewissermaßen das öffentliche Leben wurde mir durch die Einladung
5 zugänglich gemacht, die Leistung, die man als Beteiligung von mir verlangte, hätte
ich nicht gut, aber leidlich zustande gebracht, das Spielen hätte mich wahrscheinlich
nicht einmal allzu sehr gelangweilt – trotzdem lehnte ich ab. Ich habe, wenn man
es danach beurteilt, unrecht, wenn ich mich beklage, dass mich der Lebensstrom
niemals ergriffen hat, dass ich von Prag nie loskam, niemals auf Sport oder auf ein
10 Handwerk gestoßen wurde und dergleichen – ich hätte das Angebot wahrscheinlich
immer abgelehnt, ebenso wie die Einladung zum Spiel. […]
Ich lehnte aber immer ab, wohl aus allgemeiner und besonders aus Willensschwäche,
ich habe das verhältnismäßig sehr spät erst begriffen. Ich hielt diese Ablehnung früher meist für ein gutes Zeichen (verführt durch die allgemeinen großen Hoffnun-
15 gen, die ich auf mich setzte), heute ist nur noch ein Rest dieser freundlichen Auffassung geblieben.

2 29. Oktober [1921]

Einen der nächsten Abende beteiligte ich mich dann wirklich, indem ich für die
Mutter die Ergebnisse notierte. Es ergab sich aber kein Nähersein, und wenn
auch eine Spur dessen da war, so wurde sie überhäuft von Müdigkeit, Langeweile,
Trauer über die verlorene Zeit. So wäre es immer gewesen. Dieses Grenzland zwi-
5 schen Einsamkeit und Gemeinschaft habe ich nur äußerst selten überschritten, ich
habe mich darin sogar mehr angesiedelt als in der Einsamkeit selbst. Was für ein
lebendiges schönes Land war im Vergleich hierzu Robinsons Insel.
Von Prag weggehn. Gegenüber diesem stärksten menschlichen Schaden, der mich
je getroffen hat, mit dem stärksten Reaktionsmittel, über das ich verfüge, vorgehn.

**Robinsons
Insel:**
Roman von
Daniel Defoe;
der Held
verbringt als
Schiffbrüchiger
viele Jahre auf
einer Insel

Kafka hat den
Brief seinem
Vater nicht
gegeben.

3 Franz Kafka: Brief an den Vater (1919)

Liebster Vater,
Du hast mich letzthin einmal gefragt, warum ich behaupte, ich hätte Furcht vor Dir.
Ich wusste Dir, wie gewöhnlich, nichts zu antworten, zum Teil eben aus der Furcht,
die ich vor Dir habe, zum Teil deshalb, weil zur Begründung dieser Furcht zu viele
5 Einzelheiten gehören, als dass ich sie im Reden halbwegs zusammenhalten könnte.
Und wenn ich hier versuche, Dir schriftlich zu antworten, so wird es doch nur sehr
unvollständig sein, weil auch im Schreiben die Furcht und ihre Folgen mich Dir gegenüber behindern und weil die Größe des Stoffs über mein Gedächtnis und meinen
Verstand weit hinausgeht.

¹⁰ Dir hat sich die Sache immer sehr einfach dargestellt, wenigstens soweit Du vor mir und, ohne Auswahl, vor vielen andern davon gesprochen hast. Es schien Dir etwa so zu sein: Du hast Dein ganzes Leben lang schwer gearbeitet, alles für Deine Kinder, vor allem für mich geopfert, ich habe infolgedessen „in Saus und Braus" gelebt, habe vollständige Freiheit gehabt zu lernen, was ich wollte, habe keinen Anlass zu

¹⁵ Nahrungssorgen, also zu Sorgen überhaupt gehabt; Du hast dafür keine Dankbarkeit verlangt, Du kennst „die Dankbarkeit der Kinder", aber doch wenigstens irgendein Entgegenkommen, Zeichen eines Mitgefühls; stattdessen habe ich mich seit jeher vor Dir verkrochen, in mein Zimmer, zu Büchern, zu verrückten Freunden, zu überspannten Ideen; offen gesprochen habe ich mit Dir niemals, in den Tempel bin

²⁰ ich nicht zu Dir gekommen, in Franzensbad habe ich Dich nie besucht, auch sonst nie Familiensinn gehabt, um das Geschäft und Deine sonstigen Angelegenheiten habe ich mich nicht gekümmert, die Fabrik habe ich Dir aufgehalst und Dich dann verlassen, Ottla habe ich in ihrem Eigensinn unterstützt und während ich für Dich keinen Finger rühre (nicht einmal eine Theaterkarte bringe ich Dir), tue ich für

²⁵ Freunde alles. Fasst Du Dein Urteil über mich zusammen, so ergibt sich, dass Du mir zwar etwas geradezu Unanständiges oder Böses nicht vorwirfst (mit Ausnahme vielleicht meiner letzten Heiratsabsicht), aber Kälte, Fremdheit, Undankbarkeit. [...]

Tempel: Synagoge im jüdischen Viertel in Prag

Franzensbad: Kurstadt im heutigen Tschechien

Ottla: Ottilie, Kafkas Schwester

4 Franz Kafka: Brief an seinen Freund Max Brod (1922)

Wie lebe ich denn in Prag! Dieses Verlangen nach Menschen, das ich habe und das sich in Angst verwandelt, wenn es erfüllt wird [...].

Max Brod (1884–1968): jüdischer Schriftsteller, Verwalter von Kafkas Nachlass

5 Kafka in einem Gespräch mit Gustav Janouch (1951)

In uns leben noch immer die dunklen Winkel, geheimnisvollen Gänge, blinden Fenster, schmutzigen Höfe, lärmenden Kneipen und verschlossenen Gasthäuser. Wir gehen durch die breiten Straßen der neuerbauten Stadt. Doch unsere Schritte und Blicke sind unsicher. Innerlich zittern wir noch so wie in den alten Gassen des

⁵ Elends. Unser Herz weiß noch nichts von der durchgeführten Assanation. Die ungesunde alte Judenstadt in uns ist viel wirklicher als die hygienische neue Stadt um uns. Wachend gehen wir durch einen Traum: selbst nur ein Spuk vergangener Zeiten.

Gustav Janouch: Kafka lernte den 17-jährigen Sohn eines Kollegen 1920 kennen. Janouch hielt seine Gespräche mit Kafka in einem Tagebuch fest.

Assanation: assanieren: für hygienische Verhältnisse in einer Stadt sorgen

6 Franz Kafka: Brief an die Freundin Milena (1920)

Sie dürfen dann auch den Juden jene besondere Ängstlichkeit vorwerfen, ... trifft er [dieser Vorwurf] nur Vereinzelte, diese aber sehr stark, zum Beispiel mich. Das Merkwürdigste ist es ja, dass der Vorwurf allgemein nicht passt. Die unsichere Stellung der Juden, unsicher in sich, unsicher unter den Menschen, würde es über

⁵ alles begreiflich machen, dass sie nur das zu besitzen glauben dürfen, was sie in der Hand oder zwischen den Zähnen halten, dass ferner nur handgreiflicher Besitz ihnen Recht auf das Leben gibt und dass sie, was sie einmal verloren haben,

Milena Jesenská (1896–1944): tschechische Journalistin und Schriftstellerin; Kafka gab ihr 1921 seine Tagebücher

niemals wieder erwerben werden, sondern dass es glückselig für immer von ihnen fortschwimmt. Von den unwahrscheinlichsten Seiten drohen den Juden Gefahren,
10 oder lassen wir, um genauer zu sein, die Gefahren weg und sagen: „drohen ihnen Drohungen".

weiterer Text:
Lachen mit K.
S. 118

7 Heinz Politzer: Franz Kafka, der Künstler (1962)

Als deutscher Jude im tschechischen Prag lebte Kafka in einem dreifachen Getto, dem jüdischen zuerst, das seinerseits von aufsässigen Slawen umgeben war, um die als ein dritter Wall die Verwaltung der altösterreichischen Beamtenschaft gezogen war, die bis 1918 im Namen Habsburgs Prag regierte. Auch Kafka „kannte sich in
5 dieser Stadt noch nicht sehr gut aus", obgleich er [...] dort geboren war; die deutsche Sprache trennte ihn von den Tschechen, aus denen sich die Bediensteten und Angestellten seines Vaters rekrutierten und aus deren Mitte ihm gegen Ende seines Lebens die passionierte Milena Jesenská entgegentrat, sein Judentum hielt ihn der österreichischen Oberschicht entfremdet, welche die Stadt nach den Grundsätzen
10 und Vorurteilen der überalterten Monarchie verwaltete.

passioniert:
voller
Begeisterung

1. Wertet die Materialien zu Kafka (S. 114 ff.) aus und notiert, geordnet nach Gesichtspunkten, wichtige Ergebnisse.

Familie
„allein dabei, gänzlich fremd" (Tagebuch, 1921, M 1, S. 114, Z. 1)
…

⟶ *Gefühl von Einsamkeit, fremd zu sein*

Heimatstadt Prag
„die deutsche Sprache trennte ihn von den Tschechen …"
(Politzer, M 7, S. 116, Z. 5 f.)
…

⟶ *Fremdheit*

textexterne Aspekte zur Interpretation nutzen
S. 132, 158

2. Stellt Zusammenhänge zwischen euren Ergebnissen (Aufgabe 1) und Kafkas Erzählung „Heimkehr" (S. 111) her, z. B. thematische Bezüge, parallele Situationen, ähnliche Erfahrungen, Einstellungen oder Bilder.
Erfahrung, fremd zu sein: „Heimkehr", „… desto fremder wird man." (S. 111, Z. 32)

Ihr könnt auch von zentralen Textstellen ausgehen und dann Zusammenhänge mit Aspekten des textexternen Materials herstellen.

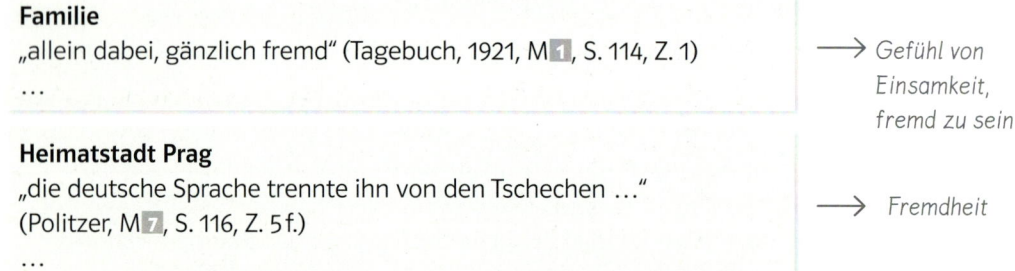

Und ich wage nicht, an der Küchentür zu klopfen,
nur von der Ferne horche ich, (S. 111, Z. 21 ff.)
Was kann ich ihnen nützen (S. 111, Z. 19)

} *Unsicherheit,
Gefühl allein,
fremd zu sein*

„Furcht, die ich vor Dir habe" (Brief an den Vater, M 3, S. 114, Z. 3 f.)
„lebte Kafka in einem dreifachen Getto" (Heinz Politzer, M 7, S. 116, Z. 1)

3. Vergleicht die folgenden Beispiele aus zwei Schülertexten.
Diskutiert, welche Gefahr darin bestehen könnte, textexterne Materialien
für die Interpretation heranzuziehen. Inwieweit können diese Materialien
aber auch euer Verständnis des Textes vertiefen?

> *In der Erzählung „Heimkehr" kann man förmlich den Autor sehen, wie ihn seine Angst vor dem Vater daran hindert, das Elternhaus zu betreten.*

> *Franz Kafka hat vielfältige Erfahrungen von Einsamkeit und Fremdheit im Kreis anderer Menschen gemacht. Diese Erfahrungen hat er auch in seiner Erzählung „Heimkehr" verarbeitet. Sie werden beispielsweise fassbar, wenn der Erzähler von seinen Hemmungen spricht, das Elternhaus zu betreten.*

4. Zum Differenzieren ■ ■ ■ ■

A Weist die Merkmale der Parabel an dem folgenden Text nach.
Formuliert eine Deutungshypothese.

B Analysiert und interpretiert die folgende Parabel. Notiert Stichpunkte.

C Interpretiert die folgende Parabel. Informiert euch über den Autor
und bezieht textexterne Materialien in eure Interpretation ein.
Fertigt eine gegliederte Stoffsammlung an.

Hermann Hesse: Chinesische Parabel

Ein alter Mann mit Namen Chunglang, das heißt „Meister Felsen", besaß ein kleines Gut
in den Bergen. Eines Tages begab es sich, daß er eins von seinen Pferden verlor. Da kamen
die Nachbarn, um ihm zu diesem Unglück ihr Beileid zu bezeigen.
Der Alte aber fragte: „Woher wollt ihr wissen, daß das ein Unglück ist?"
5 Und siehe da: einige Tage darauf kam das Pferd wieder zurück und brachte ein ganzes
Rudel Wildpferde mit. Wiederum erschienen die Nachbarn und wollten ihm zu diesem
Glücksfall ihre Glückwünsche bringen.
Der Alte vom Berge aber versetzte: „Woher wollt ihr wissen, daß es ein Glücksfall ist?"
Seit nun so viele Pferde zur Verfügung standen, begann der Sohn des Alten eine Nei-
10 gung zum Reiten zu fassen, und eines Tages brach er das Bein. Da kamen sie wieder, die
Nachbarn, um ihr Beileid zum Ausdruck zu bringen. Und abermals sprach der Alte zu
ihnen: „Woher wollt ihr wissen, daß dies ein Unglücksfall ist?" Ein Jahr darauf erschien
die Kommission der „Langen Latten" in den Bergen, um kräftige Männer für die Stiefel-
dienste des Kaisers und als Sänftenträger zu holen. Den Sohn des Alten, der noch immer
15 seinen Beinschaden hatte, nahmen sie nicht.
Chunglang mußte lächeln.

5. Extra

Stellt eine Sammlung von Texten zum Thema „Weggehen und Heimkehr"
zusammen und vergleicht, wie das Motiv der Heimkehr jeweils gestaltet wird.

⊕

Differenzieren
Parabel
6j2sh6

textexterne
Aspekte zur
Interpretation
nutzen
S. 132, 158

Achtung:
alte Recht-
schreibung

**Hermann
Hesse:**
1877–1962

Sänfte:
an Stangen be-
festigter Sitz, auf
dem sich eine
Person tragen
lassen kann

Häufige Grammatikfehler vermeiden

1. Löst die folgenden Sätze aus einer Interpretation zur Kurzgeschichte „Haare" (S. 104 f.) so auf, dass zwei Konjunktionen nicht direkt aufeinander folgen. Orientiert euch an dem folgenden Beispiel:

Dem Leser wird schnell klar, dass weil die Haare von Anfang an mit der Erzählerin verbunden sind, sie als ein Symbol für die verschiedenen Lebensabschnitte der Erzählerin betrachtet werden können. → Dem Leser wird schnell klar, dass die Haare als ein Symbol für die verschiedenen Lebensabschnitte der Erzählerin betrachtet werden können, weil sie von Anfang an mit der Erzählerin verbunden sind.

> *Das Abschneiden der Haare am Vorabend des Ersten Mai empfindet die Erzählerin als Demütigung, weil indem die Mutter ihr offenbar ungefragt die Haare einfach abschneidet, sie als ein unmündiges Kind behandelt wird.*
> wie

> *Am Tag der Maidemonstration glaubt die Ich-Erzählerin, dass weil sie sich selbst mit ihren kurzen Haaren unwohl fühlt, die ganze Stadt über sie lacht.*

> *Die Erzählerin ist am Ende nicht unglücklich, weil obwohl ihre langen Haare durch den Friseur abgeschnitten und nicht einmal – so wie früher durch die Mutter – aufbewahrt werden, dies eine mündige, selbstbestimmte Entscheidung ist.*
> denn dies ist

Modus der Verbformen:
Indikativ, Konjunktiv I und II, Imperativ

🌐
Video
Modus
pw2u6d

Franz Kafka

2. Überarbeitet den Modus der Verbformen in dem folgenden Text.

Lachen mit K.

Über Franz Kafka wird oft gesagt, dass er schwermütig, phasenweise depressiv war und sehr zurückgezogen gelebt hat. In dem 2014 erschienenen letzten Band seiner dreibändigen Kafka-Biografie beschreibt der Biograf Reiner Stach den Autor jedoch auch als einen lebenshungrigen, lebenslustigen Menschen, der ausgesprochen witzig gewesen ist und des-
5 sen Werk erstaunlich viel Komik enthält. *enthalte* *sei*
Schon Max Brod, Kafkas Freund, erinnert sich in seiner Biografie an eine öffentliche Lesung aus dem ersten Kapitel des Romans „Der Prozess", bei der Kafka so sehr gelacht hat, *hätte/habe*
dass er nicht weiterlesen konnte, was umso bemerkenswerter ist, wenn man „den fürch- *sei*
terlichen Ernst dieses Kapitels" bedenkt. Und auch Kafka selbst behauptet 1913 in einem *bedenke* *könne*
10 Brief an Felice Bauer, er kann auch lachen und ist sogar als großer Lacher bekannt. Er *sei*
erzählt seiner Geliebten stolz, wie er, von Lachkrämpfen geschüttelt, seinen Vorgesetzten
während einer ernsthaften Zeremonie jeglicher Autorität beraubt hat. *hätte/habe*
Auch wenn seine Romane und Erzählungen also oft recht düster wirken – über Kafkas
Texte kann und darf auch herzhaft gelacht werden.

Lerninsel:
Grammatik
S. 290 ff.

🌐 **Differenzieren**
häufige
Grammatikfehler
vermeiden
v8tz4j

3. Überarbeitet den folgenden Ausschnitt aus einer Interpretation der Parabel „Der verlorene Enkel" (S. 110). Achtet vor allem auf den korrekten Gebrauch der Tempusformen.

> *In der 1975 erschienenen Parabel „Der verlorene Enkel" erzählt Günter Kunert vom vergeblichen Warten einer Familie auf die Heimkehr des verlorenen Sohnes bzw. Enkels, der ausgebrochen war aus den Zwängen familiärer Erwartungen. Bereits der Titel lässt – in Anlehnung an das biblische Gleichnis vom verlorenen Sohn – ahnen, dass es sich um eine Variante des Heimkehrermotivs handelt. Und doch wurde hier gänzlich anders, nämlich aus der Sicht der Daheimgebliebenen, erzählt: Die Eltern und Großeltern erwarten sehnsüchtig die Rückkehr des Sohnes bzw. Enkels. Obwohl die täglichen Arbeiten auf dem bäuerlichen Hof routinemäßig verrichtet werden, gilt die Aufmerksamkeit der Daheimgebliebenen allein der reumütigen Heimkehr des Ausreißers. Jahrelang hielten sie Ausschau, doch selbst durch das lange Warten veränderten sie kaum ihre Überlegungen, welche Strafmaßnahmen sie dem Zurückkehrenden angedeihen lassen sollten, denn (...)*

4. Berichtigt die grammatischen Fehler in den folgenden Sätzen und begründet.
Sowohl Franz Kafka als auch Günter Kunert greift das Motiv der Heimkehr auf.
→ Sowohl Franz Kafka als auch Günter Kunert greifen das Motiv der Heimkehr auf.
Begründung: Übereinstimmung von Subjekt (Plural) und Prädikat.

> *Dies sind nicht die einzigsten literarischen Texte, die sich – mehr oder weniger deutlich – auf eine biblische Erzählung, die Heimkehr des verlorenen Sohnes, beziehen.*

> *Im Zentrum des biblischen Textes, einem Gleichnis, steht die Frage, warum einem Sünder Vergebung zuteil wird.*

> *Das Thema der Parabel Franz Kafkas bildet nicht Liebe und Vergebung, sondern Einsamkeit, Fremdheit in der Heimat.*

> *In Kunerts Parabel wird die Handlung aus der Sicht der Eltern und Großeltern, den Daheimgebliebenen, erzählt.*

> *Kafkas Ich-Erzähler kehrt zurück auf den Hof von seinem Vater.*

> *Trotzdem er den Hof seines Vaters wiedererkennt, fühlt sich der Erzähler nicht heimisch.*

5. Extra

Eine Reihe von Autoren widmet/widmen sich diesem Motiv. Welche Form ist richtig? Informiert euch in einer Grammatik. Ihr könnt auch den Text aus dem Online-Bereich verwenden.

Text
Bastian Sick:
Muss eine
Reihe von
Ministern
müssen?
2i5c54

Interpretation eines epischen Textes

Beispiellösung
BLF-Aufgabe
x5tn98

Achtung:
alte Recht-
schreibung

Text
BLF-Aufgabe
n7kc3y

Interpretiert den folgenden Text. Bezieht in eure Interpretation insbesondere
Merkmale der literarischen Form ein.

Bertolt Brecht: Geschichten vom Herrn Keuner. Form und Stoff (1949)

*Brecht verfasste von 1926 bis zu seinem Lebensende Keuner-Geschichten. Herr K. (Keuner/
der Denkende) ist eine Kunstfigur Brechts und kann als süddeutsche Form von „keiner" oder
aber auch als Anspielung auf das griech. „koinos" (das Allgemeine betreffend = das Politische) verstanden werden.*

Herr K. betrachtete ein Gemälde, das
einigen Gegenständen eine sehr eigen-
willige Form verlieh. Er sagte: „Einigen
Künstlern geht es, wenn sie die Welt be-
5 trachten, wie vielen Philosophen. Bei der
Bemühung um die Form geht der Stoff
verloren. Ich arbeitete einmal bei einem
Gärtner. Er händigte mir eine Garten-
schere aus und hieß mich einen Lorbeer-
10 baum beschneiden. Der Baum stand in
einem Topf und wurde zu Festlichkeiten
ausgeliehen. Dazu mußte er die Form einer Kugel haben. Ich begann sogleich mit
dem Abschneiden der wilden Triebe, aber
15 wie sehr ich mich auch mühte, die Kugelform zu erreichen, es wollte mir lange
nicht gelingen. Einmal hatte ich auf der
einen, einmal auf der andern Seite zu viel
weggestutzt. Als es endlich eine Kugel
20 geworden war, war die Kugel sehr klein.
Der Gärtner sagte enttäuscht: ‚Gut, das ist
die Kugel, aber wo ist der Lorbeer?'"

epische Texte
schriftlich
interpretieren
S. 76–81, S. 88f.

**So geht's
interaktiv**
BLF-Aufgabe
qe33xb

Arbeitsschritte

1. Analysiert die Aufgabenstellung und benennt die vorgegebenen Schwerpunkte.

2. Haltet eure ersten Leseeindrücke fest und formuliert Fragen zum Textverständnis.
   (z. B. *Wer spricht zu wem? Um welches Thema/Problem geht es?*)

3. Formuliert eine Deutungshypothese.

Lerninseln:
einen epischen
Text interpretieren
S. 240 ff.

Umgang mit
epischen
Texten
S. 267 ff.

🌐 **Training
interaktiv**
epische Texte
interpretieren
52jj2r

4. Wählt mithilfe der blauen Box (S. 107) Aspekte der Analyse aus, die eurer
Meinung nach für die Interpretation ergiebig sind. Notiert Stichpunkte.
Ihr könnt so vorgehen:
– Hinführung zum Problem (Betrachten eines „abstrakten" Gemäldes)
– Thema in Thesenform
– Beispielgeschichte
Erzählweise:
– Hinführung zum Problem: Er-Erzählform, auktoriales Erzählverhalten, Bericht
– …

5. Bestimmt die Textsorte. Orientiert euch an dem folgenden Beispiel und ergänzt.

Textsorte Parabel (Beispielgeschichte)

Parabel
S. 113

Bildteil	Sachteil
Auftrag, den Lorbeer zu beschneiden	*bestimmte Vorstellung, wie die Form sein soll*
Baum: im Topf, zu Festlichkeiten ausgeliehen, Ziel: Form der Kugel	*…*
wilde Triebe werden abgeschnitten	
…	

Aus der Übertragung des Bildteils auf den Sachteil ergibt sich die Bedeutung:
Schneiden des Lorbeers → Bemühen um die Form
Ergebnis: kleine Kugel → Stoff geht verloren
Intention: …

6. Übertragt die Aussage des Textes auf andere Wirklichkeitsbereiche.

Landschaft: vom Menschen künstlich gestaltete Natur, das ursprüngliche
Wesen geht verloren
Kunstwerk: …
Erziehung: …

korrekt zitieren
und paraphra-
sieren
S. 98 f.

7. Überprüft eure Deutungshypothese (S. 120, Aufgabe 3) und korrigiert sie gegebenenfalls.

8. Fertigt einen Schreibplan an.

🌐
Vorlage
Checkliste
Interpretation
eines epischen
Textes
386d62

9. Schreibt eure Interpretation. Achtet darauf, dass ihr entsprechende Textbelege
sinnvoll integriert.

10. Überarbeitet eure Interpretationen mit einem Partner.

Gegen den Strom
Lyrische Texte analysieren und interpretieren

Das könnt ihr schon!

dramatische Texte des Sturm und Drang
S. 138–165

- sprachliche, bildliche und klangliche Besonderheiten von Gedichten untersuchen und deuten
- mit Gedichten produktiv umgehen und sie sprechkünstlerisch gestalten
- Gedichte nach Inhalt, Sprache und Form vergleichen
- Gedichte in ihrem historischen und biografischen Bezug erschließen

Jakob Michael Reinhold Lenz: Lied zum teutschen Tanz (1776)

O Angst! tausendfach Leben!
O Mut, den Busen geschwellt,
Zu taumeln, zu wirbeln, zu schweben,
Als gings so fort aus der Welt!
5 Kürzer die Brust
Atmet in Lust.
Alles verschwunden,
Was uns gebunden;
Frei wie der Wind,
10 Götter wir sind.

Schiller liest an der Hohen Karlsschule in Stuttgart aus „Die Räuber", im Hintergrund Herzog Karl Eugen von Württemberg; Holzstich, um 1880

1. Baut ein Standbild, welches das Selbstverständnis in dem Gedicht von Lenz ausdrückt.

2. Diskutiert, ob die Stimmung auf dem Gemälde vergleichbar ist mit der im Gedicht. Nennt mögliche Gründe für Gemeinsamkeiten.

3. Erläutert, welche Auffassungen in den beiden Zitaten von Hamann deutlich werden. Stellt einen Zusammenhang mit dem „Lied zum teutschen Tanz" her.

1
„Denken Sie weniger und leben Sie mehr!"
(*Johann Georg Hamann, 1765*)

2
„Autorität kann zwar demütigen, aber nicht belehren; sie kann die Vernunft niederschlagen, aber nicht fesseln."
(*Johann Georg Hamann, 1784*)

Lerninsel:
Umgang mit
lyrischen Texten
S. 273 ff.

⊕ Eingangstest
lyrische Texte
e787v6

4. Nennt das Thema des Gedichts „mono" und erklärt die Überschrift.

5. Das Gedicht „mono" spielt mit biblischen Wendungen und Sprichwörtern. Erläutert sie und klärt ihre Bedeutung für das Gedicht.

6. Setzt das Bild in Beziehung zu dem Gedicht „mono".

7. Vergleicht die Stimmung in „mono" mit der im „Lied zum teutschen Tanz" (S. 122). Nehmt begründet Stellung zur These: Mit dem Gedicht „mono" werden alle Götter und ihre absoluten Ansprüche an den Menschen kritisiert.

Albert Ostermaier: mono (1997)

du sollst keine götter neben mir haben
knie dich nieder bete mich an sprich
wenn du mich in den mund nimmst
mit engelszungen das gefällt mir denn
5 ich bin das maß aller dinge der quell
in der wüste & der deiner freuden die
wonne des lebens & auch sein beginn
ich bin du spürsts der stamm auf dem
man ein geschlecht aufbaut & sieh
10 doch selbst wie alles passt wie eines
sich zum andren fügt & sag wo wär
daneben platz für einen andren noch

Karl Hofer: Paar am Fenster,
1954

Das lernt ihr jetzt!

· lyrische Texte analysieren und interpretieren
· textexterne Aspekte zur Interpretation nutzen

Genie blitzt!

Lyrische Texte des Sturm und Drang analysieren und interpretieren

Der Prometheus-Mythos

In der griechischen Mythologie kam Prometheus auf die Erde und formte die Menschen aus Lehm. Er beschützte und lehrte sie. Zeus verlangte von den Menschen Opfer und Anbetung. Prometheus versuchte, dies mit einer List zu umgehen. Zeus jedoch durchschaute die List und strafte die Menschen, indem er ihnen das Feuer vorenthalten wollte. Doch Prometheus hinterging Zeus erneut, stahl das himmlische Feuer und brachte es den Menschen. Zeus rächte sich daraufhin an den Menschen: Er schuf zusammen mit anderen Göttern die Gestalt der Pandora und versah sie mit einer Büchse, in der sich alles Übel befand. Pandora kam auf die Erde und als dort ihre Büchse geöffnet wurde, gelangte alles Schlechte auf die Welt. Zeus' Rache zielte aber auch auf Prometheus. Diesen ließ er an einen Felsen im Kaukasus, einem Hochgebirge in Eurasien, schmieden, wo ein Adler jeden Tag seine immer wieder nachwachsende Leber fraß. Prometheus musste diese Qualen mehrere Jahrhunderte erleiden, bis er von Herakles befreit wurde.

Heinrich Füger: Prometheus bringt der Menschheit das Feuer, um 1817

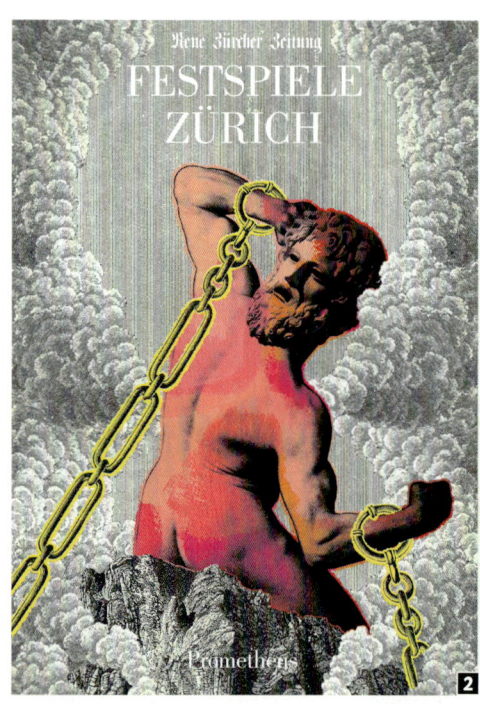

Chloé Poizat: Neue Züricher Zeitung, Sonderbeilage zu Prometheus, 2014

1. Vergleicht, welche Stoffelemente des Mythos in den beiden bildlichen Darstellungen aufgegriffen werden. Beschreibt, wie Prometheus jeweils auf den Betrachter wirkt und welche Eigenschaften im Vordergrund stehen.

2. Klärt, welche Motive des Prometheus-Mythos Goethe in dem folgenden Gedicht (S. 125) aufgreift, welche Handlungselemente er weglässt oder verändert. Erläutert euren Eindruck von Prometheus und begründet mit Textstellen.

Johann Wolfgang Goethe: Prometheus (1773/74)

Bedecke deinen Himmel, Zeus,
Mit Wolkendunst!
Und übe, Knaben gleich,
Der Disteln köpft,
5 An Eichen dich und Bergeshöhn!
Musst mir meine Erde
Doch lassen stehn,
Und meine Hütte,
Die du nicht gebaut,
10 Und meinen Herd,
Um dessen Glut
Du mich beneidest.

Ich kenne nichts Ärmer's
Unter der Sonn' als euch Götter.
15 Ihr nähret kümmerlich
Von Opfersteuern
Und Gebetshauch
Eure Majestät
Und darbtet, wären
20 Nicht Kinder und Bettler
Hoffnungsvolle Toren.

Da ich ein Kind war,
Nicht wusste, wo aus, wo ein,
Kehrte ich mein verirrtes Aug'
25 Zur Sonne, als wenn drüber wär'
Ein Ohr zu hören meine Klage,
Ein Herz wie meins,
Sich des Bedrängten zu erbarmen.

Wer half mir
30 Wider der Titanen Übermut?
Wer rettete vom Tode mich,
Von Sklaverei?
Hast du's nicht alles selbst vollendet,
Heilig glühend Herz?
35 Und glühtest, jung und gut,
Betrogen, Rettungsdank
Dem Schlafenden dadroben?

Ich dich ehren? Wofür?
Hast du die Schmerzen gelindert
40 Je des Beladenen?
Hast du die Tränen gestillet
Je des Geängsteten?
Hat nicht mich zum Manne geschmiedet
Die allmächtige Zeit
45 Und das ewige Schicksal,
Meine Herren und deine?

Wähntest du etwa,
Ich sollte das Leben hassen,
In Wüsten fliehn,
50 Weil nicht alle Knabenmorgen-
Blütenträume reiften?

Hier sitz' ich, forme Menschen
Nach meinem Bilde,
Ein Geschlecht, das mir gleich sei,
55 Zu leiden, weinen,
Genießen und zu freuen sich,
Und dein nicht zu achten,
Wie ich!

Titanen: griechisches Göttergeschlecht, das von den olympischen Göttern unter der Führung des Zeus verdrängt wurde

3. Gebt den Inhalt der einzelnen Strophen mit eigenen Worten wieder. Charakterisiert dabei die Beziehung zwischen Prometheus und Zeus.

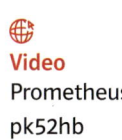
Video
Prometheus
pk52hb

4. Nehmt begründet Stellung zu den drei folgenden Aussagen über das Gedicht. Formuliert anschließend eine eigene Deutungshypothese.

> A) „Prometheus" ist ein Gedicht über den Widerstand gegen Autoritäten, für die stellvertretend Zeus als Vaterfigur steht.
> B) Goethes Prometheus ist ein Widerständler, ein Vorkämpfer für eine freiere Gesellschaft, die das Individuum über gesellschaftliche Normen stellt.
> C) „Hier sitz' ich, forme Menschen/Nach meinem Bilde" (V. 52f.), spricht Prometheus. Diese Schlüsselpassage fasst das Thema des Gedichts zusammen: die Kritik an maßloser Selbstüberschätzung.

Lerninsel:
sprachliche,
bildliche,
klangliche
Mittel
S. 275 f.

rhetorische
Stilfiguren
und sprach-
liche Mittel
erkennen
S. 134 f.

5. Analysiert und interpretiert die sprachlichen, bildlichen und klanglichen Mittel, mit denen Prometheus und Zeus sowie deren Beziehung veranschaulicht werden. Übernehmt die Tabelle und ergänzt sie.

Strophe	Analyse der Sprache und Form	Interpretation
1	Imperative: … Beispiel für Handlung des Jungen: … Verwendung des „Du" (statt „Sie") Häufung von Personal- und Possessiv-pronomen (z. B. „mich" – „dich") …	… Handlung wirkt nutzlos und übermütig → Zeus wird lächerlich gemacht …
2	…	Betonung des Irrealen, des Irrtums, …
3	Konjunktiv II: „als wenn drüber wär'" (V. 25) Adjektivattribut „verirrtes" (V. 24) Anapher: „Ein Ohr", „Ein Herz" (V. 26, 27) …	…
4	rhetorische Fragen: … Steigerung, Höhepunkt (V. 33 f.) Anapher: … Parallelismus: … Adjektivattribut: „Heilig glühend" (V. 34) Gegensatz: „Schlafenden dadroben" (V. 37) – „glühtest, jung und gut" (V. 35) …	…
5	rhetorische Fragen: … biblische Sprache: „Hast du […] Geängste-ten?" (V. 39–42) metaphorische Formulierung: „zum Manne geschmiedet" (V. 43) Neologismus: „Knabenmorgen-/Blüten-träume" (V. 50 f.)	…

„Prometheus" und das Gedicht „Das Göttliche" wurden ohne Goethes Wissen von Friedrich Heinrich Jacobi in seiner Schrift „Über die Lehre des Spinoza in Briefen an Herrn Mendels-sohn" 1785 abgedruckt. Als Goethe davon erfuhr, schrieb er an Jacobi, dieser möge darüber nachdenken, ob er damit „wohlgetan" habe, denn er komme zusammen mit Lessing „auf einen Scheiterhaufen zu sitzen".

6. Nennt mögliche Gründe für die Einschätzungen Goethes.

Hymne:
feierlicher Lob-
und Preisgesang

7. Bei Goethes „Prometheus" (S. 125) handelt es sich um eine Hymne. Erläutert typische Merkmale dieses Genres anhand des Gedichts.

8. Bezieht Lavaters Vorstellungen von einem Genie (S. 152 f.) auf Goethes „Prometheus" (S. 125).
- Fasst mit eigenen Worten zusammen, was Lavater unter einem Genie versteht.
- Überprüft, welche seiner Vorstellungen sich in Goethes „Prometheus" widerspiegeln.

Sturm und Drang S. 153

Lyrische Texte analysieren und interpretieren

Wissen und Können

- Text **gründlich lesen** und **erste Eindrücke** sammeln, evtl. **Fragen zum Textverständnis** formulieren
- **Thema, zentrale Vorgänge, Bilder, Gedanken** oder **Motive** nennen
- **Deutungshypothese** aufstellen (Thema/Problem)
- Text **detailliert analysieren** (z. B. Strophe für Strophe, aspektorientiert nach Schwerpunkten, die durch die Aufgabenstellung vorgegeben sein können)

Lerninseln: Umgang mit lyrischen Texten S. 273 ff.

lyrische Texte interpretieren S. 243 ff.

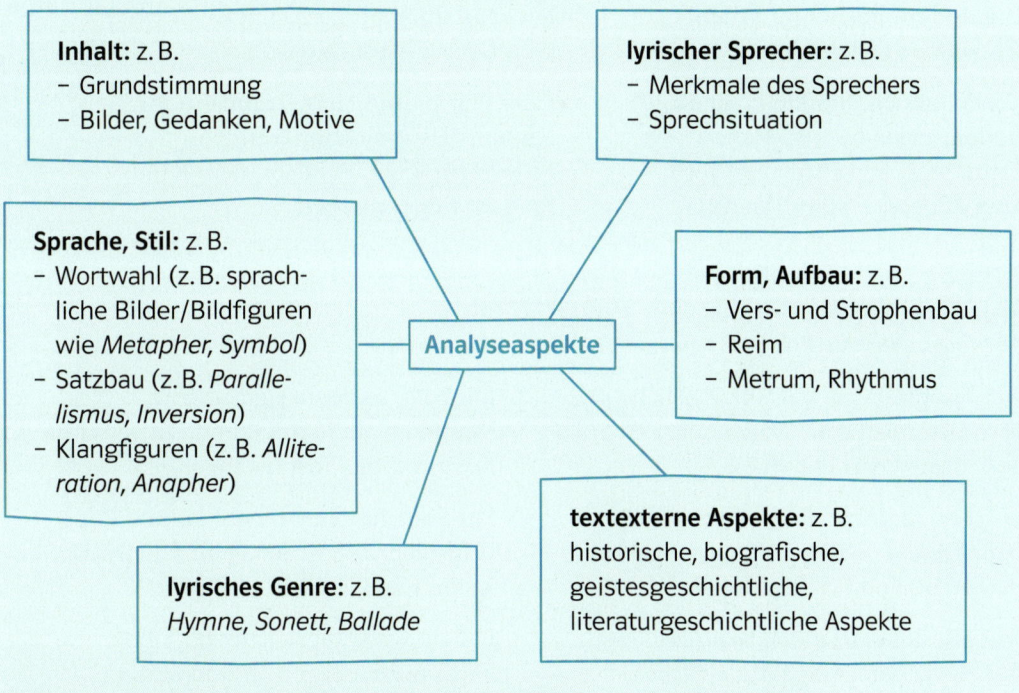

Inhalt: z. B.
- Grundstimmung
- Bilder, Gedanken, Motive

lyrischer Sprecher: z. B.
- Merkmale des Sprechers
- Sprechsituation

Sprache, Stil: z. B.
- Wortwahl (z. B. sprachliche Bilder/Bildfiguren wie *Metapher, Symbol*)
- Satzbau (z. B. *Parallelismus, Inversion*)
- Klangfiguren (z. B. *Alliteration, Anapher*)

Analyseaspekte

Form, Aufbau: z. B.
- Vers- und Strophenbau
- Reim
- Metrum, Rhythmus

lyrisches Genre: z. B. *Hymne, Sonett, Ballade*

textexterne Aspekte: z. B. historische, biografische, geistesgeschichtliche, literaturgeschichtliche Aspekte

Belegt alle Analyseergebnisse am Text. Verwendet nur Analyseergebnisse, die zum Nachweis eurer Deutungshypothese dienen.

9. Zum Differenzieren ■ ■ ■ ■

A Das Gedicht „An das Herz" (S. 128) endet mit einer Pointe. Erklärt diese und belegt eure Aussagen mit Textstellen. Notiert Stichpunkte.

B Erläutert, inwiefern das Gedicht „Vor Gericht" (S. 128) Kritik an den gesellschaftlichen Verhältnissen der damaligen Zeit übt. Notiert Stichpunkte.

C Analysiert und interpretiert das Gedicht „Der Bauer" (S. 128) im Hinblick auf die Grundstimmung und die Absicht des lyrischen Sprechers. Erstellt eine gegliederte Stoffsammlung.

Differenzieren Gedichte des Sturm und Drang interpretieren b3ca8t

Lerninsel: textnahes Lesen S. 235

Jakob Michael Reinhold Lenz: An das Herz (1777)

Kleines Ding, um uns zu quälen,
Hier in diese Brust gelegt!
Ach wers vorsäh, was er trägt,
Würde wünschen, tätst ihm fehlen!

5 Deine Schläge, wie so selten
Mischt sich Lust in sie hinein!
Und wie augenblicks vergelten
Sie ihm jede Lust mit Pein!

Ach! und weder Lust noch Qualen
10 Sind ihm schrecklicher als das:
Kalt und fühllos! O ihr Strahlen,
Schmelzt es lieber mir zu Glas!

Lieben, hassen, fürchten, zittern,
Hoffen, zagen bis ins Mark,
15 Kann das Leben zwar verbittern;
Aber ohne sie – wärs Quark!

Johann Wolfgang Goethe: Vor Gericht (1776)

Von wem ich es habe, das sag ich euch nicht,
Das Kind in meinem Leib. –
Pfui! speit ihr aus: die Hure da! –
Bin doch ein ehrlich Weib.

5 Mit wem ich mich traute, das sag ich euch nicht.
Mein Schatz ist lieb und gut,
Trägt er eine goldene Kett am Hals,
Trägt er einen strohernen Hut.

Soll Spott und Hohn getragen sein,
10 Trag ich allein den Hohn.
Ich kenn ihn wohl, er kennt mich wohl,
Und Gott weiß auch davon.

Herr Pfarrer und Herr Amtmann ihr,
Ich bitte, lasst mich in Ruh!
15 Es ist mein Kind, es bleibt mein Kind,
Ihr gebt mir ja nichts dazu.

Gottfried August Bürger: Der Bauer (1773)

An seinen Durchlauchtigen Tyrannen

Wer bist du, Fürst, dass ohne Scheu
Zerrollen mich dein Wagenrad,
Zerschlagen darf dein Ross?

Wer bist du, Fürst, dass in mein Fleisch
5 Dein Freund, dein Jagdhund, ungebläut
Darf Klau' und Rachen haun?

Wer bist du, dass, durch Saat und Forst,
Das Hurra deiner Jagd mich treibt,
Entatmet, wie das Wild? –

10 Die Saat, so deine Jagd zertritt,
Was Ross, und Hund, und Du verschlingst,
Das Brot, du Fürst, ist mein.

Du Fürst hast nicht, bei Egg und Pflug,
Hast nicht den Erntetag durchschwitzt.
15 Mein, mein ist Fleiß und Brot! –

Ha! du wärst Obrigkeit von Gott?
Gott spendet Segen aus; du raubst!
Du nicht von Gott, Tyrann!

10. **Extra**

Erstellt zu einem der Gedichte aus diesem Kapitel eine Collage.
Begründet eure Darstellung.

Spiegelbilder
Moderne lyrische Texte analysieren und interpretieren

1. Beschreibt die Grundstimmung des Gedichts. Begründet mit Textstellen.

2. Überprüft folgende Aussagen zum Gedicht:

> A) Die Welt erscheint in diesem Gedicht als etwas Künstliches und Verlogenes. In dieser Welt kommt es nur zu oberflächlichen Begegnungen.
>
> B) In diesem Gedicht kommt zum Ausdruck, dass sich jeder selbst fremd bleibt.

Ralf Rothmann:
Halbe Wahrheit (1991)

Immer nur Attrappen
der Glückseligkeit
immer nur Gummibäume
und durch den Dreck gezogen werden
5 an goldenen Stricken
immer nur ausgeliefert sein
den vergifteten Wettern
den Küssen mit Farbstoff
der verlogenen Milch
10 laufend sich verbergen
im genehmigten Feuer
hinter blendend weißen Zahnreihen
immer nur mein Spiegelbild
mein versilberter Schatten
15 immer nur die halbe Wahrheit
und den Rest in kleinen Schatten

Lerninsel:
textnahes
Lesen
S. 235

3. Analysiert und interpretiert die Gestaltungsmittel, welche die Situation des lyrischen Sprechers und die Grundstimmung zum Ausdruck bringen. Orientiert euch an dem Beispiel. *„Attrappen/der Glückseligkeit" (V. 1 f.) = ungewöhnliche Verbindung zweier Substantive (Genitivattribut) → Glück wird nur vorgespielt*

Bernhard Vogel: Begrüßungsrede anlässlich der Verleihung des Literaturpreises der Konrad-Adenauer-Stiftung an Ralf Rothmann (Ausschnitt, 2008)

[…] die Konrad-Adenauer-Stiftung [zeichnet] mit Ralf Rothmann einen Autor aus, dessen Werke nicht gerade von Optimismus überborden. Emphatische Freiheitsbekundungen sind seine Sache nicht. Skeptisch, stellenweise gar pessimistisch, jedenfalls entschieden unideologisch, misstrauisch ist seine Haltung. […] Er zeigt hemmungslosen Freiheitsdurst
5 und maßlose Egotrips. Oft versuchen seine Helden aus ihren beengenden Milieus auszubrechen, haben aber Schwierigkeiten, sich festzulegen und zu binden – die freie Wahl, die Entscheidungsfreiheit ist ihre Qual. Freiheit ist bei Ralf Rothmann kein Glücksversprechen. Sie verleiht einem Leben nicht von sich aus Erfüllung und Sinn. Es drohen sogar Scheitern, Missbrauch und Sinnverlust.
10 Und doch, im tiefen Bewusstsein aller Schwierigkeiten und Gefährdungen, ruft Rothmann zur Freiheit auf: „Wenn du dich für die Freiheit entschieden hast, kann dir nichts passieren. Nie." Freiheit bleibt – trotz aller Anfechtungen – die Voraussetzung für ein sinnvolles Leben. Die Flucht aus der Freiheit zugunsten vermeintlicher Sicherheiten ist für Ralf Rothmann jedenfalls keine Option. […] Das Wagnis der Freiheit muss – so schwer es
15 auch fällt – jeder für sich bestehen.

emphatisch:
mit Nachdruck, eindringlich

unideologisch:
Denkweise und Haltung sind nicht von Ideologien, Weltanschauungen und absoluten Wahrheitsansprüchen bestimmt

4. Erläutert, ob der Ausschnitt aus der Rede (S. 129) euer Verständnis
des Gedichts „Halbe Wahrheit" (S. 129) vertieft oder erweitert.
   – Fasst den Inhalt in Thesen zusammen.
   – Stellt Fragen an das Gedicht, z. B.
   Welche Bedeutung hat Freiheit für den lyrischen Sprecher in „Halbe Wahrheit"?
   Inwiefern versucht der lyrische Sprecher aus „beengenden Milieus" auszubrechen?
   – Nehmt die blaue Box (S. 132) zur Hilfe.
   – Haltet in einem Fazit eure wichtigsten Ergebnisse fest.

Franziska Holzheimer: Der Sturm (2013)

Als das Gewitter kam
waren wir noch oben
in den Bergen.

Wir standen,
5 die Arme verschränkt vor dem Bauch,
unter dem Vordach der Hütte
und schauten auf eine Welt,
die ungewohnt weit war
und dreidimensional.

10 Das Land lag still und an manchen Stellen brach.
Rund um uns war alles Wunder
und wurde alles Allmacht.

So schwül die Luft und so schwer der Verstand
The storm's not over – the storm is yet to come

15 Als das Licht seltsam schräg und fahl
und die Dinge darin gestochen scharf wurden,
zählten wir bereits die Sekunden zwischen den
   Donnerschlägen.

Die Luft gebar eine Wand aus Wolken,
20 die taten als wären sie Beton und Granit
und ein Grollen neigte drohend die Tannen
und schickte den Wind voraus, uns zu warnen.

Wir waren geblieben,
auch als elektrische Äste aus den Wolken trieben
25 und Bindfäden vom Himmel fielen,
an denen nun die Welt
einer Kulisse gleich
zu hängen schien.

Hier oben hat Natur noch sehr viel mit Gewalt
30   zu tun.

So klar jetzt die Luft und so klar der Verstand
The storm is over – the storm is yet to come

Als es vorbei war, hielten wir uns noch an der
   Hand.
35 Irgendwo glänzten jetzt nasse Straßen.
Vor uns lag dampfend und duftend das Land.

„Werther", sagte ich.
„Versteh' ich nich'", sagtest Du.
Wir sind leise gestorben und eine Welt sah
40   dabei zu.

5. Rezitiert das Gedicht und begründet eure Vortragsweise. Schaut euch
im Internet die Performance an. Vergleicht mit eurer Version.

6. Formuliert eine Deutungshypothese zum Gedicht.

7. Bereitet eine Analyse und Interpretation des Gedichts vor.
Übernehmt dazu die Mindmap auf Seite 131 und ergänzt sie.

  textexterne Materialien für die Interpretation nutzen

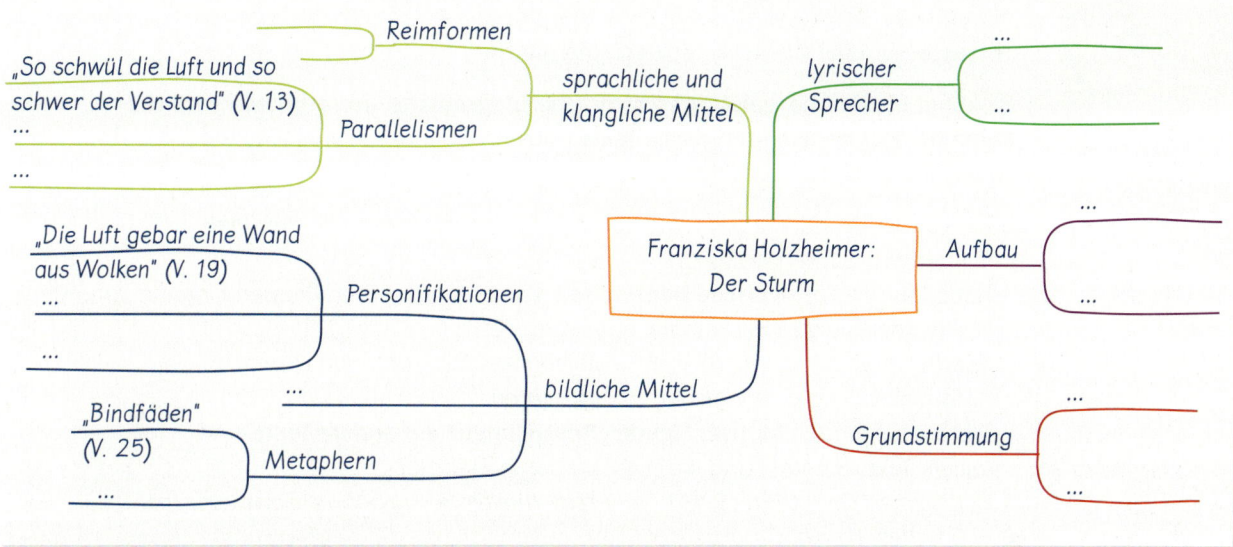

Mindmap (von links nach rechts, um die zentrale Box „Franziska Holzheimer: Der Sturm"):

- Reimformen
- Parallelismen
  - „So schwül die Luft und so schwer der Verstand" (V. 13)
  - …
  - …
- sprachliche und klangliche Mittel
- lyrischer Sprecher
  - …
  - …
- Personifikationen
  - „Die Luft gebar eine Wand aus Wolken" (V. 19)
  - …
  - …
- Metaphern
  - „Bindfäden" (V. 25)
  - …
  - …
- bildliche Mittel
- Aufbau
  - …
  - …
- Grundstimmung
  - …
  - …

8. Bezieht die Abbildung und den folgenden Ausschnitt aus dem Roman „Die Leiden des jungen Werthers" auf das Gedicht „Der Sturm" (S. 130). Haltet den Inhalt und die neu gewonnenen Interpretationsergebnisse in einer Tabelle fest. Nehmt die blaue Box (S. 132) zur Hilfe.

Informationen über den literarischen Bezug	erweiterte Deutung
…	…

Johann Wolfgang Goethe: Die Leiden des jungen Werthers (Ausschnitt, 1774)

In dem Briefroman ist Werther in Lotte, die bereits einem anderen Mann versprochen ist, unglücklich verliebt. Der folgende Ausschnitt spielt auf einem Ball.

Wir traten ans Fenster. Es donnerte abseitwärts, und der herrliche Regen säuselte auf das Land, und der erquickendste Wohlgeruch stieg in aller Fülle einer warmen Luft zu uns auf. Sie stand auf
5 ihren Ellenbogen gestützt, ihr Blick durchdrang die Gegend; sie sah gen Himmel und auf mich, ich sah ihr Auge tränenvoll, sie legte ihre Hand auf die meinige und sagte: „Klopstock!" – Ich versank in dem Strome von Empfindungen, den sie in dieser
10 Losung über mich ausgoss. Ich ertrug's nicht, neigte mich auf ihre Hand und küsste sie unter den wonnevollsten Tränen. Und sah nach ihrem Auge wieder – Edler! Hättest du deine Vergötterung in diesem Blicke gesehen, und möcht' ich nun dei-
15 nen so oft entweihten Namen nie wieder nennen hören!

Friedrich Gottlieb Klopstock (1724–1803): Dichter; gilt als wichtiger Vertreter der Empfindsamkeit, einer Epoche, die u.a. geprägt war von Gefühlsbetontheit, innerer Einkehr und Naturnähe

Losung: gemeint ist hier Klopstocks Gedicht „Frühlingsfeier"

Wissen und Können

Lerninsel:
lyrische Texte
interpretieren
S. 274

textexterne
Aspekte zur
Interpetation
nutzen
S. 158

Textexterne Aspekte zur Interpretation nutzen

Ihr könnt **historische, geistesgeschichtliche, biografische, literaturgeschichtliche Kontexte** oder **andere literarische Texte** nutzen, um eure Interpretationen zu **erweitern** oder zu **vertiefen**.

Stellt auf der Grundlage der textexternen Materialien **Fragen an den Text**, den ihr interpretieren wollt, z. B.:

– Haben für die Zeit **typische Denkweisen**, **Einstellungen** oder **Themen** Eingang gefunden? Wie wurden sie genutzt, variiert oder verändert?
Goethe: Prometheus (S. 125) → *Geniegedanke des Sturm und Drang, Aufbegehren gegen Obrigkeit und Autoritäten*

– Welche bekannten **Motive**, **Figuren**, **Anspielungen auf andere Texte** sind in dem Text zu finden und welche Funktion haben sie?
Holzheimer: Der Sturm (S. 130) → *intertextueller Bezug auf die Gewitterszene in Goethes „Werther"*

– Wurden **epochentypische Gestaltungsmittel** (z. B. *Gedichtformen, besondere sprachliche und bildliche Mittel*) verwendet? Welche Bedeutung kommt ihnen zu? An welchen Textbelegen kann man das nachweisen?
Goethe: Prometheus (S. 125) → *kein festes Metrum* → *Geniegedanke*

⊕
Differenzieren
textexterne
Aspekte
6u4q9w

Lerninsel:
textnahes
Lesen
S. 235

9. Zum Differenzieren ■ ■ ■ ■

A Krechel spielt in dem Gedicht auf Seite 133 mit Redewendungen. Untersucht,
– wie die Autorin diese verwendet,
– in welchen Kontext sie diese stellt,
– welche Wirkung dadurch entsteht.

Redewendung	Bedeutung	Kontext im Gedicht und Wirkung
…	…	…
das ist ein alter Hut (V. 21)	*das ist überholt, veraltet*	*längst Überholtes wird zum Spaß wieder übernommen*
sich keinen Reim auf etwas machen (V. 24)	*etwas nicht verstehen, nicht begreifen*	…
wie gedruckt lügen (V. 27)	…	…
…	…	…

B Krechel spielt in dem Gedicht auf Seite 133 auf einen Bibelvers an. Vergleicht das Bild vom Menschen in dem Gedicht mit dem folgenden Bibelvers. Notiert Stichpunkte.

1. Buch Mose Kapitel 1, Vers 26: Und Gott sprach: Lasst uns Menschen machen, ein Bild, das uns gleich sei, die da herrschen über die Fische im Meer und über die Vögel unter dem Himmel und über das Vieh und über die ganze Erde und über alles Gewürm, das auf Erden kriecht.

Ursula Krechel: Ebenbilder (1979)

Achtung:
alte Recht-
schreibung

Schönere Menschen laß uns erfinden
nach unserem Bild
das keiner Postkarte gleicht
Menschen mit flatterndem Haar
5 Husarenröcken, Pfauenfedern
Magnetnadeln zwischen den Zehen
und dünner brauner Haut
in die ritz ich Herzen
du legst ihnen die Hände auf
10 ich bett sie in Löschpapier
Mischwälder grüßen die erleuchteten Fenster
wir tragen Strümpfe mit Löchern
in der Tasche ein Meer

Honigbrot und Pferdchen
15 sitzen auf Wolkenbänken
Klippschüler sind uns die liebsten
wir lehren sie fliegen
über den Lehranstalten
immer kühner ins übernommene Blau

20 und abends warmgefroren
tragen wir alte Hüte zum Spaß
brühen frischen Tee
du sprichst in Versen
auf die mach ich mir keinen Reim
25 den Ofen lecken die säuberlichsten
Flammen auch Nachrichten erfinden wir:
wir lügen wie gedruckt
schlüpfen durch die Maschen
unserer blauwollenen Strümpfe
30 aus der Erfindung heraus.

Klippschüler:
Schüler mit
niedrigem
Bildungsniveau,
abwertende
Bezeichnung

C Christoph W. Bauer hat sein Gedicht „fremd bin ich eingezogen unter meine haut" (S. 86) als Sonett verfasst. Überprüft mithilfe des folgenden Lexikonartikels, inwiefern diese strenge Gedichtform Wirkung und Aussage verstärkt.
– Fasst den Inhalt der einzelnen Strophen mit eigenen Worten zusammen.
– Stellt die wichtigsten Merkmale eines Sonetts in Stichpunkten zusammen.
– Überprüft, welche Merkmale Bauer übernimmt und welche er variiert.

Sonett [italienisch *sonetto*, eigentlich „Klinggedicht", von lateinisch *sonare* „tönen, klingen"]
In seiner Grundform besteht das Sonett aus 14 Zeilen, die in zwei vierzeilige (= Quartette) und zwei dreizeilige Strophen (= Terzette) eingeteilt sind. Der gängige Vers ist […] im deutschen und englischen Sonett der fünfhebige Jambus. Das v. a. von F. Petrarca grundgelegte Reimschema abba abba cdc dcd wurde schon früh auf mannigfaltige Weise in verschiedenen Literaturen variiert. […]
Der strengen äußeren Form eines Sonetts entsprechen sein überlegter thematischer und gedanklicher Aufbau, bei dem jedem Teil eine bestimmte Funktion zukommt: So können die beiden Quartette als eine Art Exposition entweder in These und Antithese oder in der Darstellung gleichzuordnender Aussagen das Thema des Gedichts aufstellen, das nach der strengen Zäsur zwischen der achten und neunten Zeile in den beiden Terzetten durchgeführt wird, indem die Gegensätze zu einer Synthese vereinigt werden oder eine zusammenfassende Auswertung des gleichartigen Inhalts der Quartette erfolgt.

Francesco
Petrarca
(1304–1374):
ital. Dichter und
Mitbegründer
des Humanis-
mus

10. Extra

Sucht nach passender Musik oder geeigneten Bildern zu einem Gedicht aus diesem Kapitel. Begründet eure Auswahl.

Rhetorische Stilfiguren und sprachliche Mittel erkennen

1. Vergleicht die sprachliche Gestaltung von „Wandrers Nachtlied"
   mit der Wiedergabe des Gedichts in dem Ausschnitt von Kehlmann.
   Erklärt, warum Humboldts Zuhörer im rechten Text verwundert reagieren.

„Die Vermessung der Welt":
historischer Roman, fiktives Doppelporträt des Mathematikers Carl Friedrich Gauß und des Naturforschers Alexander von Humboldt

Johann Wolfgang Goethe: Wandrers Nachtlied (1780)

Über allen Gipfeln
Ist Ruh,
In allen Wipfeln
Spürest du
5 Kaum einen Hauch;
Die Vögelein schweigen im Walde.
Warte nur, balde
Ruhest du auch.

Daniel Kehlmann: Die Vermessung der Welt (2005)

Geschichten wisse er keine, sagte Humboldt […] Aber er könne das schönste deutsche Gedicht vortragen, frei ins Spanische übersetzt. Oberhalb aller Bergspitzen
5 sei es still, in den Bäumen kein Wind zu fühlen, auch die Vögel seien ruhig, und bald werde man tot sein.
Alle sahen ihn an.
Fertig, sagte Humboldt […].

2. Verfasst zu einem Gedicht dieses Kapitels eine ähnliche Prosafassung
   wie Kehlmann. Verwendet einen anderen Stil (z. B. Alltagssprache, Fachsprache). Lasst eure Mitschüler raten, welches Gedicht ihr „übersetzt" habt, und
   vergleicht die sprachliche Gestaltung mit der des Originals.

3. Ordnet den folgenden Textstellen die rhetorischen Stilfiguren (S. 135) zu
   und erläutert deren Funktion. Legt dazu eine Tabelle an.

a) „Trägt er eine goldene Kett am Hals, / Trägt er einen strohernen Hut" *Anapher*
   (Goethe: Vor Gericht, S. 128, V. 7 f.)
b) „Zu taumeln, zu wirbeln, zu schweben" *Alliteration*
   (Lenz: Lied zum teutschen Tanz, S. 122, V. 3)
c) „Schönere Menschen laß uns erfinden / nach unserem Bild" *Inversion*
   (Krechel: Ebenbilder, S. 133, V. 1 f.)
d) „Vor uns lag dampfend und duftend das Land." *Alliteration*
   (Holzheimer: Der Sturm, S. 130, V. 36)
e) „tausendfach Leben!" (Lenz: Lied zum teutschen Tanz, S. 122, V. 1) *Hyperbel*
f) „und abends warmgefroren" (Krechel: Ebenbilder, S. 133, V. 20) *Oxymeron*
g) „Ich kenn ihn wohl, er kennt mich wohl" (Goethe: Vor Gericht, S. 128, V. 11) *Parallelis*
h) „So schwül die Luft und so schwer der Verstand" *Ellipse / Parallelismus*
   (Holzheimer: Der Sturm, S. 130, V. 13)
i) „weder Lust noch Qualen" (Lenz: An das Herz, S. 128, V. 9) *Antithese*

Lerninsel:
sprachliche
Bilder, besonde-
re Gestaltungs-
mittel
S. 275 f.

🌐 **Differenzieren**
rhetorische
Stilfiguren und
sprachliche Mittel
erkennen
a2s8e4

Akkumulation: Aneinanderreihung mehrerer Unterbegriffe zu einem (gedachten) Oberbegriff

Alliteration: gleiche Anfangslaute von benachbarten Wörtern

Oxymoron: Verbindung zweier sich logisch ausschließender Begriffe

Ellipse: unvollständiger Satz, Auslassung syntaktisch notwendiger Wörter oder Satzglieder

Antithese: begrifflicher oder gedanklicher Gegensatz

Hyperbel: starke Übertreibung

Inversion: Abweichung der Wortfolge im Satz von der üblichen Wortstellung

Parallelismus: Wiederholung von Wortfolgen und/oder Satzbauformen in zwei oder mehr aufeinanderfolgenden Sätzen

Anapher: Wiederholung der Anfangswörter in aufeinanderfolgenden Sätzen oder Versen

4. Erklärt, wodurch sich Metapher, Personifikation, Symbol und Vergleich unterscheiden und was sie gemeinsam haben.

Vergleich: Verbindung zweier Bedeutungsbereiche mit „wie", „als ob", „so wie"

Symbol: in einem Kulturkreis festgelegtes bildkräftiges Zeichen/Wort, das auf etwas Allgemeines verweist

Personifikation: Vermenschlichung von Dingen oder Erscheinungen

Metapher: bildlicher Ausdruck durch Übertragung der Bedeutung auf einen anderen Bereich

5. Ordnet die Beispiele aus „Willkommen und Abschied" (S. 136) den verschiedenen Arten von Bildlichkeit zu. Beschreibt, welche Wirkung die sprachlichen Bilder entfalten.

„Schon stund im Nebelkleid die Eiche,/Wie ein getürmter Riese da" (V. 5 f.)   *Vergleich + Pers,*

„Der Mond von seinem Wolkenhügel/ Sah schläfrig aus dem Duft hervor" (V. 9 f.)   *Pers.*

„Wo Finsternis aus dem Gesträuche/Mit hundert schwarzen Augen sah." (V. 7 f.)   *Personifikation*

„Mein Geist war ein verzehrend Feuer" (V. 15)   *Metapher*

„Ganz war mein Herz an deiner Seite" (V. 19)   *Symbol + Pers.*

Interpretation eines lyrischen Textes

Beispiellösung
BLF-Aufgabe
k3d4kf

Interpretiert das folgende Gedicht.
Zeigt an ausgewählten Beispielen, wie Besonderheiten der Gestaltung
zur Veranschaulichung der Situation des lyrischen Ichs beitragen.
Erläutert, inwiefern das Gedicht typische Merkmale des Sturm und Drang enthält.

Text
BLF-Aufgabe
3e2n5j

Johann Wolfgang Goethe: Willkommen und Abschied (1771)

Es schlug mein Herz. Geschwind, zu Pferde!
Und fort, wild wie ein Held zur Schlacht.
Der Abend wiegte schon die Erde,
Und an den Bergen hing die Nacht.
5 Schon stund im Nebelkleid die Eiche,
Wie ein getürmter Riese da,
Wo Finsternis aus dem Gesträuche
Mit hundert schwarzen Augen sah.

Der Mond von seinem Wolkenhügel
10 Sah schläfrig aus dem Duft hervor,
Die Winde schwangen leise Flügel,
Umsausten schauerlich mein Ohr.
Die Nacht schuf tausend Ungeheuer,
Doch tausendfacher war mein Mut,
15 Mein Geist war ein verzehrend Feuer,
Mein ganzes Herz zerfloss in Glut.

Ich sah dich, und die milde Freude
Floss aus dem süßen Blick auf mich.
Ganz war mein Herz an deiner Seite,
20 Und jeder Atemzug für dich.
Ein rosenfarbes Frühlingswetter
Lag auf dem lieblichen Gesicht
Und Zärtlichkeit für mich, ihr Götter,
Ich hofft' es, ich verdient' es nicht.

25 Der Abschied, wie bedrängt, wie trübe!
Aus deinen Blicken sprach dein Herz.
In deinen Küssen welche Liebe,
O welche Wonne, welcher Schmerz!
Du gingst, ich stund und sah zur Erden
30 Und sah dir nach mit nassem Blick.
Und doch, welch Glück, geliebt zu werden,
Und lieben, Götter, welch ein Glück!

Arbeitsschritte

1. Analysiert die Aufgabenstellung (S. 136).
   – Klärt, welche Schwerpunkte enthalten sind und inwiefern sie eine Gliederung vorgibt.
   – Überlegt, auf welches Fachwissen ihr zurückgreifen könnt.

2. Haltet eure ersten Eindrücke vom Gedicht fest und formuliert Fragen zum Textverständnis.

3. Fasst die zentralen Vorgänge und Gedanken zusammen.

4. Formuliert eine Deutungshypothese.

5. Stellt in einer Tabelle Besonderheiten der Gestaltung zur Veranschaulichung der Situation des lyrischen Sprechers zusammen.
   Nutzt die blauen Boxen (S. 88 f., 127).

sprachliche, bildliche und klangliche Mittel	die Situation des lyrischen Sprechers wirkt dadurch (= Interpretation)
einheitlicher Strophenaufbau	*gleichmäßige und harmonische Ordnung der äußeren Form steht der Dynamik der eigenen Gefühle und der dämonisierten Natur gegenüber*
	…
	…
	…

beredtes Schweigen geliebter Feind

…erkmale ihr

…n Gedicht. Notiert Stichpunkte.
…d an der grünen Box (S. 153) orientieren.

…inen Schreibplan.
…eure Deutungshypothese (Aufgabe 4).
…ss an.

8. Verfasst auf der Grundlage eures Schreibplans die Interpretation.

9. Tauscht eure Interpretationen aus, gebt euch ein Feedback und überarbeitet sie.

lyrische Texte schriftlich interpretieren S. 86–89

So geht's interaktiv
BLF-Aufgabe
jh85zh

korrekt zitieren und paraphrasieren S. 98 f.

Vorlage
Checkliste Interpretation eines lyrischen Textes
386d62

Stürmische Zeiten
Dramatische Texte analysieren und interpretieren

Gedichte des Sturm und Drang
S. 122, 124–128, 136

 Das könnt ihr schon!

· eine Dramenszene untersuchen und deuten
· Formen szenischen Interpretierens nutzen
· Ziele und Werte der Aufklärung verstehen

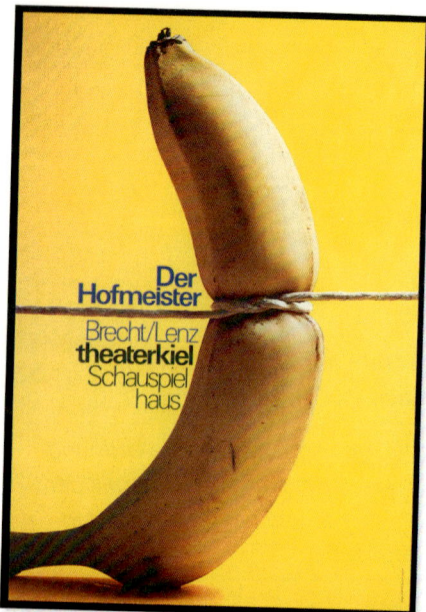

Plakat Theater-AG des Goldberg-Gymnasiums, 2012
Wut, rasende Wut: Zwei Brüder von unterschiedlicher Natur, zwei Söhne, getrieben, die Gesetzmäßigkeiten ihrer Blutsbande zu zerstören – Karl und Franz eifersüchtig auf der Jagd nach Liebe und väterlicher Anerkennung …

Hofmeister:
Hauslehrer in adligen und wohlhabenden bürgerlichen Familien

Plakat Theater Kiel, 1976
Schüsse fallen, Damen sinken in Ohnmacht. Männer verlieren den Verstand, Mädchen die Unschuld. Das geschändete Weib geht ins Wasser, der unzüchtige Held entmannt sich selber. Das scharfsinnigste Stück aller Zeiten zu Erziehungsfragen …

Kabale:
Intrige, List

1. Betrachtet die drei Theaterplakate, beschreibt die Gestaltungsweise und erschließt die Aussageabsichten. Stellt mithilfe der Texte Vermutungen über inhaltliche Aspekte der Stücke an.

2. Die drei Theaterstücke entstanden in der zweiten Hälfte des 18. Jahrhunderts. Diskutiert die Aktualität dieser Dramen.

Plakat Talman Ensemble, 2012
Individuelle Interessen und subjektive Gefühle sowie die Forderung nach Freiheit sind machtvolle Triebfedern für die Figuren, die schließlich in die Katastrophe führen …

Lerninsel:
Umgang mit
dramatischen
Texten
S. 277 ff.

Eingangstest
dramatische
Texte
z2gd8m

Friedrich Schiller: Kabale und Liebe (Anfang, 1784)

Erster Akt, erste Szene

Zimmer beim Musikus.
Miller steht eben vom Sessel auf und stellt
sein Violoncello auf die Seite. An einem Tisch
sitzt Frau Millerin noch im Nachtgewand
und trinkt ihren Kaffee.

MILLER: *(schnell auf- und abgehend)* Einmal
für allemal! Der Handel wird ernsthaft.
Meine Tochter kommt mit dem Baron
ins Geschrei. Mein Haus wird verrufen.
5 Der Präsident bekommt Wind, und –
kurz und gut, ich biete den Junker aus.

FRAU: Du hast ihn nicht in dein Haus geschwatzt – hast ihm deine Tochter nicht
nachgeworfen.

10 **MILLER:** Hab ihn nicht in mein Haus geschwatzt – hab ihm's Mädel nicht nachgeworfen; wer nimmt Notiz davon? –
Ich war Herr im Haus. Ich hätt meine
Tochter mehr coram nehmen sollen. Ich
15 hätt dem Major besser auftrumpfen sollen – oder hätt gleich alles Seiner Exzellenz, dem Herrn Papa, stecken sollen.
Der junge Baron bringt's mit einem Wischer hinaus, das muss ich wissen, und
20 alles Wetter kommt über den Geiger.

FRAU: *(schlürft eine Tasse aus)* Possen! Ge-
schwätz! Was kann über dich kommen?
Wer kann dir was anhaben? Du gehst
deiner Profession nach und raffst Scho-
25 laren zusammen, wo sie zu kriegen sind.

MILLER: Aber, sag mir doch, was wird bei
dem ganzen Kommerz auch herauskommen? – Nehmen kann er das Mädel nicht
– vom Nehmen ist gar die Rede nicht,
30 und zu einer – dass Gott erbarm! – Guten
Morgen! – Gelt, wenn so ein Musje v o n
sich da und dort und dort und hier schon
umbeholfen hat, wenn er, der Henker
weiß was als gelöst hat, schmeckt's mei-
35 nem guten Schlucker freilich, einmal auf
süß Wasser zu graben. Gib du Acht! gib
du Acht! und wenn du aus jedem Ast-
loch ein Auge strecktest und vor jedem
Blutstropfen Schildwache ständest, er
40 wird sie dir auf der Nase beschwatzen,
dem Mädel eins hinsetzen und führt sich
ab, und das Mädel ist verschimpfiert auf
ihr Leben lang, bleibt sitzen, oder hat's
Handwerk verschmeckt, treibt's fort.
45 *(Die Faust vor der Stirn.)* Jesus Christus!

FRAU: Gott behüt' uns in Gnaden! [...]

**jemanden
ausbieten:**
jemandem das
Haus verbieten

Junker:
Aristokrat,
Edelmann

**coram
nehmen:**
sich jmd. vor-
nehmen, jmd.
zur Rede stellen

**mit einem
Wischer
hinaus:**
mit einem
Verweis davon-
kommen

Scholaren:
Schüler,
Studenten

ein Musje von:
herablassend
für: ein adeliger
Herr

**verschimp-
fieren:**
verunglimpfen

**Lerninsel:
Erster Akt,
erste Szene
S. 246 ff.**

3. Gebt den Inhalt des Dialogs
mit eigenen Worten wieder.
Erläutert den Konflikt.

4. Lest den Text mit verteilten
Rollen. Charakterisiert durch
eure Sprechweise, wie die Figuren
mit der Situation umgehen.

5. „Kulturelle oder soziale Unterschiede
können noch immer für viel Furore
sorgen – gerade in der Liebe."
Nehmt begründet Stellung zu dieser
Behauptung.

Das lernt ihr jetzt!

· dramatische Texte analysieren und interpretieren
· biografisches, historisches und literaturwissen-
schaftliches Wissen zur Interpretation nutzen
· Ziele und Werte des Sturm und Drang kennen lernen

„O Freiheit, güldene Freiheit!"
Dramenszenen analysieren und interpretieren

Lerninsel:
textnahes
Lesen
S. 235

Jakob Michael Reinhold Lenz: Der Hofmeister oder Vorteile der Privaterziehung (Ausschnitt, 1774)

Dritter Akt, vierte Szene

Läuffer ist Theologe und findet als Hofmeister eine Anstellung beim Major von Berg, dessen Sohn Leopold und Tochter Gustchen er unterrichten soll. Tatsächlich suchte Läuffer eine Stelle als Lehrer an der Stadtschule, die ihm vom Geheimen Rat, dem Bruder des Majors, verwehrt wurde. Gustchen liebt ihren Cousin Fritz von Berg, der in Leipzig studiert. Aus Langeweile beginnt sie eine Affäre mit Läuffer und wird schwanger. Als die Beziehung bekannt wird, flieht Läuffer vor dem wütenden Major. Er nennt sich fortan Herr Mandel und kommt als Hilfslehrer beim Dorfschullehrer Wenzeslaus unter. Dieser predigt ihm Selbstdisziplin und Enthaltsamkeit. Um seine sexuellen Bedürfnisse abzutöten, kastriert sich Läuffer und wird für diese radikale Form der Triebunterdrückung von Wenzeslaus als Vorbild für die Jugend gefeiert. Auch Gustchen ist geflohen und hat heimlich ihr Kind bekommen. Von Schuldgefühlen geplagt, will sie Selbstmord begehen, doch schließlich kommt alles zu einem guten Ende.

verweist auf einfache Lebensverhältnisse

Die Schule.
Wenzeslaus und Läuffer an einem ungedeckten Tisch speisend.

WENZESLAUS: Schmeckts? Nicht wahr, es
ist ein Abstand von meinem Tisch und
des Majors? Aber wenn der Schulmeister Wenzeslaus seine Wurst isst, so hilft
ihm das gute Gewissen verdauen, und
wenn der Herr Mandel Kapaunenbraten
mit der Champignonsauce aß, so stieß
ihm sein Gewissen jeden Bissen, den er
hinabschluckte, mit der Moral wieder in
Hals zurück: du bist ein – Denn sagt mir
einmal, lieber Herr Mandel; nehmt mir
nicht übel, dass ich Euch die Wahrheit
sage; das würzt das Gespräch wie Pfeffer den Gurkensalat; sagt mir einmal, ist
das nicht hundsföttisch, wenn ich davon
überzeugt bin, dass ich ein Ignorant bin,
und meine Untergebenen nichts lehren
kann, und also müßig bei ihnen gehe

und sie müßig gehen lasse, und dem lieben Gott ihren Tag stehlen und doch
hundert Dukaten – War's nicht so viel?
Gott verzeih mir, ich hab in meinem Leben nicht so viel Geld auf einem Haufen
beisammen gesehen! Hundertfünfzig
Dukaten, sag' ich, in Sack stecke, für
nichts und wieder nichts!

LÄUFFER: O! und Sie haben noch nicht
alles gesagt, Sie kennen Ihren Vorzug
nicht ganz, oder fühlen ihn, ohn' ihn
zu kennen. Haben Sie nie einen Sklaven
im betressten Rock gesehen? O Freiheit,
güldene Freiheit!

WENZESLAUS: Ei was Freiheit! Ich bin
auch so frei nicht; ich bin an meine Schule gebunden, und muss Gott und meinem Gewissen Rechenschaft von geben.

LÄUFFER: Eben das – Aber wie, wenn Sie
den Grillen eines wunderlichen Kopfs
davon Rechenschaft ablegen müssten,

Kapaunen-
braten:
Kapaun:
verschnittener
Masthahn

betresst:
mit Borten
versehen

Grillen:
Launen

hundsföttisch:
derb für:
gemein, niederträchtig

Ignorant:
Unwissender,
Dummkopf

Läuffer: sprechender Name zum
Verb „laufen"; hier:
„Läufer" = Diener

Gesprächspausen, abgebrochene Sätze → lassen
Gesprächssituation
authentisch wirken

Stichwortverzahnung →
Wiederaufnahme eines
Begriffs des Gesprächspartners in inhaltlicher
Entgegensetzung

Interjektion: (Empfindungs-/Ausrufewort)
→ wirkt emotional,
drückt Gefühlsregungen aus

der mit Ihnen umginge hundertmal ärger als Sie mit Ihren Schulknaben?

45 **WENZESLAUS:** Ja nun – dann müsst' er aber auch an Verstand so weit über mich erhaben sein, wie ich über meine Schulknaben, und das trifft man selten, glaub ich wohl; besonders bei unsern Edelleuten;

50 […]

LÄUFFER: Es ist aber doch unverantwortlich, dass die Obrigkeit nicht dafür sorgt, Ihnen das Leben angenehmer zu machen.

55 **WENZESLAUS:** Ei was, es ist nun einmal so; und damit muss man zufrieden sein: bin ich doch auch mein eigner Herr und hat kein Mensch mich zu schikanieren, da ich alle Tage weiß, dass ich mehr tu'

60 als ich soll. Ich soll meine Buben lesen und schreiben lehren; ich lehre sie rechnen dazu und Lateinisch dazu und mit Vernunft lesen dazu und gute Sachen schreiben dazu.

65 **LÄUFFER:** Und was für Lohn haben Sie dafür?

WENZESLAUS: Was für Lohn? – <u>Will Er denn das kleine Stückchen Wurst da nicht aufessen? Er kriegt nichts Bessers;

70 wart' Er auf nichts Bessers, oder Er muss das erste Mal Seines Lebens hungrig zu Bette gehn</u> – Was für Lohn? Das war dumm gefragt, Herr Mandel. Verzeih' Er mir; was für Lohn? Gottes Lohn hab

75 ich dafür, ein gutes Gewissen und wenn ich da vielen Lohn von der Obrigkeit begehren wollte, so hätt' ich ja meinen Lohn dahin. […] Wart' Er, ich will Ihm noch ein Stück Brot abschneiden.

80 **LÄUFFER:** Ich bin satt überhörig.

WENZESLAUS: Nun so lass Ers stehen; aber es ist Seine eigne Schuld, wenn's nicht wahr ist. Und wenn es wahr ist, so hat

Er Unrecht, dass Er sich überhörig satt isst, denn das macht böse Begierden und 85 schläfert den Geist ein. […] Holla, wo seid Ihr denn, lieber Mann? Eben da ich vom Einschläfern rede, nickt Ihr schon; so geht's, wenn der Kopf leer ist und faul dabei und niemals ist angestrengt 90 worden. Allons! frisch, eine Pfeife mit mir geraucht! *(Stopft sich und ihm.)* Lasst uns noch eins miteinander plaudern. *(Raucht.)* Ich hab Euch schon vorhin in der Küche sagen wollen: ich sehe, dass 95 Ihr schwach in der Latinität seid, aber da Ihr doch eine gute Hand schreibt, wie Ihr sagt, so könntet Ihr mir doch so abends an die Hand gehen, weil ich meiner Augen muss anfangen zu schonen, und 100 meinen Buben die Vorschriften schreiben. Ich will Euch dabei „Corderii Colloqui" geben und „Gürtleri Lexicon", wenn Ihr fleißig sein wollt. Ihr habt ja den ganzen Tag für Euch, so könnt Ihr 105 Euch in der lateinischen Sprache was umtun, <u>und wer weiß, wenn es Gott gefällt, mich heute oder morgen von der Welt zu nehmen – Aber Ihr müsst fleißig sein, das sag' ich Euch, denn so seid Ihr 110 ja noch kaum zum Kollaborator tüchtig, geschweige denn</u> – *(Trinkt.)*

LÄUFFER: *(legt die Pfeife weg)* Welche Demütigung! […] Der wird mich noch zu Tode meistern 115 – Das Unerträglichste ist, dass er Recht hat –

WENZESLAUS: Nun wie gehts? Schmeckt Euch der Tabak nicht? Ich wette, nur ein paar Tage noch mit dem alten Wenzes- 120 laus zusammen, so werd't Ihr rauchen wie ein Bootsknecht. <u>Ich will Euch nach meiner Hand ziehen,</u> dass Ihr Euch selber nicht mehr wiederkennen sollt.

überhörig: ungehorsam

unterbricht das Gespräch mehrmals, um über das Essen zu reden → zeigt, dass er die einfachen Dinge zu schätzen weiß

Latinität: Latein, lateinische Sprache

„Corderii Colloqui": Gemeint sind die *Colloquiorum scholasticorum libri Quattuor*, Lehrbücher des französischen Gelehrten Maturin Corderius (1479–1564), die bis ins 18. Jh. als Lehrbuch der lateinischen Sprache verwendet wurden.

Läuffer soll Nachfolger von Wenzeslaus werden.

Gürtleri Lexicon: das viersprachige (lat., dt., griech., frz.) *Novum Lexicon Universale* (1683) von Nicolaus Gürtler (1654–1711) blieb lange ein Standardwerk für den Sprachunterricht

Kollaborator: (lat.) Gehilfe, Aushilfslehrer

1. Formuliert eure ersten Eindrücke zur Szene und Fragen, die ihr euch beim Lesen gestellt habt.

2. Fasst den Inhalt des Dialogs mit eigenen Worten zusammen. Beschreibt den Verlauf des Gesprächs.

3. Übernehmt folgende Untersuchungsaspekte und vervollständigt sie.
– Gesprächsthema: …
– Gesprächspartner *(soziale Position, Beziehung zueinander, Positionen/Auffassungen/ Wertvorstellungen)*: …
– Gesprächsergebnis: …

4. Erläutert die Stellung und Funktion der Szene (S. 140 f.) im Drama.
Nutzt die Informationen aus der Inhaltszusammenfassung (S. 140).

5. Formuliert eine Deutungshypothese.

6. Analysiert und interpretiert den Dialog (S. 140 f.). Stellt dabei die Charaktere der beiden Figuren in den Mittelpunkt. Arbeitet mit einer Textkopie und ergänzt die Markierungen und Randnotizen. Geht auf folgende Aspekte ein:
– Gesprächsabsicht/-ziel, Handlungsmotiv(e)
– Gesprächsverhalten/-strategie, Redeanteile
– Sprache und Dialoggestaltung (z. B. *Wortwahl, Satzbau, persönliche Eigenarten, rhetorische Stilfiguren, dramenspezifische Mittel*)
– Wirkung der Figuren auf den Leser/Zuschauer

7. Vergleicht die Wertvorstellungen von Läuffer und Wenzeslaus.
– Belegt mit Textstellen und bewertet diese Vorstellungen.
– Prüft auf Grundlage eurer Ergebnisse folgenden Ausschnitt aus einem Schülertext:

> (…) *Die Vorstellung darüber, was zu einem erfüllten (Berufs-)Leben gehört, unterscheidet sich bei beiden Figuren deutlich. Während Läuffer einerseits die Freiheit Wenzeslaus' bewundert, der keinem Herren untergeordnet ist (Z. 30–35), kann er sich jedoch nicht vorstellen, für weniger Lohn zu arbeiten, da er einen gewissen Lebensstandard erwartet (Z. 51–54). Demgegenüber erscheint Wenzeslaus viel bescheidener. Ihm genügen eine gute Wurst und ein wenig Tabak für seine Pfeife, um zufrieden zu sein (Z. 7 und Z. 91 f.). Er hat auch kein Problem damit, mehr zu arbeiten, als von ihm erwartet wird, damit seine Schüler etwas lernen (Z. 72–78). (…)*

Theater an der Ruhr, 2014

Neues Theater, Halle 2012

8. Beurteilt, welches Inszenierungsfoto (S. 142) euren Vorstellungen von Wenzeslaus und Läuffer sowie deren Beziehung zueinander eher entspricht. Begründet.

9. Macht begründete Vorschläge, wie ihr als Regisseur die Rollen von Läuffer und Wenzeslaus besetzen würdet.

Wissen und Können

Lerninsel:
Umgang mit dramatischen Texten
S. 277 ff.

dramatische Texte interpretieren
S. 246 ff.

Dramenszenen analysieren und interpretieren

– Text **gründlich lesen** und **erste Eindrücke** sammeln,
  evtl. **Fragen zum Textverständnis** formulieren
– **Inhalt** mit eigenen Worten zusammenfassen, **Thema** (Problem, Konflikt) erfassen,
  Figurenkonstellation klären, **Handlungsabschnitte** bzw. **Gesprächsverlauf** verdeutlichen,
  Ort und **Zeit** der Handlung bestimmen
– Szene in den Handlungsverlauf des Dramas **einordnen** (Vorgeschichte, Auswirkungen
  der Szene und Funktion der Szene verdeutlichen)
– **Deutungshypothese** aufstellen (Thema/Problem)
– Text **detailliert analysieren** (z. B. chronologisch, aspektorientiert nach Schwerpunkten, die
  z. B. durch die Aufgabenstellung vorgegeben sein können)

Inhalt, Handlung:
– Handlungs- oder Gesprächsverlauf
– dramatischer Konflikt (innerer und/oder
  äußerer Konflikt) und Konfliktentwicklung
– Ort, Zeit

Dialoganalyse: z. B.
– Gesprächsthemen
– Gesprächsstrategie
– Gesprächsziel
– Gesprächsverhalten, -anteile

Sprache: z. B.
– Wortwahl
– Satzbau
– persönliche Eigenarten
– rhetorische Stilfiguren

Analyseaspekte

dramenspezifische Mittel: z. B.
– Dialog, Monolog
– Regieanweisungen
– geschlossenes/offenes
  Drama

Figurenanalyse und Figurenkonstellation:
– Verhalten, Handlungsmotive und Ziele,
  Denkweise und Einstellungen
– Einordnen der Figuren (*Haupt- und Neben-
  figuren, Protagonist, Antagonist, Kontrast-
  und Korrespondenzfiguren*)
– Skizze zum Zusammenspiel der Figuren
– Wirkung der Figuren auf den Leser/Zuschauer

textexterne Aspekte: z. B.
historische, biografische,
geistesgeschichtliche,
literaturgeschichtliche Aspekte

Video
geschlossenes/offenes Drama
m7ij32

Lerninsel:
geschlossenes Drama
S. 278

**Belegt alle Analyseergebnisse am Text. Verwendet nur Analyseergebnisse,
die zum Nachweis eurer Deutungshypothese dienen.**

Differenzieren
Dramenszene
analysieren
v39z84

**Lerninsel:
textnahes
Lesen**
S. 235

10. Zum Differenzieren ■ ■ ■ ■

A Analysiert die Schlussszene (S. 145) im Hinblick auf die Vorstellungen
vom persönlichen Lebensglück. Belegt mit Textstellen.

B Analysiert und interpretiert die Schlussszene (S. 145).
– Bewertet die Feststellungen von Fritz.
– Nutzt folgende Deutungshypothesen von Schülern.

> *Echte Liebe ist die Grund-
> lage für eine gute Bezie-
> hung und für persönliches
> Lebensglück.*

> *Fehltritte muss man
> verzeihen können.
> Da beweist sich wahre
> Liebe.*

> *Eine Erziehung durch
> Hofmeister ist nicht
> empfehlenswert.*

C Analysiert und interpretiert die Schlussszene (S. 145).
– Stellt die Figur des Major von Berg
  in den Mittelpunkt.
– Bewertet seine Denkweise und Einstellung
  vor dem historischen Hintergrund.

D Analysiert und interpretiert die Schlussszene (S. 145).
– Nehmt Bezug auf den Titel.
– Berücksichtigt die Tatsache, dass
  das Stück anonym erschien.

Cover der Erstausgabe, 1774

11. Extra

Major von Berg wirft in dem Gespräch
die Problematik der Erziehung „junger Frauenzimmer"
auf (S. 145, Z. 74). Sein Bruder möchte dies nicht
diskutieren und sagt: „Doch davon wollen wir ein
andermal sprechen." (S. 145, Z. 80 f.).
Verfasst einen Monolog des Geheimen Rats,
in dem er seine Meinung äußert.

12. Extra

Recherchiert biografische Aspekte zu Lenz und
überlegt, welche Verbindungen sich zwischen
der Dichterbiografie und seinem Stück „Der Hofmeister
oder Vorteile der Privaterziehung" herstellen lassen.

Jakob Michael Reinhold Lenz

Jakob Michael Reinhold Lenz: Der Hofmeister oder Vorteile der Privaterziehung (Schluss, 1774)

Fünfter Akt, letzte Szene

Der Major, ein Kind auf dem Arm. […]

GEH. RAT: Weißt du was Neues, Major? Es finden sich Freier für deine Tochter – aber dring nicht in mich, dir den Namen
5 zu sagen.

MAJOR: Freier für meine Tochter! – *(Wirft das Kind ins Kanapee.)* Wo ist sie?

GEH. RAT: Sacht! ihr Freier ist bei ihr – Willst du deine Einwilligung geben?

10 **MAJOR:** Ist's ein Mensch von gutem Hause? Ist er von Adel?

GEH. RAT: Ich zweifle.

MAJOR: Doch keiner zu weit unter ihrem Stande? O sie sollte die erste Partie im
15 Königreich werden. Das ist ein vermaledeiter Gedanke! wenn ich doch den erst fort hätte; er wird mich noch ins Irrhaus bringen.

(Geheimer Rat öffnet die Kammer; auf seinen
20 *Wink tritt Fritz mit Gustchen heraus.)*

MAJOR: *(fällt ihm um den Hals)* Fritz! *(Zum Geheimen Rat)* Ist's dein Fritz? Willst du meine Tochter heiraten? – Gott segne dich. Weißt du noch nichts, oder weißt
25 du alles? Siehst du, wie mein Haar grau geworden ist vor der Zeit! (Führt ihn ans Kanapee.) Siehst du, dort ist das Kind. Bist ein Philosoph? Kannst alles vergessen? Ist Gustchen dir noch schön genug?
30 O sie hat bereut. Jung, ich schwöre dir, sie hat bereut, wie keine Nonne und kein Heiliger. Aber was ist zu machen? Sind doch die Engel aus dem Himmel gefallen – Aber Gustchen ist wieder aufge-
35 standen.

FRITZ: Lassen Sie mich zum Wort kommen.

MAJOR: *(drückt ihn immer an die Brust)* Nein Junge – Ich möchte dich totdrücken –
40 Dass du so großmütig bist, dass du so edel denkst – dass du – – mein Junge bist –

FRITZ: In Gustchens Armen beneid' ich keinen König.

MAJOR: So recht; das ist recht. – Sie wird dir schon gestanden haben; sie wird dir alles 45 erzählt haben –

FRITZ: Dieser Fehltritt macht sie mir nur noch teurer – macht ihr Herz nur noch engelgleicher. – Sie darf nur in den Spiegel sehn, um überzeugt zu sein, dass sie 50 mein ganzes Glück machen werde und doch zittert sie immer vor dem, wie sie sagt, ihr unerträglichen Gedanken: sie werde mich unglücklich machen. O was hab' ich von einer solchen Frau anders zu 55 gewarten, als einen Himmel?

MAJOR: Ja wohl einen Himmel; wenn's wahr ist, dass die Gerechten nicht allein hineinkommen, sondern auch die Sünder, die Buße tun. Meine Tochter 60 hat Buße getan und ich hab' für meine Torheiten und dass ich einem Bruder nicht folgen wollte, der das Ding besser verstund, auch Buße getan; ihr zur Gesellschaft: und darum macht mich der 65 liebe Gott auch ihr zur Gesellschaft mit glücklich. […]

FRITZ: *(Umarmt das Kind auf dem Kanapee, küsst's und trägt's zu Gustchen.)* Dies Kind ist jetzt auch das meinige; ein trauri- 70 ges Pfand der Schwachheit deines Geschlechts und der Torheiten des unsrigen: am meisten aber der vorteilhaften Erziehung junger Frauenzimmer durch Hofmeister. 75

MAJOR: Ja mein lieber Sohn, wie sollen sie denn erzogen werden?

GEH. RAT: Gibts für sie keine Anstalten, keine Nähschulen, keine Klöster, keine Erziehungshäuser? – – Doch davon wol- 80 len wir ein andermal sprechen.

FRITZ: *(küsst's abermal)* Und dennoch mir unendlich schätzbar, weil's das Bild seiner Mutter trägt. Wenigstens, mein süßer Junge! werd' ich dich nie durch Hof- 85 meister erziehen lassen.

Geh. Rat:
Geheimer Rat, der Bruder des Majors

Kanapee:
Sofa

Fritz:
Sohn des Geheimen Rats

„Schule – unser gemeinsamer Garten"

Unterschiedliche Bearbeitungen eines Dramas vergleichen

Jakob Michael Reinhold Lenz: Der Hofmeister oder Vorteile der Privaterziehung (Ausschnitt, 1774)

Erster Akt, zweite Szene

Geheimer Rat. Major.

MAJOR: Was willst du denn? Ist das nicht ein ganz artiges Männichen?

GEH. RAT: Artig genug, nur zu artig. Aber
5 was soll er deinen Sohn lehren?

MAJOR: Ich weiß nicht, Berg, du tust immer solche wunderliche Fragen.

GEH. RAT: Nein aufrichtig! Du musst doch eine Absicht haben, wenn du einen Hof-
10 meister nimmst und den Beutel mit einem Mal so weit auftust, dass dreihundert Dukaten herausfallen. Sag mir, was meinst du mit dem Geld auszurichten; was forderst du dafür von deinem Hof-
15 meister?

MAJOR: Dass er – was ich – dass er meinen Sohn in allen Wissenschaften und Artigkeiten und Weltmanieren – Ich weiß auch nicht, was du immer mit deinen
20 Fragen willst; das wird sich schon finden; das werd' ich ihm alles schon zu seiner Zeit sagen.

GEH. RAT: Das heißt: Du willst Hofmeister deines Hofmeisters sein; bedenkst du aber
25 auch, was du da auf dich nimmst – Was soll dein Sohn werden, sag mir einmal?

MAJOR: Was er ... Soldat soll er werden; ein Kerl, wie ich gewesen bin.

GEH. RAT: Das Letzte lass nur weg, lieber
30 Bruder; unsere Kinder sollen und müssen das nicht werden, was wir waren: die Zeiten ändern sich, Sitten, Umstände, alles, und wenn du nichts mehr und nichts weniger geworden wärst, als das
35 leibhafte Konterfei deines Eltervaters – –

MAJOR: Potz hundert! wenn er Major wird, und ein braver Kerl wie ich, und dem König so redlich dient als ich!

Stadttheater, Fürth 2011

GEH. RAT: Ganz gut, aber nach fünfzig Jahren haben wir vielleicht einen andern 40 König und eine andre Art ihm zu dienen. Aber ich seh' schon, ich kann mich mit dir in die Sachen nicht einlassen, ich müsste zu weit ausholen und würde doch nichts ausrichten. Du siehst immer nur 45 der graden Linie nach, die deine Frau dir mit Kreide über den Schnabel zieht.

MAJOR: Was willst du damit sagen, Berg? Ich bitt' dich, misch dich nicht in meine Hausangelegenheiten, so wie ich mich 50 nicht in die deinigen. – – Aber sieh doch! da läuft ja eben dein gnädiger Junker mit zwei Hollunken aus der Schule heraus. – Vortreffliche Erziehung, Herr Philosophus! Das wird einmal was Rechts ge- 55 ben! Wer sollt' es in aller Welt glauben, dass der Gassenbengel der einzige Sohn Sr. Exzellenz des königlichen Geheimen Rats – –

GEH. RAT: Lass ihn nur. – Seine lustigen 60 Spielgesellen werden ihn minder verderben als ein galonierter Müßiggänger, unterstützt von einer eiteln Patronin.

MAJOR: Du nimmst dir Freiheiten heraus. – Adieu. 65

GEH. RAT: Ich bedaure dich.

Beutel:
hier für Geldbeutel

mit Kreide über den Schnabel:
Er spricht seiner Frau nach dem Munde.

Hollunken:
Gauner, Schlingel

Konterfei:
frz. *contrefait*; nachgebildet, Abbild, Ebenbild

Eltervater:
Großvater

galoniert:
mit Gold- und Silberborte besetzt

Patronin:
hier: Hausherrin

Bertolt Brecht: Der Hofmeister von Jakob Michael Reinhold Lenz (Ausschnitt, 1951)

Achtung:
alte Rechtschreibung

Erster Akt, erste Szene

Zu Insterburg in Preußen. Vor dem Ziergärtchen des Geheimen Rats von Berg
Geheimer Rat. Major.

5 **MAJOR:** Mit der Ökonomie geht es nicht zum Besten, Wilhelm; keine Gäule aufzutreiben, selbst fürs Geld. Potz hundert, die sieben Jahre Krieg sind noch nicht verwunden im Land. – Da ist er wieder,

10 der verhungerte Kerl läuft mir immer übern Weg.

(Läuffer geht mit viel Scharrfüßen vorbei. Er wird nicht zurückgegrüßt.)

LÄUFFER: Der Teufel hol euch, Flegel.

15 **GEH. RAT:** Wer ist der Speichellecker?

MAJOR: Ein gewisser Läuffer, ich hör, ein Pastorensohn. Meine Frau hat ihn wollen zu sich bestellen, sie braucht für Leopolden einen Hofmeister, er mag viel-

20 leicht dienen so gut wie ein anderer.

GEH. RAT: Ich erinnere mich an den Namen. Sein Vater hat mir das Haus eingerannt für ihn. Wollt eine Stell an der Stadtschule. Da ist er nicht studiert

25 genug. Seines Vaters Beutel hat für die Schlußexamina nicht gelangt. Was soll er deinen Sohn lehren?

MAJOR: Er soll ihm die Wissenschaften und Manieren einrichtern, daß er ein Soldat wird wie ich.

30 **GEHEIMER RAT:** Dazu mag er ausreichen, Friedrich. *(Geht dem Major voran in den Garten, bleibt vor einer Pflanze stehen.)* Farra communis, gemeiner Farn, älteste aller Erdpflanzen. – Übrigens weißt

35 du denn, was du für einen Menschen mit diesem Läuffer ins Haus bekommst, Bruder? Hat er sittliche Reife? Meine Ermittlungen waren so ernsthaft nie, als daß ich mich erkundigt, wie sein Vor-

40 leben ist.

MAJOR: Ich weiß nur, er überfordert nicht. Und mit dem Krieg und der Teuerung …

GEHEIMER RAT: Ich mag nicht, was wohlfeil. Drum schick ich meinen Fritz auf

45 die Universität nach Halle.

MAJOR: Potz Donner! Genug über den Kerl geschwatzt. Wir waren bei deinem Farn da.

GEHEIMER RAT: Das Farnkraut, dessen

50 größerer Urahn, der Schachtelhalm, schon in der Eiszeit nachgewiesen werden kann …

Scharrfüße:
Verbeugung, begleitet von einem untertänigen Scharren mit dem Fuß

Buchcover von 1952

Bertolt Brecht (1898–1956) floh 1933 vor den Nazis aus Deutschland und lebte in unterschiedlichen Ländern im Exil. Er übersiedelte 1948 nach Ost-Berlin. Ein Jahr später gründeten Brecht und seine Frau Helene Weigel das „Berliner Ensemble". An diesem Theater wurde am 15.04.1950 Brechts „Hofmeister", eine Bearbeitung des Stücks von J. M. R. Lenz, uraufgeführt.

Kai Ivo Baulitz: Der Hofmeister. Tragikomödie nach Jakob Michael Reinhold Lenz (Ausschnitt, 2014)

1. Teil

Läuffer reglos am Boden. (Er ist gerade auf der Straße von einem Schuljungen brutal zusammengeschlagen worden.)

Et maintenant ferme ta gueule (frz.): Und jetzt halt die Klappe.

5   **MAJORIN:** Ach kuck mal, da liegt er ja.

GEH. RAT: Ich such meinen Jüngsten. Der muss hier irgendwo rumlaufen.

MAJORIN: Na. Sieht doch ganz gut aus.

GEH. RAT: Und was soll der deiner Tochter

10   beibringen?

MAJORIN: Hallo? Junger Mann.

GEH. RAT: Also ich weiß nicht.

MAJORIN: Hallo.

GEH. RAT: Wozu das gut sein soll.

15   **MAJORIN:** Junger Mann.

GEH. RAT: Diese ganze Entwicklung.

MAJORIN: Schläft der oder ist der tot?

GEH. RAT: Wir hatten doch auch keinen Privatlehrer. Wir sind doch auch einfach

20   in die öffentliche Schule gegangen. Wie alle anderen auch.

MAJORIN: Nein. Er atmet.

GEH. RAT: Da geht doch eine Schere auf.

MAJORIN: Also schläft der oder was?

25   **GEH. RAT:** Wenn Erziehung jetzt auch noch Privatsache wird.

MAJORIN: Er wacht auf.

GEH. RAT: Was kostet denn sowas?

MAJORIN: Sein Gesicht ist ein bisschen ge-

30   schwollen. Hoffentlich hat er keine Allergie oder sowas. Allergien kriegt man nur ganz schwer weg.

GEH. RAT: Mich macht diese ganze Entwicklung traurig. Was soll er denn dei-

35   ner Tochter beibringen?

MAJORIN: Brüderlein. Ich will, dass er meine Tochter in allen Wissenschaften und Artigkeiten und Weltmanieren fit macht. Damit sie nicht absäuft im Wettbewerb. Et maintenant ferme ta gueule.   40

GEH. RAT: Ich kann kein Spanisch. Und meine Kinder werden weiter in die öffentliche Schule gehen.

MAJORIN: Na, junger Mann, Sie sind ja ganz verbeult!   45

GEH. RAT: Denn die öffentliche Schule ist unser aller gemeinsamer Garten, wir dürfen ihn nicht verwildern lassen!

MAJORIN: Dann geh du mit deinen Kindern in den Garten, Manfred, und lass   50 mich dafür sorgen, dass mein Nachwuchs nicht unter der Brücke landet. Und jetzt entschuldige mich. Ich muss mich um mein Personal kümmern.

GEH. RAT: Es mangelt dir an einem grö-   55 ßeren Bewusstsein, Schwester. Unsere Kinder sollen und müssen nicht das werden, was wir waren. Bis später. *(ab.)*

MAJORIN: Ratte.

GEH. RAT: *(im Abgehen)* Fotze.   60

LÄUFFER: Oh. Hallo. Entschuldigung.

> **Kai Ivo Baulitz (geb. 1971)** stand als Schauspieler u. a. in Göttingen, Bochum und Wuppertal auf der Bühne; als Autor hat er Lenz' Tragikomödie aktualisiert und adaptiert. Baulitz' Hofmeister-Bearbeitung wurde 2014 am Weimarer Nationaltheater uraufgeführt.

1. Lenz' Stück ist in verschiedenen Jahrhunderten bearbeitet worden. Untersucht, was die Bearbeiter (S. 147, 148) von Lenz aufgreifen und was sie verändern.

2. Vergleicht die Szene aus dem Stück von Lenz (S. 146) mit den beiden Szenen aus den Bearbeitungen (S. 147, 148) in Bezug auf: Erziehungsvorstellungen, Lehrerbild und Geschlechterrollen. Übernehmt die Tabelle (S. 149) und ergänzt sie.

Vergleichsaspekte	Lenz	Bearbeitungen von	
		Brecht	Baulitz
Erziehungsvorstellungen	…	…	…
…	…	…	…

3. Untersucht, auf welche Weise Baulitz (S. 148) durch die sprachliche Gestaltung der Figurenrede eine Verbindung zwischen der Zeit, in der das Stück bei Lenz spielt, und der Gegenwart herstellt. Sprecht über die Wirkung, die damit erreicht wird.

Deutsches Nationaltheater, Weimar 2014
Die Majorin und Läuffer

Deutsches Nationaltheater, Weimar 2014
Die Majorin und der Geheime Rat (Läuffer am Boden)

4. Betrachtet die beiden Inszenierungsfotos. Vergleicht die Gestaltung der Figur der Majorin (z. B. Aussehen, Kostümierung, Körpersprache) mit euren eigenen Eindrücken.

5. In der Bearbeitung von Baulitz vertritt der Geheime Rat die folgende These: „[…] die öffentliche Schule ist unser aller gemeinsamer Garten, wir dürfen ihn nicht verwildern lassen!" (S. 148, Z. 46 ff.). Nehmt Stellung zu dieser These.

6. Diskutiert die Gestaltung des Buchcovers von Brechts „Der Hofmeister" (S. 147).

7. Fertigt in kleinen Gruppen Theaterplakate zu den Hofmeister-Stücken von Lenz, Brecht und Baulitz an (S. 146, 147, 148). Stellt eure Plakate der Klasse vor und begründet Inhalt und Gestaltung. Gebt euch ein Feedback.

8. Extra

Überlegt, welchen Akzent ihr in einem „Hofmeister"-Stück von heute setzen würdet. Stellt euch vor, ihr seid Regisseur und wollt, dass euer Stück aufgeführt wird. Verfasst ein Anschreiben, um euch mit eurem Stück bei einem Theater zu bewerben.

Herz über Verstand

Textexterne Aspekte zur Interpretation nutzen

Friedrich Schiller: Kabale und Liebe (Ausschnitt, 1784)

Personen

Präsident von Walter, am Hof eines deutschen Fürsten
Ferdinand, sein Sohn, Major
Hofmarschall von Kalb
Lady Milford, Favoritin des Fürsten
Wurm, Haussekretär des Präsidenten
Miller, Stadtmusikant oder, wie man sie
an einigen Orten nennt, Kunstpfeifer
dessen Frau
Luise, dessen Tochter
Sophie, Kammerjungfer der Lady
ein Kammerdiener des Fürsten
verschiedene Nebenpersonen

Erster Akt, vierte Szene

Westfälisches Landestheater, Solingen 2014

Ferdinand von Walter. Luise.
Er fliegt auf sie zu – sie sinkt entfärbt und matt
auf einen Sessel – er bleibt vor ihr stehn – sie sehen
5 *sich eine Zeitlang stillschweigend an. Pause.*

FERDINAND: Du bist blass, Luise?

LUISE: *(steht auf und fällt ihm um den Hals)*
Es ist nichts! nichts! Du bist ja da. Es ist
vorüber.

10 **FERDINAND:** *(ihre Hand nehmend und zum*
Munde führend) Und liebt mich meine
Luise noch? Mein Herz ist das gestrige,
ist's auch das deine noch? Ich fliege nur
her, will sehen, ob du heiter bist, und
15 gehn und es auch sein – du bist's nicht.

LUISE: Doch, doch, mein Geliebter.

FERDINAND: Rede mir Wahrheit. Du
bist's nicht. Ich schaue durch deine Seele, wie durch das klare Wasser dieses
20 Brillanten. *(Zeigt auf seinen Ring.)* Hier
wirft sich kein Bläschen auf, das ich nicht
merkte – kein Gedanke tritt in dies Angesicht, der mir entwischte. Was hast du?
Geschwind! Weiß ich nur diesen Spiegel
25 helle, so läuft keine Wolke über die Welt.
Was bekümmert dich?

LUISE: *(sieht ihn eine Weile stumm und bedeu-*
tend an, dann mit Wehmut) Ferdinand!
Ferdinand! Dass du doch wüsstest, wie
schön in dieser Sprache das bürgerliche 30
Mädchen sich ausnimmt –

FERDINAND: Was ist das? *(Befremdet.)*
Mädchen! Höre! Wie kommst du auf
das? – Du bist meine Luise. Wer sagt dir,
dass du noch etwas sein solltest? Siehst 35
du, Falsche, auf welchem Kaltsinn ich dir
begegnen muss. Wärest du ganz nur Liebe für mich, wann hättest du Zeit gehabt,
eine Vergleichung zu machen? Wenn ich
bei dir bin, zerschmilzt meine Vernunft 40
in einen Blick – in einen Traum von dir,
wenn ich weg bin, und du hast noch eine
Klugheit neben deiner Liebe? – Schäme
dich! Jeder Augenblick, den du an diesen
Kummer verlorst, war deinem Jüngling 45
gestohlen.

LUISE: *(fasst seine Hand, indem sie den Kopf*

schüttelt) Du willst mich einschläfern, Ferdinand – willst meine Augen von diesem Abgrund hinweglocken, in den ich ganz gewiss stürzen muss. Ich seh' in die Zukunft – die Stimme des Ruhms – deine Entwürfe – dein Vater – mein Nichts. *(Erschrickt und lässt plötzlich seine Hand fahren.)* Ferdinand! ein Dolch über dir und mir! – Man trennt uns!

FERDINAND: Trennt uns! *(Er springt auf.)* Woher bringst du diese Ahnung, Luise? Trennt uns? – Wer kann den Bund zweier Herzen lösen oder die Töne eines Akkords auseinanderreißen? – Ich bin ein Edelmann – lass doch sehen, ob mein Adelbrief älter ist als der Riss zum unendlichen Weltall? oder mein Wappen gültiger als die Handschrift des Himmels in Luisens Augen: dieses Weib ist für diesen Mann? – Ich bin des Präsidenten Sohn. Eben darum. Wer, als die Liebe, kann mir die Flüche versüßen, die mir der Landeswucher meines Vaters vermachen wird?

LUISE: O wie sehr fürcht ich ihn – diesen Vater!

FERDINAND: Ich fürchte nichts – nichts – als die Grenzen deiner Liebe! Lass auch Hindernisse wie Gebirge zwischen uns treten, ich will sie für Treppen nehmen und drüber hin in Luisens Arme fliegen. Die Stürme des widrigen Schicksals sollen meine Empfindung emporblasen, G e f a h r e n werden meine Luise nur reizender machen. – Also nichts mehr von Furcht, meine Liebe! Ich selbst – ich will über dir wachen wie der Zauberdrach über unterirdischem Golde. – M i r vertraue dich! Du brauchst keinen Engel mehr – ich will mich zwischen dich und das Schicksal werfen – empfangen für dich jede Wunde – auffassen für dich jeden Tropfen aus dem Becher der Freude – dir ihn bringen in der Schale der Liebe. *(Sie zärtlich umfassend.)* An diesem Arm soll meine Luise durchs Leben hüpfen; schöner, als er dich von sich ließ, soll der Himmel dich wieder haben und mit Verwunderung eingestehn, dass nur die Liebe die letzte Hand an die Seelen legte. –

LUISE: *(drückt ihn von sich, in großer Bewegung)* Nichts mehr! Ich bitte dich, schweig! – Wüsstest du – lass mich – du weißt nicht, dass deine Hoffnungen mein Herz wie Furien anfallen. *(Will fort.)*

FERDINAND: *(hält sie auf)* Luise? Wie! Was! Welche Anwandlung?

LUISE: Ich hatte diese Träume v e r g e s s e n und war glücklich, – Jetzt! jetzt! Von h e u t an – der Friede meines Lebens ist aus. – Wilde Wünsche – ich weiß es – werden in meinem Busen rasen. – Geh – Gott vergebe dir's! – Du hast den Feuerbrand in mein junges, friedsames Herz geworfen, und er wird nimmer, nimmer gelöscht werden. *(Sie stürzt hinaus, er folgt ihr sprachlos nach.)*

lässt fahren: lässt los

Riss: Entwurf, Plan

1. Stellt mithilfe des Personenverzeichnisses (S. 150) begründete Vermutungen an, welcher Konflikt sich entwickeln könnte. Bezieht die Szene auf Seite 139 ein.

2. Notiert in Stichpunkten eure ersten Eindrücke von den beiden Figuren.

3. Lest die Szene (S. 150 f.) genau und analysiert den Dialog.
   – Verdeutlicht wesentliche Charaktermerkmale von Ferdinand und Luise.
   – Stellt dar, wie sie über ihre Liebesbeziehung denken. Geht darauf ein, wie ihre Auffassungen mit ihren Rollenvorstellungen (sozialer Status, Geschlecht) zusammenhängen.
   – Untersucht, auf welche Weise Rollenvorstellungen und Sichtweisen auf ihre Beziehung im Gesprächsverhalten und in der Sprache der Figuren deutlich werden.

Video
Kabale und Liebe
m8zy4c

Lerninsel:
textnahes
Lesen
S. 235

4. Überlegt, welcher Konflikt sich zwischen den Liebenden anbahnt.
Schreibt zur Verdeutlichung arbeitsteilig innere Monologe der beiden Figuren.
Bezieht das Inszenierungsfoto (S. 150) ein.

5. Bewertet auf der Grundlage eurer Analyseergebnisse (S. 151, Aufgabe 3)
folgende Deutungshypothesen von Schülern.

A) *Ferdinand ist jugendlich und draufgängerisch. Er lässt sich vollkommen von seinem inneren Gefühl und seiner Kraft leiten. Als ganzer Kerl ist er – ohne auf irgendwelche Folgen zu achten – bereit, alle Hindernisse zu überwinden, die sich ihm in den Weg stellen, auch Standesschranken.*

B) *Luise liebt Ferdinand innig; sie ist erschrocken vor seinem übermäßigen Anspruch.*

C) *Ferdinand will alle Konflikte von Luise fernhalten und allein die Welt um ihrer Liebe willen herausfordern.*

D) *Die Liebenden kommen aus ganz unterschiedlichen Ständen und werden an gesellschaftliche Schranken stoßen.*

E) *Ferdinand ist ein Mensch, der sich gut in die Rolle und Situation anderer hineinversetzen kann und nicht in erster Linie an sich selbst denkt.*

F) *Luise ist sehr beeindruckt von Ferdinands Persönlichkeit, seinem Tatendrang und seiner Liebe. Insofern kann sie sich eine gemeinsame Zukunft vorstellen.*

Johann Caspar Lavater: Genie (Ausschnitt, 1778)

Der Begriff „Genie" spielte im Selbstverständnis der Künstler in der zweiten Hälfte des 18. Jahrhunderts und in ihren Werken eine zentrale Rolle.

Johann Caspar Lavater (1741–1801): Pfarrer, Philosoph und Schriftsteller aus der Schweiz

propior Deus (lat.): ein (dem Menschen) näherer Gott

ingerierten: beigemischten, in der lat. Bedeutung: hineintun, hineingießen

[…] Genie – propior Deus …

Oder nenn es, beschreib es, wie du willst! Nenn's Fruchtbarkeit des Geistes, Unerschöpflichkeit, Quellgeist! Nenn's Kraft ohnegleichen, Urkraft, kraftvolle Liebe! [5] Nenn's Elastizität der Seele oder der Sinne des Nervensystems, die leicht Eindrücke annimmt und mit einem schnell ingerierten Zusatze lebendiger Individualität zurückschnellt! [10] Nenn's unentlehnte, natürliche, innerliche Energie der Seele! Nenn's Schöpfungskraft; nenn's Menge in- und extensiver Seelenkräfte, Sammlung, Konzentrierung alle Naturkräfte; nenn's lebendige [15] Darstellungskunst; nenn's Meisterschaft über sich selbst; nenn's Herrschaft über die Gemüter; nenn's Wirksamkeit, die immer trifft, nie fehlt in all ihrem Wirken, Leiden, Lassen, Schweigen, Sprechen; nenn's Innig- [20] keit, Herzlichkeit, mit Kraft sie fühlbar zu machen! Nenn's Zentralgeist, Zentralfeuer, dem nichts widersteht; nenn's lebendigen und lebendig machenden Geist, der sein Leben füllt und leicht und vollkräftig mit- [25] teilt; sich in alles hineinwirft mit Lebensfülle, mit Blitzkraft! […] Nenn's Glaube, Liebe, Hoffnung, die sich nicht geben, nicht nachäffen lässt; oder nenn's schlechtweg nur Erfindungsgabe oder Instinkt! Nenn's [30] und beschreib's, wie du willst und kannst; allemal bleibt das gewiss: Das Ungelernte, Unentlehnte, Unlernbare, Unentlehnbare, innig Eigentümliche, Unnachahmliche, Göttliche ist Genie, das Inspirationsmä- [35] ßige ist Genie, hieß bei allen Nationen, zu allen Zeiten Genie und wird's heißen, solange Menschen denken und empfinden und reden. Genie blitzt; Genie schafft; veranstaltet nicht; schafft! So wie es selbst [40] nicht veranstaltet werden kann, sondern ist!

Genie vereinigt, was niemand vereinigen, trennt, was niemand trennen kann; sieht und hört und fühlt und gibt und nimmt auf eine Weise, deren Unnachahmlichkeit jeder 45 andere sogleich innerlich anerkennen muss.

Unnachahmlich und über allen Schein von Nachahmlichkeit erhaben ist das Werk des reinen Genius. Unsterblich ist alles Werk des Genies, wie der Funke Gottes, aus dem es fließt. […] 50

6. Verdeutlicht mit eigenen Worten Wesensmerkmale des Genies nach Lavater und vergleicht mit euren eigenen Vorstellungen.

weiterer Text: Prometheus S. 124–127

7. Nehmt begründet Stellung zu der These: Die Gestaltung der Figur Ferdinands ist geprägt durch den Geniebegriff des Sturm und Drang.

nicht erlernt – individuell göttlich / unerschöpf-bar

Sturm und Drang (1765–1785)

bezeichnet eine literarische Strömung im Zeitalter der Aufklärung, welche die Gefühlskräfte aufwertet und gegen die Einschränkung des Individuums durch gesellschaftliche Verhältnisse rebelliert.

protestierende Jugend
Der Sturm und Drang ist eine Protestbewegung junger Intellektueller. Das aufklärerische Ideal der Selbstbestimmung hat sie ergriffen. Sie geben ihren Gefühlen und Empfindungen unvermittelt Ausdruck und fordern den Einzelnen auf, sich gegen jede Art von Beherrschung direkt aufzulehnen.

Individualität und Genie
Stürmer und Dränger sind kraftvolle Persönlichkeiten, die keinen allgemeinen Regeln folgen (Genies).

Herz
Das Individuum lebt aus dem fühlenden Herzen heraus. Zwischenmenschliche Beziehungen sind nur dann von Wert, wenn das

ganze Herz, also der ganze Mensch, völlig in ihnen aufgehen kann. Liebe und Freundschaft werden mit dem Gefühl des Unendlichen verbunden, aber auch überfordert. Als Gegenpole zur „Ratio" (Verstand) werden Herz, Gefühl, Fantasie, Leidenschaft und Empfindsamkeit angesehen.

Melancholie und Psychologie
Dadurch, dass sich die Stürmer und Dränger von gesellschaftlichen Bindungen zu lösen suchen, empfinden sie Vereinzelung und Einsamkeit umso stärker. Ihr jugendlicher Protest schlägt leicht in Schwermut um.

ursprüngliche Natur
Natur ist nicht mehr die allgemeine Vernunftnatur, sondern die ursprüngliche, noch ungestörte, kraftvoll sich entwickelnde Einzigartigkeit. Die Stürmer und Dränger suchen sie im Kindlichen und beim ländlichen Volk.

---

8. Diskutiert mithilfe der grünen Box, inwiefern die Stücke „Kabale und Liebe" (S. 139, 150 f.) und „Der Hofmeister oder Vorteile der Privaterziehung" (S. 140 f., 145, 146) typische Theaterstücke aus der Zeit des Sturm und Drang sind.

9. Extra

Gestaltet die vierte Szene des ersten Akts (S. 150 f.) als szenisches Spiel.
Geht von euren Analyseergebnissen (S. 151 f., Aufgaben 2–5) aus und
lasst eure Kenntnisse über den Sturm und Drang in eure Umsetzung einfließen.

Friedrich Schiller: Kabale und Liebe (Ausschnitt, 1784)

Zweiter Akt, zweite Szene

Ferdinands Vater steht als Präsident im Dienst des Landesfürsten. Dieser unterhält eine Beziehung zu Lady Milford. Die sogenannte Kammerdienerszene ist eine der Schlüsselszenen des Dramas. Sie dient dazu, die Praktiken der absolutistischen Hofhaltung aufzuzeigen.

Ein alter Kammerdiener des Fürsten, der ein Schmuckkästchen trägt. Die Vorigen [Lady Milford und ihre Kammerjungfer Sophie].

KAMMERDIENER: Seine Durchlaucht der Herzog empfehlen sich Mylady zu Gnaden und schicken Ihnen diese Brillanten zur Hochzeit. Sie kommen soeben erst aus Venedig.

LADY: *(hat das Kästchen geöffnet und fährt erschrocken zurück)* Mensch! was bezahlt dein Herzog für diese Steine?

KAMMERDIENER: *(mit finsterm Gesicht)* Sie kosten ihn keinen Heller.

LADY: Was? Bist du rasend? N i c h t s ? – Und *(indem sie einen Schritt von ihm wegtritt)* du wirfst mir ja einen Blick zu, als wenn du mich durchbohren wolltest – n i c h t s kosten ihn diese unermesslich kostbaren Steine?

KAMMERDIENER: Gestern sind siebentausend Landskinder nach Amerika fort – die zahlen alles.

LADY: *(setzt den Schmuck plötzlich nieder und geht rasch durch den Saal, nach einer Pause zum Kammerdiener)* Mann! was ist dir? Ich glaube, du weinst!

KAMMERDIENER: *(wischt sich die Augen, mit schrecklicher Stimme, alle Glieder zitternd)* Edelsteine, wie d i e s e da – ich hab auch ein paar Söhne drunter.

LADY: *(wendet sich bebend weg, seine Hand fassend)* Doch keinen gezwungenen?

KAMMERDIENER: *(lacht fürchterlich)* O Gott! – nein – lauter Freiwillige. Es traten wohl so etliche vorlaute Bursch' vor die Front heraus und fragten den Obersten, wie teuer der Fürst das Joch Menschen verkaufe. – Aber unser gnädigster Landesherr ließ alle Regimenter auf dem Paradeplatz aufmarschieren und die Maulaffen niederschießen. Wir hörten die Büchsen knallen, sahen ihr Gehirn auf das Pflaster spritzen, und die ganze Armee schrie: „ J u c h h e ! n a c h A m e r i k a !"

LADY: *(fällt mit Entsetzen in den Sofa)* Gott! Gott! – Und ich hörte nichts? Und ich merkte nichts?

KAMMERDIENER: Ja, gnädige Frau – Warum musstet Ihr denn mit unserm Herrn gerad auf die Bärenhatz reiten, als man den Lärmen zum Aufbruch schlug? – Die Herrlichkeit hättet ihr doch nicht versäumen sollen, wie uns die gellenden Trommeln verkündigten, es ist Zeit, und heulende Waisen dort einen lebendigen Vater verfolgten, und hier eine wütende Mutter lief, ihr saugendes Kind an Bajonetten zu spießen, und wie man Bräutigam und Braut mit Säbelhieben auseinanderriss, und wir Graubärte verzweiflungsvoll dastanden und den Burschen auch zuletzt die Krücken noch nachwarfen in die neue Welt – oh, und mitunter das polternde Wirbelschlagen, damit der Allwissende uns nicht sollte beten hören –

LADY: *(steht auf, heftig bewegt)* Weg mit diesen Steinen – sie blitzen Höllenflammen in mein Herz. *(Sanfter zum Kammerdiener.)* Mäßige dich, armer alter Mann! Sie werden wiederkommen. Sie werden ihr Vaterland wiedersehen.

KAMMERDIENER: *(warm und voll)* Das weiß der Himmel! Das werden sie! – Noch am Stadttor drehten sie sich um und schrien: „Gott mit euch, Weib und Kinder! – Es leb unser Landesvater – am Jüngsten Gericht sind wir wieder da!"

Lärmen:
hier: volkstümlich für den Lärm der Trommelwirbel

Joch:
hier: Gespann

LADY: *(mit starkem Schritt auf und nie-*
der gehend) Abscheulich! Fürchterlich!
– M i c h beredet man, ich habe sie
alle getrocknet, die Tränen des Landes.
– Schrecklich, schrecklich gehen mir
die Augen auf. – Geh du – sag deinem
Herrn – ich werd ihm persönlich dan-
ken! *(Kammerdiener will gehen, sie wirft ihm*
ihre Geldbörse in den Hut.) Und das nimm,
weil du mir Wahrheit sagtest –
KAMMERDIENER: *(wirft sie verächtlich auf*
den Tisch zurück) Legt's zu dem übrigen.
(Er geht ab.)
LADY: *(sieht ihm erstaunt nach)* Sophie, spring
ihm nach, frag ihn um seinen Namen!
Er soll seine Söhne wiederhaben. *(Sophie*
ab. Lady nachdenkend auf und nieder. Pause.
Zu Sophien, die wiederkommt.) Ging nicht
jüngst ein Gerücht, dass das Feuer eine
Stadt an der Grenze verwüstet und bei
vierhundert Familien an den Bettelstab
gebracht habe? *(Sie klingelt.)*
SOPHIE: Wie kommen Sie auf das? Allerdings ist es so, und die mehresten dieser
Unglücklichen dienen jetzt ihren Gläu-
bigern als Sklaven oder verderben in den
Schachten der fürstlichen Silberberg-
werke.
BEDIENTER: *(kommt)* Was befehlen Mylady?
LADY: *(gibt ihm den Schmuck)* Dass das ohne
Verzug in die Landschaft gebracht werde! – Man soll es sogleich zu Geld machen, befehl ich, und den Gewinn davon
unter die Vierhundert verteilen, die der
Brand ruiniert hat.
SOPHIE: Mylady, bedenken Sie, dass Sie die
höchste Ungnade wagen!
LADY: *(mit Größe)* Soll ich den Fluch seines
Landes in meinen Haaren tragen? *(Sie*
winkt dem Bedienten, dieser geht.) Oder
willst du, dass ich unter dem schrecklichen Geschirr solcher Tränen zu Boden
sinke? – Geh, Sophie – es ist besser, falsche Juwelen im Haar und das Bewusstsein dieser Tat im Herzen zu haben! […]

10. Analysiert in Partnerarbeit diese Szene und notiert Deutungshypothesen.

11. Ergänzt und konkretisiert mithilfe der beiden folgenden Materialien (**1** ; S. 156, **2**)
eure Interpretationsansätze aus Aufgabe 10.

> **1** **Das Herzogtum Württemberg und sein Mätressenwesen**
>
> Herzog Karl Eugen regierte seit 1744 als absolutistischer Herrscher das kleine Her-
> zogtum Württemberg (600.000 Einwohner). Vorbild für seine Hofhaltung war der
> Versailler Hof. Seit 1748 war Karl Eugen mit Elisabeth Friederike von Brandenburg-
> Bayreuth, einer Nichte Friedrichs des Großen, verheiratet. Bald aber hatte der Her-
> zog neben seiner Frau die üblichen Affären. Der Hofkalender verzeichnete teilweise
> sechs solcher Damen gleichzeitig. Die Herzogin verließ deshalb den württembergi-
> schen Hof und kehrte nie wieder dorthin zurück.
> Favoritin Karl Eugens war seit 1767 die Italienerin Katarina Bonafini. Ihre Nach-
> folgerin wurde Franziska von Leutrum, damals 23 Jahre alt. Sie galt als kluge, un-
> komplizierte und gütige Frau, die einen positiven Einfluss auf den Herzog und seine
> Regierungsgeschäfte hatte. Geschickt verstand sie es, ihm ihre Vorschläge als die
> seinigen zu suggerieren. Sie pflegte ausgedehnten Briefwechsel mit führenden Geis-
> tern ihrer Zeit, u. a. Lavater und Klopstock. Franziska, ab 1774 Reichsgräfin von
> Hohenheim und ab 1780 mit Karl Eugen verheiratet, wurde zum Vorbild der Lady
> Milford.

Herzog Karl
Eugen
(1728–1793)

Franziska von
Hohenheim
(1748–1811)

2 Soldatenverkauf

Aufgrund finanzieller Probleme kam es zu einem äußerst grauenvollen Soldatenverkauf. Junge Männer, die tauglich und 18 Jahre oder älter waren, wurden als Soldaten an Krieg führende Staaten im Ausland verkauft. Zunächst wurde nach Freiwilligen gesucht. Da sich verständlicherweise niemand meldete, ordnete der Herzog
5 an, diese jungen tauglichen Männer mit roher Gewalt und sogar unter Einsatz von Betäubungsmitteln zu zwingen. […]
Bis 1757 verdiente der Herzog dank des Soldatenhandels ca. 3.000.000 Gulden. Nachdem er fast zwanzig Jahre keine Soldaten mehr verkauft hatte, wurde das Geld knapp. So beschloss Karl Eugen im Jahr 1776, wieder Soldaten zu verkaufen. […]

12. Erläutert auf der Grundlage der folgenden Materialien (3 – 5), wie Schiller in seinen Jugendjahren durch den Einfluss seines Landesfürsten Karl Eugen von Württemberg geprägt wurde. Zieht daraus Schlüsse für das Entstehen und die Interpretation des Dramas „Kabale und Liebe".

3 Friedrich Schillers Jugend (1773–1780) unter der Aufsicht des Landesfürsten

Herzog Karl Eugen gründete 1770 auf seinem Schloss Solitude bei Stuttgart die Karlsschule, eine militärische Hochschule, um seine zukünftigen Of-
5 fiziere und Beamten auszubilden. Dafür brauchte er gute Schüler. Da Friedrich sehr begabt war, wählte er ihn aus. Die Familie konnte sich dem nicht widersetzen; Schillers Vater verpflichtete sich
10 sogar, dass Friedrich dem Herzog ein Leben lang dient. So wurde der Kindheitstraum des jungen Schiller, Pfarrer zu werden, zerstört. Mit 13 Jahren musste Schiller am 16.01.1773 in die
15 Karlsschule als Eleve Nr. 447 eintreten und bis zum 21. Lebensjahr hier verbleiben. Der Herzog legte für ihn das Studienfach fest: Jura.
  Karl Eugen betrachtete die Schüler als
20 „seine Söhne" und erwartete von diesen Untertänigkeit, Ehrfurcht, Dankbarkeit. Er ließ sich mit Handkuss oder einem Kuss auf den Rocksaum von seinen Schülern begrüßen, wenn er in der An-
25 stalt fast täglich nach dem Rechten sah.

Er selbst hatte die Oberaufsicht über die Karlsschule, griff regelmäßig (auch über den Kopf des Anstaltsdirektors hinweg) in das Schulleben ein, nahm Einfluss auf den Lehrplan, prüfte die Lehrbü- 30 cher. Ständig musste mit einem seiner Kontrollbesuche gerechnet werden; in den Türen war eine Art Spion eingebaut, sodass er jederzeit unbemerkt den Unterricht beobachten konnte. 35
  In der Schule herrschten militärischer Drill und ein streng geregelter Tagesablauf. Die Schüler trugen Uniform und

Karlsschule in Stuttgart

textexterne Aspekte zur Interpretation nutzen

waren unter ständiger Aufsicht. Es gab
keine Ferien und die Zöglinge durften
während ihres Aufenthalts in der Karlsschule nicht zu ihren Familien. Auch
Besuche der nächsten Verwandten (nur
der männlichen) wurden kaum gestattet,
die Post wurde geöffnet und kontrolliert.

Der überaus empfindsame und sehr
freiheitsliebende Schiller litt furchtbar
unter diesen Gegebenheiten, er war häufig krank, seine Leistungen verschlech-
terten sich. Ein Umschwung trat erst
ein, als Schiller 1776 von der juristischen
in die neu gegründete medizinische Fa-
kultät überwechselte. Seine Gesundheit
besserte sich, er wurde selbstbewusster.
Schiller hörte die philosophischen Vorlesungen von Professor Abel, der die
Schüler zu eigenständigem, aufgeklär-
tem Denken anregte. Er sprach über
geniehafte Menschen, denen eine ursprüngliche Kraft innewohne, die sich
äußeren Zwängen widersetzen und für
Freiheit und Selbstbestimmung eintreten würden.

Als Gegengewicht zur strengen und
engen Ordnung in der Anstalt entstand
ein stark ausgeprägter Freundschaftskult
unter den Karlsschülern.

1780 konnte Schiller die Karlsschule
verlassen und übernahm im herzogli-
chen Dienst eine Stelle als Regiments-
arzt. Er fühlte sich jedoch zu Höherem
berufen, rebellierte gegen den täglichen
stumpfsinnigen Drill in der Garnison
und gegen die Laufbahn als Regiments-
arzt. Gemeinsam mit seinem Freund
Andreas Streicher gelang ihm schließlich die heimliche Flucht aus Württemberg nach Bauerbach (Thüringen). Hier
fand er Asyl bei Frau von Wolzogen,
der Mutter eines Schulfreundes, auf
deren entlegenem Gut. Fernab von seinen Freunden, in ständiger Angst, von
Württemberg aus verfolgt zu werden,
leistete er hier die Hauptarbeit an „Kabale und Liebe" (beendet 1783): eine
Abrechnung mit dem landesfürstlichen
Absolutismus.

---

4 Charlotte von Lengefeld: Tagebucheintrag (1783)

Die Bibliothek ist sehr gut eingerichtet. In dem einen Zimmer ist erst ein Natura-
lienkabinett. […] Die Einrichtung der Akademie ist sehr hübsch. Aber es macht einen besonderen Eindruck aufs freie Menschenherz, die jungen Leute […] zu sehen.
Jede ihrer Bewegungen hängt von dem Winke des Aufsehers ab. Es wird einem
nicht wohl zu Mute, die Menschen wie Drahtpuppen behandelt zu sehen.

**Charlotte von
Lengefeld:**
Schillers spätere
Ehefrau schildert
ihre Eindrücke
vom Besuch der
Karlsschule.

---

5 Friedrich Schiller: Ankündigung einer von ihm herausgegebenen Zeitschrift (1784)

Ich schreibe als Weltbürger, der keinem Fürsten dient. Früh verlor ich mein Vaterland, um es gegen die große Welt auszutauschen, die ich nur eben durch die Fern-
röhre kannte. Ein seltsamer Missverstand der Natur hat mich in meinem Geburtsorte
zum Dichter verurteilt. Neigung für Poesie beleidigte die Gesetze des Instituts, worin ich erzogen ward, und widersprach dem Plan seines Stifters. Acht Jahre rang mein
Enthusiasmus mit der militärischen Regel; aber Leidenschaft für die Dichtkunst ist
feurig und stark wie die *erste* Liebe. Was sie ersticken sollte, facht sie an. […].

Gustav Freytag
(1816–1895):
Literaturwis-
senschaftler,
Politiker und
Schriftsteller

Gustav Freytag: Die Technik des Dramas (Ausschnitt, 1863)

[Die] zwei Hauptteile des Dramas [Spiel und Gegenspiel] sind durch einen Punkt der Handlung, der in der Mitte liegt, fest verbunden. Diese Mitte, der Höhepunkt des
5 Dramas, ist die wichtigste Stelle des Aufbaus, bis zu ihm steigt, von ihm ab fällt die Handlung. […]

Durch die beiden Hälften der Handlung, die in einem Punkt zusammenschließen,
10 erhält das Drama, – wenn man die Anordnung durch Linien verbildlicht, – einen pyramidalen Aufbau.

Es steigt von der Einleitung mit dem Zutritt des erregenden Moments bis zu dem Höhepunkt und fällt von da bis zur Kata- 15 strophe.

Zwischen diesen drei Teilen liegen die Teile der Steigerung und des Falles.

Jeder dieser fünf Teile kann aus einer Szene oder aus einer gegliederten Folge von 20 Szenen bestehen, nur der Höhepunkt ist gewöhnlich in einer Hauptszene zusammengefasst.

Lerninsel:
geschlossenes
Drama
S. 278

13. Erklärt mit eigenen Worten den Aufbau des geschlossenen Dramas nach Freytag und skizziert diesen in Form eines Dreiecks. Verwendet folgende Begriffe: Exposition, steigende Handlung mit erregendem Moment, Höhepunkt und Peripetie, fallende Handlung mit retardierendem Moment, Katastrophe/Lösung.

Video
Freytag'sches
Dramendreieck
92gj9q

14. Informiert euch über den Handlungsverlauf des gesamten Dramas „Kabale und Liebe".
– Ordnet die Szenen auf den Seiten 139, 150 f., 154 f.
begründet in das Freytag'sche Dramendreieck ein.
– Formuliert Interpretationsansätze, die sich aus der Einordnung ergeben.

**Wissen und
Können**

Textexterne Aspekte zur Interpretation nutzen

Ihr könnt eure textinternen Interpretationen ergänzen und konkretisieren, indem ihr auf zusätzliche Informationen und Materialien zurückgreift.

textexterne
Aspekte zur
Interpretation
nutzen
S. 132

Mögliche textexterne Aspekte können sein:

historische Umstände: politische und soziale Situation (z. B. *Absolutismus und Ständegesellschaft*)	**Biografie** des Autors (z. B. *Schillers Leben im Herzogtum Württemberg*)	**geistesgeschichtliche und literaturgeschichtliche Aspekte:** z. B. Sturm und Drang, philosophische Grundlagen (z. B. *Geniekult*), Gattungsgeschichte (z. B. *Dramenform nach Freytag*)

Bei der Auswertung textexterner Materialien könnt ihr auf folgende Einflüsse und Zusammenhänge achten:
– **Stoffwahl, Thema** $\rightarrow$ *Mätressenwesen an absolutistischen Fürstenhöfen, Soldatenhandel*
– **Figurenkonstellation** $\rightarrow$ *Gegensatz zwischen Adel und Bürgertum*
– **Problemstellung, Konflikt** $\rightarrow$ *Anspruch auf Selbstentfaltung und individuelle Glücksansprüche* $\longleftrightarrow$ *gesellschaftliche Normen und politische Ordnung*
– **sprachliche Gestaltung** $\rightarrow$ *Einflüsse von Zeitstilen, z. B. Sturm und Drang*

Differenzieren
textexterne
Aspekte zur
Interpretation
nutzen

wa3jh3

A Analysiert die folgende Szene unter dem Aspekt, inwiefern Ferdinand typische Ideen des Strum und Drang vertritt.

B Analysiert und interpretiert die folgende Szene unter textinternen und textexternen Aspekten.

Friedrich Schiller: Kabale und Liebe (Ausschnitt, 1784)

Erster Akt, siebente Szene

Ferdinand. Präsident.

[…]

PRÄSIDENT: […] Höre, Ferdinand – *(ich
5   spreche mit meinem Sohn)* – w e m hab ich
durch die Hinwegräumung meines Vor-
gängers Platz gemacht? – Eine Geschichte, die desto blutiger in mein Inwendiges
schneidet, je sorgfältiger ich das Messer
10 der Welt verberge! Höre! Sage mir, Ferdinand: W e m tat ich dies alles?

FERDINAND: *(tritt mit Schrecken zurück)*
Doch m i r nicht, mein Vater? Doch auf
m i c h soll der blutige Widerschein die-
15 ses Frevels nicht fallen? Beim allmächti-
gen Gott! Es ist besser, gar nicht geboren
zu sein, als dieser Missetat zur Ausrede
dienen.

PRÄSIDENT: Was war das? Was? Doch ich
20 will es dem Romanenkopfe zugut halten. – Ferdinand. – ich will mich nicht
erhitzen, vorlauter Knabe – Lohnst du
mir a l s o für meine schlaflosen Nächte?
a l s o für meine rastlose Sorge? a l s o für
25 den ewigen Skorpion meines Gewissens?
– Auf mich fällt die Last der Verantwortung – auf mich der Fluch, der Donner
des Richters – du empfängst dein Glück
von der zweiten Hand – das Verbrechen
30 klebt nicht am Erbe.

FERDINAND: *(streckt die rechte Hand gen
Himmel)* Feierlich entsag ich hier einem
Erbe, das mich nur an einen abscheuli-
chen Vater erinnert.

35 […]

PRÄSIDENT: *(verbeißt seinen Zorn)* Hum! –
Zwingen muss man dich, dein Glück zu
erkennen. Wo zehn andre mit aller Anstrengung nicht hinaufklimmen, wirst
du spielend, im Schlafe gehoben. Du bist   40
im zwölften Jahre Fähndrich. Im zwan-
zigsten Major. Ich hab es durchgesetzt
beim Fürsten. Du wirst die Uniform
ausziehen und in das Ministerium eintreten. Der Fürst sprach vom Geheimen   45
Rat – Gesandtschaften – außerordent-
lichen Gnaden. Eine herrliche Aussicht
dehnt sich vor dir. – Die ebene Straße
zunächst nach dem Throne – zum Throne selbst, wenn anders die Gewalt so viel   50
wert ist als ihre Zeichen – das begeistert
dich nicht?

FERDINAND: Weil meine Begriffe von
Größe und Glück nicht ganz die Ihrigen
sind – I h r e Glückseligkeit macht sich   55
nur selten anders als durch Verderben
bekannt. Neid, Furcht, Verwünschung
sind die traurigen Spiegel, worin sich die
Hoheit eines Herrschers belächelt – Tränen, Flüche, Verzweiflung die entsetzli-   60
che Mahlzeit, woran diese gepriesenen
Glücklichen schwelgen, von der sie be-
trunken aufstehen und so in die Ewigkeit
vor den Thron Gottes taumeln – Mein
Ideal von Glück zieht sich genügsa-   65
mer in mich selbst zurück. In meinem
H e r z e n liegen alle meine Wünsche
begraben. –

PRÄSIDENT: Meisterhaft! Unverbesserlich!
Herrlich! Nach dreißig Jahren die erste   70
Vorlesung wieder! – Schade nur, dass
mein fünfzigjähriger Kopf zu zäh für das
Lernen ist! […]

**Romanen-
kopfe:**
romanhafte, der
Wirklichkeit
nicht entspre-
chende Vorstel-
lungen im Kopf
haben

Häufige Kommasetzungsfehler vermeiden

1. „Teenager in der Pubertät glauben
Eltern seien schwierig."
– Prüft anhand dieses Beispiels,
wie Satzzeichen den Sinn
verändern können.
– Gestaltet selbst witzige Postkarten zum
Thema „Satzzeichen retten Leben".

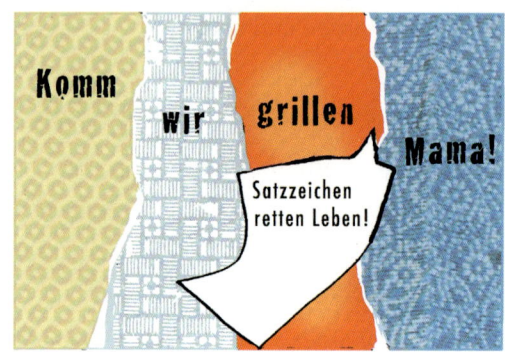

Sturm und Drang: Pubertät der deutschen Literatur

Zwischen den Jahren 1765 und 1785 erlebte die deutsche Literatur etwas, was sonst vor allem Eltern bekannt sein dürfte: eine Phase der Rebellion und des Aufbegehrens, einen Umsturz als Kampf gegen das Bestehende, eine Zeit tiefer Emotionalität, in der das Herz mehr galt als der Kopf, Leidenschaft mehr galt als Vernunft, Individualität mehr als Angepasstsein. Es war eine Zeit der Selbstfindung, ein Austoben – kurz: die Pubertät der deutschen Literatur. Die Rede ist vom Sturm und Drang, jener Literaturepoche, die als erste deutsche Jugendbewegung verstanden werden kann. Ihre Vertreter – Johann Gottfried Herder, Gottfried August Bürger, Jakob Michael Reinhold Lenz und natürlich Johann Wolfgang Goethe, um nur einige zu nennen – waren alle kaum älter als 20 Jahre. Sie alle einte die fehlende Bereitschaft, den „Weltbegebenheiten, Weltläufen", wie Jakob Michael Reinhold Lenz sie nannte, zu entsprechen. Anpassen, funktionieren, tüchtig sein, wieder verschwinden – das war die Sache der Schriftsteller des Sturm und Drang nicht.

Sie waren wie die meisten Jugendlichen in der Pubertät und glaubten sie wüssten alles besser. Vor dem Hintergrund der Aufklärung die das ganze Land ergriffen hatte glaubten die Stürmer und Dränger nicht an eine Herrschaft des Verstands einen Sieg der Rationalität. Für sie war klar: Es gibt Dinge die kann der Kopf nicht wissen sondern nur das Herz. Folglich wollten sie ihr Leben nicht von rationalen Entscheidungen bestimmen lassen. „Freiraum" „Selbstentfaltung" oder „Lebensqualität" waren die Losungen der Zeit. Die Dichter schrieben auch wenn sie davon nicht leben konnten und sich mit „niederen" Brottätigkeiten über Wasser halten mussten. Sie schrieben auch wenn niemand las was sie zu Papier brachten. Sie schrieben um ihrer selbst willen weil es ihrem inneren Drang entsprach weil es das war was sie als ihre Berufung verstanden. Selbstverwirklichung statt Pflichterfüllung – das klingt für uns heute vertraut. Auch heute soll ein Beruf mehr Berufung sein; Die viel beschworene Work-Life-Balance wird immer wichtiger wenn sich die jungen Menschen überlegen was sie mit ihrem Leben anstellen wollen. Nicht nur funktionieren sondern leben das war der Traum der Schriftsteller des Sturm und Drang. […]

2. Begründet die markierten Kommas im ersten Teil des Textes (Zeile 1–25).

Lerninsel:
Zeichensetzung
S. 294

⊕ **Differenzieren**
häufige Komma-
setzungsfehler
vermeiden
i2m2wu

3. Schreibt den zweiten Teil des Textes (S. 160, ab Z. 26) ab und setzt die fehlenden Kommas.

4. Überlegt bei den markierten Sätzen (S. 160), wo ein Komma stehen könnte und
inwiefern sich bei einer Verschiebung des Kommas der Sinn des Satzes ändert.

5. Erklärt, warum in dem Text (S. 160) häufig Gedankenstrich, Doppelpunkt oder Semikolon
verwendet werden. Überlegt, durch welche anderen Satzzeichen sie ersetzt werden
könnten und inwiefern sich dadurch die Wirkung des Textes ändern würde.

6. Prüft, ob in den folgenden Sätzen der erweiterte Infinitiv mit „zu"
durch Kommas abgetrennt werden muss. Begründet eure Entscheidung.

A) <u>Ohne ihm zu nahe treten zu wollen</u> kann man den jungen Goethe getrost als einen
der ersten Popstars der deutschen Geschichte bezeichnen.

B) Gerade mit Blick auf die zeitgenössische Rezeption seines Romans „Die Leiden des
jungen Werthers" drängt sich die Idee auf <u>die unglaubliche Wirkung, die der Held des
Romans auf seine Leser ausübte, mit der heutigen Wirkung von Justin Bieber oder von
Edward aus den „Bis(s)"-Romanen Stephenie Meyers zu vergleichen.</u>

C) Damals wie heute ist es die Identifikation der Leser mit der Romanfigur, die dazu bei-
trägt <u>ihren literarischen Schöpfer mit einem Schlag berühmt zu machen.</u>

D) Man muss nicht lange suchen <u>um herauszufinden, was die Figur des Werther zur Iden-
tifikationsfigur für den – zumeist jungen – Leser macht.</u>

E) Es sind die emotionale Rigorosität, die trotzige Unangepasstheit Werthers und sein lei-
denschaftlicher Versuch <u>seinen Platz im Leben zu finden.</u>

F) Auch Teenagern von heute in ihrer Phase des Austobens, der Selbstfindung, der Rebellion, des Ich-Werdens sei empfohlen <u>den „Werther" zu lesen.</u>

G) Es lohnt sich <u>diesem und anderen Texten des Sturm und Drang (auch außerhalb des
Klassenraums) noch einmal ganz neu und unvoreingenommen zu begegnen.</u>

H) Denn die besondere Bedeutung des Sturm und Drang für den heutigen Leser liegt
darin <u>sich im Individualisierungsdrang seiner Helden (und seiner Autoren), in ihrer
Sehnsucht nach Entfaltung und Selbstverwirklichung wiederzuerkennen.</u>

7. Setzt im folgenden Text alle Kommas und begründet sie. Schreibt den Text weiter, indem ihr
 – euch inhaltlich zur Aktualität des Konflikts in „Kabale und Liebe" äußert,
 – sprachlich auf einen komplexen Satzbau und die korrekte Kommasetzung achtet.

Ein Adliger heiratet keine Bürgerliche eine Millionärin keinen Tellerwäscher und eine
Prinzessin keinen Frosch. […] Wenn auch vielleicht in weniger ausgeprägter Form so
spielen kulturelle und soziale Rahmenbedingungen und familiäre Hintergründe tatsächlich auch heute noch eine Rolle für das Liebesleben zweier Menschen. Denn das Umfeld
in dem ein Mensch aufwächst prägt sein Wertesystem den Rahmen seiner Kultur und
damit auch die Art und Weise wie er Leben und Liebe betrachtet und sich innerhalb ihrer
Grenzen bewegt. […]

Interpretation eines dramatischen Textes

Beispiellösung
BLF-Aufgabe
4t567e

Text
BLF-Aufgabe
ce6jn7

Säkulum:
Jahrhundert

Plutarch (um
46–120 n. Chr.):
griech. Schrift-
steller; stellte
bedeutende
Persönlichkeiten
der griechischen
und römischen
Geschichte dar

hudeln:
schlecht behan-
deln, quälen

Aufstreich:
Versteigerung

Saddukäer:
jüdische Sekte;
vertrat eine freie
Auffassung des
Glaubens im
Vergleich zu den
Pharisäern

**Flavius Jose-
phus** (33–100 n.
Chr.):
jüdischer Ge-
schichtsschreiber

**Kommen-
tationen:**
Kommentare,
Erläuterungen

Konventionen:
hier: gesell-
schaftliche
Normen

> Interpretiert den folgenden Dramenausschnitt unter besonderer Beachtung
> der Figur Karl von Moor. Nutzt dabei euer Wissen über die Entstehungszeit.

Friedrich Schiller: Die Räuber (Ausschnitt, 1781)

*Das Drama spielt im Deutschland des 18. Jahrhunderts. Hauptfiguren sind die beiden Brüder
Karl und Franz, Söhne des alten Grafen von Moor. Durch einen gefälschten Brief gelingt es
Franz, seinem älteren Bruder das väterliche Erbe zu nehmen und die Bande zwischen dem Va-
ter und Karl für immer zu zerreißen. Verschuldet, gekränkt, voller Verzweiflung und rasend vor
Wut über die Niedertracht der Welt lässt sich Karl zur Gründung einer Räuberbande überreden.*

Erster Akt, zweite Szene

*Schenke an den Grenzen von Sachsen.
Karl von Moor in ein Buch vertieft. Spiegelberg
trinkend am Tisch.*

5 **KARL VON MOOR:** *(legt das Buch weg)* Mir
ekelt vor diesem tintenklecksenden Säkulum, wenn ich in meinem Plutarch
lese von großen Menschen.

SPIEGELBERG: *(stellt ihm ein Glas hin und
10 trinkt)* Den Josephus musst du lesen.

MOOR: Der lohe Lichtfunke Prometheus'
ist ausgebrannt, dafür nimmt man jetzt
die Flamme von Bärlappenmehl – The-
aterfeuer, das keine Pfeife Tabak anzün-
15 det.
[...] Pfui! Pfui über das schlappe Kastra-
ten-Jahrhundert, zu nichts nütze, als die
Taten der Vorzeit wiederzukäuen und
die Helden des Altertums mit Kommen-
20 tationen zu schinden und zu verhunzen
mit Trauerspielen. Die Kraft seiner Len-
den ist versiegen gegangen, und nun
muss Bierhefe den Menschen fortpflan-
zen helfen.

25 **SPIEGELBERG:** Tee, Bruder, Tee!

MOOR: Da verrammeln sie sich die gesunde
Natur mit abgeschmackten Konventionen, haben das Herz nicht, ein Glas zu
leeren, weil sie Gesundheit dazu trinken
müssen – belecken den Schuhputzer, 30
dass er sie vertrete bei Ihro Gnaden, und
hudeln den armen Schelm, den sie nicht
fürchten. – Vergöttern sich um ein Mittagessen, und möchten einander vergif-
ten um ein Unterbett, das ihnen beim 35
Aufstreich überboten wird. – Verdam-
men den Saddukäer, der nicht fleißig genug in die Kirche kommt, und berech-
nen ihren Judenzins am Altare – fallen
auf die Knie, damit sie ja ihren Schlamp 40
ausbreiten können – wenden kein Aug
von dem Pfarrer, damit sie sehen, wie
seine Perücke frisiert ist. – Fallen in
Ohnmacht, wenn sie eine Gans bluten
sehen, und klatschen in die Hände, wenn 45
ihr Nebenbuhler bankrott von der Börse
geht. – – So warm ich ihnen die Hand
drückte – nur noch einen Tag! – Umsonst! – Ins Loch mit dem Hund! – Bitten! Schwüre! Tränen! *(Auf den Boden* 50
stampfend.) Hölle und Teufel!

SPIEGELBERG: Und um so ein paar tausend
lausige Dukaten –

MOOR: Nein, ich mag nicht daran denken. Ich soll meinen Leib pressen in 55
eine Schnürbrust und meinen Willen
schnüren in Gesetze. Das Gesetz hat

zum Schneckengang verdorben, was Adlerflug geworden wäre. Das Gesetz
60 hat noch keinen großen Mann gebildet, aber die Freiheit brütet Kolosse und Extremitäten aus. Sie verpalisadieren sich ins Bauchfell eines Tyrannen, hofieren der Laune seines Magens und lassen sich
65 klemmen von seinen Winden. – Ah! dass der Geist Hermanns noch in der Asche glimmte! – Stelle mich vor ein Heer Kerls wie ich, und aus Deutschland soll eine Republik werden, gegen die Rom
70 und Sparta Nonnenklöster sein sollen. *(Er wirft den Degen auf den Tisch und steht auf.)*
[…] *Karl liest den gefälschten Brief.*
Ha! wer mir jetzt ein Schwert in die
75 Hand gäb, dieser Otterbrut eine brennende Wunde zu versetzen! wer mir sagte, wo ich das Herz ihres Lebens erzielen, zermalmen, zernichten – er sei mein Freund, mein Engel, mein Gott –
80 ich will ihn anbeten!

ROLLER: Eben diese Freunde wollen ja wir sein, lass dich doch weisen!

SCHWARZ: Komm mit uns in die böhmischen Wälder! Wir wollen eine Räuber-
85 bande sammeln, und du – *(Moor stiert ihn an.)*

SCHWEIZER: Du sollst unser Hauptmann sein! du musst unser Hauptmann sein!

SPIEGELBERG: *(wirft sich wild in einen Sessel)*
90 Sklaven und Memmen!

MOOR: Wer blies dir das Wort ein? Höre, Kerl! *(Indem er Schwarzen hart ergreift.)* Das hast du nicht aus deiner Menschenseele hervorgeholt! Wer blies dir das Wort
95 ein? Ja, bei dem tausendarmigen Tod! das wollen wir, das müssen wir! Der Gedanke verdient Vergötterung – R ä u b e r und M ö r d e r ! – So wahr meine Seele lebt, ich bin euer Hauptmann!
100 **ALLE:** *(mit lärmendem Geschrei)* Es lebe der Hauptmann!

SPIEGELBERG: *(aufspringend, vor sich)* Bis ich ihm hinhelfe!

MOOR: Siehe, da fällt's wie der Star von meinen Augen! was für ein Tor ich war, 105 dass ich ins Käficht zurückwollte! – Mein Geist dürstet nach Taten, mein Atem nach Freiheit, – M ö r d e r , R ä u b e r ! – mit diesem Wort war das Gesetz unter meine Füße gerollt – Menschen haben 110 Menschheit vor mir verborgen, da ich an Menschheit appellierte, weg denn von mir Sympathie und menschliche Schonung! – Ich habe keinen Vater mehr, ich habe keine Liebe mehr, und Blut und 115 Tod soll mich vergessen lehren, dass mir jemals etwas teuer war! Kommt, kommt! – Oh ich will mir eine fürchterliche Zerstreuung machen – es bleibt dabei, ich bin euer Hauptmann! Und Glück zu 120 dem Meister unter euch, der am wildesten sengt, am grässlichsten mordet, denn ich sage euch, er soll königlich belohnt werden – tretet her um mich ein jeder und schwöret mir Treu und Gehorsam 125 zu bis in den Tod! – schwört mir das bei dieser männlichen Rechte!

ALLE: *(geben ihm die Hand)* Wir schwören dir Treu und Gehorsam bis in den Tod!
[…] 130

Theatergastspiele Kempf, Grünwald, 2010

dramatische
Texte schrift-
lich interpre-
tieren
S. 82–85,
S. 88 f.

Lerninsel:
textnahes
Lesen
S. 235

So geht's
interaktiv
BLF-Aufgabe
9e99nd

Lerninsel:
geschlossenes
Drama
S. 278
Die Räuber
(Inhalts-
angabe)
S. 278

Arbeitsschritte

1. Analysiert die Aufgabenstellung (S. 162) und nennt die vorgegebenen Schwerpunkte.

2. Haltet eure ersten Leseeindrücke fest und formuliert Fragen zum Textverständnis.

3. Verschafft euch einen Überblick über folgende Aspekte, indem ihr Markierungen
   und Randnotizen in eine Textkopie einfügt.

   > *wer spricht* → *Hauptfigur*
   > *mit wem* → *weitere Figuren*
   > *in welcher Situation* → *Ort, Zeit, Handlung*
   > *worüber/mit welchen Schwerpunkten und Intentionen* → *Themen, Probleme, …*

4. Formuliert den Konflikt. Ordnet die Szene (S. 162 f.) in den Handlungsverlauf des Dramas ein.

5. Beurteilt die folgenden Deutungshypothesen und begründet eure Einschätzungen.
   Stellt anschließend eine eigene Deutungshypothese auf.

   > A) *Karl verdammt das gegenwärtige „Kastraten"-Jahrhundert, in dem es nichts Großes gibt
   >   und der Mensch nicht frei ist. Er will, dass Deutschland eine Republik wird.*
   >
   > B) *Karl ist ein typischer Stürmer und Dränger.*
   >
   > C) *Raub und Mord und eine von Karl geführte Räuberbande sind ungeeignete Mittel,
   >   um Zeitgegebenheiten zu verbessern.*

6. Gliedert die Szene (S. 162 f.) in Sinnabschnitte.

7. Analysiert den Dialog (S. 162 f.).
   - Geht dabei nach Sinnabschnitten vor (Aufgabe 6).
   - Konzentriert euch auf die Figur Karl von Moor.
   - Übernehmt die folgende Tabelle und vervollständigt sie.

Textabschnitt	Inhalt	Form und Sprache	Interpretation der Figur
1) Z. 5–24	*Unzufriedenheit mit der Gesellschaft und der Lebens- und Denkweise im gegenwärtigen Jahrhundert*	…	…
2) …	…	…	…

Lerninseln:
einen drama-
tischen Text
interpretieren
S. 246 ff.

Lerninseln:
Umgang mit
dramatischen
Texten
S. 277 ff.

⊕ Training
interaktiv
dramatischen
Text inter-
pretieren
sn6gz6

8. Ein Schüler hat folgende Charaktermerkmale Karls herausgearbeitet.
  – Vergleicht sie mit euren Ergebnissen.
  – Beurteilt Karls Persönlichkeit.

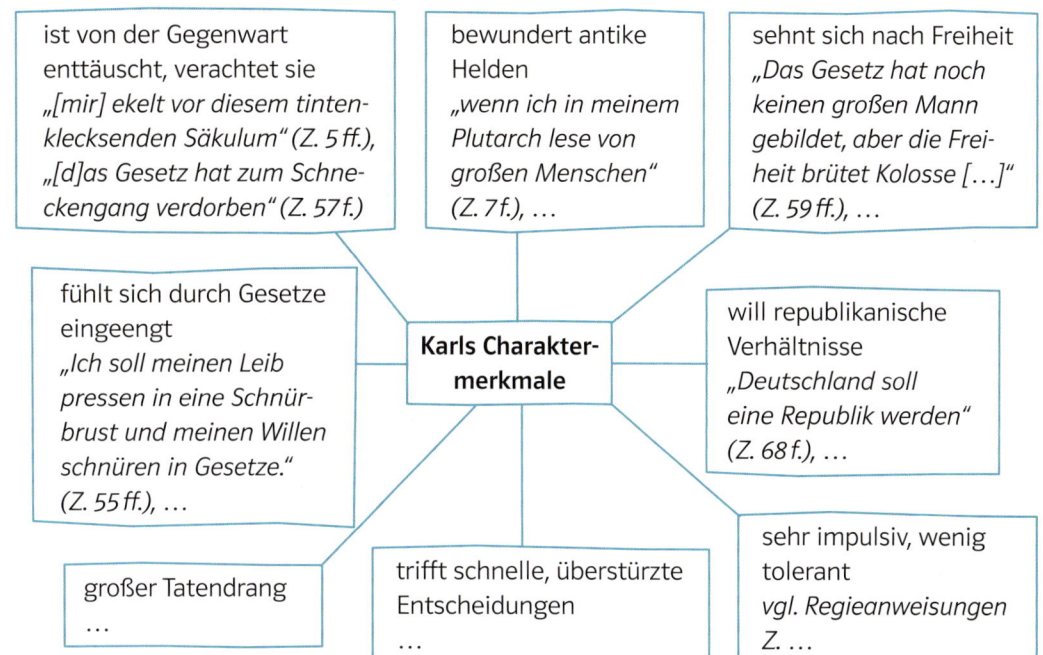

ist von der Gegenwart enttäuscht, verachtet sie „[mir] ekelt vor diesem tintenklecksenden Säkulum" (Z. 5 ff.), „[d]as Gesetz hat zum Schneckengang verdorben" (Z. 57 f.)

bewundert antike Helden „wenn ich in meinem Plutarch lese von großen Menschen" (Z. 7 f.), …

sehnt sich nach Freiheit „Das Gesetz hat noch keinen großen Mann gebildet, aber die Freiheit brütet Kolosse […]" (Z. 59 ff.), …

fühlt sich durch Gesetze eingeengt „Ich soll meinen Leib pressen in eine Schnürbrust und meinen Willen schnüren in Gesetze." (Z. 55 ff.), …

Karls Charaktermerkmale

will republikanische Verhältnisse „Deutschland soll eine Republik werden" (Z. 68 f.), …

großer Tatendrang …

trifft schnelle, überstürzte Entscheidungen …

sehr impulsiv, wenig tolerant vgl. Regieanweisungen Z. …

9. Nutzt eure Kenntnisse über den Sturm und Drang und ergänzt eure Deutungsansätze und Merkmale der Figur Karl.

Texte
S. 152 f.,
S. 155 ff.

10. Erstellt auf der Grundlage eurer Vorarbeiten (S. 164 f., Aufgaben 2–9) eine Gliederung für eure Interpretation.

11. Schreibt eure Interpretation. Achtet darauf, dass ihr entsprechende Textbelege sinnvoll in eure Interpretation integriert.

korrekt zitieren und paraphrasieren
S. 98 f.

12. Überprüft eure Interpretation nach folgenden Kriterien:
  – Thema, Handlungsabschnitte und Gesprächsverlauf
  – Einordnung der Szene in den Handlungsverlauf, deren Funktion
  – Ort und Zeit der Handlung
  – Dialoganalyse (Konflikt und seine Entwicklung) unter besonderer Berücksichtigung der Positionen und Charaktermerkmale Karls
  – Karl als typische Figur des Sturm und Drang

⊕
Vorlage
Checkliste
Interpretation
eines dramatischen Textes
386d62

13. Überarbeitet eure Interpretation.

Des Pudels Kern

Rezeptionen von Goethes „Faust" analysieren und vergleichen

Das könnt ihr schon!

Rezeption:
verstehende
Aufnahme und
Verarbeitung von
Kunstwerken

- fiktionale und nichtfiktionale Texte untersuchen und verstehen
- Filme untersuchen und deuten
- sich zu Film und Buch positionieren und diese medial präsentieren

Thalia Theater, Hamburg 2011

Filmbild aus „Faust" (Inszenierung von G. Gründgens), 1960

Faust und Mephisto, Ausschnitt vom Goethe-Denkmal in Rom, Gustav Eberlein 1902

Filmbild aus „Faust", Regie F. W. Murnau, 1926

Filmbild aus „Faust", Regie A. Sokurow, 2012

Lerninseln:
Umgang mit
dramatischen
Texten
S. 277 ff.

Umgang mit
Medien
S. 283 ff.

Karl August Böttiger: Faust, eine Tragödie von Goethe (Ausschnitt aus einer Rezension, 1809)

[…] Wie Goethe hat kein andrer deutscher Dichter das menschliche Herz ergründet. Hat er aber auch das Problem gelöst: warum Faust sich dem Teufel ergab? Wir zweifeln. Sein Faust ist uns zu sehr noch Student.
5 Da es mit seinem Streben, die Natur zu ergründen, nicht recht fort will, verfällt er darauf, durch Magie mit den Höllengeistern Bekanntschaft zu machen, um durch sie seinen Zweck zu erreichen: So weit alles recht gut! Aber warum wählt er sich einzig den Geist
10 der Sinnlichkeit zum Vertrauten? Wie niedrig! War es nicht besser, wenn er sich aus überspanntem Ehrgeiz dem Teufel ergab? […]

1. Vergleicht die Rezeptionsweisen des „Faust" auf den Seiten 166 und 167.
   – Beschreibt die Darstellung von Faust und Mephisto. Ihr könnt auf die Körpersprache, die Beziehung zwischen den Figuren oder die medienspezifischen Gestaltungsmittel eingehen.
   – Nennt Gründe für die unterschiedlichen Rezeptionsweisen.

2. Fasst die Kernaussagen der Rezension von Böttiger zusammen. Gebt mögliche Antworten auf seine Fragen.

Flix: Faust (Ausschnitt, 2009)

3. Stellt euer Bild von Faust und Mephisto in einer selbst gewählten Form dar.

Das lernt ihr jetzt!

· Rezeptionen analysieren, beurteilen und vergleichen
· literarische Comics analysieren und beurteilen

Mein „Faust" – dein „Faust" – unser „Faust"

Rezeptionen analysieren, beurteilen und vergleichen

Verschiedene Sichtweisen analysieren und vergleichen

Rezension aus dem Morgenblatt (Ausschnitt, 1808)

[…] Diese treffliche romantische Tragödie verdiente diese Auszeichnung vorzüglich, da sie, in den weitesten Kreisen des Lebens sich bewegend und alle Gefühle des Menschen ansprechend, von der weitgreifendsten Sensation sein muss. – Zwischen zwei Welten spielend, der übersinnlichen und der sinnlichen – ihr leitendes Prinzip selbst übersinnlich-sinnliche Schwärmerei – schildert sie uns unübertrefflich den Sturz eines gewaltigen Geistes, der eben darum fallen musste, weil er sich vermaß, über die Schranken endlicher Natur hinauszuschreiten, und die zwei entgegengesetzten Enden des Sinnlichen und Übersinnlichen vereinigen wollte; der aber groß fällt, und, in seinen Ruin ein liebenswürdiges weibliches Geschöpf und eine harmlose Familie mit sich ziehend, dennoch, wo er uns auch abstößt, durch die treue Anhänglichkeit an eben diese kindliche weibliche Natur, wie durch seinen übrigen hohen Sinn unwiderstehlich uns wieder anzieht.

1. Besprecht die Rezension in kleinen Gruppen. Gebt die wichtigsten Aussagen mit eigenen Worten wieder und notiert diese.

Video
Faust
7w49xp

2. Vergleicht die Hauptaussagen der Rezension mit eurem Verständnis von Goethes „Faust".

Marcel Reich-Ranicki: Gesegnet und geschlagen, gestärkt und entwaffnet (Dankesrede zur Verleihung des Goethepreises der Stadt Frankfurt am Main, Ausschnitt, 2002)

Helena:
in der griech. Mythologie schönste Frau ihrer Zeit

[…] Also: Faust, der erkennen wollte, was die Welt im Innersten zusammenhält, scheitert und resigniert – als Gelehrter, als Wissenschaftler. Von den beiden Seelen in seiner Brust siegt jene, die „in derber Liebeslust sich an die Welt mit klammernden Organen" hält. Zum Augenblicke will er sagen können: „Verweile doch, du bist so schön!" Wie er sich das vorstellt, erklärt er seinem Partner und Begleiter, dem Mephisto: „Mir ekelt vor allem Wissen./Lass in den Tiefen der Sinnlichkeit/Uns glühende Leidenschaften stillen!"

Aphrodisiakum:
Mittel zur Steigerung des sexuellen Liebesbedürfnisses

Natürlich begreift Mephisto, was man tun muss, damit Faust die „Tiefen der Sinnlichkeit" genießen kann: Er bringt ihn in die Hexenküche, lässt ihn verjüngen und serviert ihm einen Zaubertrank: „Du siehst, mit diesem Trank im Leibe,/Bald Helenen in jedem Weibe." Das nächste weibliche Wesen auf seinem Weg ist Gretchen vor dem Dom. Und wenn es, frage ich ganz leise, Marthe gewesen wäre oder zufällig die schmutzigste Hure des kleinen mittelalterlichen Städtchens? Welches weibliche Geschöpf auch aufgetaucht wäre, Faust, mit einer Droge, einem Aphrodisiakum präpariert, hätte dieses Geschöpf, ob jung oder alt, ob schön oder hässlich, gleich begehrt. […] Sein sofortiges Interesse für Gretchen hat nichts mit Liebe zu tun. Es handelt sich vielmehr um ein rein sexuelles Verlangen, ein heftiges Verlangen des Mannes, der, nach den Tiefen der Sinnlichkeit lechzend, in einen ekstatischen Zustand versetzt wurde. Der Trank, den er in der Hexenküche zu sich nahm, hat keinen Einfluss auf die Liebe, er wirkt lediglich auf das Sexuelle, was in Fausts Gretchen-Erlebnis auf unzweifelhafte Weise zum Vorschein kommt. Er sieht das Mädchen vor dem Dom nur ganz kurz, da sie ihn mit, alles in allem, zehn Worten schroff abweist und gleich weggeht. Die wenigen Augenblicke reichen aus. Er will sie unverzüglich im Bett haben: „Du musst mir die Dirne schaffen!", befiehlt er dem Mephisto. Und: „Wenn nicht das süße junge Blut/ Heut' Nacht in meinen Armen ruht;/So sind wir um Mitternacht geschieden." […] Doch kaum hat Faust mit ihr geschlafen, schon will er, da das sexuelle Bedürfnis offenbar befriedigt wurde, von ihr nichts mehr wissen. Gretchen war Fausts einstweiliger Bettschatz – nicht mehr. In der Szene „Wald und Höhle", deren Platzierung innerhalb des *Faust* unsicher ist, hält es Mephisto für angebracht, den Verführer ernsthaft zur Rede zu stellen: „Dein Liebchen sitzt dadrinne,/Und

alles wird ihr eng und trüb./Du kommst ihr gar nicht aus dem Sinne,//Sie hat dich übermächtig lieb." Wir wissen es längst: Goethes Helden – die Männer meine ich – sind so gut wie immer gebrochene Individuen, schwache und scheiternde Menschen, Neurotiker und Neurastheniker. Von hemmungsloser Egozentrik und brutalem Egoismus kann man sie allesamt nicht freisprechen. Doch keiner scheint eine so extreme Figur zu sein wie Faust: Die Rücksichtslosigkeit, mit der er Gretchen an sich reißt und verführt, ist grausam und unmenschlich.

Wer will, kann ihm die Droge zugute halten, die er von Mephisto in der Hexenküche bekommen hat. Dass er Gretchens tiefstes Elend verschuldet und schließlich ihr Leben zerstört hat, dafür kann man nicht mehr den aphrodisischen Trank verantwortlich machen. Aber was er ihr angetan hat, ist ihm offenbar gleichgültig. Als er hört, was mit Gretchen geschehen ist, klagt er an. Wen? Nicht etwa sich selber, sondern Mephisto, der ihn kühl fragt und sehr zu Recht: „Wer war's, der sie ins Verderben stürzte? Ich oder du?"

Neurotiker: Mensch mit psychischen Störungen

Neurastheniker: Mensch im Zustand nervöser Erschöpfung

Egozentriker: Mensch, der die eigene Person als Zentrum allen Geschehens sieht

Ulrike Prokop: Der Teufel und die Unschuld oder: Wie Mephisto an Gretchen scheiterte (Ausschnitt, 2012)

Wer ist Gretchen/Margarete?

Verschiedene Lesarten sind möglich. Eine kritische: Die Figur enthält Elemente des Tabubruchs, des Unangepassten. Sie ist eine, die um den Preis des Lebens „Nein" sagt.

In der deutschen Tradition wurde Margarete dagegen vor allem als schönes Kind gesehen. Sie ist passiv, willig und blickt zu IHM auf. Auch für diese Sicht gibt es eine Erzähllogik. Betrachten wir diese Positionen genauer:

Die kritische Lesart: Margarete als Figur der Verweigerung.

Entgegen dem ersten Eindruck ist Margarete ein ebenso radikales Geschöpf wie Faust. Ein Mädchen, das in seine Welt eingebunden scheint, aber doch Sehnsucht nach dem Anderen, dem Ausbruch hat. Etwas zieht sie schon vor dem Auftritt Fausts zu der Witwe Marthe, die sich ebenfalls in andere, materiell bessere Zustände träumt. Das unbestimmte Sehnen erhält seine Gestalt in Faust, dem Fremden, Unbekannten und Verführenden, der von Anfang an ein Moment des Gewalttätigen an sich hat. Dennoch gibt es nicht nur sein Begehren. So wie er die erste Begegnung, den ersten Augenblick, rekapituliert und im gleichen Vorgang der Liebe verfällt: „So etwas hab' ich nie gesehn. […]./Wie sie die Augen niederschlägt,/Hat tief sich in mein Herz geprägt", so vertieft sich auch sie in das Erlebnis. Goethe stellt sie in einer verführeri-

35 schen Situation vor – als sie versonnen den ersten Augenblick, die erste Faszination, erinnernd festhält: „MARGARETE *ihre Zöpfe flechtend und aufbindend. Ich gäb' was drum, wenn ich nur wüsst',/Wer heut der* 40 *Herr gewesen ist!*"

Etwas scheuer als er wiederholt sie den Eindruck des Unbekannten – und will mehr. Sie ahnt von Anfang an, woher die wunderbaren Kästchen kommen. Der Schmuck 45 ist ihr Zeichen eines anderen Lebens. Es ist nicht der Reichtum; das glitzernde Ohrgehänge steht für ein anderes Dasein – als Geliebte, als eine, die nicht gehorchen muss. Wäre es anders, ginge es ihr um Geld und 50 Rang, könnte Mephisto gleich anders mit ihr umspringen. Aber das kann er nicht. Alles Erträumte verschmilzt Margarete mit dem Bild des Geliebten, der zugleich der fremde Andere ist.

55 Alle Regeln verlieren ihre Bedeutung. Margarete hintergeht die Mutter, tut, was gefährlich und verboten ist, löst sich aus allen Bindungen, obgleich sie schutzlos ist. Margarete gehört zu den Figuren der gro- 60 ßen Weigerung. In der Kerkerszene erkennt sie, dass sie den Geliebten verloren hat. Sie verhält sich aktiv und klar, gelangt zu einem „Nein", das eine eindeutige Grenze zieht [...].

65 Liebe, Todesmut, Ausstoßung, Anerkennen der Schuld, Kompromisslosigkeit – und

schließlich im Kerker ein Nein zum Überleben mit dem Geliebten, der nicht liebt, ein Nein auch zur Gemeinschaft mit Mephisto. Ihre Weigerung kommt dem Selbstmord 70 gleich.

Margarete gehört in die Reihe der Goethe'schen Selbstmörder aus Verzweiflung und Eigensinn. Keinen Ersatz annehmen für den großen Wunsch: Nicht vergessen 75 wollen, das Verbot an sich selbst exekutieren. Die Selbstzerstörung ist Ablehnung der Kompromisse. Bei Goethe sind es Jugendliche, die die Welt nicht akzeptieren [...]. Ebenso Margarete in der letzten Vernei- 80 nung: „Heinrich! Mir graut's vor dir."

Diesen jungen Mädchen hat Goethe den absoluten Tabubruch zugeschrieben, die Vernichtung der Ordnung der bürgerlichen Familie. Bei Margarete ist es der Eigenwil- 85 le, in der hier vorgetragenen Perspektive die Suche nach dem anderen Leben, der schließlich zum Muttermord führt. Zu der Figur Margarete gehört auch der Zorn der Verlassenen und Gedemütigten. Der Zorn 90 vernichtet das Kind. [...]

In ihrer Weigerung, „normal" zu sein, sind diese Frauenfiguren eigensinnig wie Werther – und wie diesen können wir sie als Elemente eines *alter ego* des Dichters se- 95 hen. In dieser Sicht sind sie etwas anderes als die Männerfantasie von der liebenden Kindfrau. [...]

Werther:
männliche Hauptfigur aus dem Briefroman „Die Leiden des jungen Werthers" von Goethe

Peter Hacks: Faust-Notizen (Ausschnitt, 1962)

Gretchen
Ich finde, obgleich ich angestrengt danach suche, an Gretchen nicht das Positive. Über ihren sozialen Rang gibt es zwischen Goe- 5 the und mir keine Meinungsverschiedenheit. Da ist eine junge Kleinbürgerin, ausgestattet mit aus reicher Klassenerfahrung gewonnenem Sinn für Geld und Besitz; mit beklagenswert dürftigen Mitteln kämpft 10 sie um einen Mann, der zu gut für sie ist. Den Mephisto, der sich von ihr unterscheidet, wie der exzentrische Spießer sich vom

borniert:
engstirnig

exzentrisch:
von üblichen Verhaltensweisen abweichendes, überspanntes Benehmen

zufriedenen Spießer unterscheidet, fürchtet sie sehr; er ist die bornierte (für niemand außer ihr belangvolle) Negation ihrer ei- 15 genen Borniertheit, das „Böse". Ihr individueller Charakter ist noch hässlicher als der ihres Typs; unter kleinbürgerlichen Sittenrichterinnen am Brunnen hat sie sich durch besondere Grausamkeit hervorgetan; 20 so verhindert sie selbst Mitleid, provoziert Schadenfreude. Wo Faust Lobendes über sie äußert, erscheint dies, durch übertriebene Formulierung, als taktische Flirt-Heuchelei („… ein Wort mehr unterhält/Als alle Weisheit dieser Welt") oder als komischer Irrtum eines verliebten Professors („… dass Demut, Niedrigkeit, die höchsten Gaben/ der liebevoll austeilenden Natur"). Ihre

30 Menschlichkeit wird gewöhnlich darin gefunden, dass sie liebt, bedenkenlos, unbedingt und gegen die Konvention. Aber der Wert dieser Haltung wird doch fast aufgehoben durch ihren eigenen Unwert. Sie ist

35 nichts und hat also nichts hinzugeben; sie will nicht lieben, sie muss; ihre Liebe resultiert nicht aus ihrer Größe, sondern aus Fausts Größe, was oft vorkommt und natürlich sehr traurig ist. […] Was wir, mithin, für Gretchen tun können, können wir 40 nicht durch Hebung ihres Charakters tun, sondern ausschließlich durch Senkung ihrer Umwelt. Sie lebt „in diesem Kerker", eine Gefangene. Der böse Geist in der Dom-Szene ist ihr Kerkermeister; er könnte agieren 45 in der Maske einer überdimensionalen Frau Marthe oder, wenn man auf eine Personifikation des Über-Ichs hinauswill, als Chor ihrer Mit-Kleinbürger. […]

Über-Ich: nach Freud psychische Instanz, die vom Ich die Einhaltung von Normen fordert

3. Fasst arbeitsteilig die wichtigsten Inhalte der Texte von Reich-Ranicki (S. 168 f.), Prokop (S. 169 f.) und Hacks (S. 170 f.) zusammen.

4. Beschreibt, wie Reich-Ranicki (S. 168 f.) die Eigenschaften der Faust-Figur charakterisiert und bewertet. Diskutiert seine Sichtweise.

5. Vergleicht in einer Tabelle, wie die Gretchenfigur in den Texten von Prokop (S. 169 f.) und Hacks (S. 170 f.) beurteilt wird. Belegt mit Textstellen.

Lerninsel: literarische Erörterung, Frauenrolle Gretchens S. 255 f.

Vergleichsaspekt	Prokop	Hacks
soziale Position	„eingebunden" in ihre „Welt" (Z. 17 f.)	…
…	…	„hässlicher" Charakter (Z. 17)
…	…	…

6. Antwortet Hacks in einem Leserbrief auf seine „Faust-Notizen" (S. 170 f.) und stellt dar, wie ihr Gretchen seht.

7. Wählt eine These zu einer Figur aus den drei Texten (Reich-Ranicki S. 168 f., Prokop S. 169 f., Hacks S. 170 f.) und führt in der Klasse ein Streitgespräch, in dem ihr euch positioniert. Nutzt Textbelege, welche die These stützen oder widerlegen.

8. Extra

Wählt eine Szene aus Goethes „Faust" aus.
- Diskutiert, wie sich die unterschiedlichen Sichtweisen (Reich-Ranicki S. 168 f., Prokop S. 169 f., Hacks S. 170 f.) auf die Darstellung dieser Szene auf der Bühne oder im Film auswirken.
- Entwerft davon ausgehend ein Werbeplakat für Theater oder Film.

Verschiedene Kunstformen analysieren und vergleichen

1. Betrachtet die Karikatur und diskutiert folgende Aussagen:
   a) Die Kontrahenten Faust und Mephisto spielen um das unschuldige Gretchen.
   b) Gretchen hat keinen Einfluss auf ihr Schicksal, das bestimmen Faust und Mephisto.
   c) Faust und Mephisto geht es nicht um Gretchen, sondern nur um ihr Spiel.
   d) Gretchen steht beim Wettkampf zwischen Faust und Mephisto über den Dingen.

2. Beschreibt, wie Mephisto, Faust und Gretchen in der Karikatur gestaltet sind und wie sie auf euch wirken. Vergleicht die Darstellung mit entsprechenden Szenen aus Goethes „Faust".

3. Formuliert eine eigene Deutung der Karikatur und begründet sie.

Thalia Theater, Hamburg 2011

Filmbild aus „Faust", Regie F. W. Murnau, 1926

Filmbild aus „Faust" (Inszenierung von
3 G. Gründgens), 1960

4. Sucht zu den beiden Filmbildern (S. 172, 173) und dem Inszenierungsfoto (S. 172) mögliche Textstellen aus Goethes „Faust" und begründet eure Auswahl.

5. Vergleicht die dargestellte Beziehung zwischen den Figuren auf den Bildern 1–3 (S. 172 f.).

6. Stellt Fragen an die Regisseure zu den Inszenierungen (S. 172 f.) und gebt mögliche Antworten.

7. Die Filmbilder (S. 172, 173) und das Inszenierungsfoto (S. 172) wurden für einen Blog zum Thema „Ein verhängnisvolles Dreiecksverhältnis im Wandel der Zeit" ausgewählt.
   – Erläutert anhand der Bilder, wie sich der Zeitgeist verändert hat.
   – Charakterisiert das jeweilige Dreiecksverhältnis und nennt Unterschiede.

Martin Kušej:
Regisseur der
Aufführung am
Residenztheater
München

Interview mit Martin Kušej (Ausschnitt, 2015)

MITTELBAYERISCHE ZEITUNG: In Ihrer Spielzeit […] haben Sie betont: „Ein Wissenschaftler, der noch nie Sex hatte und den Stein der Weisen sucht, kann
5 im 21. Jahrhundert nicht die Hauptfigur sein – zumindest in meinem ‚Faust' nicht." Welche Figur wird denn Ihr „Faust" sein?

MARTIN KUŠEJ: Er ist einer wie wir. In
10 unserer Textfassung finden sich auch Elemente aus „Faust II", und schnell ergibt sich das Bild eines Mannes, der alles hat, aber unbefriedigt ist wie am ersten Tag, nicht mehr ganz jung, noch lan-
15 ge nicht alt, mit gelebtem Leben hinter sich und der bangen Frage: Das soll es jetzt also sein? Er kennt Sex, er kennt Drogen, er kennt Bücher, er kennt Menschen – und jagt wie wir alle weiter, auf
20 der Suche nach dem immer neuen, nach dem immer besseren, nach dem ultima-

Residenztheater, München 2014

tiven Kick. Stillstand erträgt er nicht. Die Grenzen, die er versucht auszuloten, müssen sich zwangsläufig immer weiter

Hypertrophie:
Übermaß,
Übersteigertsein

Bibiana:
Bibiana Beglau,
Schauspielerin

25 verschieben – was erreicht einen noch, was berührt einen noch in der täglichen Hypertrophie von Eindrücken und Ereignissen? Die Geduld, die Faust verflucht, haben auch wir längst verloren.

30 **MITTELBAYERISCHE ZEITUNG:** Warum ist Ihr Mephisto eine Frau?

MARTIN KUŠEJ: Mephisto wird gespielt von einer Frau, das stimmt. Auf der Büh-
35 ne ist unser Mephisto jedoch weit mehr und alles, Frau, Mann, Tier, gefallener Engel – auf jeden Fall nie voraussehbar und immer schön. Das Böse ist immer eine Verheißung – und wenn es von Bibiana verkörpert wird, ist die Verhei-
40 ßung grenzenlos.

MITTELBAYERISCHE ZEITUNG: Was bedeutet das für die Personenkonstellation zwischen Faust und seinem Teufel?

MARTIN KUŠEJ: Das bedeutet zum einen, dass die Verbindung zwischen Faust 45 und Mephisto natürlich eine erotische Tiefenspannung erlangt. Und zum anderen ergibt sich die reizvolle Konstellation, dass Faust zwischen zwei Frauen steht. Plötzlich wird ein philosophischer 50 Schlagabtausch zum handfesten Ehekrach, und hinter Gretchens instinktiver Abneigung gegenüber dem dunklen Freund Mephisto steht auch eine ganz konkrete Ahnung von weiblicher Kon- 55 kurrenz.

Jury-Begründung für die Verleihung des österreichischen Theaterpreises (Ausschnitt, 2014)

Martin Kušejs Inszenierung von Goethes „Faust" am Residenztheater wurde gestern in Wien als „beste deutschsprachige Aufführung 2014" mit dem österreichischen Theaterpreis „Nestroy" ausgezeichnet.

Lange hat es gedauert, bis sich Martin Kušej den Klassiker aller Klassiker, Goethes „Faust", vorgenommen hat, dafür ist es jetzt am Residenztheater in München umso radikaler aus-
5 gefallen. In seiner Schnittmenge aus Faust I und II wird bedingungslos Schluss gemacht mit dem metaphysischen Rahmen des Dramas: Es gibt keinen Gott, keine Wette um die Seele und kein „Habe nun ach Philosophie
10 …" Werner Wölbern als Faust ist kein verstaubter Gelehrter im Turmzimmer, sondern ein heutiger Biedermann in der Sinnkrise, der von seinem gesättigten Konsumstandard aus noch einmal den ultimativen Kick erleben möchte. Dieser Anti-Faust wird von Kušej in eine kalte, kaputte, düstere Welt des Chaos 15 und des Untergangs geschickt. Er muss erfahren, dass die Welt im Innersten nur noch von Verlorenen, Irren, Drogensüchtigen, Sexorgien, Terroristen, Huren und Gangstern im Nadelstreif zusammengehalten wird. Kušej zeigt auch mit aller Gnadenlosigkeit, 20 dass Fausts Gier nach Leben in mehrfachen Mord mündet: Philemon und Baucis, die Mutter, der Bruder und besonders grausam das unschuldige Gretchen.

8. Betrachtet das Inszenierungsfoto (S. 173).
– Welche Szene aus Goethes „Faust" könnte hier dargestellt sein?
– Beschreibt Figurenkonstellation, Situation und Gestaltungselemente der Inszenierung.
– Besprecht, ob euch das Foto für einen Besuch der Aufführung motiviert. Begründet.

9. „Er ist einer wie wir." (S. 173, Z. 9) Klärt die Inszenierungsidee des Regisseurs. Geht darauf ein, wie er die Beziehung zwischen Faust und Mephisto sieht.

10. Formuliert die Begründung der Jury als knappes argumentatives Statement. Nehmt Stellung zum Aktualisierungskonzept der Aufführung.

Rezeptionen analysieren, beurteilen und vergleichen

Unter Rezeption versteht man die **Aufnahme von Werken der Kunst** und **Kultur** durch Betrachter, Leser oder Hörer. **Formen** und **Medien** der öffentlichen Rezeption sind z. B.:
– Beurteilung von Werken durch Literatur- und Kunstkritik in Form von **Rezensionen** (z. B. *in Zeitungen, im Fernsehen und Hörfunk, im Internet*)
– Analyse und Wertung von Werken in **wissenschaftlichen Texten** (z. B. *in Zeitschriften, Fachbüchern*)
– produktiver Umgang mit Werken in **Theateraufführungen, Verfilmungen** und **Adaptionen in anderen Medien** (z. B. *Comic*)

Wenn ihr Rezeptionen beurteilen und vergleichen sollt, könnt ihr so vorgehen:
1. die Rezeption analysieren, interpretieren und die Wirkung beurteilen, zum Beispiel:
   – **Art der Rezeption** bestimmen (z. B. *Rezension, wissenschaftlicher Text*)
   – **Deutung des Ausgangswerks** und **thematischen Schwerpunkt** klären (z. B. *Sichtweise auf eine Figur, Regieidee einer Aufführung*)
   – **Auffassungen** und **Wertvorstellungen** erkennen, die der Rezeption zugrunde liegen (z. B. *Rollenvorstellungen bei der Beurteilung Gretchens, Wertvorstellungen bei der Beurteilung Fausts*)
2. unterschiedliche Rezeptionen mit dem **Ausgangswerk** vergleichen
3. die Ergebnisse auf der Grundlage der **eigenen Verstehensweise des Werks** beurteilen

---

11. **Zum Differenzieren** ■ ■ ■ ■

A Beschreibt das folgende Inszenierungsfoto und kommentiert es als Theaterkritiker. Nutzt auch die Aussage des Regisseurs Enrico Lübbe.

B Vergleicht die Interpretation des Gretchens in der Chemnitzer Inszenierung mit der von Prokop (S. 169 f.). Wie würde ein Schlussbild aussehen, das der Sichtweise von Prokop folgt? Begründet.

⊕
Differenzieren
Rezeptions-
weisen
fs5f7s

Enrico Lübbe: So naiv wie Gretchen kann heute kein Mädchen über acht sein (Ausschnitt, 2009)

Schauspielhaus, Chemnitz 2009

[…] ausgerechnet Margarete, die Naivs-te, die Unbedarfteste von allen, fällt auf die plumpe Anmache (wir kennen das mit „… Arm und Geleit ihr anzutragen") her-ein. Kein Wunder, hat sie doch ebensolchen Nachholbedarf wie Faust, was sie zwar die Frage, wie er's mit der Religion hält, ge-flissentlich noch schnell stellen lässt, wobei man sich aber schon immer mal die Kleider vom Leibe reißt. Was folgt, ist ein dezenter Dreier, indes wir wissen, dass das nicht gut gehen kann […].

„Faust" ins eigene Bild gesetzt
Literarische Comics analysieren und beurteilen

Flix: Faust (Ausschnitt, 2009)

Flix: Faust
Inhaltszusam-
menfassung
S. 184

Der erfolglose ewige Student Faust arbeitet als Berliner Taxifahrer und wird zum Wettgegenstand des überirdischen Herrn und seines Praktikanten Mephisto. Ist Faust durch einen Kuss und die Liebe zu Margarethe, einer Muslima, die im Bioladen ihrer Mutter hilft, aber eigentlich Jura studiert, verführbar? Mephisto will die Wette für sich entscheiden und tritt als Coach einer Agentur auf.

Panel:
Einzelbild in
einem Comic

1. Beschreibt die Figurencharakterisierung in den neun Panels auf der Bildebene und erläutert das Verhältnis der Figuren zueinander. Woran habt ihr euch orientiert?

2. Ermittelt anhand der Sprechblasen die Handlung und stellt dar, wie sie verknüpft wird.

3. Vergleicht die Figurencharakterisierung und die Handlung (S. 176) mit der Szene „Studierzimmer II" aus Goethes „Faust". Beurteilt die Darstellung im Comic.

4. Deutet das leere Panel (S. 176) und begründet eure Verstehensweise.

5. Tragt Merkmale des Genres literarischer Comic zusammen. Nutzt die blaue Box (S. 180).

Flix: Faust (drei Ausschnitte, 2009)

Die folgenden drei Ausschnitte stellen die erste Begegnung Fausts und Margarethes sowie ihr tragisches Ende durch eine Explosion (Deus ex Machina) dar, die der Herr von außen initiiert, weil er die Wette nicht verlieren möchte.

Deus ex Machina (lat.): der Gott aus einer Maschine; überraschendes Auftreten eines Gottes (mithilfe einer Theatermaschine) oder einer anderen Figur auf der Bühne, das der Handlung eine Wendung gibt

literarische Comics analysieren und beurteilen

6. Analysiert und interpretiert den Mittelteil des ersten Ausschnitts (S. 177).
   – Beschreibt ihn detailliert (Bilder und Sprache).
   – Benennt Auffälligkeiten.
   – Besprecht die Wirkung auf den Betrachter.

7. Analysiert arbeitsteilig den zweiten Ausschnitt (S. 178).
   – Skizziert den Handlungsverlauf.
   – Beschreibt die Figurenkonstellation und die Mittel der Figurencharakterisierung.
   – Untersucht, wie die Gestaltungsmittel des Comics eingesetzt werden und
     welche Wirkung dadurch entsteht.

8. Analysiert und interpretiert den dritten Ausschnitt (S. 179).
   Entwerft Aufgaben nach dem Beispiel von Seite 172, Aufgabe 1.

9. Sucht aus Goethes „Faust" passende Textstellen zu den drei Ausschnitten (S. 177 ff.) und
   vergleicht sie mit der Comicdarstellung. Beurteilt die Interpretation von Flix.

10. Entwerft in kleinen Gruppen eine Sequenz, die zwischen den ersten beiden Ausschnitten
    (S. 177 und 178) liegt. Gestaltet ein Scribble-Skript. Überlegt euch als Erstes:
    – die Handlung und die Figurencharakterisierung
    – den Text sowie die Darstellung von Text und Bild
    – die Verknüpfung der Einzelbilder

Scribble-Skript:
erster, noch nicht endgültiger Entwurf; Skizze mit unfertigen Dialogen, grob angedeuteten Figuren aus Strichmännchen und anderen Darstellungsmitteln des Comics

11. Extra

Trading Cards: Sammelkarten-spiele, z.B. Pokémon und Yu-Gi-Oh!

Erstellt nach dem Vorbild von Trading Cards Karten für die Figuren bei Flix. Vergleicht sie mit den Figuren von Goethes „Faust".

Flix: Über die Entstehung des Faust-Comics

Ja, ich habe natürlich – wie viele Schüler auch – „Faust" im Deutschunterricht lesen müssen und hatte damals eine ziemlich strenge Deutschlehrerin, die sehr interpretationskonserva-tiv war und nur das hat gelten lassen, was man in der Sekundärliteratur auch nachlesen hat können. Und da bin ich mit meinen Ideen gegen die Wand gelaufen, bis ich irgendwann so wütend war, dass ich gesagt habe: Okay, dann schreibe ich meinen eigenen „Faust".

12. Sprecht über Flix' Entschluss. Entwickelt eigene Ideen für euren Faust.

Wissen und Können

Literarische Comics analysieren und beurteilen

Im Comic werden **bildliche** und **sprachliche Elemente** kombiniert und in **Panels** zu Erzähl-strukturen zusammengefügt. Es gibt verschiedene Möglichkeiten der **Handlungsgestaltung**:
- von Augenblick zu Augenblick, kein Wechsel von Figur, Raum und Zeit zwischen den Bildern (Zeitraffung)
- Sprung von Handlung zu Handlung, verschiedene Aktionen einer Figur
- Übergang von Szene zu Szene, Figurenwechsel (große Zeitdifferenzen)
- Gesichtspunkte einer Handlung oder Figur werden in mehreren Bildern dargestellt
- Text überwiegt, Bild fungiert nur als Illustration
- Bild überwiegt, Text dient als Untermalung

So könnt ihr vorgehen, wenn ihr einen Comic analysieren und beurteilen sollt:
1. **Inhalt** erfassen: bildliche und sprachliche Elemente erschließen
2. **Kombination der bildlichen** und **sprachlichen Elemente analysieren**: Auffälligkeiten benennen
3. **Wirkung** auf den Betrachter beschreiben

Differenzieren
Comic
8ay7rm

13. Zum Differenzieren ■ ■ ■ ■

A Analysiert in der folgenden Abschlusssequenz (S. 181), mit welchen Mitteln das Verhältnis zwischen dem Herrn und Mephisto dargestellt wird. Deutet diesen Ausschnitt.

B Erläutert mithilfe der folgenden Abschlusssequenz (S. 181) das Zitat „Bild und Sprache sind beim Comic wie Tanzpartner, die sich beim Führen abwechseln" (Scott McCloud).

Scott McCloud: amerikan. Comic-Künstler

Lerninsel: Mise en Scène S. 285

C Vergleicht die Interpretation der folgenden Abschlusssequenz (S. 181) mit dem Ende von Faust II. Beurteilt die Comicdarstellung.

D Analysiert die folgende Abschlusssequenz (S. 181) hinsichtlich der Mise en Scène. Vergleicht Film und Comic.

Flix: Faust (Schluss, 2009)

Häufige Rechtschreibfehler vermeiden

1. Groß oder klein? Getrennt oder zusammen? Entscheidet, welche der folgenden Schreibungen richtig ist. Begründet.

Wer ist s/Schuld?

(1) Mit/(b/B)lick auf die Handlung der Gretchentragödie in Goethes Drama „Faust" stellt sich auch die Frage nach der s/Schuld. (2) Ist Mephisto s/Schuld oder trägt Faust s/Schuld am Tod Gretchens? (3) Der von Mephisto in der Szene „Trüber Tag. Feld" gestellten Frage – „Wer war's, der sie ins v/Verderben stürzte? Ich oder du?" – hat Faust nichts entgegen/zu/setzen. (4) Denn er war es schließ-

lich, der Mephisto zwei/(m/M)al beauftragte, ein Verführungsgeschenk zu beschaffen (v/Vgl. 2673, 2854), der Mephisto bat, Marthe als Kupplerin zu benutzen (v/Vgl. 2858), der des/(w/W)eiteren Gretchen dazu riet, ihrer Mutter den Schlaftrunk zu verabreichen (v/Vgl. 3510 ff.) und der Gretchen letzt-lich ihrem tragischen Schicksal (p/P)reis/gab, ihren Bruder Valentin tötete und all das v/Verderben in seinem egoistischen s/Streben in/(k/K)auf nahm. (5) Ein uneingeschränktes „i/Ich" wäre daher die Antwort auf Mephistos Frage nach dem s/Schuldigen. (6) Dass Faust sich dessen bewusst ist, zeigt seine Reaktion: Er bleibt – wild umher/blickend – Mephisto die Antwort s/Schuldig.

[handschriftliche Notizen am Rand:] entgegenzusetzen / zweimal / zwei Mal

2. -i- oder -ie-? Schreibt die folgenden Sätze richtig ab.

1) In der Szene „Trüber Tag. Feld" scheint Faust jedoch zunächst – w*i* der besseres Wissen – Mephisto die Schuld an Gretchens Schicksal geben zu wollen.
2) So äußert er w*ie* derholt den Vorwurf, dass Mephisto ihm Gretchens verzweifelte Lage, ihr „unw*ie* derbringliche[s] Elend" verheimlicht und ihn stattdessen mit „abgeschmack-ten Zerstreuungen" abgelenkt habe.
3) W*i* derwillen und Abscheu äußert Faust auch angesichts des Hohns, der sich in Mephistos abstoßendem Satz „Sie ist die Erste nicht" w*ie* derspiegelt.
4) In einem ohnmächtigen Versuch, sich von ihm zu distanzieren, verflucht Faust Mephisto w*ie* der und w*ie* der: als „[v]erräterische[n], nichtswürdige[n] Geist", als „Ungeheuer", „Hund", als „abscheuliches Untier".
5) Wie sehr es Faust w*i* derstebt, sich die eigene Verantwortung einzugestehen, zeigt sich letztlich in den naiven und geradezu w*i* dersinnigen Vorwürfen gegenüber Mephisto – wirft er doch dem Bösen vor, nicht gut gehandelt zu haben.
6) Fausts hilfloser Gefühlsausbruch scheint indes w*ie* derum nachvollziehbar – als Ventil für die Verzweiflung, die das Wissen um die eigene Schuld in ihm hervorruft.

Lerninsel:
Recht-
schreibung
S. 295 ff.

⊕ **Differenzieren**
häufige Recht-
schreibfehler
vermeiden
q2sq3m

Jens Peter Gieschen, Klaus Meier: Strafakte Faust (Ausschnitt, 1999)

Anklageschrift

Dr. Heinrich Faust […] [wird] angeklagt, […]

- widerrechtlich in die Wohnung eines anderen eingedrungen zu sein, […]
- den Angeklagten Mephistopheles vorsätzlich zu dessen vorsätzlich begangener Tat, namentlich Diebstahl, bestimmt zu haben, […]
5 - ein Mädchen unter sechzehn Jahren dazu verführt zu haben, mit ihm den Beischlaf zu vollziehen, […]
- einen anderen Menschen getötet zu haben, ohne Mörder zu sein, […]
- gemeinschaftlich mit der nicht strafrechtlich verantwortlichen Margarete aus niedrigen Beweggründen einen anderen Menschen getötet zu haben. […]

10 Der Angeschuldigte Mephistopheles hat in zwei Fällen, das eine Mal an einem Abend, das andere Mal nach einem Spaziergang mit dem Angeschuldigten Faust, Schmuck bzw. ein Schmuckkästchen mit nämlichem Inhalt aus bisher noch nicht einwandfrei geklärtem Besitz entwendet und diesen dann an die Margarete weitergegeben bzw. in ihr Zimmer verbracht.

15 […] An einem Abend betraten die Angeschuldigten Faust und Mephistopheles das Zimmer der Margarete in deren Abwesenheit, ohne dass diese davon wusste oder dies wollte. […] Im Haus der Zeugin Marthe wirkte der Mephistopheles dergestalt auf die gerade vierzehnjährige Margarete ein, dass sie bereit war, zu einem Ort (Gartenhäuschen) zu kommen, wo, wie dem Angeschuldigten bekannt, der Faust auf sie wartete, um geschlechtliche 20 Handlungen an ihr zu vollziehen. […] Mit einem Degen tötete Faust in einer Nacht den Valentin, indem er auf ihn einstach, ohne dass dieser noch fähig gewesen wäre, sich dagegen zu wehren.

Der Angeschuldigte Faust besorgte ein tödlich wirkendes Gift, das er der strafrechtlich nicht verantwortlichen Margarete übergab. Margarete verabreichte ihrer Mutter, ganz 25 nach dem Tatplan des Faust, das Gift, an dessen Folgen diese schließlich verstarb. Faust wollte damit erreichen, dass es ihm ungestört möglich sein würde, den Geschlechtsverkehr mit Margarete zu vollziehen.

3. Wandelt die Anstriche mit den aufgezählten Infinitivgruppen (Z. 2–9) in Nebensätze um, die durch die Konjunktion „dass" eingeleitet werden.
Die Staatsanwaltschaft wirft Faust vor, <u>dass</u> er widerrechtlich in die Wohnung eines anderen eingedrungen sei. Des Weiteren wird ihm vorgeworfen, …

4. Setzt im zweiten Teil des Textes (ab Z. 10) „das" oder „dass" richtig ein.
Begründet eure Entscheidungen.

5. Entscheidet jeweils, ob der Apostroph notwendig, zulässig oder fehlerhaft ist.
Ihr könnt ein Wörterbuch verwenden.

Gretchen's Mutter, Mephistopheles' Absicht, Faust's Schuld, des Pudel's Kern

Textgebundene Erörterung

Beispiellösung
BLF-Aufgabe
wh78h6

Text
BLF-Aufgabe
e59e6z

> Erörtert den folgenden Text.
> – Arbeitet die Kernaussagen der beiden Autoren heraus.
> – Zeigt, wie sich die Autorenposition jeweils in der Textgestaltung widerspiegelt.
> – Setzt euch mit der Frage auseinander, ob der „Faust-Comic" im Deutschunterricht behandelt werden sollte.

Verpilcherung:
Anspielung auf Rosamunde Pilcher als „Meisterin der Liebesschnulze", Kritik an Kitsch und „Heiler-Welt-Darstellung"

atavistische Sehnsucht:
abwertend, sich in Gefühlen, Gedanken und Handlungen nach einem früheren, primitiven Stadium der Menschheit sehnen

urban:
weltgewandt, städtisch

Reinstallation:
Wiederinstallation

aseptisch:
keimfrei, steril

Slapstick:
derbkomische Einlage, grotesk-komischer Gag

profan:
banal, gewöhnlich, trivial

Sven Jachmann, Lars von Törne: Teuflische Komödie (Ausschnitt, 2010)

Sven Jachmann: […] Angesiedelt im Berlin der Gegenwart wird aus Faust ein erfolgloser Student, auf den Mephisto aufgrund einer Wette mit Gott angesetzt wird. Der ⁵ sitzt mit den restlichen Göttern in seiner himmlischen Schaltzentrale und erschafft die Welten via Myspace. Nach einem Disput mit Mephisto über die sinkende Zahl seiner Anhängerschaft ist der Deal perfekt ¹⁰ und Mephisto hat nun fünf Tage Zeit, um Faust von seiner Treue abzubringen. Dank seines forschen Auftritts als Businesspunk mit New-Economy-Appeal drängt er Faust spielerisch zur Vertragsunterzeichnung und ¹⁵ in Gestalt des türkischen Mädchens aus dem Bioladen ist auch bald die zeitgenössische Margarethe ausfindig gemacht. […]. Aus der Tragödie wird eine leichtfüßige Komödie. Wieso nicht? Falsche Scheu vor gewal-²⁰ tigen Klassikern war noch nie bekömmlich. Allein, die Wahl des Stoffes scheint jedoch so willkürlich und funktionslos. […] Vor Verpilcherung ist jedenfalls keine Vorlage gefeit. An einer zentralen Stelle, wenn sich ²⁵ Faust und Margarethe das erste Mal in die Augen blicken, scheint dann auch die atavistische Sehnsucht hindurch, die hinter den Liebesnöten der urbanen Hipster verborgen liegt: Die Panels werden wie an einem Fa-³⁰ denkreuz angeordnet, dessen Zentrum das Universum bildet, und in einem Zeitflash blicken beide vom Taumel der ersten Be-

gegnung regelrecht betäubt, vor allem aber völlig ironiefrei in ihre gemeinsame Zukunft: Da wirft man zusammen glückselig ³⁵ Flaschen in den Altglascontainer, kauft in Erwartung eines Kindes eine neue Palme bei Ikea für die gemeinsame Wohnung und schläft schließlich im hohen Alter gemütlich im Ehebett, die jeweiligen Gebisse ⁴⁰ harmonisch links und rechts auf den Nachttischchen drapiert. […] Der Rückzug in die Zweisamkeit und die Idylle des Familienglücks, das ist hier der Motor des Konflikts: Es ist schleierhaft, warum diese Reinstal-⁴⁵ lation der Tugend des aseptischen Lebensentwürfeplanens einen faustischen Überbau samt eines Gottes im Web-2.0-Gewand benötigt. […]

Lars von Törne: […] Wilder Slapstick und ⁵⁰ hoher erzählerischer Anspruch, banale Alltagserlebnisse und sensible Lebensklugheit, stereotype Klischees und bemerkenswert originale Einfälle – bei Flix liegen die erzählerischen Extreme oft nur ein paar Stri-⁵⁵ che auseinander. […] Auch bei seiner erst in der Frankfurter Allgemeinen Zeitung als Strip und nun als Buch veröffentlichten Annäherung an den „Faust", deren Reclam-Retro-Look schon äußerlich Erinnerungen ⁶⁰ an lang vergangene Schulzeiten auslöst, liegen das Heilige und das Profane, die große Kunst und der schnelle Witz so nah beieinander, dass sie manchmal schwer zu trennen

Lerninsel:
textgebunde-
nes Erörtern
S. 249 ff.

⊕ Training
interaktiv
textgebundene
Erörterung
schreiben
2i6s8p

sind. […] Vertraute Grundelemente und Zitate aus dem Goethe'schen Vorbild werden mit modernen Referenzen und spielerischen Einfällen gemischt, aus denen heraus Flix eine Handlung entwickelt, die in ihren Grundzügen dem Klassiker treu bleibt, in der konkreten Umsetzung aber eine moderne, vielschichtige und höchst amüsante Geschichte erzählt.

Mit über die Jahre zunehmend perfektioniertem Strich, souveränem Witz und einem fast schlafwandlerisch wirkenden Gespür für das richtige Erzähltempo hat Flix die Figuren der klassischen Tragödie ins Hier und Jetzt transformiert. […] Treibende Kraft ist, wie in dem 200 Jahre alten Vorbild, natürlich der Teufel, der frech und charmant Gott zu einer Wette um die Seele eines Erdenmenschen herausfordert. Beide haben es faustdick hinter den Ohren, sodass ein rasanter Wettkampf entbrennt, den Flix mit gutem Gespür für Pointen, aber auch viel Einfühlungsvermögen in die Schwächen des menschlichen Charakters zu einer epischen Geschichte ausbaut. Es geht um die Suche nach Glück, um das nicht einfache Zusammenleben der Kulturen in einer Einwanderungsstadt wie Berlin […].

All dies serviert Flix mit großer Ernsthaftigkeit gegenüber seinen Figuren, die doch immer wieder durch offensichtliche Selbstironie des Zeichners gebrochen wird. Zum Beispiel, wenn er in romantischen Situationen, die allzu sehr ins Niedliche abzudriften drohen, Faust und Gretchen in liebestolle Kaninchen verwandelt und dadurch auch den eigenen Hang zur idealisierten Romantik spielerisch unterläuft und hinterfragt. Ein Buch, das beweist, „dass auch Comics wahr, schön und gut sein können", wie F.A.Z.-Redakteur Andreas Platthaus im Vorwort schreibt. Recht hat er.

F.A.Z.:
Frankfurter
Allgemeine
Zeitung

Arbeitsschritte

1. Analysiert die Aufgabenstellung (S. 184).

2. Analysiert den Text (S. 184 f.). Notiert Stichpunkte für diesen Teil des Schreibplans.
   – Untersucht die Positionen von Sven Jachmann und Lars von Törne.
   – Formuliert die Kernaussagen (Thesen) der beiden Autoren in jeweils einem Satz.
   – Sucht für die Positionen der beiden Autoren die Argumente und Argumentationsstützen heraus, mit denen sie ihre Thesen begründen. Ihr könnt mit einer Tabelle arbeiten.
   – Untersucht, wie die Darstellungsweise (Sprache und Form) die Absicht der beiden Autoren jeweils unterstützt.
   – Positioniert euch zu den Kernaussagen der Autoren und belegt mit Textstellen.

3. Sammelt für den Schreibplan des Erörterungsteils eigene Argumente und Argumentationsstützen. Achtet auf Vollständigkeit. Ordnet die Argumente nach dem Sanduhrprinzip oder dem Ping-Pong-Prinzip.

4. Schreibt die textgebundene Erörterung. Überarbeitet sie mithilfe der blauen Box (S. 58). Tauscht eure textgebundenen Erörterungen aus und gebt euch ein Feedback.

textgebundene
Erörterung
S. 48–61

So geht's
interaktiv
BLF-Aufgabe
ei7bp9

sprachliche
Mittel der
Leserlenkung
erkennen
S. 70 f.

Vorlage
Checkliste
textgebundene
Erörterung
vy5im8

Von wegen Happy End . . .
Jugendbücher und ihre Filmadaptionen analysieren

 Das könnt ihr schon!

- die Gestaltung eines Films untersuchen
- die Komposition eines Romans und eines Films untersuchen
- produktiv mit literarischen Texten umgehen

Buchcover, 2012

John Green: Das Schicksal ist ein mieser Verräter (Romananfang, 2012)

Im Winter meines siebzehnten Lebensjahrs kam meine Mutter zu dem Schluss, dass ich Depressionen hatte, wahrscheinlich, weil ich kaum das Haus verließ, viel Zeit im Bett verbrachte, immer wieder dasselbe Buch las, wenig aß

5 und einen großen Teil meiner reichlichen Zeit damit verbrachte, über den Tod nachzudenken.

In jeder Krebs-Broschüre oder Website oder Infoseite zu dem Thema werden Depressionen als Nebenwirkung von Krebs genannt. Doch in Wirklichkeit sind Depressionen

10 keine Nebenwirkung von Krebs. Depressionen sind eine Nebenwirkung des Sterbens. (Auch Krebs ist eine Nebenwirkung des Sterbens. Eigentlich ist fast alles eine Nebenwirkung des Sterbens.) Aber meine Mutter glaubte fest, dass ich eine Therapie brauchte, und deshalb brachte sie mich

15 zu meinem Hausarzt Dr. Jim, der ihr bestätigte, dass ich bis zum Hals in einer lähmenden und absolut klinischen Depression steckte und dass meine Medikamente neu eingestellt werden müssten und ich außerdem einmal die Woche eine Selbsthilfegruppe besuchen solle.

20 Die Selbsthilfegruppe bestand aus einer wechselnden Besetzung von Jugendlichen in verschiedenen Stadien des tumorbedingten Unwohlseins. Warum wechselte die Besetzung? Noch so eine Nebenwirkung des Sterbens.

Sakrileg:
Schädigung oder Verspottung von etwas Heiligem

Ein „Krebsbuch", das eine gewisse Heiterkeit verbreitet? Das mag fast als Sakrileg erscheinen. Doch das ist es in John Greens Fall nicht.
(Online-Kommentar)

1. Beschreibt die Wirkung des Romananfangs und die Erzählweise.

2. Diskutiert die Aussage des Kommentars und nehmt Bezug auf die Erzählweise (Aufgabe 1).

3. Formuliert die Aussage der Vorbemerkung mit eigenen Worten. Überlegt, was der Autor damit bezwecken möchte.

John Green: Das Schicksal ist ein mieser Verräter (Vorbemerkung des Autors, 2012)

Dies ist weniger eine Vorbemerkung des Autors als die Erinnerung daran, was schon auf Seite zwei im Kleingedruckten steht: Dieses Buch ist ein fiktives Werk. Ich habe es frei erfunden. Sich zu fragen, ob eine Geschichte auf Ereignissen in der Wirk-
5 lichkeit beruht, kommt weder einem Roman noch seinen Lesern zugute. Derartige Versuche untergraben die Idee, dass erfundene Geschichten Bedeutung haben, eine Idee, die mehr oder weniger die Grundlage unserer Spezies ist. Ich bedanke mich für die Kooperation.

Filmplakat, 2014

4. Untersucht Einstellung und Perspektive des Bilds auf dem Filmplakat. Beschreibt deren Wirkung.

5. Sprecht ausgehend von den beiden Zitaten über eure Erfahrungen mit Filmadaptionen.

Filmadaption:
Umwandlung einer literarischen Vorlage zunächst in ein Drehbuch und dann in einen Film

peripher:
unerheblich, unwichtig

1 Sie kennen doch sicher den Witz von den beiden Ziegen, die die Rollen eines Films auffressen, der nach einem Bestseller gedreht worden ist, worauf die eine Ziege zur anderen sagt: „Mir war das Buch lieber."
(Alfred Hitchcock)

2 Der Film aber ist immer zuerst Film, und dass seinem Drehbuch, ohnehin nur eine Zwischenstufe im Arbeitsprozess, einmal ein Roman zugrunde gelegen hat, ist für das Filmische an ihm von peripherer Bedeutung. Wir verstehen den Film, auch ohne den Roman zuvor gelesen zu haben.
(Knut Hickethier)

Das lernt ihr jetzt!

· die Gestaltungsmittel eines Romans und ihre Wirkung analysieren
· eine Filmadaption analysieren, interpretieren und mit der literarischen Vorlage vergleichen
· die Filmadaption eines epischen Textes vorbereiten

„Mir geht es toll . . .“
Die Gestaltungsmittel eines Romans und ihre Wirkung analysieren

John Green: Das Schicksal ist ein mieser Verräter (Ausschnitt, 2012)

Ein Junge starrte mich an.

Ich war mir ziemlich sicher, dass ich ihn noch nie gesehen hatte. Er war groß und schlaksig, so dass der kleine weiße Plastik-
5 stuhl der Sonntagsschule wie ein Zwergen-stühlchen unter ihm wirkte. Sein Haar war kastanienbraun, glatt und kurz. Er war viel-leicht so alt wie ich oder ein Jahr älter und saß mit provozierend schlechter Haltung da,
10 Hintern an der Stuhlkante, eine Hand in der Tasche seiner dunklen Jeans.

Ich wandte den Blick ab, während mir mit einem Mal all meine tausend Schwä-chen bewusst wurden. Die alten Jeans, die
15 ich trug, waren mal eng gewesen, aber jetzt flatterten sie an den falschen Stellen, und die Band auf meinem gelben T-Shirt fand ich schon lange nicht mehr gut. Und meine Haare: Ich hatte diesen Bubikopf, den man
20 trägt, wenn man vorher eine Glatze hatte, und hatte mir nicht mal die Mühe gemacht, mich zu bürsten. Dazu kamen die grotesk aufgeblasenen Hamsterbacken, noch so eine Nebenwirkung der Behandlung. Ich sah aus
25 wie ein normal gebauter Mensch mit einem Luftballon als Kopf. Von meinen geschwol-lenen Fesseln ganz zu schweigen. Trotzdem – als ich mich wieder umsah, klebte sein Blick immer noch an mir.
30 Zum ersten Mal verstand ich, warum es Augen*kontakt* hieß.

Ich ging in den Kreis und setzte mich ne-ben Isaac, zwei Plätze von dem neuen Jun-gen entfernt. Ich sah wieder in seine Rich-
35 tung. Er beobachtete mich immer noch.

Also, ich sage es ganz offen: Der Typ war echt süß. Wenn man von einem nicht-süßen Jungen angestarrt wird, ist es im besten Fall peinlich und im schlimmsten Fall eine Form
40 von Belästigung. Aber bei einem süßen Ty-pen … na ja. […]

Irgendwann beschloss ich, die richtige Strategie wäre zurückzustarren. Immerhin haben Jungs kein Monopol aufs Starren. Also sah ich ihn von oben bis unten an, 45 während Patrick zum tausendsten Mal von seinen verlorenen Eiern redete, und bald starrten der Junge und ich um die Wette. Nach einer Weile musste er grinsen, und dann endlich sah er mit seinen blauen Au- 50 gen weg. Als er mich wieder ansah, zog ich die Brauen hoch, um ihm zu zeigen, dass ich gewonnen hatte. […]

Als er dran war, lächelte er ein bisschen. Seine Stimme war tief und rau und zum 55 Umfallen sexy. „Ich heiße Augustus Wa-ters“, sagte er. „Ich bin siebzehn. Vor an-derthalb Jahren hatte ich den leichten An-flug eines Osteosarkoms, aber eigentlich bin ich heute nur hier, weil Isaac mich darum 60 gebeten hat.“

„Und wie geht es dir heute?“, fragte Pa-trick.

„Oh, mir geht es toll.“ Augustus Waters lächelte mit einem Mundwinkel. „Ich sitze 65 in einer Achterbahn, auf der es immer nur aufwärts geht, mein Freund.“

Als ich dran war, sagte ich: „Ich heiße Ha-zel. Ich bin sechzehn. Schilddrüse mit Meta-stasen in der Lunge. Es geht mir ganz gut.“ 70

Die Stunde verging schnell: Es wurde von Kämpfen berichtet, von gewonnenen Schlachten in Kriegen, die so gut wie ver-loren waren; es wurde von Hoffnung ge-redet; Familien wurden gepriesen und be- 75 schimpft; man war sich einig, dass Freunde es einfach nicht verstanden; Tränen wurden vergossen; tröstende Worte wurden gespro-chen. Weder Augustus Waters noch ich sag-ten ein Wort, bis Patrick fragte: „Augustus, 80 vielleicht möchtest du der Gruppe von dei-nen Ängsten erzählen?“

Sonntagsschule:
im englischspra-chigen Raum Angebot von protestantischen Gemeinden, heute oft auch Treffpunkt für Selbsthilfe-gruppen

Bubikopf:
Kurzhaarfrisur

Osteosarkom:
bösartiger Knochentumor

Fesseln:
Übergang zwischen Wade und Fußgelenk

Metastasen:
neue Krebs-geschwüre, die durch Streuung von Zellen des ursprünglichen Geschwürs ent-standen sind

„Meine Ängste?"

„Ja."

85 „Ich habe Angst vor dem Vergessen", antwortete er, ohne zu zögern. „Ich fürchte das Vergessen wie der sprichwörtliche Blinde, der die Dunkelheit fürchtet."

„Zu früh", sagte Isaac und grinste.

90 „War das unsensibel?", fragte Augustus. „Manchmal bin ich ziemlich blind für die Gefühle von anderen."

Isaac lachte, doch Patrick hob mahnend den Finger. „Bitte, Augustus. Bleiben wir 95 bei dir und deinen Kämpfen. Du hast gesagt, du fürchtest das Vergessen?"

„Ja", sagte Augustus.

Patrick fiel nichts dazu ein. „Hm, möchte vielleicht jemand etwas sagen?"

100 Seit drei Jahren ging ich nicht mehr zur Schule. Meine besten Freunde waren meine Eltern. Mein drittbester Freund war ein Schriftsteller, der nicht einmal ahnte, dass ich existierte.

105 Ich bin nicht der Typ, der sich dauernd meldet. Wenn irgendwo Freiwillige gesucht werden, ist meine bewährte Strategie, mich höflich im Hintergrund zu halten. Doch dieses eine Mal beschloss ich, etwas zu sa-110 gen. Ich hob die Hand halb, und Patrick rief mich sofort auf, mit offenkundiger Freude: „Hazel!" Wahrscheinlich dachte er, dass ich mich endlich öffnete. Teil der Gruppe wurde.

115 Ich sah Augustus Waters an, der meinen Blick erwiderte. Seine Augen waren so blau, dass man fast durch sie hindurchsehen konnte.

„Es kommt die Zeit", sagte ich, „da wir 120 alle tot sind. Wir alle. Es kommt die Zeit, da es keine Menschen mehr gibt, die sich erinnern können, dass je irgendwer von uns existiert hat oder dass unsere Spezies je irgendwas geleistet hat. Dann ist keiner mehr da, der sich an Aristoteles oder Kleopatra 125 erinnert und erst recht nicht an dich. Alles, was wir getan oder gebaut, geschrieben, gedacht oder entdeckt haben, alles wird vergessen sein, und all das hier" – ich machte eine allumfassende Geste – „hat keine Be-130 deutung mehr. Vielleicht kommt diese Zeit bald, vielleicht erst in Millionen von Jahren, aber selbst wenn wir den Kollaps unserer Sonne überleben sollten, überleben wir nicht für immer. Es gab eine Zeit, bevor die 135 Organismen zu Bewusstsein kamen, und es wird eine Zeit danach geben. Und wenn es die Unausweichlichkeit des menschlichen Vergessens ist, die dir Angst macht, dann rate ich dir eins: ignorier sie einfach. Das ist 140 weiß Gott, was alle anderen machen."

Das hatte ich von meinem oben erwähnten drittbesten Freund Peter Van Houten gelernt, dem öffentlichkeitsscheuen Autor des Romans *Ein herrschaftliches Leiden,* wel-145 ches für mich einer Bibel am nächsten kam. Peter Van Houten war der einzige Mensch, der mir je begegnet war, der a) verstand, wie es sich anfühlt zu sterben, und b) nicht gestorben war. 150

Als ich fertig war, entstand eine lange Pause, und ich sah, wie sich ein Lächeln auf Augustus' Gesicht ausbreitete – nicht das kleine schiefe Lächeln des Jungen, der versuchte sexy zu sein, während er mich an-155 starrte, sondern sein echtes Lächeln, zu groß für sein Gesicht. „Donnerwetter", sagte Augustus leise. „Was für eine Frau."

Aristoteles (384–322 v. Chr.): griech. Philosoph

Kleopatra (69 v. Chr.–30 n. Chr.): letzte ägypt. Königin

---

1. Sprecht darüber, wie die erste Begegnung von Hazel und Augustus auf euch wirkt. Begründet mit Textstellen.

2. Beschreibt und vergleicht den Umgang der Figuren mit ihrer Erkrankung.

3. Charakterisiert Hazel, Augustus und Patrick. Diskutiert die Wirkung der drei Figuren.

All-Age-Literatur:
Literatur, die an Jugendliche und Erwachsene gleichermaßen gerichtet ist

(Mina) Schon am Anfang musste ich schmunzeln, und das bei einem Krebsbuch!

(Jenn_Bik) Dieser Schreibstil ist echt schonungslos und gewagt, aber er funktioniert.

(O_Ben) Ironie, Wortwitz und Sarkasmus sind die wichtigsten Zutaten dieses Bestsellers. Meine Tochter hat ihn verschlungen, dabei hab ich mir Sorgen gemacht, dass das Buch sie runterzieht. Jetzt bin ich selber ein Green-Fan, kein Wunder, das ist beste All-Age-Literatur.

4. Überprüft die Aussagen der Online-Kommentare an den Textausschnitten (S. 186, 188 f.).

John Green: Das Schicksal ist ein mieser Verräter (vier Ausschnitte, 2012)

aus Kapitel 1: *Bei der Selbsthilfegruppe:*
Ich wollte nicht mit dem Fahrstuhl fahren, weil der Fahrstuhl in der Selbsthilfegruppe so was Letztes-Stündlein-Mäßiges an sich hatte, also ging ich zu Fuß die Treppe run-
5 ter. Dann nahm ich mir einen Keks, schenkte mir Limonade in einen Plastikbecher und drehte mich um.

Neologismus

betont „normal"

Kollateral-schäden:
nicht beabsichtigte, aber in Kauf genommene Schäden durch eine militärische Aktion

aus Kapitel 2: *Gus will mehr über Hazel er-*
10 *fahren:*
„Was ist deine Geschichte?", fragte er dann und setzte sich mit Sicherheitsabstand neben mich aufs Bett.
„Die habe ich dir schon erzählt. Ich be-
15 kam die Diagnose, als ich …"
„Nein, nicht deine Krebsgeschichte. *Dei-*ne Geschichte. Interessen, Hobbys, Leidenschaften, seltsame Fetische und so weiter."
„Hm", sagte ich.
20 „Du bist bestimmt keine von den Leuten, die eins mit ihrer Krankheit werden. Ich kenne zu viele davon. Echt deprimierend. Ich meine, im Krebsgeschäft geht es um Wachstum, oder? Und ständig gibt es
25 feindliche Übernahmen bei Leuten. Aber das hast du bestimmt nicht zugelassen."

Fetische:
Gegenstände, denen magische Kräfte zugeschrieben oder denen subjektiv eine besondere Bedeutung beigemessen werden

aus Kapitel 6: *Hazel kämpft mit einer Angstat-tacke, was ihren Eltern nicht verborgen bleibt …:*
„Ich treffe mich nicht mit Jungs", sagte
30 ich. „Ich will mich mit niemandem treffen. Es ist eine schlechte Idee und reine Zeitverschwendung und …"
„Schätzchen", sagte Mom. „Was ist denn los?"

„Ich bin … ich bin … Ich bin eine Zeit-
35 bombe, Mom. Ich bin eine Bombe, und irgendwann gehe ich hoch, und ich würde die Zahl der Opfer durch Kollateralschäden gern minimieren, okay?"

Mein Vater legte den Kopf schräg wie
40 ein begossener Welpe. […] „Du bist ein Geschenk. Du kannst es nicht wissen, Liebes, weil du noch nie ein Baby hattest, das zu einem hochintelligenten jungen Bücherwurm mit einer Schwäche für grauenhafte
45 Fernsehsendungen herangewachsen ist, aber die Freude, die du uns schenkst, ist tausendmal größer als unsere Traurigkeit über deine Krankheit."

„Okay", sagte ich.
50 „Wirklich", sagte mein Vater. „Ich würde dir hier keinen Quatsch erzählen. Wenn du uns mehr Ärger machen würdest, als du wert bist, hätten wir dich längst auf die Straße gesetzt."
55 „Wir sind keine sentimentalen Leute", bestätigte meine Mutter. „Wir hätten dich mit einem Zettel am Pyjama vor einem Kinderheim ausgesetzt."

aus Kapitel 9: *Isaac verliert durch eine Operation*
60 *sein Augenlicht. Bei der Selbsthilfegruppe trifft Hazel ihn danach erstmals wieder:*
Isaac kam mit seiner Mutter herein. […]
„Selbsthilfe-Hazel, nicht Monica", sagte ich, als er nahe genug war, und er lächelte und sagte: „Hallo, Hazel. Wie geht's so?"
65 „Gut. Seit du blind bist, bin ich extrem schön geworden."

5. Untersucht die sprachliche Gestaltung der Textausschnitte (S. 190).
- Klärt den Inhalt der einzelnen Ausschnitte.
- Beschreibt die Wirkung der jeweiligen Textstelle.
- Analysiert die Gestaltungsmittel, welche diese Wirkung erzeugen.
- Übernehmt die folgende Tabelle und fasst eure Ergebnisse zusammen.

Gestaltungs-
mittel
S. 192

Textstelle	Wirkung	Gestaltungsmittel
„Letztes-Stündlein-Mäßiges" (S. 190, Z. 4)	kreativ, Hervorhebung eines scheinbar souveränen Umgangs mit dem Tod	Neologismus, …
„[…] nicht deine Krebsge-schichte. *Deine* Geschichte." (S. 190, Z. 16 f.)	Hervorhebung des Gegensatzes, Kritik an Reduzierung auf Erkrankung, …	…
„Interessen, Hobbys […] und so weiter." (S. 190, Z. 17 f.)	…	Akkumulation, Ellipse, …

Hartmut El Kurdi: Der Krebs und das Buch (Ausschnitt, 2012)

Egal ob die beiden sich von Angesicht zu Angesicht unterhalten, telefonieren oder schnell ein paar Sätze simsen, egal ob sie sich gegenseitig aus ihrem Leben erzählen oder ihre mitleidige und hilflose Umwelt kommentieren – die Dialoge sind stets ebenso komisch wie existenziell. Kein Small Talk, kein Geplapper, sondern kluger, witziger Schlagabtausch,
5 verspielte, halb philosophische Betrachtungen oder sarkastische, aber nie zynische Anmerkungen zum Alltag. Oft in einer Pointe endend. Wobei diese Pointen keine schlichten Gags sind, sondern originelle Zuspitzungen der Wahrheit.
Im Englischen heißt die Pointe *punchline*. Vielleicht weil sie dich trifft wie ein *punch*, ein Schlag. Aus dem Nichts, genau auf die Zwölf. In diesem Buch gibt es viele solcher *punch-*
10 *lines*. Das Lachen, das sie auslösen, macht das Leid nicht weniger schrecklich, sondern vielleicht kurzzeitig ein bisschen erträglicher. Nicht mehr und nicht weniger.

6. Nehmt Stellung zu dem Ausschnitt aus einer Rezension und begründet eure Position mithilfe von Textstellen aus dem Roman (S. 186, S. 188 f., S. 190).

Andreas Greve: Was ist schwarzer Humor?

Schwarzer Humor ist, wenn ein Unglücklicher
mit einer Katastrophe getröstet wird.
Schwarzer Humor ist, wenn es Gutmenschen
beim Lachen schlecht wird.
Schwarzer Humor ist, wenn der Bauch noch
lacht, während der Kopf Einspruch erhebt.

7. Der Roman enthält Elemente schwarzen Humors.
- Diskutiert über mögliche Grenzen von Humor.
- Bezieht Greves Erklärungen und den Cartoon ein.

Joscha Sauer

Wissen und Können

Die Gestaltungsmittel eines Romans und ihre Wirkung analysieren

Prüft, ob im Text Gestaltungsmittel vorliegen, die Lachen oder Distanz erzeugen:

- **Ironie (auch Selbstironie):** „uneigentliche" Redeweise, das Gesagte weicht bis zum genauen Gegenteil hin von dem Gemeinten ab (*eine schöne Bescherung*)
- **Sarkasmus:** beißend, verspottend, vor anderen demütigend, direkt oder ironisch (*Gab es die Jeans auch in deiner Größe?*)
- **Zynismus:** verletzend, Ausdruck einer Haltung, die bestimmte moralische Grenzen bewusst missachtet (*Der Spieler lag blutend am Boden, endlich kam etwas Farbe ins Spiel.*)

- **Lakonie:** sehr knapp, scharf, treffend, etwas Bedeutendes wird beiläufig benannt (*Am nächsten Morgen war sie tot.*)
- **Galgenhumor:** Heiterkeit im Bewusstsein der Ausweglosigkeit (*Ein Delinquent, der am Montag zum Galgen geführt wird, stöhnt: „Na, die Woche fängt ja gut an!"*)
- **Schwarzer Humor:** extremer Kontrast zwischen Inhalt (*Tod, Krankheit, Verbrechen, Grauenhaftes*) und Anwendung von Mitteln der Komik; das ausgelöste Lachen bleibt einem „im Halse stecken"

Interpretiert die Gestaltungsmittel, indem ihr den Zusammenhang zwischen Inhalt und Sprache klärt sowie die Wirkung erläutert.

Differenzieren
Gestaltungsmittel
ys6tk2

8. Zum Differenzieren ■ ■ ■ ■

A Untersucht die Gestaltungsmittel in dem folgenden Ausschnitt. Erläutert Hazels und Gus' Umgang mit der Situation und dessen Wirkung auf euch.

John Green: Das Schicksal ist ein mieser Verräter (Ausschnitt, 2012)

Hazel und Gus wollen nach Amsterdam reisen, um vom Autor ihres Lieblingsbuchs dessen Ende zu erfahren. Gus setzt seinen „Herzenswunsch" dafür ein, doch Hazel hat einen Rückfall.

„Herzenswunsch":
Eine gemeinnützige Organisation erfüllt Wünsche von krebskranken Kindern und Jugendlichen.

„Ich kann nicht nach Amsterdam. Einer meiner Ärzte hält es für keine gute Idee."

Er schwieg einen Moment. „Mann", sagte er dann. „Ich hätte einfach selbst zahlen
5 sollen. [...]"

„Dann wäre ich wahrscheinlich in Amsterdam an Sauerstoffunterversorgung gestorben, und meine Leiche wäre im Frachtraum nach Hause geflogen", sagte ich.

10 „Na gut", gab er zurück, „aber vorher würde ich dich mit so einer romantischen Geste bestimmt ins Bett kriegen."

Ich musste so lachen, dass ich die Stelle spürte, wo der Drainageschlauch gewesen
15 war.

„Du lachst, weil es stimmt", sagte er.

Ich lachte wieder.

„Es stimmt, oder?"

„Wahrscheinlich nicht", entgegnete ich, doch nach einem Moment sagte ich: „Aber 20
man kann nie wissen."

Er seufzte verzweifelt. „Dann werde ich als Jungfrau sterben."

„Du bist noch Jungfrau?"

„Hazel Grace", sagte er. „Hast du einen 25
Zettel und einen Stift?" Hatte ich. „Gut. Dann zeichne bitte einen Kreis." Ich tat es. „Und jetzt zeichne in den Kreis einen kleineren Kreis hinein." Ich tat es. „Der größere Kreis ist die Menge aller Jungfrauen. Der 30
kleinere Kreis ist die Menge aller siebzehnjährigen Jungen mit nur einem Bein."

B Verfasst einen Blogeintrag zu dem Thema „Ein Krebsbuch zum Lachen – wie geht das?", in dem ihr Beispiele aus den Textausschnitten (S. 186, 188 f., 190, 192) anführt.

Hazels Welt auf Leinwand
Eine Filmadaption analysieren und mit der Vorlage vergleichen

Die Merkmale von Filmen und epischen Texten unterscheiden

Im Film wird der Anzeigentext im Garten auf den Schaukeln verfasst.

John Green: Das Schicksal ist ein mieser Verräter (Ausschnitt, 2012)

Hazel wird von der Schaukel im Garten schmerzvoll an unbeschwerte Kindheitstage erinnert. Sie sucht Trost in einem Telefonat mit Gus. Dieser beschließt kurzerhand sie zu besuchen.

Ich blieb im Garten, weil meine Mutter immer ganz besorgt und gluckenhaft wurde, wenn ich weinte, weil ich nicht oft weinte, und ich wusste, sie würde reden wollen und
5 besprechen, ob wir meine Medikamente neu einstellen lassen sollten, und beim Gedanken an die ganze Unterhaltung wurde mir schlecht. […]

Das Schaukelgerüst stand einfach verlas-
10 sen da rum, mit den zwei kleinen Schaukeln, die still und traurig von dem ergrauten Balken hingen und deren Umrisse wie die Kinderzeichnung eines Lächelns aussahen.

Ich hörte, wie hinter mir die Glastür auf-
15 ging, und drehte mich um. Es war Augustus, der Kakihosen und ein kurzärmeliges kariertes Button-Down-Hemd trug. […] Als ich mich wieder gefasst hatte, gingen wir rein und setzten uns nebeneinander auf die
20 Couch, der Laptop halb auf seinem (künst-lichen) Knie und halb auf meinem. […] Wir bastelten zusammen an einer Anzeige. Am Schluss kam Folgendes heraus: *Vereinsamte Schaukel sucht liebevolles Zuhause*

Gerüst mit zwei Schaukeln, angegraut, aber 25 *mit gesunder Substanz, sucht neues Zuhause. Schaffen Sie Erinnerungen für Ihr Kind oder Ihre Kinder, damit er oder sie eines Tages in den Garten schauen und so gefühlsduselig werden kann wie ich heute Morgen. Das ganze Leben* 30 *ist flüchtig und zerbrechlich, lieber Leser, doch mit dieser Schaukel wird/werden ihr/e Kind/er sanft und sicher auf die Höhen und Tiefen des Menschseins vorbereitet, und vielleicht lernen sie auch die wichtigste Regel von allen: Egal wie fest* 35 *du trittst, egal wie hoch du kommst, ganz herum schaffst du es nie.*
Gegenwärtiger Wohnsitz der Schaukel: Ecke 83rd Street/Spring Mill.

1. Vergleicht das Filmbild und den Textausschnitt. Formuliert jeweils eine Deutungshypothese. Erklärt, woran ihr euch dabei orientiert habt.

2. Erläutert anhand dieser Beispiele die Merkmale von Filmen und epischen Texten.

Lerninseln: Kameraführung, Montagetechniken, Point of View, Mise en scène S. 284 f.
Erzählweise S. 270

Einen Filmausschnitt analysieren und interpretieren

Filmtranskript:
Mitschrift aller
gesprochenen
Texte und Be-
schreibung der
Filmhandlungen

**weiterer Roman-
ausschnitt
(Gespräch mit
Van Houten)**
S. 38 f.

Filmtranskript: Das Schicksal ist ein mieser Verräter (2014)

Szene im Anne-Frank-Haus, Amsterdam
Gus, Hazel und ihre Mutter fliegen nach Amsterdam. Der Autor Van Houten weigert sich,
weitere Informationen preiszugeben, und beginnt Gus und Hazel zu beschimpfen, sodass
beide aufgebracht zusammen mit Van Houtens Assistentin Lidewij das Haus verlassen.
Sie gehen ins Anne-Frank-Haus.

(Ein Dokumentarfilm auf einem Monitor zeigt den Einmarsch der Nazis in Holland. Hazel und Gus stehen inmitten von anderen Besuchern.)
DOKUMENTARFILMSTIMME: „Die Fa-
5   milie Frank stammte aus Frankfurt am
Main in Deutschland. Das Tagebuch der
Anne Frank wurde weltberühmt." Mäd-
chenstimme: „Es ist so schwer in diesen
Zeiten. Ein Wunder, dass ich nicht alle
10   Erwartungen aufgegeben habe, denn
sie scheinen absurd und unausführbar.
Trotzdem halte ich an ihnen fest, trotz
allem, weil ich immer noch an das innere
Gute im Menschen glaube."
15   *(Text leiser, Blick zu den ersten Treppenstufen)*
LIDEWIJ: Wollen wir?
HAZEL: Ja.
GUS: Ja. *(Hazel und Gus gehen langsam die Stufen hoch.)* Ich kann doch, lass mich den
20   nehmen.
HAZEL: Geht schon. *(Sie befinden sich in einer Art Büro.)*
LIDEWIJ: Also das ist der Originalbücher-
schrank, dahinter war das Versteck der
25   Familie. *(Der Bücherschrank steht halb of-fen, dahinter beginnt eine steilere Treppe, nur breit genug für eine Person. Gus blickt zu Hazel. Sie beginnt den Aufstieg, Lidewij ist hinter ihr, nimmt das Sauerstoffgerät.)* Ich
30   kann das nehmen.
HAZEL: Danke.
MÄDCHENSTIMME: „Wir sind noch viel
zu jung, um mit solchen Problemen
umzugehen, aber sie drängten sich uns
35   so lange auf, bis wir gezwungen waren,
über eine Lösung nachzudenken."

(Auf der Treppe, Blick zu den anderen Besu-chern, Hazel lehnt sich an die Wand, sinkt leicht nieder, ringt nach Luft.)
GUS: Alles okay, Hazel? Keine Sorge, lass   40
dir Zeit. *(zu den Wartenden)* Sorry.
TOURIST: Kein Problem.
GUS: Weiter?
MÄDCHENSTIMME: „Und doch, wenn ich
zum Himmel schaue, denke ich, dass sich   45
alles wieder zum Guten wenden wird,
dass auch diese Härte aufhören wird."
GUS: Geht's?
HAZEL: Ja.

Ausschnitt aus Filmbild

50
DOKUMENTARFILMSTIMME: „Schnell wurde deutlich, dass den Juden in den Niederlanden das gleiche Schicksal …" *(Die nächste Treppe ist so steil wie eine Leiter.)*

GUS: Hazel, ich denke das reicht, wir müssen da nicht hoch.

HAZEL: *(resolut)* Ich pack das.

MÄDCHENSTIMME: „Alles ist, wie es sein soll. Gott wünscht, glückliche Menschen zu sehen. Wo es Hoffnung gibt, gibt es Leben."

GUS: Hazel.

LIDEWIJ: Alles okay?

GUS: Alles okay? *(glücklich und stolz)* Das ist es, siehst du? *(Sie sind auf dem Dachboden angekommen.)* Geht's wieder?

HAZEL: Oh ja.

LIDEWIJ *(zeigt auf ein Bild):* Der Einzige, der überlebt hat von der Familie Frank, war Otto, der Vater.

MÄDCHENSTIMME: „In solchen Momenten denke ich nicht an das Elend, sondern an das Schöne *(Gus und Hazel nah beieinander)*, das noch immer übrig bleibt. Geh hinaus und versuche, das Glück in dir selbst zurückzufinden. *(Beide sehen sich an.)* Denk an all das Schöne, das noch in dir und um dich ist. Und sei glücklich."

(Hazel küsst Gus. Sie öffnen die Augen und nehmen wahr, dass sie beobachtet werden. Allmählich beginnen alle zu klatschen.)

BESUCHER: Bravo. Weiter so.

(Gus macht einen Knicks.)

1. Beschreibt anhand des Filmtranskripts (S. 194 f.) die mögliche Wirkung dieser Szene auf den Zuschauer.

2. Analysiert das Filmbild (S. 194). Erläutert die Kameraperspektive, den Point of View und die Mise en Scène.

Lerninsel: Kameraperspektive, Point of View, Mise en scène S. 284 f.

3. Erklärt, wie das Filmbild (S. 194) im Folgenden interpretiert wird. Formuliert eine eigene Interpretation.

> *Als Zuschauer spüre ich die Innigkeit der beiden, weil ich ihnen so nah bin. Die halbnahe Einstellung in Normalsicht lenkt den Blick aufs Zentrum, in dem die Jugendlichen stehen. Sie dominieren den Raum, füllen ihn fast vollständig aus, da die Balken des Raums nur knapp über ihren Köpfen einen Abschluss markieren.*

4. Skizziert zwei weitere Filmbilder zu dieser Szene in Form eines Storyboards und begründet eure Entscheidungen.

ein Storyboard gestalten S. 272

5. Erläutert mithilfe des Filmbilds (S. 194) die folgende Aussage von Balász.

Béla Balász: Die schöpferische Kamera (Ausschnitt, 1924)

Es sind also die *Einstellung* und der *Blickwinkel,* die den Dingen ihre Form geben, und zwar in so hohem Maße, dass zwei unter verschiedenen Blickwinkeln gezeichnete Bilder ein und desselben Gegenstandes einander oft gar nicht ähnlich sind. Dies ist das charakteristische Merkmal des Films. Er *reproduziert* seine Bilder *nicht,* er *produziert* sie. Es ist dies die „Art, zu sehen" des Operateurs, seine künstlerische Schöpfung, der Ausdruck seiner Persönlichkeit, etwas, das nur auf der Leinwand projiziert sichtbar wird.

Béla Balász (1884–1949): ungarischer Filmkritiker, Drehbuchautor, Regisseur und Schriftsteller

reproduzieren: vervielfältigen, wiederherstellen

Roman und Filmadaption vergleichen

John Green: Das Schicksal ist ein mieser Verräter (Ausschnitt, 2012)

Wir begannen mit einem Raum, in dem ein Video über die Juden in den Niederlanden, den Einmarsch der Nazis und die Familie Frank gezeigt wurde. Dann ging
5 es eine Treppe hinauf in das Haus am Kanal, wo Otto Franks Geschäft gewesen war. Wir brauchten lange für die Treppe, sowohl Augustus als auch ich, aber ich fühlte mich stark. Wenig später stand ich vor dem be-
10 rühmten Bücherschrank, der Anne Frank, ihre Familie und vier andere versteckt hatte. Der Bücherschrank stand halb offen, und dahinter befand sich eine noch schmalere Treppe, die kaum breit genug für eine
15 Person war. Außer uns waren noch andere Besucher da, und ich wollte die Prozession nicht aufhalten, aber Lidewij sagte laut: „Wenn alle ein bisschen Geduld hätten", und dann begann ich den Aufstieg. Lidewij
20 trug mir die Sauerstoffflasche hinterher, und Gus ging hinter ihr.

Es waren vierzehn Stufen. Ich musste die ganze Zeit an die Leute hinter mir denken – es waren hauptsächlich Erwachsene, die
25 sich in verschiedenen Sprachen unterhielten –, und es war mir peinlich, weil ich mir vorkam wie ein Geist, tröstlich und quälend zugleich, aber dann hatte ich es geschafft und stand in einem unheimlich leeren Zimmer,
30 wo ich mich an die Wand lehnte, während mein Kopf meiner Lunge einredete: *Alles ist gut, alles ist gut, beruhig dich, alles ist gut,* und meine Lunge zu meinem Kopf sagte: *O Gott, wir sterben.* Ich bekam nicht mal mit,
35 wie Augustus hochkam, aber dann war er bei mir und wischte sich mit dem Handrücken über die Stirn, *puh,* und sagte: „Du bist ein Champion." […]

„Kehren wir um", sagte Gus hinter mir.
40 „Es geht schon", antwortete ich leise. Es war albern, aber irgendwie hatte ich das Gefühl, ich *schuldete* es ihr – Anne Frank, meine ich –, weil sie tot war und ich nicht, weil sie immer leise gewesen war und nie

die Vorhänge aufgemacht und alles richtig 45 gemacht hatte und trotzdem gestorben war, und deshalb musste ich diese Treppe hinaufgehen und den Rest der kleinen Welt sehen, in der sie gelebt hatte in den Jahren, bevor die Gestapo kam. 50

Ich fing an, die Stufen hinaufzuklettern, auf allen vieren wie ein kleines Kind, erst langsam, damit ich Luft bekam, doch dann schneller, weil ich merkte, ich bekam nicht genug Luft, und ich wollte es nach oben 55 schaffen, bevor alles zu Ende war. Schwärze flutete mein Blickfeld von allen Seiten, als ich mich hinaufzog, achtzehn Stufen, höllisch steil. Als ich endlich die Schwelle erreichte, war ich fast blind, und mir war 60 kotzübel, und die Muskeln in meinen Armen und Beinen schrien nach Sauerstoff. Ich rutschte an die Wand, und mein Brustkorb hob und senkte sich, als meine verwässerte Lunge zu husten versuchte. Über mir hing 65 ein leerer Glaskasten an der Wand, durch den ich zur Decke starrte, während ich versuchte nicht das Bewusstsein zu verlieren.

Lidewij kauerte neben mir und sagte: „Du bist oben, das war's", und ich nickte. 70 Verschwommen bekam ich mit, wie die Erwachsenen besorgt zu mir heruntersahen; wie Lidewij leise in einer Sprache sprach, dann in einer anderen und noch einer dritten, mit den verschiedenen Besuchern; wie 75 Augustus über mir stand, die Hand auf meinem Kopf, und mir am Scheitel entlang über das Haar strich.

[…] „Augustus Waters", sagte ich und sah zu ihm auf. Ich dachte, im Anne-Frank- 80 Haus konnte man sich nicht küssen, aber dann dachte ich, Anne Frank hatte im Anne-Frank-Haus schließlich auch jemanden geküsst, und wahrscheinlich könnte sie sich nichts Besseres wünschen, als dass das Haus, 85 in dem sie gelebt hatte, ein Ort würde, an dem sich die jungen und unheilbar Lädierten rettungslos ineinander verliebten.

Prozession:
feierlicher
Umzug

„Ich muss zugeben", sagte Otto Frank auf Englisch mit deutschem Akzent in dem Video, „ich war sehr überrascht von den tiefen Gedanken, die Anne sich machte."

Und dann küssten wir uns. Ich ließ den Sauerstoffwagen los und legte die Hand in seinen Nacken, und er zog mich an der Hüfte auf die Zehenspitzen. Seine geöffneten Lippen berührten meine, und ich begann mich atemlos zu fühlen, auf eine neue und faszinierende Art. Der Raum um uns verschwand, und einen merkwürdigen Moment lang mochte ich meinen Körper richtig gerne; dieses vom Krebs zerfressene Ding, das ich seit Jahren mit mir herumschleppte – plötzlich schien es all die Kämpfe wert zu sein, die Schläuche und Katheter und den unaufhörlichen körperlichen Verrat der Metastasen.

„Als Tochter habe ich eine ganz andere Anne gekannt. Ihre inneren Gefühle hat sie eigentlich nie gezeigt", fuhr Otto Frank fort.

Der Kuss dauerte ewig, während Otto Frank hinter mir sprach. „Ich bin also zu dem Schluss gekommen", sagte er, „weil ich ein sehr gutes Verhältnis zu Anne hatte, dass die meisten Eltern ihre Kinder eigentlich gar nicht kennen."

Ich merkte, dass meine Augen zu waren, und öffnete sie. Augustus sah mich an, seine blauen Augen, näher als sie je gewesen waren, und hinter ihm hatten die Besucher eine Art dreireihigen Halbkreis um uns gebildet. Sie waren sauer, dachte ich. Entrüstet. Diese Teenager mit ihren Hormonen, die vor einem Video bei der gebrochenen Stimme eines verwaisten Vaters rumknutschten.

Ich wich zurück, und Augustus gab mir einen flüchtigen Kuss auf die Stirn, während ich auf meine Converse-Turnschuhe starrte. Und dann fingen sie zu klatschen an. All die Leute, all die Erwachsenen, applaudierten einfach, und einer rief „Bravo!" mit südeuropäischem Akzent. Augustus lächelte und verbeugte sich. Lachend machte ich einen kleinen Knicks, der mir eine weitere Welle Applaus einbrachte.

1. Besprecht, nach welchen Kriterien man einen Roman und die Filmadaption vergleichen könnte. Begründet.

2. Vergleicht den Romanausschnitt (S. 196 f.) mit dem Filmtranskript (S. 194 f.) und dem Filmbild (S. 194). Achtet auf die Handlung, die Figuren, den Ort und die Zeit.

3. Formuliert mit eigenen Worten die folgende Auffassung von Balász.

Béla Balász: Verfilmte Literatur (Ausschnitt, 1924)

Die Wesensverschiedenheit von Film und Literatur erweist sich am deutlichsten, wenn ein guter Roman oder ein gutes Drama „verfilmt" wird. Vor dem Kinoapparat werden literarische Werke durchsichtig wie vor den Röntgenstrahlen. Das Knochengerüst der Fabel bleibt, das schöne Fleisch der Gedankentiefe, die zarte Haut des lyrischen Tönens verschwindet auf der Leinwand. Von den duftigsten Schönheiten bleibt nur ein nacktes, rohes Skelett übrig, das keine Literatur mehr und noch kein Film ist, sondern eben dieser „Inhalt", der weder hier noch dort das Wesen ausmacht. So ein Skelett müsste ein neues und ganz anderes Fleisch, eine andere Epidermis bekommen, um eine im Film sichtbare lebendige Gestalt zu erhalten.

Epidermis: äußere Schicht der Haut, Oberhaut

4. Diskutiert die folgende These: Wer Film und Literatur nur anhand der Werktreue vergleicht, wird beiden Medien nicht gerecht.

Wissen und Können

Lerninsel:
eine Film-
adaption mit
der literari-
schen Vorlage
vergleichen
S. 286

Roman und Filmadaption vergleichen

Oft wird ein literarisches Werk für einen Film genutzt; es entsteht ein **eigenständiges Kunstwerk**. **Literarische Texte** wirken vor allem durch die **Sprache**, **Filme** durch ihre **Bilder**. Beachtet, dass es nicht nur um einen inhaltlichen Vergleich geht, sondern darum, welche Wirkungen mit den spezifischen Mitteln des Mediums erreicht werden.
So könnt ihr vorgehen:

1. **Erzählen** im literarischen Werk und im Film **untersuchen**

Roman	Film
Erzählweise (Erzählperspektive, …)	Kameraführung, Perspektivierung
Erzählweise (Erzählzeit, Zeitdehnung, …)	Montage
Ort	Mise en Scène
Figurenrede, sprachliche Mittel, …	Dialoge, Sound

2. **Gesamtwirkung** des literarischen Werks/des Films **beschreiben**
3. literarisches Werk und Film **vergleichen**, z. B.
   – Plot und Figurendarstellung
   – Verhältnis von Sprache und Bild (z. B. *Streichungen, Zusätze, Veränderungen*)
   – inhaltliche und ästhetische Schwerpunktsetzung
   Häufig sind Vergleiche unter bestimmten Aspekten oder Vergleiche ausgewählter Textausschnitte/Filmsequenzen sinnvoll.

Differenzieren
Filmadaption
fd7q4y

5. Zum Differenzieren ■ ■ ■ ■

Gus geht im Film mit Hazel nach dem Besuch im Anne-Frank-Haus zu einer Bank und gesteht ihr, dass bei ihm ein schwerer Rückfall diagnostiziert wurde. Im Roman geschieht dies nach ihrer ersten Liebesnacht.

A Beschreibt das Filmbild. Überlegt, warum diese Kameraführung und Mise en Scène gewählt wurden. Nennt Gründe für die Veränderung gegenüber dem Roman.

B Untersucht, wie das Ende dieser Szene im Roman gestaltet wird. Vergleicht und interpretiert das Filmbild und den Romanausschnitt.

Text
Ende des
Kapitels im
Roman
54pi8g

6. Extra

Informiert euch über „Das Parfüm", „Schlafes Bruder" oder „Der Vorleser".
– Recherchiert zu einem Beispiel Textausschnitte, Trailer und Rezensionen.
– Bereitet eine Präsentation über die Filmadaption vor. Legt den Schwerpunkt auf strittige Aspekte. Haltet ein Referat vor der Klasse.

Aus Bildern im Kopf wird ein Film

Die Filmadaption eines epischen Textes vorbereiten

| Idee, literarische Vorlage | Plot (kausal verknüpfte Handlung); Exposé (Kernidee, Filmlänge, Stil, …); Treatment (ausführlicher als das Exposé, …) | Drehbuch (Szenenbeschreibungen, Dialoge); Storyboard (Verbildlichung) | Drehplan (Was wird wann, wo, mit wem gefilmt?) | Dreh (Kamera, Beleuchtung, …) | Schnitt, digitale Nachbearbeitung von Bild und Ton | Film |

1. Beschreibt die Stationen der Entstehung eines Films. Vergleicht diese mit euren eigenen Erfahrungen bei der filmischen Arbeit.

Joachim Meyerhoff: Wann wird es endlich wieder so, wie es nie war? (Ausschnitt, 2013)

Der Vater des Erzählers leitet eine Kinder- und Jugendpsychiatrie und wohnt mit seiner Familie mitten im Anstaltsgelände. In dem autobiografischen Roman werden aus der Sicht des Sohnes Erlebnisse mit den Patienten, aber auch der Familienalltag und das Verhältnis zu seinem unbeholfenen Vater geschildert, den er als „übergewichtiges Universallexikon" bezeichnet.

Zum endgültigen Erlöschen der Segelleidenschaft meines Vaters kam es auf einem dieser gemütlichen Ausflüge. Mein Vater schaltete mitten auf der großen Breite den
5 Außenborder ab, und wir ließen uns treiben. Das Wasser glitzerte, es war warm und herrlich still. Nach gut einer Stunde wollte mein Vater den Motor wieder anlassen. Zog an der Reißleine. Der Motor gluckste kurz
10 auf, aber sprang nicht an. Mehrere Versuche. Nichts. Selbst das Aufklappen der Motorhaube, für meinen Vater schon eine technische Meisterleistung, und das ratlose Bestaunen des Motorinneren änderte nichts. Wie
15 für einen letzten Versuch griff er sich die Reißleine, sammelte all seine akademischen Kräfte und hielt inne. Ich war neugierig, ob es diesmal funktionieren würde, und stellte mich hinter ihn. Voll Zorn riss er an der Lei-
20 ne, ungeschickt, leicht schräg. Er riss an der Motorleine und traf mich voll ins Gesicht. Ich wurde zurückgeworfen, stolperte und ging über Bord. Mein Vater schrie auf, ver-
suchte mich noch zu packen. Die Strömung war nicht stark, aber doch stark genug, mich 25 zügig vom Boot zu trennen. Ich hatte eine Schwimmweste an und trieb auf dem Wasser. Durch die Vehemenz des Schlages war ich durcheinander, hatte Nasenbluten. Verschwommen sah ich meinen Vater auf dem 30 Boot gestikulieren. Laut rief er um Hilfe.

Und dann sah ich ihn von der Bootskante springen, sah, wie mein übergewichtiger Vater ins Wasser plumpste, dachte „Mein Gott, was für ein erbärmlicher Sprung", 35 und hinter ihm entfernte sich unser Boot, das sogar, da mein Vater ihm beim Absprung einen Schubs gegeben hatte, etwas Fahrt aufnahm. Kurz bevor er bei mir war – es hatte lange gedauert, bis er näher kam, 40 lange hatte ich sein verzweifeltes Gesicht in Zeitlupe auf mich zukommen gesehen –, kurz bevor er mich erreichte, wurde ich beherzt von kräftigen Armen aus dem Wasser gehoben. Jemand rief meinem Vater etwas 45 zu. Er schwamm und paddelte und kletterte

Schlei:
Meeresarm der Ostsee in Schleswig-Holstein

Sepia:
Markenname des Bootes

JoMaHe:
Die Familie benennt ihr Boot nach den drei Söhnen Joachim, Martin und Hermann.

schließlich mit triefnasser Kleidung über die Außenleiter ins Boot unserer Retter. Er war außer Atem. Zitterte, umarmte mich, hielt 50 mich so fest, dass ich husten musste. Auch ich umarmte ihn, und es war nicht ganz klar, wer hier gerade wen tröstete. Das Paar, das uns herausgefischt hatte, war so freundlich, unser Boot zu suchen. Es lag im Schilf, 55 und wir nahmen es ins Schlepptau. Als mein Vater, in eine Decke gehüllt, sah, wie sich der Mann eine Zigarette anzündete, fragte er „Darf ich auch eine?", und er bekam eine. Vier Jahre lang hatte er nicht geraucht. 60 Als wir im Schlei-Segel-Club ankamen, wurden wir von einer ganzen Traube Menschen empfangen. Und von da an kursierte unter den Schleswiger Seglern die Geschich-

te vom Herrn Professor, der seinen Sohn über Bord geschlagen hatte, bei Windstärke 65 null in Seenot geraten war und gerettet werden musste. Und alles ohne Segelschein! Auf dem Weg nach Hause sagte mein Vater zu mir: „Ich wäre dir sehr dankbar, wenn du das nicht gleich heute Abend erzählst. Nur 70 für heute Abend könnte das doch unser kleines Geheimnis bleiben." Natürlich wollten meine Brüder und meine Mutter wissen, warum ich zwei blutdurchtränkte Wattepfropfen in der Nase hatte, aber ich log, log 75 für meinen Vater und sagte, ich wäre gegen den Mastbaum gelaufen. Ich log, und mein Vater nickte mir dankbar zu. Danach hat er seine Sepia, die JoMaHe, nie mehr betreten.

2. Beschreibt Bilder, die durch den Text (S. 199 f.) in eurer Vorstellung entstehen.
– Tauscht euch darüber aus, welcher Aspekt im Mittelpunkt eines Films stehen und was der Zuschauer denken und fühlen könnte.
– Sammelt Ideen, in welcher Form sich dieser Text filmisch umsetzen ließe (z. B. *Realfilm, Schwarz-Weiß-Film, Stop-Motion-Film mit Spielfiguren*). Notiert Vor- und Nachteile der Möglichkeiten.

Lerninsel: ein Storyboard gestalten S. 272

3. Erstellt das Storyboard für einen Kurzfilm.
– Gliedert den Text (S. 199 f.) in drei Abschnitte: Anfang, Wendepunkt/Konflikt, Auflösung.
– Unterteilt ihn anschließend in kleinere Einheiten, die sich als Einstellungen eignen.
– Untersucht die Erzählweise und die sprachliche Gestaltung. Überlegt, wie sich diese filmisch umsetzen lassen (z. B. *durch Kameraperspektive, Einstellungsgröße, Point of View*).
– Skizziert das Storyboard und notiert Anweisungen zur Kamerabewegung und Perspektive sowie die geplante Länge der Einstellungen.

4. Beschreibt die Gestaltung des Ausschnitts aus dem Drehbuch zu „Das Schicksal ist ein mieser Verräter" und erläutert, welche Arten von Informationen es enthält.

116 AUSSEN ANNE FRANK HAUS
– NACHMITTAG
Lidewij kommt vom Ticketverkauf zurück, mit schlechten Nachrichten.
        LIDEWIJ
Ich fürchte, es gibt keinen Aufzug.
        HAZEL
Oh, das ist in Ordnung.
        LIDEWIJ
Nein, dort gibt es viele Treppen. Steile Treppen.
        HAZEL
Ich schaffe das.
        GUS
Hazel --
        HAZEL
Ich schaffe das!
Sie gehen hinein.
SCHNITT AUF: 117 INNEN ANNE
FRANK HAUS – ERDGESCHOSS –
NACHMITTAG

5. Erstellt selbst ein Drehbuch.
- Orientiert euch an eurem Storyboard (S. 200, Aufgabe 3).
- Überlegt, ob ihr den Dialogtext aus dem Textausschnitt (S. 199 f.)
  übernehmen oder Veränderungen vornehmen wollt.
- Passt gegebenenfalls das Storyboard an das Drehbuch an.

Einen Kurzfilm auf der Basis eines epischen Textes drehen

Bei der Filmadaption eines kurzen epischen Textes könnt ihr so vorgehen:

1. Vorbereiten und planen

- den Text analysieren und interpretieren: Thema, zentrale(n) Wendepunkt(e), Komposition, Erzählweise, sprachliche Gestaltung, …
- Ideen zum Inhalt und zur Umsetzung sammeln und notieren (z. B. *filmische Gestaltungsmittel, technische und personelle Möglichkeiten*)

2. Storyboard skizzieren

- erste, eingängige Bilder skizzieren
- Entscheidungen zu Point of View, Kameraführung, Mise en Scène und Montagetechniken treffen
- Storyboard skizzieren (z. B. *Perspektive, Wechsel von Einstellungsgrößen, Kameraaktion*)

3. Drehbuch schreiben

- Ausgangstext in Einstellungen gliedern, zentralen Plot zusammenfassen
- Dreischritt ausschärfen: Anfang, Wendepunkt/Konflikt, Auflösung
- Textstellen streichen (Reduktion auf Wesentliches, eher wenige Protagonisten)
- Dialogtext übernehmen, streichen oder verändern (komplizierten Satzbau sprechbar gestalten)

4. Storyboard und Drehbuch miteinander abgleichen

5. Dreh und Schnitt

- technische Gegebenheiten klären (z. B. *Handykamera oder Profi-Equipment, Stativ, Richtmikrofon mit Windschutz, Trickbox*), häufig Ausleihe möglich
- für die Nachbearbeitung, v. a. den Schnitt, stehen sogenannte Open-Source-Programme kostenlos im Internet zur Verfügung (z. B. *Lightworks*)

Trickbox:
Kombination aus Kiste und Kamera als „Studio" zum Drehen eines Trickfilms

6. Extra

Verfilmt den Textausschnitt (S. 199 f.) oder einen selbst gewählten literarischen Text.

Häufige Kommasetzungsfehler vermeiden

1. Besprecht anhand der folgenden Rezension, inwiefern die Zeichensetzung das Lesetempo und das Verstehen eines Textes beeinflusst.
- Achtet beim Lesen darauf, wie es euch gelingt, den Inhalt zu verstehen.
- Vergleicht euer Lesetempo für den ersten und den markierten Teil.

Benjamin Moldenhauer: Tränentreibende Glücksmomente (Ausschnitt, 2014)

Zwei krebskranke Teenager verlieben sich ineinander – kann man aus diesem Szenario einen unkitschigen Film machen? Die Bestsellerverfilmung „Das
5 Schicksal ist ein mieser Verräter" kann. **Und rührt den Zuschauer gerade durch ihre Klarheit zu Tränen.**

Wenn es dieses Jahr einen Film gibt, der von einer unüberschaubar großen Masse en-
10 thusiastischer Teenager sehnsüchtig erwartet wird, dann ist es wohl „Das Schicksal ist ein mieser Verräter". Die gleichnamige Romanvorlage von John Green ist eines der meistgelesenen Jugendbücher der ver-
15 gangenen Jahre, der Trailer zur Kinoadaption wurde in den ersten 24 Stunden nach Veröffentlichung im Januar mehr als drei Millionen Mal aufgerufen, die „New York Times" warnte vor dem Kinostart vor einer
20 „hyperaggressiven Fanbase".

Die Fallhöhe des Films ist also riesig – zumal bei diesen Plotvorgaben die Gefahr droht, in melodramatischem Todeskitsch zu versacken: Hazel und Augustus lernen sich
25 in einer gruseligen Krebs-Selbsthilfegruppe kennen, verlieben sich ineinander und fahren gemeinsam von Indiana, USA, aus ins ferne Amsterdam, um dort Peter Van Houten zu treffen. Dessen Tochter ist im Alter von acht
30 Jahren an Krebs gestorben, ihren Tod hat der Autor in „Ein herrschaftliches Leiden" verarbeitet. Es ist Hazels Lieblingsbuch. Dass der Film nicht ohne wenigstens eine Beerdigung zu Ende geht, weiß auch der Zuschauer, der
35 die Romanvorlage nicht kennt, spätestens nach fünf Minuten Filmzeit.

Die beiden Verliebten philosophieren mit vorgeblich abgeklärter Ironie über das Leben und den Tod, Hazel immer mit ih-
40 rer Sauerstoffflasche im Schlepptau (Schilddrüsenkrebs mit Metastasen in der Lunge), Augustus mit einer nichtangezündeten Zigarette im Mundwinkel („eine Metapher") und Beinprothese (Knochenkrebs). Hazel weiß dass sie bald sterben und die die sie
45 lieben verletzen wird. Deshalb versucht sie anfangs auch sich Augustus vom Leib zu halten. Doch gegen den hoffnungslos Verliebten kommt sie nicht an was zum Anrührendsten gehört das seit Langem auf der
50 Leinwand zu sehen war. Nur in der Szene in der die beiden sich zum ersten Mal küssen auf dem Dachboden des Anne-Frank-Hauses einem Museum für ein anderes todgeweihtes Mädchen und die Umstehenden ap-
55 plaudieren sind die Bilder nah an der Grenze zum Kitsch. […]

„The Fault in our Stars" etwa „Die Schuld unserer Sterne" so der schönere Originaltitel von Film und Buch gelingt es dem Zu-
60 schauer konstant präsent zu halten dass man hier zwei jungen Menschen nicht nur bei bei ihrer ersten sondern zugleich auch ihrer letzten großen Liebe zuschaut und stellt so eine Bedeutsamkeit her die Leinwand-Teenager-
65 Romanzen oftmals fehlt (zumindest aus der Perspektive der erwachsenen Zuschauer).

Dass das heikle Unterfangen gelingt liegt […] an den pointierten Dialogen die sich eng an die eh bereits sehr filmische Roman-
70 vorlage John Greens halten.

  häufige Kommasetzungsfehler vermeiden

Lerninsel:
Zeichensetzung
S. 294

⊕ **Differenzieren**
häufige Komma-
setzungsfehler
vermeiden
ie5d48

2. Sucht im ersten Teil des Textes (bis Z. 44) jeweils ein Beispiel für:
– Komma bei Aufzählungen
– Komma zwischen Haupt- und vorangestelltem Nebensatz
– Komma zwischen Haupt- und eingeschobenem Nebensatz
– Komma zwischen zwei Hauptsätzen
– Komma bei nachträglichen Erläuterungen
Klärt die Funktion dieser Kommas.

3. „Die Fallhöhe des Films ist also riesig … um dort Peter Van Houten zu treffen" (Z. 21–29). Begründet, warum das Komma in den beiden Infinitivgruppen nicht weggelassen werden darf.

4. Bildet Beispielsätze mit Infinitivgruppen, die
– uneingeleitet sind,
– mit *um, anstatt, ohne, …* eingeleitet sind,
– von einem Substantiv abhängen,
– mit einem hinweisenden Wort *(z. B. es, daran, darauf, dazu)*
  im übergeordneten Satz angekündigt werden.

Mein Vorschlag, ins Kino zu gehen, um die Bestsellerverfilmung anzuschauen, fand breite Zustimmung.

5. Diktiert die Sätze aus Aufgabe 4 einem Partner. Klärt, in welchen Sätzen ein Komma stehen muss und in welchen Sätzen es weggelassen werden darf.

6. Setzt die fehlenden Kommas im gelb markierten Abschnitt der Rezension (S. 202). Diskutiert, welche Kommas durch andere Satzzeichen wie Doppelpunkt, Klammer oder Gedankenstrich ersetzt werden können.

7. Setzt im folgenden Text *das* oder *dass* richtig ein. Begründet, warum das Komma vor *und* an den gelb markierten Stellen gesetzt werden muss.

⊕ **Video**
das und dass
c96kc8

Da[s/ss] die Verfilmung des Bestsellers „Das Schicksal ist ein mieser Verräter" gelingt, liegt an den pointierten Dialogen, die sich eng an die (ohnehin beinahe filmische) Romanvorlage anlehnen, und an den beiden jungen Hauptdarstellern, Shailene Woodley und Ansel Elgort. Überzeugen können ebenso Darsteller wie Willem Dafoe, der den über den eigenen Schmerz zum Zyniker mutierten Peter Van Houten spielt, und Laura Dern als sich rührend aufopfernde Mutter, die ihrer Tochter Hazel am Ende die Gewissheit geben kann, da[s/ss] das Leben der Eltern weitergehen wird, wenn Hazel einmal nicht mehr da ist. Dabei lässt der Film keinen Zweifel daran, da[s/ss] – so ein Zitat – „Sterben scheiße ist", da[s/ss] Leben aber trotz alledem schön sein kann, und gerade dieses Nebeneinander von souverän inszenierten Glücksmomenten und bedrückender Ausweglosigkeit ist berührend – jenseits aller Altersgrenzen.

Literarische Erörterung

Beispiellösung
BLF-Aufgabe
ty5p58

Ist Werktreue ein Kriterium für die Qualität einer Filmadaption?
Erörtert diese Frage anhand der folgenden Rezension und eurer eigenen Lektüre- und
Filmerfahrungen. Ihr könnt auch die Rezension auf Seite 202 zu Hilfe nehmen.

Text
BLF-Aufgabe
id75iu

Philipp Schulze: Das Schicksal ist ein mieser Verräter (Cinema-Online, 2014)

Krebsbücher sind nicht doof – schon gar nicht, wenn sie so umwerfend geschrieben sind wie John Greens Bestseller über die 16-jährige Hazel Grace und ihren
5 Freund Augustus Waters. Jetzt kommt der Kultroman ins Kino.
Es gibt Bücher, die sind so wertvoll und bewegend, dass man am liebsten die ganze Welt davon überzeugen würde, sie zu lesen. Und
10 wohl kaum ein anderes Buch wurde in den letzten Jahren so sehr geliebt wie John Greens „Das Schicksal ist ein mieser Verräter". Dass der Roman jetzt verfilmt wurde, stürzt Millionen Leser in ein Wechselbad der Gefühle.
15 Die Vorfreude ist riesig, doch wird der Film

Love Stories:
amerikanischer
Film von 2012

Divergent:
amerikanischer
Science-Fiction-
Film von 2014

die einzigartige Atmosphäre des Buches auch nur annähernd wiedergeben können? Das Leben ist schließlich keine Wunscherfüllmaschine. Doch in diesem Fall war das Schicksal kein mieser Verräter: Es gibt ver- 20 mutlich nur wenige Romanverfilmungen, die es geschafft haben, ihrer Vorlage so nah zu kommen. Josh Boone („Love Stories") hat die Geschichte von Hazel und Augustus fast lückenlos auf die Leinwand übertragen 25 – und mit den „Divergent"-Stars Shailene Woodley und Ansel Elgort zwei Darsteller gefunden, die ihre Rollen perfekt verkörpern. Hazel gehört zu den „unheilbar Lädierten". Ihre Diagnose lautet: Schilddrü- 30 senkrebs mit Metastasen in der Lunge. Sie hat gerade ihren 33. Halbgeburtstag gefeiert, muss ständig eine Sauerstoffflasche hinter sich herziehen und fühlt sich wie eine tickende Zeitbombe. Mehr als alles andere 35 beschäftigt sie die Frage, was aus den Figuren ihres Lieblingsbuches „Ein herrschaftliches Leiden" geworden ist. Doch der Autor Peter van Houten lebt zurückgezogen in Amsterdam und weigert sich, ihre Briefe 40 zu beantworten. In der Selbsthilfegruppe für Krebspatienten trifft sie auf den 17-jährigen Augustus, der durch Knochenkrebs ein Bein verloren hat. Er hat keine Angst, von der „Zeitbombe" Hazel verletzt zu wer- 45 den, aber er fürchtet sich davor, dass ihm „weder ein Leben noch ein Tod bestimmt ist, der irgendeine Bedeutung hat". Und so beschließen die beiden, in die Niederlande

Lerninsel:
eine literarische
Erörterung
schreiben
S. 255 f.

🌐 **Training
interaktiv**
literarische
Erörterung
schreiben
y6m4kk

zu fahren, um Peter van Houten (Willem Dafoe) zu treffen.

„Das Schicksal ist ein mieser Verräter" erzählt von der ersten Liebe und den letzten Dingen, und dabei gelingt ihm etwas ganz Seltenes: Pointenreich und tiefgründig verbindet der zurückhaltend inszenierte Film Ironie und aufrichtiges Mitgefühl: Den vielfältigen Nebenwirkungen des Krebses, den Durchhalteparolen und Ermutigungssprüchen begegnen Hazel und Augustus mit Humor. Doch sie ahnen auch, dass wir ohne Leid tatsächlich nicht wüssten, was Freude ist. Es stimmt wahrscheinlich, dass Krebskinder nicht tapferer sind als andere. Aber den Wert und die Schönheit des Lebens spüren sie stärker als alle anderen. In dieser Geschichte lassen sie uns an diesem Gefühl teilhaben.

Fazit: Ein echter Glücksfall: Josh Boone hat das herzzerreißende Jugendbuch grandios verfilmt.

Arbeitsschritte

1. Analysiert die Aufgabenstellung. Formuliert die Streitfrage mit eigenen Worten.

2. Fertigt Notizen zu folgenden Aspekten an:
   - Was ist mit Werktreue gemeint?
   - Weshalb wird in Filmrezensionen Wert auf die Werktreue gelegt?
   - Wie wird in den Rezensionen (S. 202, 204) die Werktreue der Verfilmung „Das Schicksal ist ein mieser Verräter" beurteilt? Notiert Textbelege.
   - Welche literarischen Werke und deren Filmadaptionen kennt ihr? Waren diese Verfilmungen aus eurer Sicht werkgetreu? Wie beurteilt ihr diese Umsetzungen?

3. Erstellt einen Schreibplan.
   - Bezieht eine klare Position zu der Streitfrage.
   - Sammelt Argumente und Argumentationsstützen für und gegen die Werktreue als Gütekriterium einer Filmadaption.
   - Entscheidet euch, ob ihr eure Erörterung nach dem Sanduhr- oder nach dem Ping-Pong-Prinzip gliedern wollt.
   - Sortiert die Argumente und Argumentationsstützen entsprechend.
   - Notiert Stichpunkte für die Einleitung und den Schluss.

4. Verfasst die Erörterung und achtet auf gelungene Überleitungen. Nutzt den Sprachtipp auf Seite 94.

5. Tauscht eure Texte aus und gebt euch ein Feedback. Überarbeitet eure Texte mithilfe der blauen Box auf Seite 95.

literarische
Erörterung
S. 90–95

**So geht's
interaktiv**
BLF-Aufgabe
i3rh8d

korrekt
zitieren und
paraphrasieren
S. 98 f.

Lerninsel:
Sanduhr-
prinzip
Ping-Pong-
Prinzip
S. 253 f.

Vorlage
Checkliste
literarische
Erörterung
g7bv2b

Sprach-los?
Sprache betrachten

 Das könnt ihr schon!

- Dialektgebrauch in unterschiedlichen Kommunikationssituationen beurteilen
- die Angemessenheit von Jugendsprache prüfen
- Entwicklungstendenzen der deutschen Gegenwartssprache beschreiben

1. Benennt die Probleme, die der Text anspricht. Formuliert Fragen zu diesen Problemen.

2. Ist das gesprochene Wort die bedeutendste Errungenschaft der Menschheit? Diskutiert diese Frage. Bezieht die beiden folgenden Meinungen ein.

„Wenn heute ein Kind schreiben würde wie Goethe, stünde es in Deutsch auf einer glatten Fünf." Der das sagt, Rudi Keller, ist Professor für Germanistik. Munter habe der Dichterfürst zum Beispiel zwischen
5 den Schreibweisen „Mädchen" und „Mädgen" gewechselt, sogar „wegen" mit dem Dativ gebraucht. [...] Keller [vertritt] die These, dass die deutsche Sprache keineswegs vom Verfall bedroht ist, sondern sich lediglich wandelt. Eine Formulierung wie
10 „Ich muss gehen, weil die Läden machen gleich zu" entspreche zwar nicht der heutigen Norm, sei aber womöglich die Regel von morgen. [...] Unbestritten ist hingegen, dass das gesprochene Wort die bedeutendste Errungenschaft der Menschheit ist. Eine
15 Fähigkeit, die *Homo sapiens* von allen anderen Spezies unterscheidet, eine unverzichtbare Kulturtechnik.

Die Entwicklung der Schrift ist eine weitaus größere Errungenschaft. Lesen und Schreiben sind unverzichtbare Kulturtechniken.

Man kann doch auch nonverbal kommunizieren.

Homo sapiens (lat.):
der Mensch als vernunftbegabtes Wesen

CEO (engl.):
Chief Executive Officer, Geschäftsführer eines Unternehmens

annual turnover (engl.):
Jahresumsatz

Greser & Lenz

3. Erklärt, welche allgemeine Entwicklungstendenz der Sprache in der Karikatur thematisiert wird. Nennt zwei weitere Entwicklungstendenzen der deutschen Gegenwartssprache.

Lerninsel:
Sprache
betrachten
S. 287 ff.

🌐 Eingangstest
Sprache
betrachten

sf8f82

Testen Sie Ihr Denglisch

Sind Sie up to date? Hier haben Sie die Opportunity, sich der Final Challenge zu stellen.
Ob Sie sich bei dieser Occasion als Winner oder Loser outen, bleibt confidential …

Facility Manager
A. Fakultätsleiter
B. Gesichtschirurg
C. Hausmeister/-verwalter

Anchorman
A. Bänkelsänger
B. Seemann
C. Chef-Nachrichtensprecher

chillen
A. ausspannen
B. foltern
C. würzen

Chairman
A. Sitzungsteilnehmer
B. Vorsitzender
C. Platzhalter

Outlet
A. Abfluss
B. Fabrikladen
C. Entlassung

Benchmarking
A. Wasserstandsmessung
B. Bankdrücken
C. Leistungsvergleich

4. Findet im Denglisch-Test die richtige Bedeutung. Ordnet die Anglizismen Lebensbereichen zu und nennt Bereiche, in denen der Einfluss des Englischen besonders groß ist.

5. Ordnet die folgenden Begriffe in den Stammbaum der indoeuropäischen Sprachen ein und begründet: Bulgarisch, Dänisch, Deutsch, Englisch, Italienisch, Niederländisch, Norwegisch, Polnisch, Portugiesisch, Rumänisch, Schwedisch, Slowakisch, Spanisch, Tschechisch.

Das lernt ihr jetzt!

· **Einblicke in die Entstehung der Sprache und
  die Entwicklung der Sprachfähigkeit gewinnen**
· **Analphabetismus als Problem erkennen und
  mögliche Ursachen diskutieren**
· **Möglichkeiten und Grenzen sprachpflegerischer
  Bemühungen kennen und beurteilen**

Wie das Wort zum Menschen kam ...
Einblicke in die Entstehung der menschlichen Sprache gewinnen

Sebastian Kirschner: Wie kam das Wort zum Menschen? (Ausschnitt, 2007)

„Der Mensch ist erst Mensch durch die Sprache." Das ahnte bereits der Philosoph und Sprachforscher Wilhelm von Humboldt Anfang des 19. Jahrhunderts. Zu einer Zeit,
5 als Naturwissenschaftler mit ihren Theorien über die Entstehung der Arten noch im Dunkeln tappten.

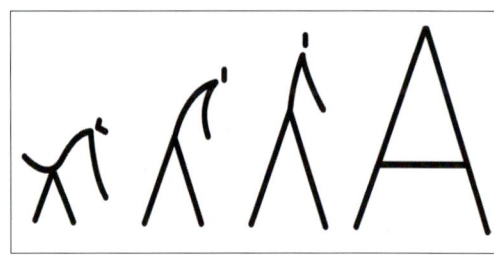

Philologen, so schien es, hatten damals die Gesetze der Entwicklungsgeschichte
10 von Sprachen durchschaut. Mit Akribie und Eifer stürzten sich die Sprachwissenschaftler des 19. Jahrhunderts auf jede verfügbare schriftlich erhaltene Botschaft aus längst vergangenen Tagen. Die Erkenntnis, dass
15 der Lautwandel regelhaft verläuft, ermöglichte es ihnen, einen „Stammbaum" der Sprachfamilien der Welt zu erstellen: aus einer gemeinsamen, jahrtausendealten Ausgangssprache hat sich demnach die Vielfalt
20 der heutigen Idiome entwickelt. [...] Doch es gab ein Problem: Schriftliche Zeugnisse waren kaum älter als 7000 Jahre. [...] Über eine mögliche „Ursprache der Menschheit" konnte die vergleichende Linguistik somit
25 keine Auskunft geben. [...]

Die Entstehung der ersten menschlichen Sprache blieb daher lange Zeit Gegenstand von zum Teil irrwitzigen Spekulationen. Einer Anekdote zufolge soll ein Sprachfor-
30 scher das griechische Wort „pyr", mit dem unser Ausdruck „Feuer" verwandt ist, auf das Schnattern („brr") des Urmenschen zurückgeführt haben, der in kalten Höhlen leben musste. [...] Schließlich wurde dem
35 Fabulieren ein Riegel vorgeschoben: 1866 verbot die Linguistische Gesellschaft von Paris ihren Mitgliedern, weitere Diskussionsbeiträge über die Evolution der Sprache einzureichen.
40 Unter den Naturwissenschaftlern keimte indes Hoffnung auf Erkenntnis. Nachdem

Charles Darwin im Jahre 1859 neues Licht auf den Ursprung der Artenvielfalt geworfen hatte, wurde seine Evolutionstheorie auch auf den Menschen und dessen Sprache
45 angewendet. Laut Darwins Regeln musste jedes Phänomen der Natur, so komplex es auch sein mochte, im Laufe der Evolution in einem kontinuierlichen Wandel aus bereits existierenden Formen hervorgegangen sein
50 – also auch die Sprachfähigkeit des Menschen. [...]

Womöglich ging, wie schon Charles Darwin vermutet hat, der menschlichen Sprache eine primitive gesangsartige Kommu-
55 nikationsform voraus. Solche „Urgesänge" dienten vielleicht dazu, Partner zu werben oder die sozialen Bindungen innerhalb der Urmenschengruppe zu festigen.

[...] Die Lautsprache begann sich ver-
60 mutlich irgendwann zwischen 1,8 Millionen und 500.000 Jahren vor unserer Zeit zu entwickeln, als noch der letzte gemeinsame Vorfahre von *Homo sapiens* und Neandertaler lebte. Diese *Homo erectus* genannte Spe-
65 zies stand der Schwelle zum „Menschsein" schon sehr nahe [...]. Sehr komplex kann ihre vokale Verständigungsform aber kaum gewesen sein: Über eine Million Jahre fertigte *Homo erectus* Steinwerkzeuge auf die
70 gleiche Art und Weise an – ohne Anzeichen jenes raschen kulturellen Wandels, wie er für den sprachgewandten *Homo sapiens* charakteristisch ist. [...]

Philologe:
Sprach- und Literaturwissenschaftler

Idiome:
besondere Sprechweisen von Gruppen (Dialekt, Jargon); hier: Sprachen

vergleichende Linguistik:
Disziplin der Sprachwissenschaft, welche die Herkunft, Entwicklung und Verwandtschaft von Sprachen untersucht

Homo erectus (lat.):
der aufgerichtete Mensch

Doch stand am Anfang tatsächlich eine Lautsprache? Evolutionsbiologen gehen heute davon aus, dass die Kommunikation mit Gesten und Gebärden der lautlichen voranging. Denn Schimpansen, deren kommunikative Fähigkeiten wahrscheinlich denen des gemeinsamen Vorfahren von Mensch und Affe entsprechen, setzen Rufe meist nur unwillkürlich als Ausdruck von Emotionen ein. Das kann ein erregtes Schreien sein, wenn das Tier eine Futterquelle entdeckt, oder ein ängstliches Kreischen angesichts eines Rangkampfes mit einem Artgenossen. Mit Sprache – der Verwendung konventioneller Symbole – haben diese angeborenen, an konkrete Anlässe gebundenen Rufe aber nur wenig zu tun.

Umso flexibler setzen die großen Menschenaffen ihre Arme und Hände für die Kommunikation ein. Sie verfügen über ein reiches Repertoire an Gesten, deren Bedeutungsinhalte sie erlernen müssen und später je nach Situation variieren können. Es ist also wahrscheinlich, dass Urmenschen wie *Homo erectus* aus der willkürlichen Gestik der äffischen Vorfahren eine erste simple Gebärdensprache entwickelten. […]

Dass unsere Vorfahren schließlich von der gestischen zur lautlichen Kommunikation übergegangen sind, hatte offensichtliche Vorteile: So erleichterte die Lautsprache die Verständigung im Dunkel der Nacht. Außerdem waren die Hände nicht mehr zwingend für die Kommunikation vonnöten und konnten stattdessen zum Beispiel zum Beerensammeln verwendet werden.

Und noch eine unabdingbare Voraussetzung, um sprechen zu können, besaß *Homo erectus* seit langem: den aufrechten Gang. Nur dieser erlaubt eine Entkoppelung des Atemrhythmus vom Schreiten. Im Gegensatz zu Vierbeinern, deren Atemrhythmus direkt an die Bewegung der Vorderbeine gekoppelt ist, kann der Mensch mehrere Schritte tun und viele Lautäußerungen aneinanderreihen, bevor er wieder Atem holen muss.

Mit dem Übergang zum Savannenleben hatten die Vorfahren des *Homo erectus* zudem eine weitere Eigenart entwickelt, die für die Herausbildung der Sprache unabdingbar war: den Trend zum Zusammenleben in großen Gruppen. […] Doch ein Zusammenleben in größeren Gruppen bringt zwangsläufig mehr Konflikte mit sich. Die kosten Zeit und können blutig ausgehen. Um sich friedlich einigen zu können, bedurfte es einer Verständigung, die Nuancen bei der Beschreibung von Gefühlen und Sachverhalten zuließ.

Hominiden mit solchen kommunikativen Fähigkeiten hatten somit einen Überlebensvorteil – und über Generationen und Abergenerationen verbesserte sich auf diese Weise die Verständigung und die Gehirne wurden leistungsfähiger. […] Mithilfe von genetischen Analysen, Fossilienfunden und dem Vergleich mit Menschenaffen konnten Forscher verschiedener Disziplinen in den vergangenen Jahrzehnten eine Menge Puzzleteile zusammentragen. Dennoch werden wir wohl nie erfahren, wie es sich anhörte, als zum ersten Mal Urmenschen plaudernd durch die afrikanische Savanne liefen, geschweige denn, welche Wörter sie kannten. […]

konventionelle Symbole: Zeichen, die durch Übereinkunft entstanden sind

Hominid: Vertreter einer Familie von Lebewesen, die aus dem heutigen Menschen und seinen Vorläufern sowie den Menschenaffen besteht

1. Betrachtet die grafische Darstellung auf Seite 208 und erklärt, welche der im Text beschriebenen Zusammenhänge visualisiert werden.

2. Fasst mit eigenen Worten zusammen, wie die Entstehung der menschlichen Sprache im Text erklärt wird.

3. Ergänzt den Stammbaum zu den indoeuropäischen Sprachen (S. 207) um seine Wurzeln. Übernehmt die Zeichnung und nutzt dazu die Informationen, die der Text bietet.

Was Hänschen (nicht) lernt …
Über die Entwicklung der Sprachfähigkeit reflektieren

Primärer Spracherwerb: Wie Kinder sprechen lernen

Fenja Mens: Das Wunder des Spracherwerbs (Ausschnitt, 2007)

Um die Weihnachtszeit 1721 ist der kleine Christian Heineken aus Lübeck knapp zehn Monate alt. Liebevoll erklärt ihm seine Amme Sophie Hildebrandt die Bilder an
5 der Wand und auf dem Kachelofen in Christians Elternhaus. „Dat is een Perd, dat is'n Katt und dat is een Kerkturm", sagt sie auf Lübecker Platt.

Der Säugling erweist sich als erstaun-
10 lich gelehrig: Am nächsten Tag wiederholt Christian die Worte der Amme und zeigt mit dem Finger auf die richtigen Bilder. Bald darauf entdeckt auch der Edelmann Christian von Schöneich, der im Hause der Heine-
15 kens ein- und ausgeht, die Gabe des Kindes. Ob Platt oder Schriftsprache, ob Deutsch, Französisch oder Latein: Das Baby vergisst einmal Gehörtes nie. Mit 14 Monaten kann es das Alte Testament auswendig vortragen,
20 kurze Zeit darauf 80 Psalmen rezitieren, pro Woche lernt das Sprachgenie 150 lateinische Vokabeln. Nur wenn er erschöpft ist – und das ist er oft –, besinnt sich Christian auf das seinem Alter Angemessene: die Brust seiner Amme. Höflich entschuldigt er sich mit den
25 Worten „Nun will ich nach *nutrix* gehen", und ruft seine Ernährerin herbei: „Sophie! Gef my doch de Titte!"

Schließlich wird das Wunderkind sogar dem dänischen König vorgestellt. Doch be-
30 reits mit fünf Jahren, am 27. Juni 1725, stirbt Christian, vermutlich an den Folgen einer Mehlallergie. Was bleibt, ist unter anderem eine Widmung des Komponisten Georg Philipp Telemann, die dieser nach seinem
35 Besuch für den Kleinen verfasst hat: „Kind, deßen gleichen nie vorhin ein Tag gebahr!/ Die Nach-Welt wird dich zwar mit ew'gen Schmuck umlauben;/Doch auch nur kleinen Theils Dein großes Wißen glauben,/
40 Das dem, der dich gekannt, selbst unbegreiflich war." […]

nutrix (lat.): Amme

1. Erklärt, warum Christian als Wunderkind bezeichnet wird. Vergleicht den Verlauf seines Spracherwerbs mit dem, was ihr über euren eigenen Spracherwerb wisst oder was ihr bei kleinen Kindern in eurer Familie oder in eurem Freundeskreis beobachtet.

Text
Phasen des Spracherwerbs
i68x3t

2. Die meisten Spracherwerbsforscher gehen davon aus, dass jedes Kind beim Spracherwerb zwar sein eigenes Tempo habe, dieser aber stets in den gleichen Phasen abläuft.
   - Informiert euch über die Phasen des Spracherwerbs.
   - Überprüft das Tempo und die Phasen anhand der Ergebnisse aus Aufgabe 1.

3. **Extra**

   Gestaltet eine Zeitleiste zu eurer Sprachentwicklung. Befragt dazu eure Eltern:
   - Wann habt ihr sprechen gelernt und was war euer erstes Wort?
   - An welche Besonderheiten, z. B. lustig ausgesprochene Wörter, erinnern sich eure Eltern?
   - Wann habt ihr mit Lesen und Schreiben begonnen?
   - Wann habt ihr eure erste Fremd-/Zweitsprache zu lernen begonnen?

Fenja Mens: Das ungelöste Rätsel (Ausschnitt, 2007)

Die Frage, wie Babys ihre Muttersprache erlernen und welche Mechanismen dabei eine Rolle spielen, ist bis heute nicht vollständig geklärt.

Noam Chomsky

Der amerikanische Psychologe Burrhus Frederic Skinner glaubte in den 1950er Jahren, dass pure Nachahmung der Weg zur Sprache sei. Kinder würden einfach nachsprechen, was sie von den Eltern und anderen Bezugspersonen aufschnappten – sofern sie für ihre Leistungen gelobt würden. Der Verhaltensforscher hatte durch Tierexperimente demonstriert, dass ein bestimmtes Verhalten häufiger auftritt, wenn darauf ein positiv verstärkendes Ereignis folgt. Diese Erkenntnis übertrug er 1957 in seinem Buch „Verbal Behavior" auf den menschlichen Spracherwerb: einen Ball zeigen; „Ball" sagen; das Kind loben und bestärken, wenn es ebenfalls „Ball" sagt; fertig. An Kindern hatte Skinner seine These nicht überprüft. Dennoch leuchtete seine Ansicht vielen Wissenschaftlern ein und verbreitete sich rasch. […]

[D]er amerikanische Linguist Noam Chomsky […] bestritt, dass Kinder allein durch Imitation sprechen lernen könnten. Das sei schon deswegen nicht möglich, weil ein Satz sich kaum jemals genau wiederhole. Zudem seien die Regeln der Sprache so kompliziert, dass diese Prinzipien dem Menschen angeboren sein müssten – als eine Art universale Grammatik, die für alle Sprachen der Welt funktioniere. Auch diese Idee war am Schreibtisch ersonnen. Dennoch waren Chomskys Überlegungen der Anstoß für eine hitzige Debatte: Ist dem Menschen Sprache doch schon in die Wiege gelegt? Oder hören wir uns den Gebrauch eines Kasus oder Konjunktivs stets von denen ab, die uns nahe sind? […]

Burrhus Frederic Skinner

Heute ist sich die Forschung weitgehend einig, dass die körperlichen und geistigen Anlagen sowie die Umwelt eine wichtige Rolle spielen. Dabei ist auch der Prozess der Mustererkennung, das Wiedererkennen bestimmter regelmäßiger Muster in der Sprache, von Bedeutung.

„Für kleine Babys sind Wörter Abfolgen von Lauten, in denen immer wieder ähnliche Muster vorkommen", sagt die Oldenburger Spracherwerbsforscherin und Entwicklungspsychologin Gisela Szagun. Die Mustererkennung ist höchst effektiv. Wie lange würde es dauern, sich jede Mehrzahlform einzeln einzuprägen! Viel weniger aufwendig ist es für das Gehirn, Muster abzuspeichern und Ausnahmen über Fehler zu lernen.

Ein Beispiel: Fragt man einen Zweijährigen nach der Mehrzahl von Eimer, ist die Antwort „Eimas" nicht unwahrscheinlich. Erwachsene sprechen ein geschriebenes „-er" meist wie ein „a", also „Eima". An Wörter, die auf „a" enden, hängen wir im Plural in der Regel ein „s": Sofa – „Sofas". Also, folgert das kindliche Gehirn unterbewusst, lautet die Mehrzahl von Eimer „Eimas".

Erwachsene besitzen ähnliche Mechanismen, dennoch lernen Kinder schneller und besser. Szagun: „Ihr Gehirn scheint bis etwa zum siebten Lebensjahr für sprachliche Informationen besonders aufnahmefähig zu sein."

Schon im Mutterleib gehen die Ohren des Fötus auf Empfang. Ab etwa dem fünften Schwangerschaftsmonat kann er durch die Gebärmutterwand zumindest die Sprachmelodie wahrnehmen. […]

Die Umwelt spielt beim Spracherwerb eine wichtige Rolle – aber auf andere Art, als Skinner sich das […] gedacht hat. Nicht nur Imitation führt zur Sprache, vielmehr tun es auch Interaktion und geistiger Austausch. Wenn sie unterbleiben, verkümmert der Spracherwerb. Deshalb kann auch eine Kindersendung wie „Teletubbies" die sprachliche Entwicklung nicht fördern. Das

🌐 **Text**
Babys schreien auf Deutsch oder Französisch
7v9t2d

Teletubbies: von der BBC entwickelte Fernsehserie (1997–2001), ab 1999 Ausstrahlung im KiKa

hat eine vor kurzem veröffentlichte Studie der US-amerikanischen Kommunikationswissenschaftlerin Marina Krcmar gezeigt.

Der Monolog des Fernsehapparats verdammt das Kind zur Passivität […]. [80]

4. Angeboren oder durch Nachahmung erworben? Sucht aus dem ersten Teil des Textes (S. 211, bis Zeile 36) Argumente, die für oder gegen die Erklärungsansätze sprechen.

5. Prüft, ob sich die Überlegungen Skinners und Chomskys in den modernen Erklärungsansätzen (S. 211, ab Zeile 37) teilweise wiederfinden.
Erläutert mithilfe des Textes die Bedeutung der Interaktion für den Spracherwerb.

6. Erklärt die folgenden Äußerungen kleiner Kinder mithilfe des Prinzips der Mustererkennung.

> „Guck mal, was ich schon kanne!"
> (Arthur, 2 Jahre alt)

> „Warum klingeln nicht alle Teleföne gleich?"
> (Paula, 3 Jahre)

> „Mama ist der Autofahrer und Papa ist der Nebensitzer."
> (Finn, 3 Jahre alt)

> „Ich hab ausgeschlaft."
> (Lisa, 2 Jahre alt)

Fremdsprache:
durch bewusstes Lernen, z.B. im (Schul-)Unterricht, nach der Erstsprache erworbene Sprache, die in dem Land, in dem sie erworben wird, nicht Umgebungssprache ist

ital. *avere finito* (fertig sein)
avere (haben)
frz. *le soleil* (mask.)

7. Besprecht, welche Erfahrungen ihr beim Erwerb der Grammatik einer Fremdsprache gemacht habt. Erklärt anhand der Beispiele, wodurch der Grammatikerwerb in der Fremdsprache beeinflusst wird. Nutzt die Informationen in der Randspalte.

Ich habe fertig. (Sprecher mit Erstsprache Italienisch)
I've done it yesterday. (Sprecher mit Erstsprache Deutsch)
Der Sonne scheint. (Sprecher mit Erstsprache Französisch)

8. Extra

Als Wolfskinder bezeichnet man Kinder, die nach ihrer Geburt völlig isoliert, ohne Kontakt zu anderen Menschen aufwachsen. Rund 50 solcher Fälle wurden im Laufe der Geschichte dokumentiert.
Recherchiert, was über den Spracherwerb dieser Kinder bekannt ist.

Schriftspracherwerb: Analphabeten in Deutschland?

Anne Juliane Wirth: „Ich bin kein dummes Mädchen" (Ausschnitt, 2012)

Nora Bufé, 24, ist Köchin in einem Sterne-Restaurant und erwartet gerade ihr erstes Kind. Der Autorin Anne Juliane Wirth erzählte sie, wie sie trotz elf Jah-[5]ren Schule nicht lernte zu lesen und zu schreiben. Inzwischen hat sie damit begonnen – mit ihrem ersten Buch ist sie schon zur Hälfte fertig. Noras Geschichte zeigt: Analphabetismus lässt sich über-[10]winden.

Wenn Nora in der Küche des Restaurants in Berlin-Mitte steht, Béchamelsoße anrührt, Filets zart anbrät und Desserts zaubert, ist die 24-Jährige ganz in ihrem Element. Die Rezepte hat sie alle im Kopf. Müsste sie die An-[15]leitungen erst lesen, würden die Gäste lange auf ihre Bestellung warten. Denn Nora ist eine sogenannte funktionale Analphabetin.

Nach einer aktuellen Studie im Auftrag des Bildungsministeriums können 7,5 Mil-[20]

lionen Menschen in Deutschland nicht lesen
und schreiben – etwa jeder siebte Erwerbs-
fähige. Funktionale Analphabeten wie Nora
erkennen zwar Buchstaben und sind durch-
25 aus in der Lage, einzelne Sätze zu schreiben und zu lesen. Doch zusammenhängende Texte können sie nicht verstehen. […]
2,3 Millionen Menschen scheitern hierzu-
lande bereits an ganzen Sätzen, sie können
30 nur einzelne Wörter lesen und schreiben.

Nora spricht mit kräftiger Stimme und
gibt sich selbstsicher und offen. In ihr sah
es oft anders aus: „Mir ging es lange Zeit
schlecht." Die Angst – ausgelacht, für dumm
35 gehalten oder ausgeschlossen zu werden – ist
typisch für Analphabeten.

Die Schwierigkeiten begannen mit der
Einschulung. Beim ABC kam Nora noch
mit, dann waren ihre Mitschüler schneller.
40 Die erste Klasse musste Nora wiederho-
len, in der zweiten war klar, dass sie nicht
mehr mitkommt. […] Ab der dritten Stufe
wurde sie auf eine Sonderschule geschickt.
Dort boxte sich Nora all die Jahre ehrgeizig
45 durch. Bei den Hausaufgaben ließ sich die
Schülerin von Freunden helfen, ihre Noten
verbesserte sie durch Referate. Die Lehrer
kamen ihr entgegen und unterstützten sie.
So schaffte Nora sogar den Hauptschul-
50 abschluss. Damit gehört sie zu den rund
48 Prozent der funktionalen Analphabeten,
die einen unteren Bildungsabschluss haben.
Etwa 19 Prozent können dagegen keinen
Schulabschluss vorweisen.
55 Insgesamt elf Jahre Schulzeit lagen
schließlich hinter Nora, trotzdem konnte
sie weder lesen noch schreiben. […] Mit
19 raffte sich Nora auf und begann, richtig
lesen und schreiben zu lernen – ihre Be-
60 rufsschullehrerin ermutigte sie zu diesem
Schritt. […]

Alphabetisierung nennt sich dieser Prozess der Vermittlung von Lese- und Schreib-
fähigkeit. Betroffene, die sich entschließen,
65 einen Kurs zu besuchen, wollen unabhängig
werden und die Scham, Angst und Unsicherheit überwinden. In ihrer Lerngruppe

Nora Bufé

lernte Nora andere Betroffene kennen. Man
verstand sich gut, sprach sich aus, stellte Gemeinsamkeiten fest: Analphabeten sind gut 70
im Improvisieren und Meister im Finden
von Ausreden: Wenn der Fahrplan der neu-
en Buslinie nicht verständlich ist, kaschiert
das eben die „vergessene" Brille. Und beim
Schnellimbiss heißt es oft: „Für mich bitte 75
dasselbe".

Analphabetismus ist keine Krankheit, die
Ursachen liegen im Zusammenspiel von individuellen, schulischen, familiären und gesellschaftlichen Faktoren. Wie Erfahrungs- 80
berichte von Betroffenen zeigen, können
zum Beispiel oft auch die Eltern nicht gut
lesen und schreiben. Viele erzählen, dass in
ihrer Familie kein Wert auf Bücher und Geschichten gelegt wurde. Auch Noras Eltern 85
hatten mit Büchern und Zeitungen nicht
viel am Hut.

An ihr erstes Buch kann sich Nora gut
erinnern: „Nomadentochter" von Waris
Dirie. „Ich habe es auf einer Bank gefun- 90
den und mitgenommen." Wort für Wort,
Zeile um Zeile: Mit Disziplin und Ehrgeiz
hielt sie bis zur Mitte des Buchs durch – den
Rest will sie auch noch bewältigen. Inzwischen träumt Nora von der eigenen Gast- 95
stätte. Und auch der eigenen kleinen Familie. Denn die 24-Jährige ist im neunten
Monat schwanger – für Nora ein weiterer
Grund, das Lesen und Schreiben zu vertiefen. Schließlich will sie ihrem Kind später 100
Gute-Nacht-Geschichten vorlesen.

bildungsfernes
Elternhaus
* mangelnde
schulische
Förderung
**
Vermeidungs-
strategien
2 vorhandene
Fähigk. werden
nicht geübt

1. Die Autorin hat für den Artikel (S. 212 f.) ein Interview mit
Nora Bufé geführt.
– Findet heraus, welche Fragen sie gestellt hat. Untersucht dazu
den Inhalt des Textes.
– Was hätte euch außerdem noch interessiert? Formuliert diese Fragen.

LZ

2. Definiert mithilfe des Textes (S. 212 f.) den Begriff funktionaler
Analphabetismus.

3. Tragt aus dem Text (S. 212 f.) Ursachen für unzureichende Lese- und
Schreibkompetenz zusammen.

Balkendiagramm

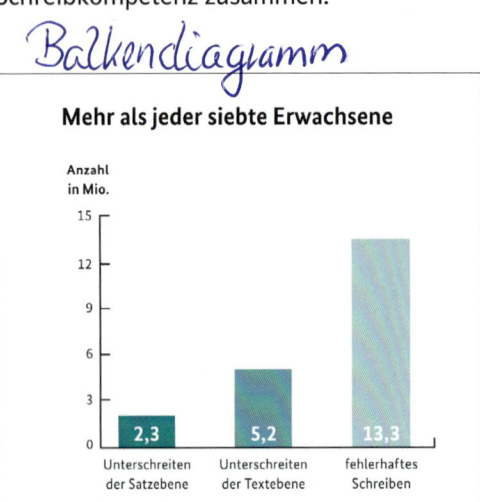

Kreisdiagramm

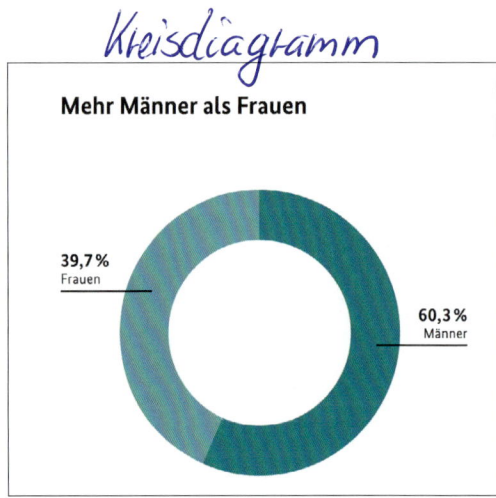

7,5 Millionen Menschen in Deutschland können nicht richtig lesen und schreiben.

4. Wertet die beiden Diagramme aus.

5. Schreibt mithilfe der Diagramme
und des Textes (S. 212 f.) einen
informierenden Text zum Thema
„Analphabetismus in Deutschland".

Werbeplakate für eine Alphabetisierungskampagne

**primärer An-
alphabetismus:**
liegt vor, wenn
eine Person
nie Lesen und
Schreiben gelernt
hat; tritt vor allem
in Staaten mit ge-
ring ausgebauten
Schulsystemen auf

**Lerninsel:
Ein Diagramm
auswerten**
S. 234

material-
gestütztes
Schreiben
eines infor-
mierenden
Textes
S. 23

6. Beschreibt, welche Aspekte des Themas Analphabetismus
die beiden Plakate (S. 214) jeweils ins Zentrum rücken.
- Welches Plakat findet ihr als Werbung für eine Alphabetisierungskampagne geeigneter? Begründet.
- „Lesen und Schreiben – Mein Schlüssel zur Welt". Diskutiert,
welche Lebensbereiche Analphabeten verschlossen bleiben.

7. Extra

Schaut euch im Internet Werbespots für Alphabetisierungskampagnen an.
Entwickelt Ideen für einen eigenen Videoclip.

*Wissen und
Können*

Lerninsel:
Spracherwerb
S. 287 f.

Über die Entwicklung der Sprachfähigkeit reflektieren

Babys erwerben ihre Muttersprache auf der Grundlage der dem Menschen angeborenen
geistigen und körperlichen Anlagen durch **Interaktion mit der Umwelt**.
Dieser Spracherwerb verläuft in **Phasen** vom Lallen bis zum Sprechen von grammatisch
korrekten Sätzen, wobei jedes Kind sein **eigenes Tempo** entwickelt. Von entscheidender Bedeutung für den Spracherwerb ist der **Prozess der Mustererkennung**, das Wiedererkennen
regelmäßiger Muster in der Sprache.

Spracherwerb

primärer Spracherwerb   sekundärer Spracherwerb
Sprechenlernen   *Lesen- und Schreibenlernen*

Menschen, die trotz Schulbesuch nicht ausreichend lesen und schreiben können, sind funktionale Analphabeten. **Funktionaler Analphabetismus** entsteht, wenn die Schriftsprache nur
unvollständig erworben und daher im Alltag vermieden wird. Ursachen sind zum Beispiel:
- die untergeordnete Bedeutung der Schrift in der Familie
- ein zu geringes Vertrauen in die eigenen Fähigkeiten
- eine unerkannte Legasthenie

Legasthenie:
Entwicklungs-
störung beim
Erwerb des
Lesens und
Schreibens

8. Zum Differenzieren ■ ■ ■ ■

A In einer Fernsehzeitschrift wird eine neue Fernsehreihe für Zwei- bis Dreijährige
beworben. Dabei wird auch behauptet, die Sendung wirke sich wegen ihrer kindgemäßen
Sprache positiv auf die Sprachentwicklung der Kinder aus.
Schreibt einen Leserbrief an die Redaktion der Zeitschrift, in dem ihr euch kritisch
mit dieser Position auseinandersetzt. Lest dazu den letzten Absatz des Textes
„Das ungelöste Rätsel" (S. 211 f.). Ihr könnt euch vorab auch über die Diskussion informieren,
welche durch die Sendung „Teletubbies" ausgelöst wurde.

B Mit dem bundesweiten Vorlesetag, der jährlich am dritten Freitag im November
Millionen von Zuhörern begeistert, soll die Bedeutung des Vorlesens öffentlichkeits-
wirksam hervorgehoben werden.
Schreibt einen Text für einen Flyer, in dem über die Bedeutung des Vorlesens für die
Sprachentwicklung informiert und um prominente Vorleser/innen geworben werden soll.

Differenzieren
Entwicklung
der Sprach-
fähigkeit
2fc5w7

Lerninsel:
**material-
gestütztes
Schreiben
eines argu-
mentierenden
Textes**
S. 257 ff.

Zu weit aus dem Tageleuchter gelehnt?
Möglichkeiten und Grenzen der Sprachpflege kennen und beurteilen

1. Gebt die Botschaft der Karikatur mit eigenen Worten wieder. Teilt ihr diese Auffassung? Begründet eure Meinung.

Retkowski

- Der letzte Schliff -

Wise Guys:
1994 gegründete deutsche Musikgruppe, die aus einer Kölner Schulband hervorging

Wise Guys: Denglisch (Ausschnitt, 2006)

Oh, Herr, bitte gib mir meine Sprache zurück,
ich sehne mich nach Frieden und 'nem kleinen Stückchen Glück.
Lass uns noch ein Wort verstehen in dieser schweren Zeit,
öffne unsre Herzen, mach' die Hirne weit.

5   Ich bin zum Bahnhof gerannt und war a little bit too late.
Auf meiner neuen Swatch war's schon kurz vor after eight.
Ich suchte die Toilette, doch ich fand nur ein „McClean",
ich brauchte noch Connection und ein Ticket nach Berlin.
Draußen saßen Kids und hatten Fun mit einem Joint.
10 Ich suchte eine Auskunft, doch es gab nur 'n Service Point.
Mein Zug war leider abgefahr'n – das Traveln konnt' ich knicken.
Da wollt ich Hähnchen essen, doch man gab mir nur McChicken.

[…]

Ich will, dass beim Coffee-Shop „Kaffeehaus" oben draufsteht,
15 oder dass beim Auto-Crash die „Lufttasche" aufgeht,
und schön wär's, wenn wir Bodybuilder „Muskel-Mäster" nennen
und wenn nur noch „Nordisch Geher" durch die Landschaft rennen …

Oh, Lord, please help, denn meine Language macht mir Stress,
ich sehne mich nach Peace und a bit of Happiness.
20 Hilf uns, dass wir understand in dieser schweren Zeit,
open unsre hearts und make die Hirne weit.

Oh, Lord, please gib mir meine Language back,
ich krieg hier bald die crisis, man, it has doch keinen Zweck.
Let us noch a word verstehen, it goes me on the Geist,
25 und gib, dass „Microsoft" bald wieder „Kleinweich" heißt.

1 Endlich redet mal einer Klartext. Mir geht Denglisch auch voll auf die Nerven. Lyrics, Songs, Song Contest – das kann man doch alles auch auf Deutsch ausdrücken!

von Sprachliebhaber

2 Cooler Songtext! Echt LOL, wie der sich über die Sprachpuristen lustig macht, die am liebsten jeden Anglizismus verbieten würden.

von Songchecker

2. Erklärt, wer mit *Sprachpuristen* (**2**) gemeint sein könnte. Benutzt ein Wörterbuch und grenzt die Begriffe *Sprachpurismus* und *Sprachpflege* voneinander ab.

3. Erläutert, wie die beiden Kommentare den Songtext (S. 216) interpretieren.
   – Diskutiert, welcher Kommentar der Intention des Textes eher gerecht wird.
   – Belegt mit Textstellen.

Mit Freiluftkleidung hinaus in die Zeugemutter!

Sprachpflegerische und sprachpuristische Bestrebungen gibt es nicht erst seit heute. Schon im 17. und 18. Jahrhundert wurden Sprachvereine gegründet, deren Ziel es war, das Deutsche von Fremdwörtern, damals zumeist romanischen Ursprungs, zu reinigen. Es erschienen Verdeutschungswörterbücher, in denen Ersetzungsvorschläge unterbreitet wurden.
5 Heute konzentriert sich die Kritik vor allem auf Anglizismen. So hat es sich der Verein Deutsche Sprache (VDS) zur Aufgabe gemacht, Anglizismen durch deutsche Wörter zu ersetzen.

VDS:
1997 unter dem Namen „Verein zur Wahrung der deutschen Sprache" gegründet, 2000 umbenannt

Index:
hier: alphabetisches Verzeichnis

Aus Verdeutschungswörterbüchern des 17. und 18. Jahrhunderts:

Adresse	Anschrift
Fenster	Tageleuchter
Fieber	Zitterweh
Fundament	Grundstein
Moment	Augenblick
Natur	Zeugemutter
Pistole	Meuchelpuffer
Universum	Weltall

Aus dem VDS-Anglizismenindex:

carport	Autolaube, –unterstand
finger food	Häppchen
Laptop	Klapprechner
Mousepad	Mausmatte
Netbook	Leichtrechner
Outdoorkleidung	Freiluftkleidung
pink	(leuchtend) rosa
Teleshopping	Fernkauf, Fernseheinkauf

4. Überprüft anhand der Beispiele links, was die Sprachpfleger des 17. und 18. Jahrhunderts aus heutiger Sicht mit ihren Ersetzungsvorschlägen erreicht haben.
Äußert Vermutungen, warum Verdeutschungen wie *Tageleuchter* oder *Meuchelpuffer* keine Aufnahme in den deutschen Wortschatz gefunden haben.

5. Überlegt, welche Erfolgsaussichten die Ersetzungsvorschläge des VDS (rechts) eurer Meinung nach haben. Begründet eure Auffassung.

6. Nennt Gründe für die verstärkte Übernahme von Anglizismen nach 1945.

Interview mit Peter von Polenz: Sprache braucht kein Gesetz (Ausschnitt, 2001)

Immer wieder werden Diskussionen laut, den Schutz der deutschen Sprache als staatliches Ziel im Grundgesetz zu verankern.

FAZ.NET: Herr von Polenz, braucht Deutschland ein Sprachschutzgesetz?

VON POLENZ: Nein, wir brauchen kein Sprachschutzgesetz wie in Frankreich, wo der Gebrauch von Fremdwörtern mit gerichtlichen Strafen verfolgt wird und Sprachzensur sowie Sprachschnüffelei betrieben werden. Eher bräuchten wir ein Gesetz für die Förderung der sprachlichen Bildung, mit dem sowohl die Beherrschung der Muttersprache als auch das Erlernen von Fremdsprachen gefördert wird.

FAZ.NET: Was haben Sie für Argumente gegen ein solches Gesetz?

VON POLENZ: Mein sprachgeschichtliches Argument gegen einen radikalen Sprachschutz ist, dass die deutsche Sprache seit mehr als tausend Jahren, seit der Römerzeit, seit der Einführung des Christentums, durch sprachliche Vorbilder, vom Latein, vom Griechischen, Französischen, vom Englischen bereichert worden ist. Ein Drittel unseres heutigen Deutsch besteht aus Lehnwörtern oder Lehnbildungen nach Vorbild anderer Kultursprachen. Daran hat unsere Sprache keinen Schaden genommen.

FAZ.NET: Aber wir erleben doch eine regelrechte Invasion von Anglizismen, bei der Wörter wie „Wellness", „Branding", „Usability" am laufenden Meter einmarschieren.

VON POLENZ: Die meisten Anglizismen stammen letztlich aus dem Latein, aus dem Griechischen, dem Französischen. Wörter wie *Computer, Information, Nonkonformist* sind ja für die Sprachwissenschaft auch schon keine Fremdwörter mehr. Das sind Internationalismen, die es auch in anderen europäischen Sprachen gibt. Je mehr Wortbestand eine Sprache mit anderen gemeinsam hat, umso größer ist ihre Wettbewerbsfähigkeit. Die englische Sprache selbst besteht zu guter Hälfte aus Wörtern anderer Sprachen, und sie ist ja auch nicht untergegangen, wie wir wissen.

FAZ.NET: Ältere Menschen zum Beispiel verstehen diese vielen neuen Wörter nicht mehr. Muss der Staat nicht in dem Moment eingreifen, wenn zu viele Menschen nicht mehr teilhaben?

VON POLENZ: In demokratischen Staaten sind die Gesetze zwar hauptsächlich zum Schutz der Rechte aller Staatsbürger da. Und die Sprache ist ein soziales Kommunikationsmittel, das nach der Grundregel funktioniert, sich so auszudrücken, dass es der Partner, der Adressat, für den man schreibt oder zu dem man spricht, verstehen kann. Aber die Beschaffenheit der Sprache muss vom einen zum anderen ausgehandelt werden, da darf der Staat nicht eingreifen. […]

7. Fasst zusammen, weshalb Peter von Polenz ein Sprachschutzgesetz ablehnt.

8. Extra

Informiert euch über das französische Sprachschutzgesetz von 1994.

9. Sucht nach weiteren Argumenten für oder gegen ein Gesetz zum Schutz der deutschen Sprache. Diskutiert in der Klasse, ob ein solches Gesetz sinnvoll sein könnte.

Kein Deutsch mehr ohne Englisch? (Ausschnitt, 2014)

Morgens beim Toast schon mal die Mails checken, am Workplace die To-do-Liste abarbeiten und danach beim Body-Workout oder Sale relaxen, um die Work-Life-Balance nicht zu gefährden: Englische Begriffe haben sich so stark in den Alltag eingeschlichen, dass viele Menschen sie kaum noch als Fremdsprache wahrnehmen. […]

Wie viele Anglizismen es inzwischen ins Deutsche geschafft haben, kann niemand so genau sagen. Von den 140.000 Stichwörtern im aktuellen Duden […] stammen nach Angaben der Redaktion etwa 3,7 Prozent aus dem Englischen. „Das ist deutlich weniger, als viele erwartet hätten", sagt Mitarbeiterin Kathrin Kunkel-Razum. Deutlich mehr Fremdwörter kämen immer noch aus dem Griechischen und Lateinischen.

Der Eindruck, dass Anglizismen eine so große Rolle spielen, sei so verbreitet, weil in den vergangenen Jahren der größte Einfluss aus dem Englischen kam. „Das hat ganz viel mit den Entwicklungen in der Technik, Mode, Sport oder auch im Geschäftswesen zu tun", sagt die Redakteurin und betont: „Man darf die Gesamtzahl der Anglizismen aber nicht überbewerten." Auch mit einer generellen Verteufelung komme man nicht weiter, meint Kunkel-Razum. Es komme immer darauf an, wie und wann man sie einsetze. „Es gibt Anglizismen, die Lücken besetzen", sagt sie. Ein Beispiel sei etwa „fluffig" vom Englischen „fluffy". Es lasse sich zwar mit „leicht" und „luftig" übersetzen, doch der Gehalt sei etwas anders. Außerdem sei das Wort mit seiner deutschen Adjektivendung perfekt angepasst […].

Auch die Gesellschaft für Deutsche Sprache sieht keine Bedrohung in den Anglizismen. „Sprachen beeinflussen sich schon immer, da gab es seit jeher einen regen Austausch", sagt Sprachberater Lutz Kuntzsch. Auch er hält Anglizismen dort für sinnvoll, „wo sie berechtigt sind, etwas Neues ausdrücken und sich ins Deutsche einfügen". „Gegen Wörter wie *googeln* oder *mailen* haben wir überhaupt nichts, weil es unökonomischer wäre, das mit deutschen Wörtern auszudrücken", sagt Kuntzsch.

Eine Liste von etwa 8.000 Anglizismen hat der Verein Deutsche Sprache zusammengetragen. Der auch im Internet abrufbare Index soll eine Orientierungshilfe sein für Menschen, die englische und pseudoenglische Begriffe nicht verstehen, sie ablehnen oder sie vermeiden wollen. Der Verein unterscheidet zwischen Wörtern, die das Deutsche ergänzen, differenzierend oder verdrängend wirken. […] „Anglizismen sind dann überflüssig, wenn es schon gute deutsche Begriffe gibt. Warum spricht man beim Fußball von einem *Referee*, wenn man auch *Schiedsrichter* sagen kann?", fragt Vereinssprecher Holger Klatte.

---

10. Erklärt, worüber sich der Karikaturist lustig macht. Bezieht in eure Überlegungen auch Beispiele wie *Facility Manager* (Hausmeister) oder *Executive Assistant* (Sekretärin) ein.

11. Formuliert mithilfe des Textes Richtlinien für einen angemessenen, sinnvollen Gebrauch von Anglizismen. Sucht zehn Anglizismen, die diesen Richtlinien gerecht werden.

Christian Habicht

Jens Jessen: Die verkaufte Sprache (Ausschnitt, 2007)

Jens Jessen
(geb. 1955):
deutscher
Journalist

Hypotaxe:
Unterordnung
von Sätzen und
Satzgliedern

**Heinrich
von Kleist**
(1777–1811):
dt. Schriftsteller

**Georg Fried-
rich Hegel**
(1770–1831):
dt. Philosoph

**Simplifi-
zierung:**
allzu starke
Vereinfachung

Es gibt einen Typus des übellaunigen, hei-
mattümelnden Sprachschützers, dem man
nicht im Dunkeln begegnen möchte. Aber
es gibt auch Gründe, im hellen Mittagslicht
5 der aufgeklärten Vernunft Sorge um den
Bestand der deutschen Sprache zu empfinden. Warum ist auf Bahnhöfen kein Schalter
für Auskünfte, sondern ein Service Point?
Was hat der englische Genitiv-Apostroph
10 in Susi's Häkelstudio zu suchen? Welcher
Teufel trieb eine deutsche Wissenschafts-
ministerin zu einer Kampagne mit dem Motto
„Brain up", was weder auf Deutsch noch auf
Englisch Sinn ergibt?

15 Die Überflutung mit englischen Wendungen ist nur ein, wahrscheinlich der
kleinste Teil des Problems. Der größere Teil
besteht in ihrer kenntnislosen Aneignung
zu dekorativen Zwecken. Viel spricht dafür,
20 den Geist einer aufschneiderischen Werbung dabei am Werk zu sehen. Die deutsche
Bahn will sich nicht nur technisch moder-
nisieren; sie will auch modern wirken. Dass
ihre sprachliche Modernisierung ein fake ist
25 (um ein gutes englisches Wort zu verwenden), scheint ihr egal zu sein. […]

Um sprachschützerische Einfalt von be-
rechtigter Sorge zu trennen, muss man
sich klarmachen, dass Deutsch seit Langem
30 eine Hybridsprache ist, die nicht nur Fluten
fremder Wörter aufgenommen hat, sondern
auch in ihrer Grammatik mehrfach über-
formt wurde. Den Anfang machten Mön-
che des Mittelalters, die zahllose Lehnbil-
35 dungen nach lateinischem Vorbild prägten
– berühmtes Beispiel ist die Neubildung
Gewissen nach lateinisch *conscientia*. Den
zweiten Schub besorgten Humanismus und
Reformation, als die Syntax dem Lateini-
40 schen anverwandelt wurde. Man vergleiche
die einfachen Satzmuster des Mittelhoch-

deutschen mit dem Frühneuhochdeutschen,
erst recht aber mit dem barocken Deutsch,
in dem die Hypotaxen, die Partizipialkonst-
ruktionen und Verschachtelungen geradezu 45
explodieren. Die Sprache eines Kleist oder
Hegel wäre ohne diese syntaktische Über-
fremdung nicht denkbar.

Daraus folgt freilich keine Entwarnung
für die Gegenwart. Denn die früheren 50
Übernahmen haben das Deutsche komplexer, reicher, intellektueller und expressiver,
philosophischer und dichterischer, auch
wissenschaftsfähiger gemacht. Unter dem
Einfluss des globalisierten Englisch aber 55
vollzieht sich eine geradezu atemberauben-
de Simplifizierung. […]

Es gibt, mit Schweiz, Österreich und
Südtirol, kaum 100 Millionen Sprecher
des Deutschen. Das Englische, jedenfalls 60
in seiner globalisiert heruntergekomme-
nen Spielart, wird dagegen auf der ganzen
Welt verstanden. Es hat daher seine Logik,
wenn sich der Gebrauch des Deutschen
aus der Wissenschaft zurückzieht, die auf 65
weltweiten Austausch angewiesen ist. Aber
muss deshalb neu gegründeten Universitäten in Deutschland gleich das Englische als
Unterrichtssprache aufgezwungen werden?
Manches spricht dafür, dass hier nicht in- 70
ternationale Konkurrenz, sondern ein Zeit-
geistopportunismus am Werk ist, der das
Deutsche wie eine überholte Technologie
ablegen will. Denn es sind ja nicht Ameri-
kaner, die uns ihre Wörter aufzwingen. Es 75
sind Deutsche, die in ihrer Bewunderung
für alles Amerikanische mit der transatlan-
tischen Praxis zugleich die Begriffe dafür
mitbringen – wie Geschenke, die glitzernd
verpackt werden müssen, damit ihrem dürf- 80
tigen Inhalt Respekt gezollt werde.

Hybrid:
Mischung aus
zwei oder meh-
reren Kompo-
nenten

**Opportu-
nismus:**
allzu bereitwil-
lige Anpassung
an die jeweilige
Lage

transatlantisch:
jenseits des
Atlantiks
gelegen

12. Sieht Jessen Anglizismen als Bedrohung oder als Bereicherung? Positioniert euch
auf einem Meinungsstrahl mit den Endpunkten A (Anglizismen als Bedrohung) und
B (Anglizismen als Bereicherung) zu dieser Frage. Belegt eure Entscheidung am Text.

13. Erklärt, warum Jessen Anglizismen wie *Service Point* kritisiert. Ergänzt aus eurem eigenen Sprachgebrauch Anglizismen, auf die diese Kritik zutreffen könnte.

14. Extra

Inszeniert eine Gerichtsverhandlung: Angeklagt sind die Anglizismen, das Opfer ist die deutsche Sprache. Formuliert eine Anklage und bereitet die Argumente der Beteiligten arbeitsteilig vor. Benötigt werden:
- ein oder mehrere Anwälte als Verteidiger der angeklagten Anglizismen
- ein oder mehrere Opfervertreter (Staatsanwaltschaft und Nebenkläger)
- drei Richter
- mehrere Zeugen, z.B. Informatiker, Werbetexter, Sprachwissenschaftler, Schriftsteller

---

Über Möglichkeiten und Grenzen der Sprachpflege reflektieren

Unter dem Begriff **Sprachpflege** werden alle Bemühungen zusammengefasst, die der **Förderung eines reflektierten Umgangs** mit Sprache dienen. Mitunter läuft Sprachpflege dabei Gefahr, die natürliche Sprachentwicklung einseitig negativ zu beurteilen.

Ob sprachliche Neuerungen, wie z.B. die Übernahme von Anglizismen oder fehlende Artikel und verkürzte Syntax in der Internetkommunikation, eine Sprache **bereichern** oder **bedrohen**, könnt ihr differenzierter beurteilen, wenn ihr überprüft,
- ob die Neuerungen in das System der deutschen Sprache **integriert** sind, z.B. *engl. to mail – dt. mailen, ich maile, gemailt, zurückmailen*
- ob ein **Bedarf** für die Neuerungen besteht (z.B. *App, DVD, fit*)
- ob die Neuerungen **nur dekorativen** oder **manipulativen Zwecken** dienen, z.B. *Best Ager für eine Person, die zur konsumfreudigen Kundengruppe der über 50-Jährigen gehört.*

Eine **Sprachlenkung** per Gesetz ist nur eingeschränkt möglich und oft wenig sinnvoll. Die Verantwortung für den eigenen Sprachgebrauch liegt bei den Sprachbenutzern.

Wissen und Können

Lerninsel:
Entwicklungen der deutschen Gegenwartssprache
S. 289

---

15. Zum Differenzieren ■ ■ ■ ■

A Prüft im Text „Denglisch" (S. 216), welche der dort genannten Anglizismen die deutsche Sprache eher bereichern und welche die Sprache eher bedrohen. Begründet.

B Prüft, welche der Anglizismen in der nebenstehenden Karikatur nur dekorativen Zwecken dienen.
Gestaltet selbst eine Karikatur. Ihr könnt den unangemessenen Gebrauch von Anglizismen oder übertriebene sprachpuristische Bestrebungen karikieren.

⊕
Differenzieren
Anglizismen
86z4ih

George Riemann

Sachlich-argumentierend schreiben

Natürlich kommt es beim argumentierenden Schreiben darauf an, dass jedes Argument für sich überzeugend ist. Oft stehen die Argumente aber unverbunden nebeneinander. Wirkungsvoller – und damit überzeugender – wird ein Text, wenn man die Argumente miteinander verknüpft.

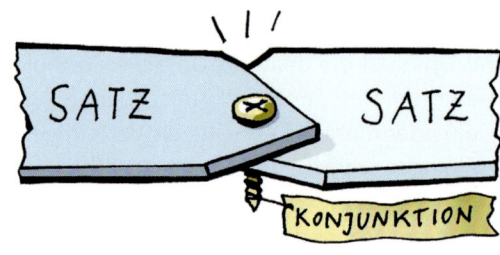

Sprachtipp
Verknüpfungen
S. 57, 94

1. Übernehmt die folgende Tabelle und ordnet die Beispiele ein, indem ihr jeweils zwei Teile sprachlich verknüpft. Ergänzt eigene Beispiele.

Verknüpfungen, die Gegensätze betonen	Verknüpfungen, die eine Steigerung signalisieren	Verknüpfungen, die eine gleichwertige Reihung kennzeichnen
– einerseits … andererseits – demgegenüber …	– entscheidender ist aber … – noch bedeutender ist …	– zunächst … – außerdem ist zu bedenken …

nicht weniger · hinzu · schwerer · nicht übersehen werden · darüber

zuletzt · dazu · ist · scheint · kommt · wiegt · wichtig ist

überzeugender · dem steht · entgegen · schließlich sei · im Gegensatz

stichhaltiger · nicht · daran erinnert · es darf jedoch · hinaus

Dieter E. Zimmer: Alles eine Sache des guten Geschmacks? Von wegen! (Ausschnitt, 2007)

Die deutsche Sprache, und nicht nur sie, macht zurzeit den größten und schnellsten Veränderungsschub ihrer Geschichte durch. In noch einmal fünfunddreißig Jahren wird das Deutsch vor 1970, als dieser Schub einsetzte, genauso fern und fremd wirken, wie den Heutigen das der Lutherzeit erscheint. Die offensichtlichste Veränderung ist der Einstrom von Internationalismen, meist Anglizismen, und logischerweise ist er es, der den Bürger am meisten irritiert, im Positiven wie im Negativen. Er bildet den Hauptgegenstand öffentlicher Sprachkritik, sei es beim Latte macchiato oder in den Medien.

Was ist davon zu halten? Die Wissenschaft, die es wissen sollte, hält sich bedeckt. Die akademische Linguistik scheint schon die Vorstellung, ein Sprachgebrauch könne besser sein als der andere, albern zu finden. Nahezu unisono schweigen die Sprachforscher oder wiegeln ab: Alles schon einmal da gewesen, alles halb so schlimm, und wenn schon! Es kommt, wie es kommt, und das ist

Lerninsel:
materialgestütztes
Schreiben eines
argumentierenden
Textes
S. 257 ff.

🌐 **Differenzieren**
sachlich-
argumentierend
schreiben
vs7ip6

25 gut so, die Sprache reguliert sich selbst und braucht keine Belehrungen.

Aber der Einzelne sieht sich auf Schritt und Tritt mit sprachlichen Äußerungen konfrontiert, die in kein gelerntes Schema 30 richtigen Sprachgebrauchs passen wollen. Er ist verunsichert. Sagt man heute wirklich: *Bei dem Geldinstitut werden Money Girokonten problemlos administriert?* Oder: *Die Software personalisiert den intelligenten Agenten mit* 35 *einem Gesicht?* Muss man es gar so sagen? Kann man es nur so sagen? Ist es gut gesagt? Wäre es nicht besser, es so zu sagen, dass

auch weniger gutwillige Leser es auf Anhieb verstehen?

Die Wissenschaft besteht auf Objektivität, 40 und da es keine objektiven absoluten Kriterien für gutes und schlechtes Deutsch geben kann, übt sie sich in Enthaltsamkeit. Solange er für sich selbst schreibt, kann auch der Laie „gutes Deutsch" gern für eine subjektive Chimäre 45 halten. Aber wenn er sich austauschen, erst recht wenn er sich an ein Publikum wenden will, in dem allem Anschein nach eine Vorstellung von gutem Deutsch lebendig ist, hat die Unbesorgtheit ein Ende. […] 50

Chimäre: Trugbild, Einbildung

2. Prüft, welche Verknüpfungen Zimmer in dem Textausschnitt (S. 222 f.) verwendet.

3. Untersucht die markierten Abschnitte und erklärt, wie Zusammenhänge in einem Text – außer durch Verknüpfungen – noch hergestellt werden können.

4. Vergleicht die folgenden Formulierungen unter dem Aspekt des sachlich-argumentierenden Schreibens. Benennt die Unterschiede und beschreibt jeweils die Wirkung.

A) … der Einzelne sieht sich auf Schritt und Tritt mit sprachlichen Äußerungen konfrontiert, die in kein gelerntes Schema richtigen Sprachgebrauchs passen wollen. Er ist verunsichert …

B) … ich selbst habe schon oft erlebt, dass ich Sätze höre, die nicht in mein gelerntes Schema richtigen Sprachgebrauchs passen. Und das geht nicht nur mir so: Meine Oma zum Beispiel ist total verunsichert …

5. Überarbeitet den Schluss des folgenden Schülertextes so, dass er den Anforderungen an sachlich-argumentierendes Schreiben genügt.

Sprachtipp Verknüpfungen S. 57, 94

Zusammenfassend würde ich daher sagen, dass ein Sprachschutzgesetz ziemlich sinnlos wäre. Gutes Deutsch lässt sich nicht per Gesetz verordnen. Die Verantwortung für unsere Sprache liegt bei uns selbst, und zwar bei jedem einzelnen Spachbenutzer. Wenn IT-Experten oder jugendliche Skater unter sich sind, habe ich kein Problem damit, wenn sie – in fachlicher Kommunikation – auf Anglizismen wie Buffer-Overflow und Obstacle zurückgreifen. Wenn sie sich an einen fachfremden Gesprächspartner wenden, würde ich schon ein bisschen mehr Rücksichtnahme erwarten, damit die Kommunikation gelingt. Sprache braucht kein Gesetz. Sie braucht kompetente Sprachbenutzer.

Buffer-Overflow: Überlaufen eines Zwischenspeichers

Obstacle: Hindernis

Adressatenbezogenes Schreiben eines argumentierenden Textes

generisches Maskulinum:
Verwendung der maskulinen Form für weibliche und männliche Personen, z.B. Schüler, Lehrer; geriet in den 1970er Jahren in die Kritik und wird seither kontrovers diskutiert

🌐
Beispiellösung
BLF-Aufgabe
5ds7yu

🌐
Texte
BLF-Material
sb22uj

Novum:
etwas noch nie Dagewesenes

In der Hausordnung eurer Schule wird das sogenannte generische Maskulinum verwendet. Im Schülerrat haben sich einige Klassensprecherinnen darüber beschwert. Nun soll in der Schülerzeitung die Frage diskutiert werden, ob die Hausordnung sprachlich neu formuliert werden muss.

1. Stellt aus den folgenden Materialien geordnet wesentliche Argumente zum Thema „Geschlechtersensible Sprachverwendung" zusammen.
2. Schreibt – in Auseinandersetzung mit den gewonnenen Informationen und unter Einbeziehung eurer persönlichen Erfahrungen – einen Kommentar für die Schülerzeitung.

Die beiden Aufgaben sind separat zu lösen. Den Schwerpunkt bildet Aufgabe 2.

1 **Benjamin Haerdle: Guten Tag, Herr Professorin (Spiegel, Ausschnitt, 2012)**

Das ist ein Novum in Deutschland: Nach 600 Jahren Männerdominanz schwenkt die Uni Leipzig radikal um und setzt in ihrer Grundordnung nur noch auf weibliche Bezeichnungen […].

Rektorin, Dozentinnen, Wissenschaftlerinnen – da, wo früher in der Grundordnung der Universität Leipzig die sogenannte Schrägstrich-Variante genutzt wurde, also etwa Professor/Professorin, steht künftig ausschließlich die weibliche Personenbezeichnung. Eine Fußnote ergänzt, dass diese feminine Bezeichnung sowohl für Personen männlichen als auch weiblichen Geschlechts gilt. Diese Änderung hat der erweiterte Senat bereits Mitte April beschlossen. […] Dass es in Leipzig überhaupt so weit kam, war aber wohl eher Zufall, weniger Folge eines strategischen Plans der 20 Frauen im erweiterten Senat. Bei der Diskussion um die Novelle der Grundordnung störten sich einige der 77 Senatsmitglieder an der Schrägstrich-Variante. Diese hemme die Lesbarkeit, warfen vor allem die Juristen ein.

Weil er die zeitraubende Diskussion im Gremium leid war, machte der Physikprofessor Dr. Josef Käs den Vorschlag, ausschließlich die weibliche Form einzusetzen. „Das war eine spontane Entscheidung ohne politische Ziele", sagt er. Zur Überraschung des Gleichstellungsbeauftragten der Uni Leipzig, Georg Teichert, stimmte das Gremium für das sogenannte generische Femininum. Rektorin [Beate] Schücking kommentiert die Entscheidung nüchtern: „Der erweiterte Senat hat den Beschluss gefasst, um die zahlreichen Frauen an der Universität Leipzig in der Grundordnung sichtbarer werden zu lassen." An der Uni seien 60 Prozent der Studierenden Frauen, bei den wissenschaftlichen Mitarbeitern betrage der Anteil 40 Prozent.

Von großer Freude ist auch beim Gleichstellungsbeauftragten wenig zu spüren. „Nur weil die Grundordnung geändert wird, ändert sich noch nichts an den tatsächlichen Verhältnissen", erklärt Teichert. Er glaube nicht, dass sich damit die Einstellung vieler Professoren verändere. Vielleicht schärfe das aber das Bewusstsein für die Frauenförderung. Denn das Thema habe die Hochschule lange Zeit verschlafen.

Kardinälinnen, Erzbischöffinnen, Eminenzinnen, Exzelenzinnen — wenn sich das nicht so schrecklich anhören würde ...

... könnte man sich das ja noch mal überlegen mit den Frauen in der Kirche!

Gender ist schuld !!

Klaus Stuttmann

3 Ralf Neukirch: Sein Name ist Sie (Spiegel, Ausschnitt, 2013)

Die deutsche Sprache soll geschlechtergerecht werden. Diesem Ziel hat sich auch die Bundesregierung verschrieben. Doch das klingt einfacher, als es ist.

Der Deutsche Germanistenverband stand vor einiger Zeit vor einem Problem: Wie redet man in einem Rundschreiben die Damen und Herren Mitglieder korrekt an? „Liebe Mitglieder" wäre eine Lösung gewesen. Das Mitglied ist grammatisch ein Neutrum, kein Geschlecht müsste sich benachteiligt fühlen. Aber so einfach ist es nicht.

Die Mitglieder hatten schon vor über 30 Jahren Anstoß erregt. Die Linguistin Luise Pusch berichtet über Diskussionen unter feministischen Sprachwissenschaftlern Ende der siebziger Jahre. Das Wort Mitglied missfiel ihnen wegen zu starker Anklänge ans männliche Sexualorgan. Es sollte durch eine weibliche Variante ergänzt werden. Vorschläge waren unter anderem Ohneglied, Mitklitoris oder, kürzer, Mitklit. Letzteres ähnelt hingenuschelt immerhin der Ursprungsversion.

Dem Germanistenverband war das zu genitalfixiert. Er entschied sich für eine intuitive Lösung: „Liebe Mitgliederinnen und Mitglieder" stand nun über dem Schreiben, das vor zwei Jahren verschickt wurde. Mitgliederinnen? Eine erstaunliche Formulierung für einen Verband, in dem Hoch-

schulgermanisten und Deutschlehrer (und Deutschlehrerinnen) organisiert sind.

Aber kein Einzelfall. Unternehmensvertreter wenden sich ebenso an Mitgliederinnen wie lokale Sportvereine. Selbst die „Bild"-Zeitung, feministischer Sympathien unverdächtig, berichtete vor anderthalb Jahren ganz bewusst über die Mitgliederinnen ihres Leserbeirats.

Die gendergerechte Sprache, früher nur in frauenbewegten Zirkeln ein Thema, hat den Mainstream erreicht. Kaum eine Landesregierung, Behörde oder Universität kommt ohne Empfehlungen zur geschlechtergerechten Formulierung aus. Auch die Bundesregierung mag da nicht zurückstehen. In Paragraf 42, Absatz 5 der Gemeinsamen Geschäftsordnung der Bundesministerien heißt es: „Gesetzentwürfe sollen die Gleichstellung von Frauen und Männern sprachlich zum Ausdruck bringen."

Deshalb gibt es in der neuen Straßenverkehrsordnung auch keine Radfahrer mehr, sondern nur noch „Rad Fahrende". […]

Grundlage dieser Entwicklung ist der Gedanke, in der Grammatik einer Sprache drückten sich die gesellschaftlichen Macht-

verhältnisse aus. Feministinnen beklagten
gar die „sprachliche Vernichtung der Frau".
Die Sprache soll sich ändern, damit die
Machtverhältnisse sich ändern. Der zaghafte
Einwand, dass der umgekehrte Weg mög-
licherweise erfolgreicher wäre, spielt in der
Debatte keine Rolle mehr.

Es ist nicht einfach, die sprachlich ver-
nichtete Frau textlich wiederzubeleben.
Sprache verändert sich, aber der Sprachgebrauch lässt sich akademisch nicht
vorschreiben. Ein „Leitfaden zur geschlechtergerechten Formulierung" des
Justizministeriums Schleswig-Holstein
beschrieb das zentrale Problem schon 2000
treffend: Die Hauptschwierigkeit, so heißt
es dort, liege vor allem darin, „einen geschlechtergerechten und trotzdem lesbaren
Text zu verfassen".

An dieser Aufgabe sind Projekte geschei-
tert, die größer waren als die Straßenverkehrsordnung. Evangelische Theologen
erarbeiteten vor einigen Jahren eine „Bibel
in gerechter Sprache". [...] In der gerechten Bibel wird aus „Herrlichkeit" zumeist
„Glanz", wegen der Silbe „Herr". Die
stammt zwar vom Adjektiv „hehr" – erhaben –, aber sicher ist sicher. Gott ist in dieser
Bibel wahlweise weiblich oder männlich,
mal „die Lebendige" oder schlicht „Ich-
bin-da". Das Geschlecht wechselt beständig,
auch im selben Satz. Das führt zu rätselhaften Aussagen: „Er ist ein Krieger; sein Name
ist Sie" (Buch Exodus). „Gut gemeint, aber
völlig unleserlich", urteilte die „Frankfurter
Allgemeine Sonntagszeitung".

Blähung ist ein weiteres Problem, mit
dem geschlechtersensible Texte zu kämpfen
haben. Das generische Maskulinum – „der
Verbraucher" als Bezeichnung für männliche und weibliche Verbraucher – ist im Alltag bewährt, genießt in der Szene aber einen
schlechten Ruf. Untersuchungen zeigten,
dass es zu einer geringeren gedanklichen
Einbeziehung von Frauen führe, heißt es in
einem Fachaufsatz. Wie aber schreibt man
so, dass Leser die Frauen mitdenken?

Das sogenannte Binnen-I („die Verbrau-
cherInnen"), bei den Grünen sehr beliebt, ist
umstritten, weil es von der Existenz zweier
klar bestimmbarer Geschlechter, nämlich
Männern und Frauen, ausgeht, wie es in
einem Sprachleitfaden der Universität Köln
heißt. Eine Lösung wäre das [...] „Gender-
Gap", wie es unter anderem das Zentrum
für Geschlechterstudien der Berliner Hum-
boldt-Universität praktiziert: „Die Gender
Studies freuen sich über Student_innen aus
dem ... Ausland."

Die Leerstelle [...] verweise „[...] auf
Menschen, die gesellschaftlich und struktu-
rell unsichtbar gemacht werden", erklärt die
Philosophin Gudrun Perko. Wobei unklar
ist, ob das auch jeder Leser versteht. Als Alternative gilt der Gender-Star, auf den die
Grüne Jugend Hessen setzt: „ein Feiertags-
gesetz, womit jede★r leben kann". [...]

In der Praxis haben sich diese Stilarten
nicht durchsetzen können, weil sie schon
das Lesen einer Twitter-Mitteilung zum
Dechiffrierabenteuer machen. [...]

Das Bundesjustizministerium, das sich
um die sprachliche Geschlechtergerech-
tigkeit der Gesetzestexte kümmern muss,
hat dafür eigens ein privates Unternehmen
beauftragt. Die Frau, die sich der vermutlich schwierigsten Aufgabe im deutschen
Gesetzgebungsverfahren widmet, heißt
Stephanie Thieme. Jedes Gesetz muss über
ihren Tisch, sie soll mit ihren Mitarbeitern
dafür sorgen, dass die Texte lesbar, in sich
schlüssig und natürlich geschlechtergerecht
sind.

Bei manchen Texten helfen kleine Ein-
griffe, „ärztliche Approbationsordnung"
statt „Approbationsordnung für Ärzte".
Manchmal wird aus einem Vorsitzenden
eine Person, die den Vorsitz führt. Was am
Ende im Gesetz stehe, entscheiden die Mi-
nisterien selbst.

Oft wird gar nicht gegendert. [...]

„Verständlichkeit geht vor Gender-
gerechtigkeit", sagte Thieme, die einen erfrischend pragmatischen Eindruck macht.

„Gender-Gap":
eine mit Unter-
strich gefüllte
Lücke

Lerninseln:
materialgestütztes
Schreiben eines argu-
mentierenden Textes
S. 257 ff.

Lesestrategien
und Lesetech-
niken
S. 233 ff.

⊕ Training
interaktiv
Kommentar
schreiben
er74x3

[…] Zu dramatischen Genderauswüchsen kann es in deutschen Gesetzen ohnehin nicht kommen. Binnen-I, Gender-Gap und Ähnliches scheiden als Stilmittel aus. Geset- ze muss man vorlesen können, das ist Vor- schrift. Das unterscheidet sie von Grünen-Wahlprogrammen.

4 **Sprachrätsel**

Vater und Sohn fahren im Auto. Sie haben einen schweren Unfall, bei dem der Vater sofort stirbt. Der Junge wird mit schweren Kopfverletzungen in ein Krankenhaus ge- bracht, in dem ein Chef-Chirurg arbeitet, der eine bekannte Kapazität für Kopfverlet- zungen ist.

Die Operation wird vorbereitet, alles ist fertig, als der Chef-Chirurg erscheint, blass wird und sagt: „Ich kann nicht operieren, das ist mein Sohn!"
In welchem Verwandtschaftsverhältnis stehen der Chirurg und das Kind?

Arbeitsschritte

1. Analysiert die Aufgabenstellung (S. 224). Hebt Schlüsselwörter hervor.

2. Die Aufgabe zum adressatenbezogenen Schreiben enthält manchmal Material, das für die Lösung der vorgegebenen Aufgabe wenig ergiebig ist. Prüft, inwiefern dies auf die vorliegenden Texte zutrifft. Begründet.

3. Nennt verschiedene Ordnungskriterien für die Zusammenstellung der Argumente (S. 224, Teilaufgabe 1). Entscheidet euch für die sinnvollste Anordnung. Begründet.

4. Stellt die Argumente aus den Materialien entsprechend geordnet zusammen. Vergesst nicht, zu jedem Argument die Quelle anzugeben.

5. Analysiert die in der Aufgabe beschriebene Situation genau. Klärt dazu folgende Fragen:
   – Welche Textsorte wird verlangt? Welche Merkmale weist diese Textsorte auf?
   – Wer sind die Adressaten? Was ist Ziel des Textes?

6. Ergänzt zu den aus dem Material gewonnenen Argumenten (Aufgabe 4) Beispiele. Sucht weitere eigene Argumente und Argumentationsstützen.

7. Erstellt einen Schreibplan. Sucht eine Überschrift, die Interesse weckt, und einen motivierenden Einstieg. Schreibt anschließend den Kommentar.

8. Tauscht euren Kommentar mit einem Partner. Gebt euch ein Feedback zu Inhalt, Aufbau und Sprache des Kommentars. Überarbeitet euren eigenen Text.

material-
gestütztes
Schreiben
eines Kom-
mentars
S. 62–69

**So geht's
interaktiv**
BLF-Aufgabe
69hv6h

Kommentar
S. 62, 69

sachlich-argu-
mentierend
schreiben
S. 222 f.

Vorlage
Checkliste
materialgestütz-
tes Schreiben
eines argumen-
tierenden Textes
ha4xz4

Lern- und Arbeitstechniken

Lerninsel: Was du wissen und können musst

Lern- und Arbeitstechniken helfen dir dabei, erfolgreich zu lernen. Auf den folgenden Seiten sowie in den anderen Lerninseln kannst du wichtige Lern- und Arbeitstechniken nachschlagen. Übrigens: Viele dieser Arbeitstechniken helfen dir auch in anderen Unterrichtsfächern.

Eine Facharbeit schreiben

Erstelle **vor dem Beginn** der Arbeiten einen Zeitplan. Plane bewusst **Pausen** und **zeitliche Puffer** ein. Du kannst die folgende Tabelle für dich anpassen und ergänzen.

Woche (vom Abgabetermin zurückrechnen)	Aufgaben
in der Woche vor Abgabe	ausdrucken, Endkorrektur, Anhänge einfügen, Quellenverzeichnis vervollständigen, …
Woche … bis 2 vor Abgabe	Schreiben der Einleitung, Hauptteil, …
Woche … bis … vor Abgabe	Sortieren der Rechercheergebnisse, Gliederung erstellen, …
Woche … bis … vor Abgabe	Literaturrecherche, ggf. empirische Untersuchungen
Woche … bis … vor Abgabe	genaue Formulierung des Themas und der These, Absprache mit Betreuer
Woche … bis … vor Abgabe	Themenfindung, erste Literaturrecherche, Thema eingrenzen, These aufstellen

> *Eigenständigkeitserklärung:* Ich versichere, dass ich diese Arbeit eigenständig geschrieben habe. Alle genutzten Quellen sind aufgelistet. Zitate wurden an entsprechender Stelle als solche gekennzeichnet.

Checkliste

✔ Habe ich eine These aufgestellt, mit der ich mich in der Arbeit auseinandersetze?
✔ Enthält meine Einleitung alle wesentlichen Elemente (z.B. *Begründung der Relevanz des Themas, Formulierung der These, Nennen der Methoden, Überblick über den Aufbau der Arbeit, Wecken von Leserinteresse*)?
✔ Ist der Hauptteil logisch gegliedert, ist ein roter Faden erkennbar?
✔ Habe ich am Schluss Ergebnisse zusammengefasst, einen Ausblick geboten, weitere Fragen aufgezeigt?
✔ Ist die Gliederung meiner Arbeit erkennbar (z.B. *Einleitung, Hauptteil mit Unterthemen, Schluss; alle Gliederungspunkte finden sich im Inhaltsverzeichnis*)?
✔ Ist die Facharbeit vollständig (z.B. *Deckblatt, Inhaltsverzeichnis, Quellenverzeichnis, datierte und unterschriebene Eigenständigkeitserklärung, Anhang*)?
✔ Habe ich richtig zitiert und paraphrasiert?
✔ Habe ich ergänzende Hinweise oder Erklärungen in Fußnoten gegeben?
✔ Habe ich alle Quellen angeführt?
✔ Habe ich die Gestaltungsvorschriften der Schule beachtet?
✔ Habe ich die Facharbeit optisch ansprechend gestaltet (z.B. *gut lesbare Schrift, Zeilenabstand, gliedernde Abschnitte*)?

Tipps für die Textkorrektur

- Lass den Text nach dem Schreiben einige Tage ruhen.
- Drucke die Arbeit aus. Im Ausdruck erkennst du Fehler, die du am Bildschirm übersiehst.
- Überprüfe deinen Text in gesonderten Kontrollschritten: Inhalt, Ausdruck, Rechtschreibung und Zeichensetzung.
- Lies den Text laut, so wirst du leichter auf stilistische Schwächen aufmerksam.

Sprechen und zuhören

Feedback geben

- Formuliere das Feedback sachlich und konstruktiv.
- Gib Tipps, anstatt nur Kritik zu üben.
- Wende die Sandwich-Methode an. Beginne und ende mit einem positiven Aspekt.
- Verwende Ich-Botschaften. Verdeutliche, dass es sich um deine Meinung handelt.
- Nutze eine Checkliste mit genauen Kriterien für die Rückmeldung und Beurteilung.
- Unterbreite konkrete Verbesserungsvorschläge.

Fishbowl-Diskussion

- Arbeitstechnik für Gruppen
- Bildet mit euren Stühlen einen kleinen Innenkreis und einen größeren Außenkreis. Im Innenkreis bleibt ein Stuhl frei. Die Diskussion findet nur im Innenkreis statt.
- Alle im Außenkreis beobachten die Diskussion. Möchte sich jemand aus dem Außenkreis am Streitgespräch beteiligen, setzt er sich auf den freien Platz im Innenkreis. Nach seinem Beitrag kehrt er wieder in den Außenkreis zurück.
- Nach der Diskussion geben die Beobachter den Diskutierenden ein Feedback über ihr Diskussionsverhalten.

Interview vorbereiten und führen

- Interviews müsst ihr gut vorbereiten. Überlegt euch zuvor:
  - Worüber kann der Interviewte Auskunft geben? Worüber nicht?
  - Was interessiert die Zuhörer oder Leser?
  - Welche Ziele sollen mit dem Interview erreicht werden?
  Notiert Stichpunkte.
- Im Interview könnt ihr verschiedene Fragetechniken einsetzen:
  - Offene Fragen geben dem Gesprächspartner die Möglichkeit, sehr umfassend zu antworten. Die Antwort kann Zeit kosten.
    - Erlebnisfrage: *Erzählen Sie, wie haben Sie … erlebt?*
    - Motivationsfrage: *Sie als erfahrener Trainer, was … ?*
    - Prognosefrage: *Angenommen, Sie … ?*
  - Halbgeschlossene Fragen führen eher zu präzisen und knappen Antworten.
    - Bestätigungsfrage: *Habe ich Sie richtig verstanden, dass … ?*
    - Konkretisierungsfrage: *Sehen Sie eher … oder … ?*
    - Suggestivfrage: *Ist nicht der Fahrradfahrer an … schuld?*
      (Achtung: Suggestivfragen geben eine Meinung vor.)
  - Geschlossene Fragen dürft ihr nur sehr selten einsetzen.
    - Entscheidungsfrage: *Sind Sie für das Verbot?*

Schreiben

Bibliografische Angaben machen

Arbeitstechnik
S. 16

Das Bibliografieren ist eine wichtige Technik des wissenschaftlichen Arbeitens.
So können Quellen schnell gefunden und Informationen nachgelesen werden.
Die einmal gewählte Reihenfolge der Angaben und die Zeichensetzung müssen
in der Arbeit durchgängig verwendet werden.

Man unterscheidet bei der Angabe im Quellenverzeichnis:
- **eigenständige Buchpublikationen:**
  Autor (Erscheinungsjahr): Titel. Ort.
- **Aufsätze aus Sammelbänden:**
  Autor (Erscheinungsjahr): Titel. In: Herausgeber (Hrsg.): Titel. Erscheinungsort, S. XX–XX.
- **Aufsätze aus Zeitschriften:**
  Autor (Erscheinungsjahr): Titel. In: Name der Zeitschrift. Jahrgang, Heft, S. XX–XX.
- **Internetquellen:**
  Autor (Erscheinungsjahr): Titel. In: Internetseite (zuletzt überprüft am XX).

Quellenangaben im Text:
als „Harvard-Notation", direkt hinter dem Zitat angeben: (Autor Erscheinungsjahr, Seitenzahl)

Mindmap

- Notiere alle wichtigen Wörter zu einem Thema. Ordne diese dann verschiedenen Bereichen zu und suche weitere Begriffe, die passen.
- Schreibe das Thema in die Mitte. Ziehe davon Äste und beschrifte sie mit Oberbegriffen. Die Äste verzweigen sich dann mit den verschiedenen Unterbegriffen.

So geht's
Mindmap
44p34z
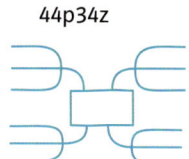

Schreibkonferenz

- Damit könnt ihr in Gruppen selbst geschriebene Texte besprechen und überarbeiten.
- Nehmt für die Beurteilung Checklisten mit Gesichtspunkten zu Hilfe, zum Beispiel: Inhalt, Aufbau, Ausdruck (Satzanfänge, Satzverknüpfungen, Wortwahl), Rechtschreibung, Zeichensetzung, Grammatik.

Zitieren und paraphrasieren

- Mit Textzitaten kannst du deine Aussagen belegen und bekräftigen.
- Wörtliche Zitate stehen in Anführungszeichen. Sie werden originalgetreu, d. h. ohne Änderungen, übernommen.
- Die Fundstelle wird in Klammern durch genaue Seiten- und Zeilen- bzw. Versangaben nachgewiesen (Abkürzungen: S., Z., V.). Bei Gedichten müssen Versende (/) und Strophenende (//) durch Schrägstriche kenntlich gemacht werden.
- Zitate sollten angemessen (z. B. nicht zu lang) und aussagekräftig sein sowie in den eigenen Text integriert werden.
- Auslassungen müssen durch eckige Klammern kenntlich gemacht werden.
- Grammatische Änderungen müssen in eckige Klammern gesetzt werden.
- Es ist auch möglich, Textpassagen nur sinngemäß wiederzugeben (zu paraphrasieren) und auf die Fundstelle in Klammern zu verweisen (Abkürzung: vgl.).

Lesen und Verstehen

Beziehungen zwischen Figuren skizzieren

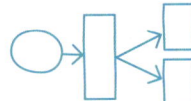

- Nutze Pfeile, Linien und andere Zeichen, um Beziehungen zwischen Figuren darzustellen.

Flussdiagramm

- Um eine Kette von Vorgängen und Ereignissen zu veranschaulichen, schreibe sie in der Reihenfolge auf, in der sie ablaufen. Verbinde sie mit Pfeilen.
- Bei gleichzeitigen Ereignissen können sich Flussdiagramme auch verzweigen.

Fünf-Gang-Lesemethode

⊕
So geht's
Fünf-Gang-
Lesemethode

7rp8x8

Die Fünf-Gang-Lesemethode vereint verschiedene Lesetechniken.

Informationen darstellen (Zeitleiste, Tabelle, Diagramm)

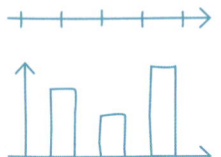

- Eine Zeitleiste sorgt für einen schnellen zeitlichen Überblick über Ereignisse.
- Eine Tabelle ist eine geordnete Zusammenstellung von Daten und Texten.
- Ein Diagramm ist eine grafische Darstellung von Daten.
  Du kannst damit Zusammenhänge verdeutlichen. Es gibt zum Beispiel Säulen-, Kurven- und Kreisdiagramme.

Standbild bauen und auswerten

1. Bestimmt den Standbildbauer, die Darsteller und die Beobachter.
2. Der Standbildbauer spricht nicht, sondern formt und gruppiert die Darsteller wie Puppen, bis sie seiner Deutung der Szene entsprechen. Er achtet dabei auf die Anordnung, Gestik, Mimik, Blickrichtung und Körperhaltung der Darsteller.
3. Die Beobachter betrachten das Standbild unter folgenden Aspekten:
   - Wer steht/sitzt/liegt wo?
   - Wer sieht wen an?
   - Welchen Abstand haben die Figuren zueinander?
   - Durch welche Gestik, Mimik und Körperhaltung werden die Beziehungen der Figuren und die Situation ausgedrückt?
4. Danach werden Veränderungen am Standbild vorgenommen, bis die beste Lösung gefunden ist.

Rollenbiografie

- Denke dir interessante Fragen an eine Figur aus der jeweiligen Geschichte aus. Viele Antworten findest du direkt im Text. Notiere die Antworten in Stichpunkten.
- Schreibe aus deinen Antworten einen Text in der Ich-Form.

Lesestrategien und Lesetechniken

Lerninsel: Was du wissen und können musst

Kontinuierliche und diskontinuierliche Sachtexte musst du in vielen Situationen lesen.
In dieser Lerninsel bekommst du einen Überblick über verschiedene Lesestrategien und
Lesetechniken. Welche du davon auswählst, hängt davon ab, wie der Text beschaffen ist
und wozu du ihn liest.
Manchmal musst du im Deutschunterricht Texte lesen, die du nicht sofort verstehst,
die dir fremd sind, weil sie zum Beispiel in einer altertümlichen Sprache verfasst sind
oder einen dir fremden Wortschatz oder Satzbau enthalten. Oft ist das bei lyrischen oder
dramatischen Texten der Fall. Für diese Texte findest du in der Lerninsel die Lesetechnik
„textnahes Lesen".

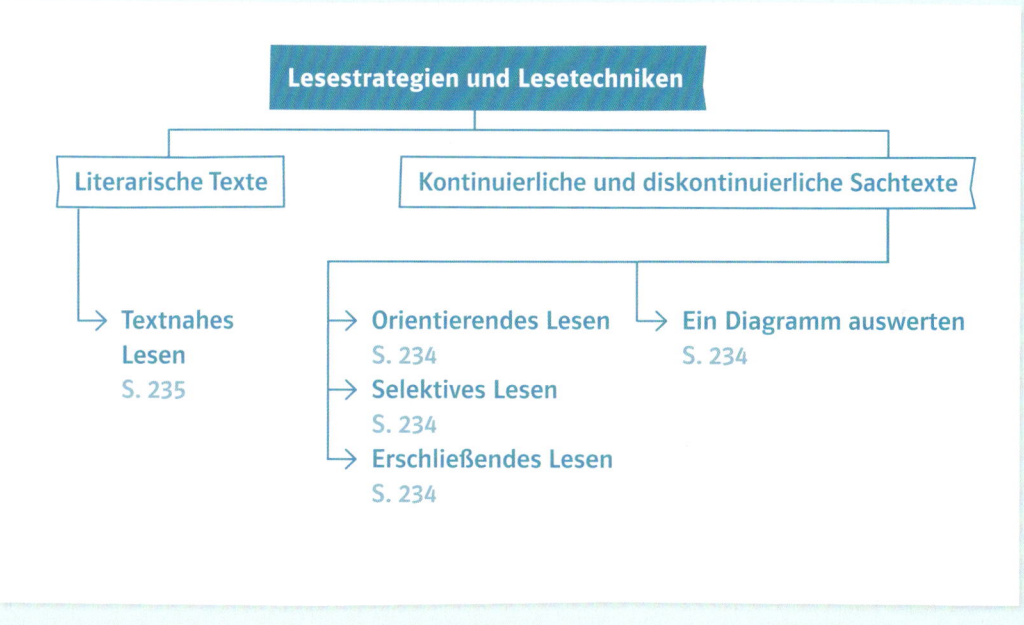

Lesestrategien und Lesetechniken

Literarische Texte

Kontinuierliche und diskontinuierliche Sachtexte

→ **Textnahes Lesen**
S. 235

→ **Orientierendes Lesen**
S. 234

→ **Selektives Lesen**
S. 234

→ **Erschließendes Lesen**
S. 234

→ **Ein Diagramm auswerten**
S. 234

Orientierendes Lesen

Jetzt habe ich für mein Referat so viele Texte. Ich muss sie erst einmal orientierend lesen, um die wirklich geeigneten Texte zu finden.

Beim orientierenden oder überfliegenden Lesen willst du dir in kürzester Zeit einen **Überblick über den gesamten Text** verschaffen. Dabei liest du den Text **nicht Wort für Wort**. Vielmehr suchst du nach **Überschriften** sowie nützlich erscheinenden und auffallenden Informationen (zum Beispiel **Namen des Autors, Zwischenüberschriften, Hervorhebungen, Abbildungen**). Mithilfe des orientierenden Lesens kannst du entscheiden, ob und wie du dich anschließend näher mit dem Text beschäftigen willst.

Selektives Lesen

So geht's
Selektives Lesen
qt5a2d

Selektives Lesen ist eine wichtige Strategie, wenn du **nur nach bestimmten Informationen suchst**. Das heißt, du hast eine ganz bestimmte Frage und suchst Antworten darauf im Text. Denke deshalb beim Lesen immer an deine Frage.

Erschließendes Lesen

So geht's
Erschließendes Lesen
g5i6bi

Beim erschließenden Lesen möchtest du **den gesamten Text lesen und verstehen** und dich mit seinen Einzelheiten auseinandersetzen. Dabei helfen dir verschiedene Lesetechniken:
- unbekannte Wörter klären: ableiten, kontextuieren, nachschlagen
- Fragen an den Text stellen
- Schlüsselwörter markieren
- Überschriften für Textabschnitte formulieren
- Sachverhalte paraphrasieren
- den Sachtext zusammenfassen

So geht's
Sachtext zusammenfassen
jn5m23

Ein Diagramm auswerten

So geht's
Diagramm auswerten
u6kj7z

1. Überblick verschaffen
– Um welches Thema geht es?
– Welche Diagrammart wurde gewählt? Woher stammen die Daten?
– Welche Beschriftungen und Maßeinheiten wurden verwendet?

2. Diagramm beschreiben
– Welche Werte kannst du ablesen? Welche Einzelaussagen kannst du treffen?
– Welche Entwicklungen kannst du erkennen?

3. Diagramm erklären und Schlussfolgerungen ziehen
– Welche Schlussfolgerungen kannst du ableiten?
– Wie sind die Aussagen zu erklären? Welche Fragen lässt das Diagramm offen?
– Wie bewertest du das Diagramm?

Textnahes Lesen

Manche literarischen Texte, wie zum Beispiel Gedichte oder Dramen, wirken auf dich nach dem ersten Lesen vielleicht etwas fremd und sind schwer zu erschließen. Solche Texte musst du **sehr genau, langsam** und **mehrmals lesen**. Es geht darum, das Wenige, das du **Schritt für Schritt** liest, als **Anregung für dein eigenes Nachdenken** zu nutzen.
Achte beim textnahen Lesen auf Folgendes:

- Lies nur **geringe Textmengen**.
- Nimm dir **Zeit** und **Geduld** für jede Zeile, jeden Satz, Absatz oder die Seite.
- Lies dieselbe **Zeile,** denselben **Satz** oder **Absatz mehrmals**.
- Achte auf die **Sprache** des Textes, am besten auf **jedes Wort**.
- Gehe beim Lesen häufig zurück und **lies bestimmte Stellen noch einmal**.
- Verwende verschiedene **Stifte** und **Papier**. Markiere am Text und füge Randnotizen an.
- Verbinde das Lesen mit dem **Schreiben**. Du kannst zum Beispiel den Text abschreiben oder längere Kommentare hinzufügen.

So geht's

**Reiner Kunze: Die Antenne
(1965)**

1

Sie abzusägen, drohte
die straße

Die antenne flüchtete
unter den first, hier

5 zeigte auf sie
das haus

Die antenne flüchtete
ins zimmer, hier

zeigten auf sie
10 die wände

Die antenne flüchtete
in den kopf, er

bot sicherheit

2

Vorerst

Antenne: technischer Gegenstand zum Empfang von Wellen (Radio, Fernsehen, …), ermöglicht ungehinderten Informationsempfang

– die Straße als Gefahr für die Antenne – wieso?
– Wofür steht die Straße? → für die Öffentlichkeit
– Flucht der Antenne – Was bedeutet die Antenne? → Überträger für Nachrichten → Warum Flucht? Wovor hat die Antenne Angst?
– First: Kante zweier Dachflächen → Rückzugsort → Bietet er Schutz?
– Rückzug misslingt, das Haus zeigt auf die Antenne – warum? → ungenügende Sicherheit
– erneute Flucht ins Zimmer – das Innere des Hauses – bietet das jetzt genug Schutz? → nein
– Wofür stehen die Wände? – Begrenzung eines Zimmers – eng/beengen/einengen → kein Schutz möglich
– Flucht in den Kopf – Bewohner des Hauses? → der Kopf steht für die Gedanken des Bewohners

Wieso bieten die Gedanken des Bewohners Sicherheit und Schutz? – Die Gedanken sind frei. → Man kann sie für sich behalten.
→ Sie sind für niemanden sichtbar.
Vorerst – heißt: keine Sicherheit für immer? Können Gedanken beeinflusst werden?
1965 DDR? nach Mauerbau 1961 – wofür steht die Antenne?
soll Bewohnern Infos ermöglichen → geht nicht, Abschottung von Außenwelt im Kopf → Symbol für Unterdrückung der Meinungsfreiheit in totalitären Systemen

Sich und andere informieren

Lerninsel: Was du wissen und können musst

Um dich auf ein Referat vorzubereiten, musst du wissen, wo und wie du dich informieren, wie du diese Informationen auswerten und weitergeben kannst. Diese Lerninsel hilft dir dabei.

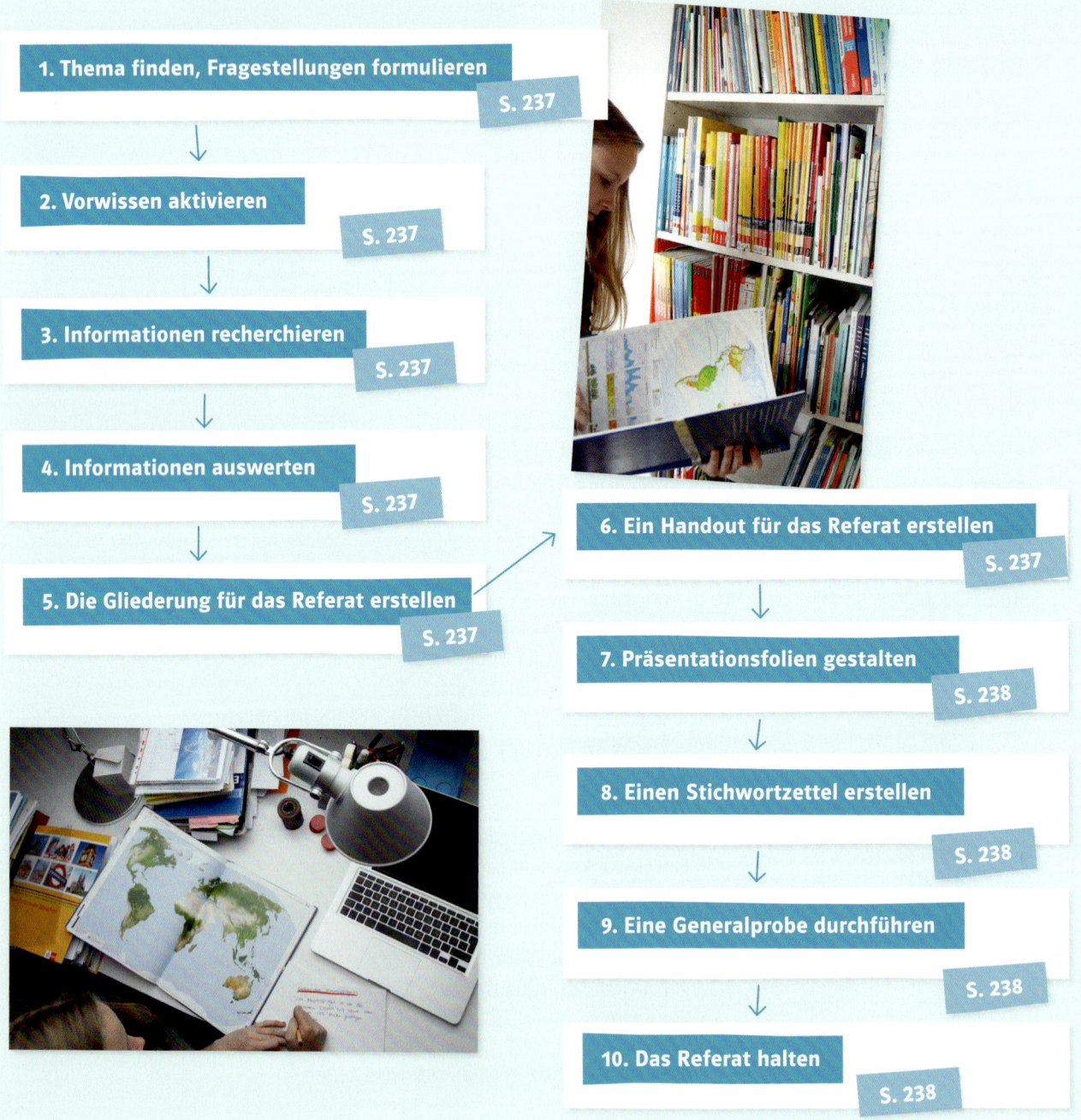

1. Thema finden, Fragestellungen formulieren — S. 237

↓

2. Vorwissen aktivieren — S. 237

↓

3. Informationen recherchieren — S. 237

↓

4. Informationen auswerten — S. 237

↓

5. Die Gliederung für das Referat erstellen — S. 237

→ **6. Ein Handout für das Referat erstellen** — S. 237

↓

7. Präsentationsfolien gestalten — S. 238

↓

8. Einen Stichwortzettel erstellen — S. 238

↓

9. Eine Generalprobe durchführen — S. 238

↓

10. Das Referat halten — S. 238

1. Thema finden, Fragestellungen formulieren

- Grenze das Thema deines Referats ein und formuliere genaue Fragestellungen.
- Nutze die W-Fragen oder eine Mindmap.

2. Vorwissen aktivieren, 3. Informationen recherchieren

- Überlege und stelle zusammen, was du bereits zu dem Thema weißt.
- Informiere dich zu deinen Fragen, zum Beispiel in Lexika, Sachbüchern und Zeitschriftenartikeln.
- Recherchiere in Bibliothekskatalogen (auch online) und im Internet.
- Notiere zu den gefundenen Informationen immer die Quelle (Autor, Titel, Erscheinungs-jahr, Ort, Seitenangabe im Buch bzw. Internetadresse, Datum des Zugriffs).

4. Informationen auswerten

- Verwende für die Auswertung die Lesestrategien und Lesetechniken (S. 233 f.).
- Lies die Materialien orientierend und prüfe, ob sie sich eignen.
  Entscheide dich für Materialien, die verständlich sind.
- Arbeite Auffälligkeiten, Zusammenhänge und Entwicklungen heraus.
- Ordne die Materialien nach den verschiedenen Teilfragen.
- Notiere die wichtigsten Informationen in Stichpunkten, z. B. in einem Exzerpt.
  Halte wichtige Textstellen in Form von Zitaten fest.

So geht's
Exzerpt
j7f7a3

5. Die Gliederung für das Referat erstellen

- Ordne die Informationen. Achte auf eine nachvollziehbare Reihenfolge (roter Faden).
- Gliedere dein Referat immer in Einleitung, Hauptteil und Schluss.
  - Beginne mit einem interessanten Einstieg, der das Interesse deiner Zuhörer weckt. Nenne das Thema deines Referats und stelle deine Gliederung vor.
  - Im Hauptteil stellst du geordnet die Informationen dar. Gliedere nach wichtigen Gesichtspunkten des Themas bzw. nach deinen Teilfragen. Achte auf Überleitungen zwischen den einzelnen Teilen.
  - Der Schluss enthält eine Zusammenfassung, einen Ausblick oder deine eigene Meinung.
- Überlege, wie du das Referat interessant gestalten kannst. Verwende zum Beispiel Bilder, Musik, Filmausschnitte oder ein Tafelbild.

So geht's
Interessanter
Einstieg
u32i9e

6. Ein Handout für das Referat erstellen

Als Handout bezeichnet man einen Handzettel mit den wichtigsten Informationen.
Es wird bei Referaten an die Teilnehmer ausgegeben. Du kannst ein Handout begleitend zu deinem Referat einsetzen oder nachträglich austeilen.

- begleitender Einsatz: Die Reihenfolge des Inhalts muss der Gliederung des Referats folgen. Vorteil: Die Zuhörer können sich Notizen machen.
- nachträgliches Austeilen: Die Reihenfolge des Inhalts kann von der Gliederung des Referats abweichen; Informationen können zusammengefasst werden. Vorteil: Die Zuhörer konzentrieren sich mehr auf den Referenten und die Visualisierungen. Kündige aber am Anfang deines Referats das Handout an.

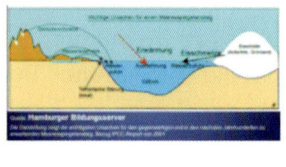

Friedrich-Schiller-Schule, Kl. 10a   15.10.2015
Fachlehrer: Herr Henken
Referentin: Andrea Hupe

Der Meeresspiegelanstieg – eine unausweichliche Bedrohung

Einleitung: Anstieg des Meeresspiegels:
„Fakt ist: Der Meeresspiegel ist von der letzten Eiszeit bis heute um etwa 125 Meter
gestiegen. Das hat auch natürliche Ursachen. Der durch den Menschen verursachte
Treibhauseffekt aber verstärkt diesen Prozess. Wesentliche Folgen sind die
Wärmeausdehnung des Wassers und das Abschmelzen von Gletschern. Dadurch könnte
der Meeresspiegel in nur 300 Jahren um weitere 5 Meter steigen. Was bedeutet dies für uns
Menschen auf der Erde?"

Ursachen des Meeresspiegelanstiegs:
• Eustatischer Anstieg: Abschmelzen von Gletschern und den
  Abfluss dieser Wassermassen ins Meer
• Isostatischer Anstieg: Tektonische Bewegungen wie etwa das
  Heben und Senken von Erdkrustenplatten.
• Thermische Expansion: Ausdehnung des Meerwassers
  aufgrund der Erderwärmung

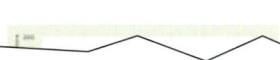

Prognosen für den zukünftigen

Ausschnitt aus
einem Handout

Achte auf eine **übersichtliche** und
einheitliche Gestaltung:

- Verwende eine gut lesbare Schrift.
- Gliedere durch Absätze und Teil-
  überschriften.
- Überfrachte das Handout nicht (nicht
  zu viele Schriftgrößen, Markierungen,
  Farben, Symbole verwenden).
- Achte darauf, dass dein Handout auch
  nach dem Kopieren gut lesbar ist
  (helle Farben sind zum Beispiel
  schlecht erkennbar).

7. Präsentationsfolien gestalten

Präsentationsfolien fassen wichtige Informationen zusammen.
Sie helfen deinen Zuhörern auch, dem Referat besser zu folgen.

- Gestalte sie **strukturiert**, **übersichtlich** und **verständlich**.
- Bekannte Computerprogramme zur Erstellung von Präsentationsfolien
  sind **PowerPoint** oder **Prezi**. Setze diese Programme überlegt ein und
  übe vor dem Referat ihren Einsatz gründlich.

🌐
So geht's
Präsenta-
tionsfolien
gestalten
w286nv

8. Einen Stichwortzettel erstellen

Der Stichwortzettel dient dir beim Vortragen als **Wegweiser** und **Gedächtnisstütze**.

- Gestalte den Stichwortzettel übersichtlich und gut lesbar.
- Du kannst Karteikarten verwenden,
  die du nummerierst.
- Notiere Regieanweisungen für dich
  in einer anderen Farbe.
- Hebe Zusammenhänge und Gelenk-
  stellen mit Unterstreichungen oder
  Markierungen hervor.

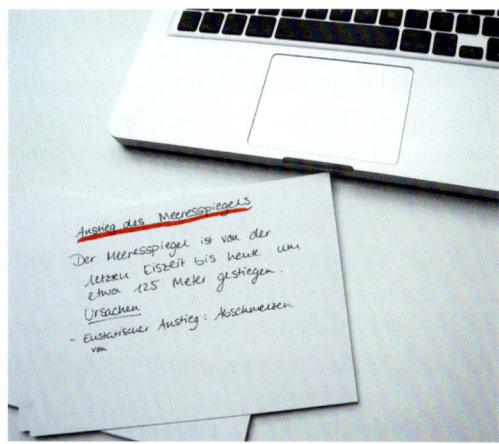

9. Eine Generalprobe durchführen, 10. Das Referat halten

- Lies nicht einfach nur die Texte vor, sondern **sprich** beim Referat **frei**.
  Ein guter **Stichwortzettel** hilft dir dabei. So kannst du auch **Blickkontakt**
  zu deinen Zuhörern halten.
- **Sprich laut** und **deutlich**, sodass dich jeder im Raum gut verstehen kann.
- Überlege, welche **Fragen die Zuhörer** haben könnten, und
  bereite dich auf die Antworten vor.
- Gehe am Ende auf **Rückfragen** und **Diskussionsbeiträge** ein.

Schreiben

Lerninsel: Was du wissen und können musst

Schreiben dient vor allem dazu, anderen etwas mitzuteilen. Es kann dir aber auch dabei helfen, schwierige Texte und Themen besser zu verstehen.

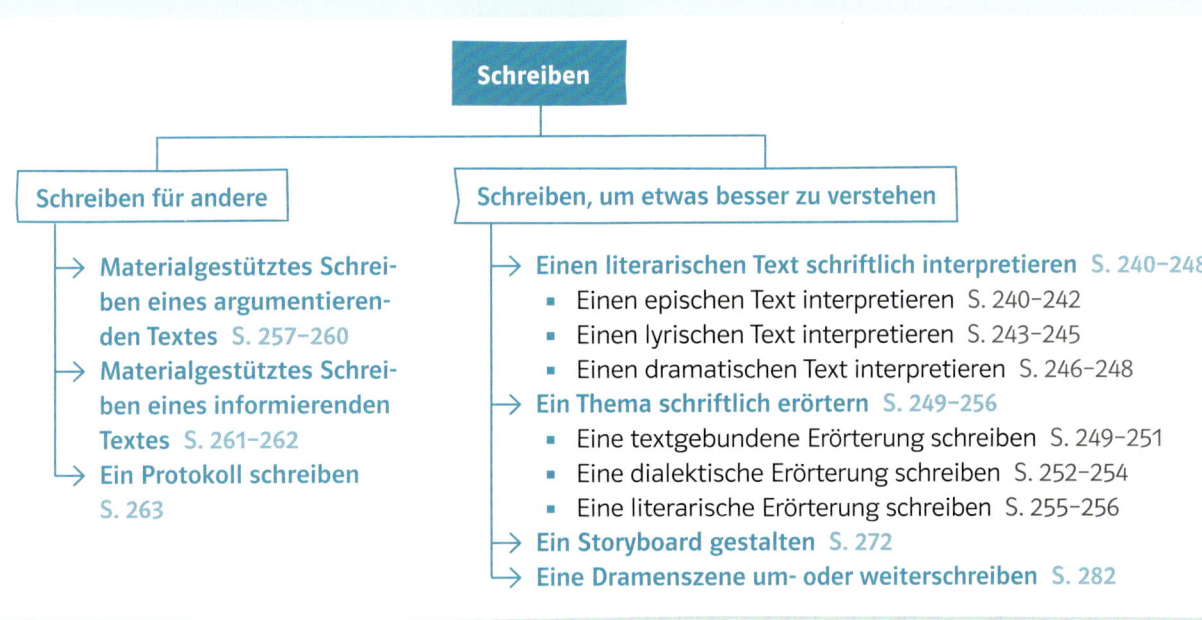

Schreiben

Schreiben für andere

→ **Materialgestütztes Schreiben eines argumentierenden Textes** S. 257–260
→ **Materialgestütztes Schreiben eines informierenden Textes** S. 261–262
→ **Ein Protokoll schreiben** S. 263

Schreiben, um etwas besser zu verstehen

→ **Einen literarischen Text schriftlich interpretieren** S. 240–248
  ▪ Einen epischen Text interpretieren S. 240–242
  ▪ Einen lyrischen Text interpretieren S. 243–245
  ▪ Einen dramatischen Text interpretieren S. 246–248
→ **Ein Thema schriftlich erörtern** S. 249–256
  ▪ Eine textgebundene Erörterung schreiben S. 249–251
  ▪ Eine dialektische Erörterung schreiben S. 252–254
  ▪ Eine literarische Erörterung schreiben S. 255–256
→ **Ein Storyboard gestalten** S. 272
→ **Eine Dramenszene um- oder weiterschreiben** S. 282

Kommentar

S. 260

Mit Mama auf 'ne Party fahren – toll!
Du sitzt in einem nagelneuen Auto, dein linker Arm auf dem Fensterrahmen der Fahrertür gestützt, die rechte Hand hält locker das Lenkrad. Während du entspannt den Wagen durch die Straßen chauffierst, hörst du laute Musik und bist in bester Stimmung. (...)

informierender Artikel

S. 262

Autofahren mit 17:
Was du über BF 17 wissen solltest
Siebzehnjährigen ist es seit dem Jahr 2011 erlaubt, Auto zu fahren, sofern sie die entsprechenden Prüfungen bestanden haben und eine namentlich festgelegte Begleitperson mitfährt. Wir haben hier alles, was du zu diesem Angebot wissen musst, zusammengestellt. (...)

Für viele Menschen, die im Ausland leben oder leben müssen, stellt sich die Frage, wo sie ihre Heimat haben. Genau dieser Frage geht Hilde Domin in ihrem 1955 entstandenen Gedicht „Ziehende Landschaft" nach. Der Text besteht aus (...)

Interpretation

S. 240–248

Ich gehöre nicht zu den Schülern, die losreden, kaum dass der Lehrer das Gespräch freigegeben hat. Ich gehöre aber durchaus zu denen, die sich darüber aufregen, wenn andere dafür eine gute Note bekommen, dass sie erst reden und dann denken. Diese Kritik teile ich mit Harald Martenstein, der in seinem Artikel in „Der Zeit" (...) diese Benotungspraxis mit seiner Kritik an den überall zu findenden „Dauerlaberern" verbindet. (...)

textgebundene Erörterung

S. 249–251

Einen literarischen Text schriftlich interpretieren

Einen epischen Text schriftlich interpretieren

Eine Interpretation vorbereiten

1. **Formuliere erste Eindrücke vom Text.**
2. **Untersuche den Text nach ausgewählten Aspekten.**
   – **Inhalt:** innere und äußere Handlung, zentraler Konflikt, Figuren/
     Figurenkonstellation, Ort und Zeit, zentrale Motive, …
   – **Form/Gestaltung:** Textsorte, Aufbau, Erzählweise, …
   – **Sprache:** Satzbau, Wortschatz, Sprachbilder, …

So geht's

Peter Stamm: Das schönste Mädchen (1999)

Nach fünf milden und sonnigen Tagen auf der Insel zogen Wolken auf. In der Nacht regnete es, und am nächsten Morgen war es zehn Grad kälter. Ich ging über den Riff, eine riesige Sandebene im Südwesten, die nicht mehr Land und noch nicht Meer ist. Ich konnte nicht sehen, wo das Was-
5 ser begann, aber es war mir, als sähe ich die Krümmung der Erde. Manchmal kreuzte ich die Spur eines anderen Wanderers. Weit und breit war kein Mensch zu sehen. Nur hier und da lag ein Haufen Tang oder ragte ein schwarzer, vom Meerwasser zerfressener Holzpfahl aus dem Boden. Irgendwo hatte jemand mit bloßen Füßen ein Wort in den feuchten Sand
10 gestampft. Ich ging um die Schrift herum und las „ALIEN". In der Ferne hörte ich das Fährschiff, das in einer halben Stunde anlegen würde. Es war mir, als hörte ich das monotone Vibrieren mit meinem ganzen Körper. Dann begann es zu regnen, leicht und unsichtbar, ein Sprühregen, der sich wie eine Wolke um mich legte. Ich kehrte um und ging zurück.
15 Ich war der einzige Gast in der Pension. Wyb Jan saß mit Anneke, seiner Freundin, in der Stube und trank Tee. […]
Anneke fragte, ob ich eine Tasse Tee mit ihnen trinken wolle. Ich erzählte ihnen von der Schrift im Sand. „Alien", sagte ich, „genauso habe ich mich gefühlt auf dem Riff. Fremd, als habe die Erde mich abgestoßen." Wyb
20 Jan lachte, und Anneke sagte: „Alien ist ein holländischer Frauenname. Alien Post ist das schönste Mädchen der Insel." „Du bist das schönste Mädchen der Insel", sagte Wyb Jan zu Anneke und küsste sie. Dann klopfte er mir auf die Schulter und sagte: „Bei diesem Wetter ist es besser, zu Hause zu bleiben. Draußen verliert man leicht den Verstand." Er ging in die Kü-
25 che, um eine Tasse für mich zu holen. Als er zurückkam, machte er Licht und sagte: „Ich werde dir einen Elektroofen ins Zimmer stellen." „Ich möchte wissen, wer das geschrieben hat", sagte Anneke. „Meinst du, Alien hat endlich einen Freund gefunden?"

Inhalt
Ort: Ferieninsel
Zeit: Saisonende
Thema: Nachdenken über Einsamkeit, Atmosphäre in der Landschaft ↔ innere Situation
Figurenkonstellation: Gast ↔ Paar

Form/Gestaltung
Textsorte: überraschende Wendung → (Kurzgeschichte): Alien ist auch einsam.
Erzählweise: personaler Ich-Erzähler

Sprache
Sprachbilder: „wie eine Wolke" (Z. 14), „fremd, als habe" (Z. 19)
→ Wirkung der Natur auf das Innenleben
Schlüsselwort: „Alien" = schöne Frau und hässliches Fremdwesen
Gegensätze: einsam ↔ vertraut, fremd ↔ freundlich

3. **Ordne die Ergebnisse deiner Textuntersuchung.**
   Stelle die Ergebnisse deiner Untersuchung in einen Zusammenhang
   mit deiner Deutungshypothese und überarbeite diese gegebenenfalls.

4. **Erstelle eine Gliederung (Schreibplan).**
   Notiere Stichpunkte zu:
   - Einleitung:
     · Wähle einen möglichst **interessanten Einstieg**.
     · Nenne **T**extsorte, **A**utor, **T**itel, **T**hema/Gegenstand (**TATT**).
     · Führe zu deiner **Deutungshypothese** hin.
   - Hauptteil:
     · Informiere kurz über den **Inhalt**.
     · Beschreibe **wesentliche inhaltliche** und **gestalterische Merkmale**,
       erkläre ihre Wirkung und begründe damit deine Deutungshypothese.
     · Stütze deine Aussagen durch nachvollziehbare Argumente und **Textbelege**.
   - Schluss:
     · Fasse **wesentliche Ergebnisse** deiner Deutung zusammen.
     · Beziehe dich auf deine Einleitung.
     · Bewerte den **Bedeutungsgehalt** (z. B. *für das eigene Leseinteresse*).

> „Ich glaube, dass Land-
> schaften und Klima die
> Menschen mindestens
> so sehr prägen wie ihre
> Kultur. Außerdem spielen
> die Orte in den Texten
> auch eine Rolle, ich
> schreibe keine Reiseführer,
> aber Orte haben Atmo-
> sphären, eine Geschichte,
> von manchen Orten gibt
> es feste Bilder, Klischees,
> mit denen oder gegen die
> man arbeiten kann." (Peter
> Stamm)

So geht's

Interpretiere die Kurzgeschichte „Das schönste Mädchen". Gehe unter anderem darauf ein, wie
sich die Aussage des Autors – „Außerdem spielen die Orte in den Texten auch eine Rolle, [...] Orte
haben Atmosphären" – in dieser Kurzgeschichte widerspiegelt.

Einleitung:
- Einstieg: Zitat, TATT
- Hinführung zur Deutungshypothese: „Fremd, als habe die Erde mich abgestoßen" (Z. 19) → abweisende Insel-
  landschaft verstärkt das Gefühl der Einsamkeit

Hauptteil:
- Inhaltsangabe: Sandschrift „Alien" wird vom Feriengast falsch verstanden (fremd/einsam ↔ Liebesgeschichte)
- ein Aspekt der Analyse: Landschaft wirkt bedrohlich (z. B. „zogen Wolken auf", Z. 1; „riesige Sandebene", Z. 3)
  und menschenleer („..."); Deutung von „ALIEN" (Schlüsselwort) durch die Erzählfigur entspricht der herbstlichen
  Inselatmosphäre
- Zwischenfazit: bedrohliche Atmosphäre des Ortes wirkt sich auf die Stimmung der Erzählfigur aus:
  Fremdheitsgefühl, Einsamkeit, Bestätigung der These durch
  · Äußerung von Wyb: „Draußen verliert man leicht den Verstand.", Z. 24 ⎫
  · Zweisamkeit von Jan und Anneke   ⎬ Einsamkeit als Thema
  · überraschende Wendung im letzten Satz   ⎭
- weiterer Aspekt der Analyse: Vergleiche in Z. 12 ff.: „hörte (...) mit meinem ganzen Körper", Z. 14, „wie eine Wolke
  um mich legte", Z. 14 → das Ich ist ganz der Außenwelt ausgeliefert
- Fazit: in der Ortsbeschreibung spiegelt sich das Innenleben der Erzählfigur, sie wird Stimmungsraum

Schluss:
- Bezug zur Einleitung: Beantwortung der Frage
- Bewertung des Bedeutungsgehalts: „Orte haben Atmosphäre" (...)

Eine Interpretation schreiben und überarbeiten

Checkliste

Überarbeite deinen Text in drei Kontrollschritten:

1. Inhalt überprüfen

✔ Bezieht sich meine Deutung auf das Thema/den Problemgehalt des ganzen Textes oder nur auf einen Teilaspekt?

✔ Habe ich meine Deutung durch nachvollziehbare Textstellen belegt und entsprechend erläutert?

✔ Habe ich die wesentlichen inhaltlichen und gestalterischen Auffälligkeiten (z. B. *zentralen Konflikt, Charaktermerkmale der Figuren, Figurenkonstellation, Textsorte, Erzählweise*) berücksichtigt?

✔ Endet meine Interpretation in klar formulierten Aussagen zum Bedeutungsgehalt?

2. Ausdruck überprüfen

✔ Ist ein roter Faden erkennbar (Überleitungen und Schlussfolgerungen)?

✔ Habe ich unnötige Wiederholungen vermieden?

✔ Habe ich Fachbegriffe richtig verwendet?

✔ Habe ich die Sätze mithilfe von Scharnierwörtern sinnvoll verknüpft?

3. Rechtschreibung und Zeichensetzung überprüfen

So geht's

Können Orte in einer Erzählung eine entscheidende Rolle spielen und damit die Handlung vorantreiben? Der Autor Peter Stamm behauptet das, wenn er sagt, „(...)." Was er damit meint, lässt sich an seiner Kurzgeschichte „Das schönste Mädchen" zeigen, die (...). In ihr beschreibt er die Wirkung einer Insellandschaft auf die Gefühle des Ich-Erzählers.

5 Erzählt wird von einem Feriengast, der das in den Sandstrand gestampfte Wort „ALIEN" im Sinne von „Fremder" versteht und auf sein Gefühl bezieht, nicht dazuzugehören (vgl. Z. 19 f.). Von seinen Gastgebern wird er darüber aufgeklärt, dass (...). Diese Wendung überrascht, da vorher ausführlich eine eher bedrohliche Atmosphäre beschrieben wird: (...). Insofern ist es stimmig, wenn der Erzähler das in den Sand geschriebene Wort „ALIEN" mit ‚fremd' über-

10 setzt. Es gibt also ein Wechselspiel zwischen dem Gefühl des Erzählers, auf der Insel fremd und einsam zu sein,

als bedrohlich empfundenen ~~Wyb~~ Bewohner der Insel und der ~~bedrohlichen~~ Insellandschaft. ~~Wyp~~, ein ~~Insulaner~~, bestätigt das, ~~mit~~ wenn er sagt, dass man draußen „leicht den Verstand" verliere (Z. 24 f.).

15 ~~seiner Äußerung.~~ Wie sehr es in der Geschichte um das Gefühl von Einsamkeit und Fremdheit geht, wird zum einen (...) und zum anderen auch dadurch deutlich, dass das Thema „Einsamkeit" indirekt in dem letzten Satz der Geschichte mitschwingt: „Meinst du, Alien hat endlich einen Freund gefunden?" (Z. 27 f.). Diese Frage von Anneke an Wyb deutet an, dass (...). Die Wirkung der Landschaft auf das Innere wird darüber hinaus in zwei Sprachbildern deut-

20 lich, die zeigen, wie sehr das Ich den Eindrücken ausgeliefert ist und sich nicht wehren kann: Es spürt das Motorengeräusch eines Fährschiffs in der Ferne mit seinem „ganzen Körper" (Z. 12), der Sprühregen legt sich „wie eine Wolke um mich" (Z. 14). Das Bild der Wolke kann dabei ambivalent verstanden werden. (...)

Einleitung:
- interessanten Einstieg gewählt ✔
- TATT genannt ✔
- Überleitung vorhanden ✔

Hauptteil:
- Inhalt erfasst ✔
- aspektorientiert, siehe Aufgabe ✔

Überarbeiten:
Inhalt
Ausdruck
*Rechtschreibung/
Zeichensetzung*
- Untersuchungsergebnisse mit Deutung verbunden ✔
- Textbelege genutzt ✔

Schluss:
- fehlt noch

Einen lyrischen Text schriftlich interpretieren

Eine Interpretation vorbereiten

1. **Formuliere erste Eindrücke vom Text.**
   Thema, Auffälligkeiten, Deutungshypothese, Bilder, …
2. **Untersuche den Text nach ausgewählten Aspekten.**
   – **Inhalt:** Thema, zentrale Vorgänge, Bilder oder Gedanken, Sprecher, Grundstimmung, …
   – **Form/Gestaltung:** Vers- und Strophenbau, Reim, Metrum, …
   – **Sprache:** Satzbau (z. B. *Parallelismen*, *Inversion*), sprachliche Bilder/Bildfiguren, Klangfiguren (z. B. *Alliteration*, *Anapher*), …

Hilde Domin, Kind jüdischer Eltern, wurde 1909 in Köln geboren. 1932 ging sie vor allem aus politischen Gründen mit ihrem späteren Mann zum Studium nach Rom, musste aber wegen ihrer jüdischen Herkunft 1939 fliehen. Sie lebte in England und in der Dominikanischen Republik, bis sie 1961 nach Deutschland zurückkehrte. <u>1951 begann H. Domin zu dichten, um vor allem ihre Erfahrungen des Exils zu verarbeiten.</u> Ihr Leben und Werk kann als repräsentativ für das Schicksal von Emigranten gelten.

„[…] Irgendwann war ich zuhause, und auch gut zuhause. Davon lebe ich das Leben lang. Das war in Köln in der Riehler Straße. <u>Dort haben mich meine Eltern mit dem Urvertrauen versorgt,</u> dem Urvertrauen, das unzerstörbar scheint und <u>aus dem ich die Kraft des ‚Dennoch' nehme</u>. […]" (Hilde Domin).

So geht's

Hilde Domin: Ziehende Landschaft (1955)

Man muss weggehen können
und doch sein wie ein Baum:
als bliebe die Wurzel im Boden,
als zöge die Landschaft und wir ständen fest.
5   Man muss den Atem anhalten,
bis der Wind nachlässt
und die fremde Luft um uns zu kreisen beginnt,
bis das Spiel von Licht und Schatten,
von Grün und Blau,
10 die alten Muster zeigt
und wir zuhause sind,
wo es auch sei,
und niedersitzen können und uns anlehnen,
als sei es an das Grab
15 unserer Mutter.

Inhalt
– Thema: Heimat ↔ Fremde
– Grundstimmung: ernst, nachdenklich

Form/Gestaltung
– reimlos und ohne festes metrisches Schema, eine Strophe
– zwei Sätze mit „man muss" (Imperativ) → fester Standpunkt
– Konjunktive → es wird eine Vorstellung entwickelt (in Verbindung mit Vergleichen)
– Endstellung „unserer Mutter" → inhaltlicher Akzent auf Heimat/Ursprung

Sprache
– Sprachbilder: Vergleiche → wirken poetisch, Antithesen (weggehen ↔ bleiben, ziehen ↔ stehen, Licht ↔ Schatten)
– Satzbau: hypotaktisch → wirkt erklärend

3. **Ordne die Ergebnisse deiner Textuntersuchung.**

   Stelle die Ergebnisse deiner Untersuchung in einen Zusammenhang mit deiner Deutungshypothese und überarbeite diese gegebenenfalls. Beziehe eventuell zusätzliche Informationen (z. B. historische oder biografische) ein.

4. **Erstelle eine Gliederung (Schreibplan).**

   Notiere Stichpunkte zu:

   – **Einleitung:**
   · Wähle einen möglichst **interessanten Einstieg**.
   · Nenne **T**extsorte, **A**utor, **T**itel, **T**hema/Gegenstand (**TATT**) und ggf. Entstehungs- oder Erscheinungsjahr.
   · Führe zu deiner **Deutungshypothese** hin.

   – **Hauptteil:**
   · Informiere kurz über das **Thema**, die **dargestellte Situation**, **zentrale Vorgänge**, **Bilder** oder **Gedanken** des Gedichts.
   · Beschreibe **wesentliche inhaltliche** und **gestalterische Merkmale**, erkläre ihre Wirkung und begründe damit deine Deutungshypothese.
   · Stütze deine Aussagen durch nachvollziehbare Argumente und **Textbelege**.

   – **Schluss:**
   · Fasse **wesentliche Ergebnisse** deiner Deutung zusammen.
   · Beziehe dich auf deine Einleitung.
   · Bewerte den **Bedeutungsgehalt** (z. B. *für das eigene Leseinteresse*).

So geht's

Einleitung

– *interessanter Einstieg: Auch heute müssen viele Menschen im Ausland leben → Wo ist meine Heimat?*
– *TATT + Erscheinungsjahr: 1955, Hinführung zu Thema: Leben in der Fremde*

Hauptteil

– *kurze Beschreibung des ganzen Gedichts: eine Strophe, 15 reimlose Verse und metrisch nicht gebundene Verse, zwei Sätze mit „man muss"*
– *Überleitung zur Deutung: „man muss" (V. 1 und 5) → zwei scheinbar paradoxe Verhaltensregeln für Menschen, die in der Fremde leben müssen: weggehen und bleiben „wie ein Baum" (V. 2)*
– *Auseinandersetzung mit zentralen Sprachbildern*
  · *„wie ein Baum" (V. 2) → Wurzeln, die mir Halt geben (Gegensatz: „weggehen", V. 1)*
  · *„den Atem anhalten" (V. 5) → beim Weggehen ausharren (wie ein Baum), sich nicht verändern*
  → *Hinweis auf Titel: fremde Landschaft vorüberziehen lassen*
  · *Wie lange?*
  Paraphrasierung von V. 6–12
  „Grab/unserer Mutter" (V. 14 f.) → Bild für: an seinem Ursprung sein, „wo es auch sei" (V. 12)
– *Deutung: Wir haben in uns etwas, das uns Heimat gibt (Heimat ist kein geografischer Begriff)*

Schluss

– *Beantwortung der Eingangsfrage: Du kannst auch in der Fremde heimisch werden, denn deine Wurzeln liegen in dir.*
– *textexterne Aspekte einbinden:*
  · *glaubwürdige Antwort → Domin als Exilautorin (s. S. 243)*
  · *interessanter Hintergrund → Domins Urvertrauen aus ihrer Kindheit, Künstlername „Domin"*
– *Bewertung: starke Bilder + Glaubwürdigkeit (Exilerfahrung)*

Eine Interpretation schreiben und überarbeiten

Checkliste

Überarbeite deinen Text in drei **Kontrollschritten**:

1. Inhalt überprüfen

✔ Bezieht sich meine Deutung auf das Thema/den Sinngehalt
   des ganzen Textes oder nur auf einen Teilaspekt?

✔ Habe ich meine Deutung durch nachvollziehbare Textstellen belegt und
   entsprechend erläutert?

✔ Habe ich die wesentlichen inhaltlichen und gestalterischen Auffälligkeiten
   (z. B. *Sprecher, Vers- und Strophenbau, sprachliche Bilder, Klangfiguren*) berücksichtigt?

✔ Endet meine Interpretation in klar formulierten Aussagen zum Bedeutungsgehalt?

2. Ausdruck überprüfen

✔ Ist ein roter Faden erkennbar (Überleitungen und Schlussfolgerungen)?

✔ Habe ich unnötige Wiederholungen vermieden?

✔ Habe ich Fachbegriffe richtig verwendet?

✔ Habe ich die Sätze mithilfe von Scharnierwörtern sinnvoll verknüpft?

3. Rechtschreibung und Zeichensetzung überprüfen

So geht's

Für viele Menschen, die im Ausland leben oder leben müssen, stellt sich die Frage, wo sie
ihre Heimat haben. Genau dieser Frage geht Hilde Domin in ihrem 1955 erschienenen Gedicht
„Ziehende Landschaft" nach.
Der Text besteht aus (...). Dadurch wird der Eindruck vermittelt, (...). Das Gedicht wirkt durch
5 vier Vergleiche sehr poetisch. Alle veranschaulichen, wie man sich nach Meinung des lyrischen
Ichs verhalten muss, wenn man seine Heimat verlässt: „Man muss weggehen können" (V. 1) und
dennoch wie ein Baum sein, dessen „Wurzeln im Boden" (V. 3) einen festhalten. Der zweite
Satz macht deutlich, wie dieser Widerspruch zu verstehen ist: Man müsse „den Atem anhalten"
(V. 5), bis man sich in der Fremde heimisch fühlt. (...) Man soll

10   *ausharren*   *an sich vorbeiziehen*
wie ein Baum ~~herumstehen~~ und die fremden Landschaften ~~passieren~~ lassen
           das Gefühl   *angekommen*   *werde*
(vgl. Titel), bis sich ~~die Stimmung~~ einstellt, ~~angekomen~~ zu sein. Dieses Gefühl ~~wird~~
erfahren, wenn die „fremde Luft um uns zu kreisen beginnt" (V. 7), wenn sich in der Fremde
15 „die alten Muster" (V. 10) zeigen und wenn man sich vertrauensvoll an etwas anlehnen kann
(vgl. V. 13 ff.). Interessant ist das abschließende Bild. Das lyrische Ich sehnt sich danach,
sich an etwas anlehnen zu können wie „an das Grab/unserer Mutter" (V. 14 f.). Damit wird der
Wunsch ausgedrückt, bei seinem Ursprung zu sein. Dies deutet auf die Grundaussage des
Gedichts: Du kannst auch in der Fremde heimisch werden, denn (...).
20 Diese Aussage macht Mut, zumal sie von einer Autorin kommt, die während der NS-Zeit als
jüdischer Flüchtling selbst die Erfahrung machen musste, von ihrer deutschen Heimat getrennt
leben zu müssen. Die Wurzeln, die Hilde Domin auch in der Fremde einen festen Stand geben
konnten, gründen offenbar auf einem „Urvertrauen"[1], mit dem ihre Eltern sie (...).

[1] H. Domin: Aber die Hoffnung. Autobiografisches aus und über Deutschland, 1982, S. 23

Einleitung:
– interessanten Einstieg gewählt ✔
– TATT genannt ✔
– Überleitung vorhanden ✔

Hauptteil:
– Inhalt erfasst ✔
– Untersuchungsergebnisse mit Deutung verbunden ✔

Überarbeiten:
Inhalt
Ausdruck
Rechtschreibung/
Zeichensetzung
– Textbelege genutzt ✔

Schluss:
– Deutung zusammengefasst ✔
– Bedeutungsgehalt für mich gezeigt ✔

Einen dramatischen Text schriftlich interpretieren

Eine Interpretation vorbereiten

1. **Formuliere erste Eindrücke vom Text.**
   Thema, Auffälligkeiten, Deutungshypothese, …
2. **Untersuche den Text nach ausgewählten Aspekten.**
   – **Inhalt:** Gesprächsverlauf, Entwicklung des Konflikts, Figuren/Figurenkonstellation …
   – **Form/Gestaltung:** Dialoggestaltung, …
   – **Sprache:** Satzbau, Wortwahl, Sprachstil, …

So geht's

Friedrich Schiller: Kabale und Liebe (Ausschnitt, 1784)
Erster Akt, erste Szene

Zimmer beim Musikus. Miller steht eben vom Sessel auf und stellt sein Violoncello auf die Seite.
An einem Tisch sitzt Frau Millerin noch im Nachtgewand und trinkt ihren Kaffee.

MILLER: *(schnell auf und ab gehend)* Einmal für allemal! Der Handel wird ernsthaft. Meine Tochter kommt mit dem Baron ins Geschrei. Mein Haus wird verrufen. Der Präsi-
5   dent bekommt Wind, und – kurz und gut, ich biete dem Junker aus.

FRAU: Du […] hast ihm deine Tochter nicht nachgeworfen.

MILLER: […] wer nimmt Notiz davon? – Ich war Herr im Haus. […]

FRAU: […] Wer kann dir was anhaben? Du gehst deiner Profession nach und raffst Scholaren zusammen, wo sie zu kriegen sind.

10 **MILLER:** Aber, sag mir doch, was wird bei dem ganzen Kommerz auch herauskommen? – Nehmen kann er das Mädel nicht – […] er wird sie dir auf der Nase, beschwatzen, dem Mädel eins hinsetzen und führt sich ab, und das Mädel ist verschimpfiert auf ihr Leben lang, […].

FRAU: Gott behüt uns in Gnaden!

15 **MILLER:** Es hat sich zu behüten. Worauf kann so ein Windfuß wohl sonst sein Absehen richten? […] Ich verdenk's ihm gar nicht. Mensch ist Mensch. […]

FRAU: Sieh doch nur erst die prächtigen Bücher an, die der Herr Major ins Haus ge-schafft haben. Deine Tochter betet auch immer draus.

MILLER: *(pfeift)* Hui da! Betet! […] Ins Feuer mit dem Quark. […] Ins Feuer, sag ich!
20   Das Mädel setzt sich alles Teufelsgezeug in den Kopf; über all dem Herumschwänzen in der Schlaraffenwelt findet's zuletzt seine Heimat nicht mehr, vergisst, schämt sich, dass sein Vater Miller der Geiger ist, und verschlägt mir am End' einen wackern ehrbaren Schwiegersohn […].

ich biete dem Junker aus: dem Junker das Haus verbieten

Scholaren: Schüler (hier Musikschüler)

Kommerz: Angelegenheit, Handel

dem Mädel eins hinsetzen: ein Kind machen

führt sich ab: lässt sie sitzen

Miller = Luises Vater
- Vertreter des 3. Standes (Bürgertum)
- Musiklehrer, fleißig, wünscht sich einen „wackern ehrbaren Schwiegersohn" (Z. 22 f.)

Standesgrenzen ←→

Ferdinand = Geliebter der Tochter Millers
- Vertreter des 1. Standes (Adel)
- Sohn des Präsidenten, Miller sieht ihn als „Windfuß" (unbekümmert, untreu)

3. **Ordne die Ergebnisse deiner Textuntersuchung.**

Stelle die Ergebnisse deiner Untersuchung in einen Zusammenhang mit deiner Deutungshypothese und überarbeite diese gegebenenfalls.

4. **Erstelle eine Gliederung (Schreibplan).**

Notiere Stichpunkte zu:

– Einleitung:
  · Wähle einen möglichst interessanten Einstieg.
  · Nenne Textsorte, Autor, Titel, Thema/Gegenstand (TATT) und ggf. Entstehungs- oder Erscheinungsjahr.
  · Führe zu deiner Deutungshypothese hin.

– Hauptteil:
  · Informiere kurz über den Handlungs- oder Gesprächsverlauf.
  · Benenne die Stellung der Szene im Drama.
  · Beschreibe wesentliche inhaltliche und gestalterische Merkmale, erkläre ihre Wirkung und begründe damit deine Deutungshypothese.
  · Stütze deine Aussagen durch nachvollziehbare Argumente und Textbelege.

– Schluss:
  · Fasse wesentliche Ergebnisse deiner Deutung zusammen.
  · Beziehe dich auf deine Einleitung.
  · Bewerte den Bedeutungsgehalt (z. B. *für das eigene Leseinteresse*).

So geht's

Interpretiere die Szene I, 1 aus „Kabale und Liebe". Lege dabei den Schwerpunkt auf die Frage, welcher zentrale Konflikt sich abzeichnet.

Einleitung:
– *interessanter Einstieg*
– *TATT/Hinführung zur Deutungshypothese: gesellschaftliches Problem des 18. Jh. in Deutschland, konfliktträchtige Beziehung zwischen einer bürgerlichen Tochter und einem Adligen*

Hauptteil:
– *Konflikt: Exposition zeigt zentralen Konflikt auf, Liebesbeziehung zwischen (bürgerlicher) Tochter und (adligem) Major*
– *Hintergrund des Konflikts: Adlige konnten Bürgerliche nicht heiraten, „Nehmen kann er das Mädel nicht" (Z. 11)*
– *vorhandene Einstellungen, Ehepartner schätzen Beziehung Tochter und Baron unterschiedlich ein:*
  · *Miller: fürchtet, Ferdinand wolle Tochter sexuell ausnutzen, Neologismus „Windfuß" (Z. 15)*
  · *Millers Frau: sieht die Vorteile der Herkunft*
– *Gesprächsverhalten:*
  · *Miller: entschlossen, macht sich Vorwürfe, misstrauisch gegenüber Baron, Angst um seine Tochter, „Ich verdenk's ihm gar nicht" (Z. 16)* → *Miller hat für Baron Verständnis*
  · *Millers Frau: weist Schuld zurück, will Mann beruhigen, betont die schöngeistige Seite der Beziehung zwischen Baron und Tochter (vgl. Z. 17 f.)*

Schluss:
– *Zusammenfassung: zentraler Konflikt*
– *persönlicher Eindruck, Wirkung: gut gezeichneter Kontrast zwischen Miller und seiner Frau, Frau wirkt naiv oder verdrängt die Probleme*
– *Konfliktverlauf: Stück nimmt für Familie Miller wahrscheinlich kein gutes Ende*

Eine Interpretation schreiben und überarbeiten

Checkliste

Überarbeite deinen Text in drei **Kontrollschritten**:

1. Inhalt überprüfen
- ✔ Bezieht sich meine Deutung auf das Thema/den Problemgehalt des ganzen Textes oder nur auf einen Teilaspekt?
- ✔ Habe ich meine Deutung durch nachvollziehbare Textstellen belegt und entsprechend erläutert?
- ✔ Habe ich die wesentlichen inhaltlichen und gestalterischen Auffälligkeiten (z. B. *äußerer/innerer Konflikt, Charaktermerkmale der Figuren, Dialoggestaltung*) berücksichtigt?
- ✔ Endet meine Interpretation in klar formulierten Aussagen zum Bedeutungsgehalt?

2. Ausdruck überprüfen
- ✔ Ist ein roter Faden erkennbar (Überleitungen und Schlussfolgerungen)?
- ✔ Habe ich unnötige Wiederholungen vermieden?
- ✔ Habe ich Fachbegriffe richtig verwendet?
- ✔ Habe ich die Sätze mithilfe von Scharnierwörtern sinnvoll verknüpft?

3. Rechtschreibung und Zeichensetzung überprüfen

So geht's

Liebe kennt keine Schranken – oder doch? Die freie Partnerwahl sehen wir heute als Normalität, aber im 18. Jahrhundert war das nicht der Fall. Dafür ist das Drama „Kabale und Liebe" von Friedrich Schiller, erschienen 1784, ein gutes Beispiel. (...)
Der Musiker Miller redet mit seiner Frau über die Liebesbeziehung ihrer Tochter zu
5 einem Baron, von der er meint, dass sie „ernsthaft" (Z. 3) werde. Er will dem jungen Adligen den Zugang zu seinem Haus verbieten, weil (...). Um das väterliche Verhalten zu verstehen, muss man wissen, dass die deutsche Gesellschaft streng in Stände geordnet war, Übergänge zwischen den Ständen waren nicht vorgesehen. Mit dem Satz „Nehmen kann er das Mädel nicht" (Z. 11) deutet der Vater genau darauf hin: Einem Adligen
10 im 18. Jahrhundert erlaubten die Standesgrenzen kaum, eine Bürgerliche zur Frau zu nehmen. Insofern befürchtet der Vater, dass der Adlige die Tochter nur sexuell ausnutzen wolle, sie schwanger werde und er dann verschwinden würde. Er sieht ihn als
unbekümmerten   dem er dieses Verhalten
~~unverantwortlich handelnden~~ „Windfuß" (Z. 15), ~~wobei er ihm dieses Verhalten~~
15   vorwerfe, weil es so menschlich sei (vgl. Z. 16).
nicht einmal ~~vorwirft (vgl. Z. 16)~~.   dem   der Tochter
Millers Frau dagegen sieht die Beziehung zwischen ~~den~~ Baron und ~~dem Mädchen~~
eher als eine schöngeistige an, in der der junge Mann dem Mädchen mit Büchern zu gefallen versuche. Sie will ihren Mann beruhigen (...).
20 Der in der Anfangsszene angedeutete Konflikt hat das Potenzial, sich zu einem zentralen Konflikt des ganzen Stückes zu entwickeln: (...)

Einleitung:
- interessanten Einstieg gewählt ✔
- TATT genannt ✔
- Überleitung vorhanden ✔

Hauptteil:
- Inhalt erfasst ✔
- textexterne Aspekte eingebunden ✔
- Untersuchungsergebnisse mit Deutung verbunden ✔
- Textbelege genutzt ✔

Überarbeiten:
Inhalt
Ausdruck
Rechtschreibung/
Zeichensetzung

Schluss:
- fehlt noch

Schriftlich erörtern

Eine textgebundene Erörterung schreiben

Eine textgebundene Erörterung vorbereiten

1. Analysiere den Ausgangstext und notiere Stichpunkte.

- Achte auf den Inhalt, die Absicht und die sprachliche Gestaltung.
- Entwickle eine eigenständige Position zur Kernaussage des Textes.

> *Thema:*
> *Stellenwert der mündlichen Mitarbeit bei der aktuellen Notengebung*

So geht's

Harald Martenstein: Man erzieht die Leute zu Dauerlaberern (ZEIT, Ausschnitt 2011)

Ich bin stolz auf meinen Sohn. Er erinnert mich an eine berühmte historische Persönlichkeit, an Helmuth Graf von Moltke, den Chef des preußischen Generalstabes im Deutsch-Französischen Krieg von 1870/71. Moltke trug den Spitznamen „der große Schweiger". […] Mein Sohn ist
5 aus exakt dem gleichen Holz geschnitzt. […]
In der Schule hat mein Sohn aufgrund seines Wesens jahrelang schlechtere Noten bekommen, als er verdiente. Er schrieb in einem Fach zum Beispiel lauter Zweien und bekam am Ende eine Drei minus. Die sogenannte „mündliche Mitarbeit" wird nämlich seit einiger Zeit in der No-
10 tengebung mit 50 Prozent bewertet.
Zu meiner Zeit spielte die „mündliche Mitarbeit" eine Rolle, wenn man zwischen zwei Noten auf der Kippe stand, man konnte sich von einer Drei bis Vier auf eine glatte Drei hochlabern, mehr nicht. Es gab in der Klasse ein schüchternes Mädchen, das in meiner gesamten Schulzeit nie
15 auch nur ein einziges Wort gesagt hat, sie schrieb aber lauter Einsen und ist, glaube ich, heute eine erfolgreiche Anwältin. Die von unserem System diskriminierten schüchternen, zurückhaltenden oder zur Selbstdarstellung unbegabten Menschen können durchaus etwas leisten, sie sind oft recht intelligent. Sie sind nachdenklich. Bevor sie sprechen, denken
20 sie nach, und wenn sie mit dem Denken fertig sind, ist es zu spät. Das ist ihr Problem.
Ich halte die „mündliche Mitarbeit" für einen Mythos, ihren Stellenwert für ein Zeitsymptom. Ob jemand den Stoff begriffen hat und anwenden kann, lässt sich in den Klassenarbeiten, und nur dort, halbwegs objektiv
25 überprüfen. […] Man erzieht die Leute zu Dauerlaberern, zu Nervensägen und Ich-Darstellern, die sollen alle ins Dschungelcamp.
Ich habe aber einen Ausweg gefunden. Mir ist aufgefallen, dass man zwar nachdenkliche Menschen problemlos diskriminieren darf, nicht aber Behinderte. Behinderte zu diskriminieren, ist erfreulicherweise tabu. Man
30 müsste also mit einem Musterprozess erreichen, dass ein nachdenkliches Wesen als Behinderung anerkannt wird, vielleicht kann das stille Mädchen aus meiner Schule den Fall durchfechten. […]

Überschrift: Hinweis auf Position des Autors
Ausgangsthese: Schweigen = Zeichen für Nachdenklichkeit
Autoritätsargument: Moltke
Positionierung: Sohn = Moltke (Metapher)
Problem: Nachdenklichkeit werde in der Schule heute negativ bewertet,
Hintergrund: Bewertung der mündlichen Mitarbeit
Beispiel zur Stärkung der eigenen Position: früher schweigsame Schülerin → heute erfolgreiche Rechtsanwältin
Erläuterung: schweigsame Menschen oft intelligent
These: starke Gewichtung des Mündlichen führt zur Diskriminierung der Nachdenklichen/ Erziehung zu „Dauerlaberern", „Dschungelcamp" (Wortwahl)
Appell an Leser: ironisch nachdenkliches Wesen als Behinderung anerkennen

Lerninsel:
Argument-
arten
S. 252

So geht's
Sachtext-
analyse
schreiben
u2e3sp

2. Erstelle für den erörternden Teil eine Stoffsammlung.

- Sammle ergänzende Pro-Argumente und dem Text widersprechende Kontra-Argumente sowie Argumentationsstützen.
- Wähle die überzeugendsten Argumente aus.

3. Erstelle einen Schreibplan.

Einleitung:

- Hinführung zum Thema, Interesse wecken (Bedeutung, Aktualität, Erfahrungen), Überleitung zum Text (TATT)

Hauptteil: analytischer Teil, erörternder Teil; durch Überleitungen strukturieren

- **1. Textanalyse:** Kernaussage, Argumentation, Absicht, sprachliche Gestaltung
- **2. Erörterung:**
  - Gliederung nach Sanduhrprinzip oder Ping-Pong-Prinzip
  - die Kernaussage des Textes mit eigenen Argumenten bestätigen oder ihr mit eigenen Argumenten widersprechen

Schluss:

- Resümee und Abrundung (z. B. *Zusammenfassung, Kompromiss, Bezug zur Einleitung, Blick in die Zukunft: Aufforderung, Wunsch, Ausblick*)

So geht's

Einleitung:
– Hinführung zum Thema: Schilderung einer typischen Unterrichtssituation
– Überleitung zum Text: TATT, Titel („Dauerlaberer") aufgreifen
Hauptteil:
– Textanalyse
· Aussage: starke Gewichtung des Mündlichen führt zur Diskriminierung von Nachdenklichen
· Argumentation: Ausgangsthese (Schweigen = positive Eigenschaft), Problem aufzeigen (Benotungspraxis →
Diskriminierung der Schweigsamen), Folgen nennen (Erziehung zum Labern = Zeitsymptom, Z. 25), Gegen-
argumentation entfalten (Beispiel für erfolgreiche Schweiger), indirekt appellieren (aktuelle Praxis bei der
Benotung abschaffen)
· Absicht: humoristische Warnung vor Gesellschaft, die dumme „Selbstdarstellung" (Z. 17 f.) fördert
· sprachliche Gestaltung: humoristisch (Beispiel mit Moltke), auffällige Wortwahl, am Ende ironisch
– Überleitung: Soll die mündliche Mitarbeit im Unterricht in die Gesamtnote eingehen?
– Erörterung (nach Sanduhrprinzip)
· Kontra-Argumente:
1. Textargument: Nachdenkliche werden benachteiligt + Bestätigung durch eigene Erfahrung
2. Textargument: Schule fördert damit Entwicklung von Ich-Darstellern + Bestätigung durch eigene Erfahrung
· Drehpunkt: keiner will „Dauerlaberer"; was kann also dafür sprechen, die mündliche Beteiligung im Unterricht
trotzdem zu bewerten?
· eigene Pro-Argumente:
1. Aussagekraft der schriftlichen Leistung nicht immer objektiv
2. Neue Gedanken entstehen im Dialog. → Mündlichkeit auch im Leben wichtig
3. Lehrer müssen Zeit zum Nachdenken geben, müssen auf Qualität der Äußerungen achten
(...)
Schluss:
– Wertung: Text witzig geschrieben, geht aber einseitig bzw. behauptend vor
– eigene Position: Text weist auf ein schulisches Problem hin, Lösung liegt aber bei Lehrern

Eine textgebundene Erörterung schreiben und überarbeiten

Überarbeite deinen Text in drei Kontrollschritten:
1. Inhalt überprüfen
2. Ausdruck überprüfen
3. Rechtschreibung und Zeichensetzung überprüfen

So geht's

Ich gehöre nicht zu den Schülern, die losreden, kaum dass der Lehrer das Gespräch frei-
gegeben hat. Ich gehöre aber durchaus zu denen, die sich darüber aufregen, wenn andere
dafür eine gute Note bekommen, dass sie erst reden und dann denken. Diese Kritik teile ich
mit Harald Martenstein, der in einem Artikel in „Der Zeit" (...) diese Benotungspraxis mit
5 *seiner Kritik an den überall zu findenden „Dauerlaberern" verbindet.*
Der Autor vertritt in seinem Text die Auffassung, dass die starke Gewichtung des Mündli-
chen zu einer Diskriminierung von nachdenklichen Menschen führe. Dazu hebt er zunächst
hervor, dass das nachdenkliche Schweigen eine positive Eigenschaft sei. Er verweist dabei
auf (...) als einen „großen Schweiger" (Z. 4). Darauf aufbauend stellt er die aktuelle
10 *Schulpraxis, die mündliche Mitarbeit zu benoten, als eine Form der Diskriminierung dar,*
durch die (...). Er sieht die Schule als einen Ort, an dem „die Leute zu Dauerlaberern"
(Z. 25) erzogen würden, wie sie (...) zu finden seien. Der aktuellen Bewertungspraxis
stellt er die Benotung gegenüber, die (...). Eine schweigsame Mitschülerin dient ihm dabei
als Beispiel dafür, dass (...). Am Ende macht er durch eine ironische Bemerkung deutlich,
15 *wie widersinnig es sei, nachdenkliche Menschen durch (...) zu diskriminieren. Dazu (...).*
Insgesamt ist der Text eher humoristisch als argumentativ geschrieben (...).
Ausgehend von der Kritik des Autors möchte ich die im Text aufgeworfene Frage aufgrei-
fen, ob die mündliche Beteiligung am Unterricht in die Gesamtnote eingehen soll.
Ich teile die Kritik von H. Martenstein an einer Schule, in der (...) erzogen werden. Gerade
20 *letzte Woche konnte ich im Deutschunterricht miterleben, wie (...). Keiner will, dass wir*
alle nur noch zu Dauerlaberern in einer Gesellschaft werden, in der vor allem Ich-Darstel-
ler Erfolg haben. Was kann also trotzdem für den Eingang der mündlichen Beteiligung in
die Bewertung sprechen?
Zum einen ist darauf hinzuweisen, dass Klassenarbeiten zwar zeigen können, was man
25 *nicht weiβ, sie zeigen aber nicht unbedingt, was man kann. Dies wird vom Autor nicht er-*
wähnt, zumal er an dieser Stelle eher behauptend als argumentativ vorgeht (vgl. Z. 23ff.).
Des Weiteren ist zu bedenken, dass Schule ein Ort ist, an dem Menschen zusammen im
Dialog neue Gedanken entwickeln können. Jeder hat schon einmal die Erfahrung gemacht,
wie gut das Drauflosreden dem gemeinsamen Nachdenken tut, (...). Schlussendlich muss
30 *aber im Zusammenhang mit dem Artikel von H. Martenstein gesagt*
              gegen *aktuell gültige*
werden, dass seine Kritik sich nicht ~~auf~~ die Benotungsregelung richtet,
         einiger   *zu lassen*
sondern die Unart ~~der~~ Lehrer im Blick hat, Schülern keine Zeit ~~zulassen~~, sich (...).
35 *Zusammenfassend möchte ich noch einmal betonen, dass ich die Kritik am inhaltsleeren*
Gelaber nachvollziehen kann. Der Text ist witzig geschrieben und (...).

Einleitung:
– Strittigkeit des Themas aufgezeigt ✓

Hauptteil:
1. Textanalyse
– Kernaussage genannt ✓
– Gedankengang aufgezeigt ✓
– Absicht genannt (s. u.) ✓
– sprachliche Gestaltung erläutert ✓

Hauptteil:
2. Erörterung
– alle wichtigen Argumente genannt ✓
– Argumentationsaufbau erkennbar ✓
– Argumente gestützt ✓

Überarbeiten:
Inhalt
Ausdruck
Rechtschreibung/
Zeichensetzung

Schluss:
– eigene Position verdeutlicht ✓

Eine dialektische Erörterung schreiben

Eine dialektische Erörterung vorbereiten

1. **Kläre das Thema und die Entscheidungsfrage.**
2. **Erstelle die Stoffsammlung.**
   - Sammle Pro- und Kontra-Argumente, z. B. in einer Mindmap.
   - Wähle die überzeugendsten Argumente aus. Sie sind überzeugend, wenn sie
     · Interessen und Wertvorstellungen vieler (Grundwerte, Grundrechte) berücksichtigen (normatives Argument),
     · sich auf Tatsachen stützen (Tatsachenargument),
     · die Meinung eines Experten wiedergeben (Autoritätsargument),
     · durch Vergleiche mit ähnlichen Sachverhalten nachvollziehbar sind (analoges Argument).
   - Notiere zu den gewählten Argumenten Argumentationsstützen.
3. **Entwickle eine eigenständige Position zum Thema.**
4. **Erstelle die Gliederung.**

So geht's

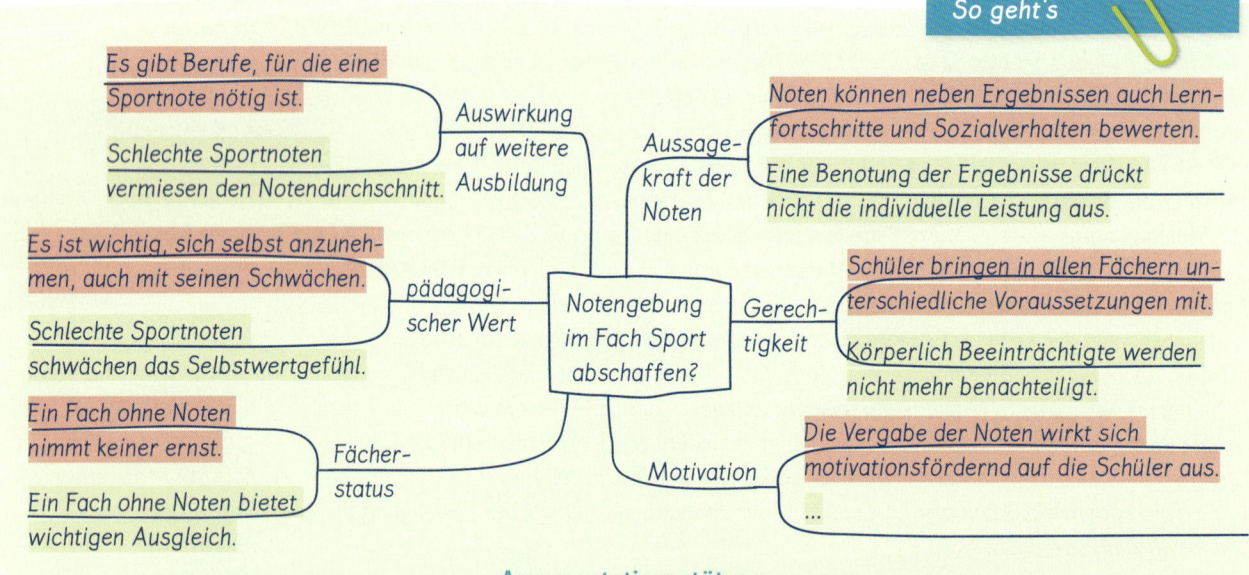

Argumentationsstützen

Noten in Sport sollten abgeschafft werden,	Noten in Sport sollten nicht abgeschafft werden,
1. da körperlich Beeinträchtigte nicht mehr benachteiligt werden; *kleinwüchsiger Mitschüler*	1. da Schüler in anderen Fächern auch unterschiedliche Voraussetzungen mitbringen; *Chemie z. B. setzt Abstraktionsvermögen voraus, das nicht jeder besitzt*
2. da eine Benotung der Ergebnisse nicht die individuelle Leistung ausdrückt; *sportliche Verbesserung bei unsportlichem Kind größere Leistung als gute Ergebnisse von Sportler*	2. da Noten neben Ergebnissen auch Lernfortschritte bzw. Sozialverhalten bewerten können; *Mein Sportlehrer hat mir ein + gegeben, weil ich mit Paul geübt habe.*
3. da ein Fach ohne Noten einen wichtigen Ausgleich im Schulstress bieten kann; *Untersuchung der Sportuni Köln: Bedarf an zweckfreiem Austoben*	3. da ein Fach ohne Noten nicht ernst genommen wird; *Theater-AG: jeder macht, was er will*

Eine dialektische Erörterung nach dem Sanduhrprinzip schreiben und überarbeiten

Die Einleitung schreiben
- Führe zum Thema hin, indem du das Interesse des Lesers weckst.
- Kläre wichtige Begriffe.

Den Hauptteil schreiben
Achte dabei auf:
- einen sachlichen Stil
- Vollständigkeit der Argumentation (Argument + Argumentationsstütze)
- sinnvolle gedankliche Verknüpfungen
- eine Überleitung von der Gegenthese zur These (Drehpunkt), die eine Zusammenfassung oder Infragestellung der Gegenthese beinhaltet und die eigene Position ankündigt

Den Schluss schreiben
Du hast verschiedene Möglichkeiten:
- Greife die Einleitung auf und entwickle eine neue Perspektive.
- Stelle die jeweils entscheidenden Gründe (pro und kontra) gegenüber und erläutere den wichtigsten Grund für deine Entscheidung.
- Begründe deine Unentschiedenheit und mache einen Kompromissvorschlag.

EINLEITUNG

stärkstes Argument für die Gegenthese

schwächstes Argument für die Gegenthese

DREHPUNKT

schwächstes Argument für die These

stärkstes Argument für die These

SCHLUSS

So geht's

„Für Sport Noten zu vergeben, ist schon ziemlich gewagt." Dieser Satz stammt von Alexander S. aus Meißen, der durch eine Petition beim sächsischen Landtag für eine kontroverse Debatte gesorgt hat. Soll die Notengebung im Fach Sport abgeschafft werden? (...)

5 Die Gegner der Abschaffung von Sportnoten betonen vor allem, dass sich die Ausgangssituation im Fach Sport nicht grundsätzlich unterscheide von der in anderen Fächern. Wenn in Chemie eine Abstraktionsfähigkeit verlangt wird, um komplizierte Modelle zu verstehen, so könne diese Kompetenz genauso wenig allgemein vorausgesetzt werden wie in Sport die geforderte Fähigkeit, die Höhe von 1,40 m zu über-
10 springen. Des Weiteren wird darauf hingewiesen, dass schlechte Noten in Sport einen pädagogischen Wert hätten, da (...). Ein letztes Argument für Sportnoten bezieht sich darauf, dass es Berufe gibt, bei denen (...). Dies gilt zum Beispiel für die Polizei (...). Auch wenn der erste Einwand für Sportnoten ein starkes Gewicht besitzt, zeigen die folgenden Überlegungen, warum ich gegen die Vergabe von Sportnoten bin. So spricht
15 dagegen, dass Schüler Zeiten brauchen, in denen sie nicht bewertet werden. Untersuchungen des Fachbereichs Sport von der Universität Köln haben ergeben, dass (...). Ebenso ist zu bedenken, dass Sportnoten ungerecht sind, weil sie in der Regel nicht die individuelle Leistung wiedergeben, sondern (...). Es entspricht unserer Erfahrung, dass die Leistungssteigerung eines Unsportlichen aufgrund regelmäßigen Trainings
20 höher zu bewerten ist als (...). Das wichtigste Argument für eine Abschaffung der Sportnoten nimmt aber Menschen mit körperlichen Beeinträchtigungen in den Blick. Diese haben oft keine Chance, im Fach Sport eine gute Note zu bekommen: „Hier wird gegen das Recht auf Chancengleichheit verstoßen", meint ein Mitschüler von mir, der aufgrund seiner Kleinwüchsigkeit noch niemals gute Noten in Sport (...)

Einleitung:
- Strittigkeit des Themas aufgezeigt ✓

Hauptteil:
- alle wichtigen Argumente erfasst ✓
- Argumente hinreichend gestützt ✓
- Sanduhrprinzip erkennbar ✓

stärkstes Argument für die Gegenthese
schwächstes Argument für Gegenthese
schwächstes Argument für die These
stärkstes Argument für die These

Schluss:
- fehlt noch

Eine dialektische Erörterung nach dem Ping-Pong-Prinzip schreiben und überarbeiten

Die Einleitung schreiben
- Führe zum Thema hin, indem du das Interesse des Lesers weckst.
- Kläre wichtige Begriffe.

Den Hauptteil schreiben
Achte dabei auf:
- einen sachlichen Stil
- die Zuordnung zwischen den Pro- und Kontra-Argumenten
- eine steigernde Anordnung der Argumente
- die Vollständigkeit der Argumentation (Argument + Argumentationsstütze)
- sinnvolle gedankliche Verknüpfungen
- die Überleitung zwischen den Pro- und Kontra-Argumenten

Den Schluss schreiben
Du findest verschiedene Möglichkeiten auf Seite 253.

EINLEITUNG

HAUPTTEIL

1. Kontra-Argument → 1. Pro-Argument
2. Kontra-Argument → 2. Pro-Argument
3. Kontra-Argument → 3. Pro-Argument

SCHLUSS

So geht's

„Für Sport Noten zu vergeben, ist schon ziemlich gewagt." Dieser Satz stammt von Alexander S. aus Meißen, der durch eine Petition beim sächsischen Landtag für eine kontroverse Debatte gesorgt hat. Soll die Notengebung im Fach Sport abgeschafft werden? (...) Die Gegner von Sportnoten weisen gerne darauf hin, dass während eines Schultages
5 kaum Zeit vorgesehen ist, in der sich Schüler zweckfrei austoben können. Zwar gebe es Pausen, in denen (...), aber eine Zeit, in der (...), gebe es nicht. Sie berufen sich dabei auf eine Studie von der Sportuniversität Köln, nach der (...). Den Ansatz, in der Schule für mehr Freizeit zu sorgen, begrüße ich, da (...). Ich bezweifle aber, ob damit denen geholfen ist, für die Sport insofern wichtig ist, als sie sich von sich aus kaum bewegen.
10 Gewichtiger erscheint mir dagegen das Argument, die Sportnoten würden nicht die individuelle Leistung bewerten, sondern nur die erreichten Ergebnisse. Diese Kritik ist berechtigt, weil es immer noch Sportlehrer gibt, die (...). So spielen auf normalen Sportfesten nur die Ergebnisse eine Rolle, eine Leistungssteigerung von einem eher Unsportlichen wird nicht erfasst. Man muss aber sagen, dass es heutzutage schon Standard zu
15 sein scheint, dass Lehrer bei der Notenfindung nicht nur die Ergebnisse, sondern auch die Lernfortschritte und (...) berücksichtigen. So hat mir mein Sportlehrer im letzten Zeugnis eine bessere Note auch deswegen gegeben, weil ich (...).
Das wichtigste Argument für eine Abschaffung der Notengebung im Fach Sport nimmt Menschen mit körperlichen Beeinträchtigungen in den Blick. Diese hätten oft keine
20 Chance, im Sport eine gute Note zu bekommen, was gegen die im Grundgesetz garantierte Chancengleichheit verstößt. Dieses Argument lässt sich aber mit dem Hinweis auf andere Fächer entkräften, in denen auch unterschiedliche Voraussetzungen bei den Schülern eine Rolle spielen. Wenn zum Beispiel in Chemie (...), so kann dies genauso wenig allgemein vorausgesetzt werden wie im Sport die Fähigkeit, (...)

Einleitung:
- Strittigkeit des Themas aufgezeigt ✓

Hauptteil:
- alle wichtigen Argumente genannt ✓
- Argumente hinreichend gestützt ✓
- Ping-Pong-Prinzip erkennbar ✓

Schluss:
- fehlt noch

Eine literarische Erörterung schreiben

1. Eine literarische Erörterung vorbereiten

| 1. Thema, Entscheidungsfrage klären; Teilfragen ableiten | → | 2. Stoffsammlung erstellen | → | 3. eigenständige Position entwickeln | → | 4. Schreibplan erstellen |

So geht's

Kann sich Gretchen gegenüber Faust als eigenständige Persönlichkeit behaupten? Erörtere die Frauenrolle Gretchens in Goethes „Faust".

Teilfragen ableiten: *Erstbegegnung Gretchen und Faust, Gretchens Charakteristik im Werk, Sicht Mephistos, Sicht Fausts, Handlungsweisen von Gretchen, Gretchen als Spielball von Faust und Mephisto, Frauenbild der Zeit, Gretchen als eigenständige Frau, Sicht auf Gretchenfigur durch Rezipienten, eigene Sicht, ...*

Einleitung:
– *Hinführung zum Thema: Reaktion Gretchens auf Faust (V. 2605– 2608) → konventionelles, den damaligen Anstandsnormen entsprechendes Rollenverhalten, berühmte Szene in der deutschen Literatur*
– *Klärung wichtiger Handlungsschritte: Gretchen wird von Faust geschwängert, tötet ihr Kind und wird mitschuldig am Tod ihrer Mutter, wendet sich am Ende von Faust ab*
– *abwägende Betrachtung dieser Frauenfigur, Peter Hacks: „Sie ist nichts und hat also nichts hinzugeben" (S. 171, Z. 34 f.)*

Hauptteil:
1. *Kontra-Argument: Sie ist Spielball von Mephisto/Faust. Argumentationsstütze: gibt Mutter Schlafmittel („Weiß nicht, was mich nach deinem Willen treibt", V. 3518)*
1. *Pro-Argument: Einschätzung von Mephisto: Gretchen lässt sich nicht einfach überreden. Argumentationsstütze: V. 2654– 2657*
2. *Kontra-Argument: Faust hat allein sexuelles Interesse an ihr (V. 2636 f.). Argumentationsstütze: Marcel Reich-Ranicki: „Gretchen war Fausts einstweiliger Bettschatz – nicht mehr." (S. 169, Z. 53 f.)*
2. *Pro-Argument: Gretchen spürt, dass Mephisto böse ist (V. 3472– 3476). Gegenargumentation aufgreifen: ... zwar keine Intellektuelle, aber ...*
3. *Kontra-Argument: Gretchen schätzt sich selbst als unbedeutend ein. Argumentationsstütze: unwissend, angepasst, kindlich (V. 3214– 3216); Überleitung zum stärksten Argument: Auch wenn ..., muss aber auf die Kerkerszene verwiesen werden, in der ...*
3. *Pro-Argument: In Kerkerszene wendet sich Gretchen von Faust ab („Lass mich!", V. 4576). Argumentationsstütze: Ulrike Prokop: Gretchen als „Figur der Verweigerung" (S. 169, Z. 13 f.) → Vergleich mit Werther*

Schluss:
– *Bezug zur Einleitung: Kann Gretchen „ungeleitet nach Hause gehn"? (V. 4)*
– *eigene Position: Gretchen = Spielball von Mephisto/Faust*
– *Figur der Verweigerung + nimmt ihre Schuld an ↔ Faust: klagt sich nicht selbst an, sondern Mephisto (Marcel Reich-Ranicki, S. 169, Z. 79– 84); eigener Standpunkt erst im „Faust II"*

2. Eine literarische Erörterung schreiben und überarbeiten

Überarbeite deinen Text in drei Kontrollschritten:

1. Inhalt überprüfen
2. Ausdruck überprüfen
3. Rechtschreibung und Zeichensetzung überprüfen

So geht's

In einer der berühmtesten Szenen der deutschen Literatur greift Faust nach Gretchen und (…). Diese antwortet schnippisch (V. 2612): „Bin weder Fräulein, weder schön,/Kann unge-leitet nach Hause gehn." (V. 2607 f.) Wer ist diese Frauenfigur? Ist sie so „sitt- und tugend-reich" (V. 2611), wie Faust beim ersten Anblick glaubt? Kann sie sich gegenüber Faust als
5 eigenständige Persönlichkeit behaupten? Oder ist sie „nichts und hat also nichts hinzugeben" (S. 171, Z. 34 f.), wie Peter Hacks in einem Aufsatz 1962 behauptete?
Erstmals taucht Gretchen (…). Weiterhin ist auffällig, dass Gretchen immer wieder zum Spielball von Faust und Mephisto wird. Sie selbst erkennt dies, als sie das scheinbar harmlose Schlafmittel von Faust mit den Worten entgegennimmt: „Weiß nicht, was mich nach deinem
10 Willen treibt" (V. 3518). Andererseits ist es gerade Mephisto, der in den Versen 2655 f. die moralische Stärke Gretchens betont, als Faust von ihm verlangt, ihm diese „Dirne" (V. 2618) ins Bett zu lotsen. Das damit angesprochene sexuelle Interesse Fausts an Gretchen weist auf ein weiteres Argument gegen die Behauptung hin, Gretchen sei eine eigenständige Persön-lichkeit, die (…). Der bekannte Literaturkritiker Reich-Ranicki schreibt: „Gretchen war Fausts
15 einstweiliger Bettschatz – nicht mehr." (S. 169, Z. 53 f.).

sei   *Sexobjekt*
Dem Eindruck, Gretchen ~~ist~~ nur ein etwas dümmliches ~~Objekt männlicher Begierde~~, muss man
entgegenhalten in der Lage ist, ihr jeweiliges Gegenüber richtig einzuschätzen
aber ~~entgegen gehalten werden~~, dass sie offenbar ~~über gute Menschenkenntnisse verfügt~~.
20 Sie spürt die negative Kraft, die von Mephisto ausgeht, und wagt es, dies gegenüber ihrem Geliebten direkt anzusprechen (vgl. V. 3472 ff.). Sie mag zwar keine Intellektuelle sein, aber ihr Gespür (…). So thematisiert sie selbst in den Versen 3212–3216 ihre fehlende Intellektua-lität und vor allem ihre Bereitschaft, „zu allen Sachen ja" zu sagen (V. 3214).
Auch wenn es aufgrund dieser Selbstkritik kaum noch möglich scheint, in Gretchen eine
25 eigenständige Persönlichkeit zu sehen, muss aber darauf hingewiesen werden, dass Gretchen an entscheidender Stelle durchaus in der Lage ist, „nein" zu sagen: „Lass mich! (…)/Fasse mich nicht so mörderisch an!" (V. 4576 f.) schreit sie Faust in der berühmten Kerkerszene entge-gen, als dieser (…). Ulrike Prokop bezeichnet Gretchen auch aufgrund dieser Szene als „Figur der Verweigerung" (S. 169, Z.13 f.), die wie Werther in „ihrer Weigerung, ‚normal' zu sein"
30 (S. 170, Z. 92 ff.), eigensinnig ihren Weg zu Ende geht. (…)
Goethe hat diese Figur über lange Strecken als sehr naiv gestaltet. Nicht nur im Zusammen-hang mit der ungewollten Tötung ihrer Mutter ist sie Spielball Fausts und Mephistos. Insofern scheint sie nicht in der Lage zu sein, Faust und dessen Partner etwas entgegensetzen zu kön-nen. Dennoch steht sie am Ende von „Faust I" als die große Gegenspielerin da, wenn sie sich
35 dem weiteren Pakt mit dem Teufel verweigert. Sie hat sich schuldig gemacht und wird verur-teilt. Im Gegensatz zu Faust steht sie aber zu ihrer Schuld. Sie hat trotz aller Naivität damit zu einem eigenen Standpunkt gefunden. (…)

Einleitung:
- interessanten Ein-stieg gewählt ✓
- Strittigkeit des Themas auf-gezeigt ✓

Hauptteil:
- Argumente hinrei-chend gestützt ✓
- Aufbauprinzip ist erkennbar ✓
- alle wichtigen Argumente genannt ✓

Überarbeiten:
Inhalt
Ausdruck
Rechtschreibung/
Zeichensetzung

Schluss:
- eigene Position genannt ✓

Materialgestütztes Schreiben

Materialgestütztes Schreiben eines argumentierenden Textes

Einen argumentierenden Text vorbereiten

1. Kläre die Aufgabenstellung. Achte auf

- Thema und Teilthemen
- Textsorte (Medium der Veröffentlichung, Merkmale, Ziel, Sprachstil)
- Adressat (Vorwissen, Einstellung zum Thema, Erwartungen, Anrede, Sprachstil)

So geht's

Aufgabe:
Schreibe auf der Grundlage der Materialien **1** – **6** (S. 257 f., S. 261) einen Kommentar für die Schülerzeitung zum „begleiteten Fahren mit 17", in dem du dich kritisch mit diesem Thema auseinandersetzt.

Thema und **Teilthemen**: kritische Auseinandersetzung (z. B. Unfallrisiko, Kostenfaktor)
Textsorte: Kommentar für Schülerzeitung
- journalistische, meinungsbetonte Textsorte
- Ziel: überzeugen/anregen, eigenen Standpunkt zu entwickeln
- Sprachstil: argumentierend, appellativ, provozierend
Adressat: Schüler, kein oder etwas Vorwissen, selbst betroffen

2. Wähle geeignetes Material aus und werte es anschließend aus.

- Lies die Materialien orientierend. Achtung: Manchmal sind nicht alle Texte geeignet.
- Prüfe die Qualität und Glaubwürdigkeit der Materialien. Achte jeweils auf die Textsorte, den Autor, die Quelle und die Funktion des Textes.
- Werte geeignete Texte und Textteile aus.
- Bewerte die Textaussagen. Unterscheide zwischen gesicherten Informationen (z. B. *Fakten, anerkannten Normen*) und Autorenmeinungen (z. B. *Vermutungen, Behauptungen*).
- Ergänze eigenes Wissen.

---

1 Das ist BF 17 (Deutsche Verkehrswacht e. V.)

BF 17 funktioniert ganz einfach: Wollen Jugendliche „begleitet fahren", können sie sich schon mit 16 ½ Jahren in der Fahrschule anmelden. Dort machen sie dieselbe Fahrausbildung wie ältere Fahrschüler. Nach bestandener theoretischer und praktischer Prüfung bekommen BF-
5 17-Teilnehmer nach ihrem 17. Geburtstag die sogenannte „Prüfungsbescheinigung". Zusammen mit einem Ausweis gilt sie als Fahrerlaubnis im Begleiteten Fahren.
Bis zu ihrem 18. Geburtstag dürfen BF-17-Teilnehmer dann in Begleitung einer Person Auto fahren, die auf der Prüfungsbescheinigung ein-
10 getragen ist („Begleitauflage"). Der Erfolg ist wissenschaftlich bestätigt: Beim Begleiteten Fahren gibt es nur ganz wenige Unfälle. Und auch nach der Begleitphase fährt es sich besser: Allein unterwegs verursachen Jugendliche etwa 20 Prozent weniger Unfälle als diejenigen Fahranfänger, die zuvor nicht bei „BF 17" mitgemacht haben.

2 Jackass: Erfahrungen BF 17 (Internetforum)

Ich persönlich muss sagen, dass ich nicht wieder den Führerschein mit 17 machen würde, da mich meine Mutter im letzten halben Jahr in
5 den Wahnsinn getrieben hat. Sie ist auf dem Beifahrersitz in ihrer neuen Rolle richtig mutiert und meinte, mir in wirklich jeder Situation reinreden zu müssen.
10 Das war der blanke Horror, da sie mir somit während jeder Fahrt durchgehend das Ohr abgekaut hat.

So geht's

3 Das kostet der Führerschein in deutschen Großstädten

	Deutschland	Berlin	Hamburg	München	Köln	Frankfurt
günstigster Preis	950,00 €	950 €	1.168,00 €	1.457,00 €	1.095,00 €	1.1379,00 €
durchschnittlicher Preis	1.445,25 €	1.201,69 €	1.508,88 €	2.021,67 €	1.479,31 €	1.603,90 €
teuerster Preis	2.255,00 €	2.218,00 €	2.255,00 €	2.231,00 €	2.021,00 €	2.120,00 €
günstigste Übungsfahrt (45 min.)	19,99 €	19,99 €	27,00 €	27,00 €	25,00 €	39,00 €
durchschn. Übungsfahrt (45 min.)	31,07 €	27,41 €	33,60 €	38,19 €	31,37 €	42,99 €
teuerste Übungsfahrt (45 min.)	45,00 €	42,50 €	41,50 €	45,00 €	44,50 €	50,00 €

Quelle: Fahrschulvergleich

Inhalt/Aussage:
– Führerschein ist ziemlich teuer (mind. 1.000 €).
– Führerscheinkosten liegen bis zu 1.305 € auseinander. → Portal zum Preisvergleich nutzen
– in Grafik Vergleich nur über Preis
Textsorte: Tabelle = übersichtlich
Quelle: kommerzielles Vergleichsportal, fehlende Zeitangabe, kein Qualitätsvergleich → begrenzter Wert
Ergänzung: Mein Cousin Jan aus Hamburg hat 2015 über 2.500 € gezahlt.

4 Entstehen durch das BF 17 zusätzliche Kosten? (Deutsche Verkehrswacht e.V.)

Ja, die Ausfertigung der Prüfungsbescheinigung für den jungen Fahrer und die Auskunft aus dem Verkehrszentralregister (Punktestand) für jede Begleitperson verursachen geringfügige zusätzliche Kosten im Vergleich zum Führerscheinerwerb ab 18 Jahren. Die Höhe dieser Gebühren ist von Ort zu Ort unterschiedlich. Entsprechende Informationen finden sich meist auf der Internetseite der Führerscheinstelle.

Inhalt/Aussage: BF 17 verursacht geringe Zusatzkosten.
Textsorte: „häufige Fragen"
Quelle: Internetseite von Deutscher Verkehrswacht + Grußwort des Ministers →
seriöse und aktuelle Quelle
Ergänzung:
Gebühren in Sachsen: ca. 12 €
Fahrerlaubniserteilung: 43,40 €

5 Unfallrisiko von PKW-Fahranfängern

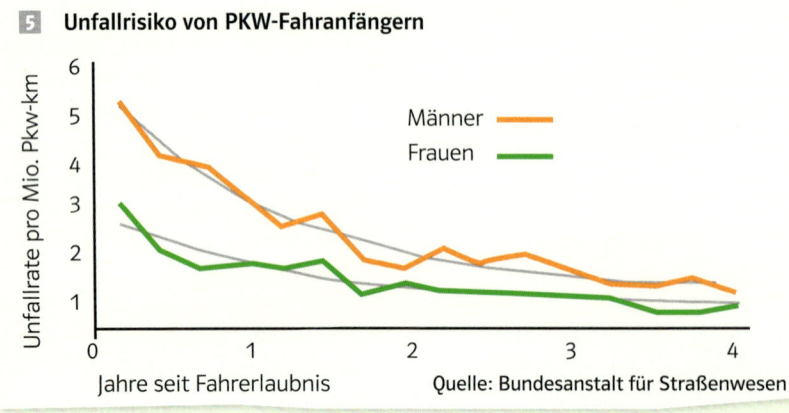

Männer
Frauen

Unfallrate pro Mio. Pkw-km

Jahre seit Fahrerlaubnis   Quelle: Bundesanstalt für Straßenwesen

Inhalt/Aussage:
Mit zunehmender Fahrerfahrung verringert sich das Unfallrisiko deutlich: Bereits nach neun Monaten halbiert es sich, nach etwa zweieinhalb Jahren liegt es nur noch bei zehn Prozent. Das zeigt Vorteile des BF 17.
Textsorte: Diagramm
Quelle: Berichte der Bundesanstalt für Straßenwesen →
seriös

3. Ordne die Informationen.

- Ordne die Informationen nach sinnvollen Kriterien,
  z. B. *pro/kontra, allgemein/beispielhaft, Teilthemen.*

So geht's

begleitetes Fahren mit 17 (BF 17)

pro	*kontra*
– *ein Jahr früher Auto fahren dürfen*	– *Fahren nur mit Eltern (= Spaßbremse)*
– *Unfallgefahr geringer*	– *Führerschein generell teuer → BF17 = Luxusfrage*
– *kaum zusätzliche Kosten*	

Kosten für Führerschein (BF 17):

– *Fahrschule (Durchschnittswert)*	*1.445,25 €*	
– *Erteilung der Fahrerlaubnis*	*43,40 €*	} *Wer durchfällt, muss*
– *Gebühren für BF 17*	*12,00 €*	*mehr zahlen.*
	1.500,65 €	

4. Erstelle einen Schreibplan.

- Lege die Reihenfolge der Teilthemen fest.
- Beachte die geforderte Textsorte.
- Notiere Stichpunkte zu:
  Überschrift (Besonderheiten der Textsorte beachten)
  Einleitung: holt die Leser ab, führt in die Thematik ein, reizt zum Weiterlesen
  Hauptteil:
    – stellt Sachverhalt und aktuellen Bezug dar
    – enthält einen roten Faden
    – stützt eigene Position durch überzeugende Argumentation
    – sichert Argumentationsstützen durch entsprechende Quellenhinweise und Zitate
- **Schluss:** z. B. Zusammenfassung, Bezug zur Einleitung, Ausblick

So geht's

Titel: *Mit Mama auf 'ne Party fahren – toll!*

Einleitung:
– *entspannte Situation im Auto – Realität sieht anders aus*
Hauptteil:
– *Information über das Thema BF 17: Jugendliche können bereits mit 17 Jahren ihren Führerschein machen,*
  wenn auf dem Beifahrersitz eine namentlich festgelegte Begleitperson mitfährt.
– *„Das war der blanke Horror" (Jackass) Bericht*
– *Argument: BF 17 verringert das Unfallrisiko*
– *doch viele können sich Führerschein gar nicht leisten, Erläuterung: mindestens 1.500 Euro, Quelle*
Schluss:
– *eigene Position benennen: BF 17 ja oder nein? = Luxusfrage angesichts der hohen Gesamtkosten*

So geht's
Kommentar
schreiben
n2b837

Einen Kommentar schreiben und überarbeiten

Beachte die Besonderheiten der Textsorte Kommentar:

- Schreibe meinungsbetont und argumentierend, evtl. auch provozierend.
- Verwende einfache Sätze und prägnante Formulierungen.
- Du kannst auch Modalwörter, rhetorische Fragen, Appelle oder wertende Adverbien und Adjektive einsetzen.

So geht's

Mit Mama auf 'ne Party fahren – toll!

Du sitzt in einem nagelneuen Auto, dein linker Arm auf den Fensterrahmen der Fahrertür gestützt, die rechte Hand hält locker das Lenkrad. Während du entspannt den Wagen durch die Straßen chauffierst, hörst du laute Musik und bist in bester Stimmung.
Diese Traumsituation hat rein gar nichts mit dem Zauberkürzel BF 17 zu tun. BF 17 be-
5 *deutet, dass Jugendliche bereits mit 17 Jahren ihren Führerschein machen können, wenn anschließend auf dem Beifahrersitz eine namentlich festgelegte Begleitperson mitfährt, meist ein Elternteil.*
„Das war der blanke Horror", schreibt Jackass in einem Forum und meint damit seine Mutter, die ihm während der Fahrt „durchgehend das Ohr abgekaut hat".
10 *Richtig! Der*

                                Auto fahren   Mutter
siebzehnjährige Jackass durfte nur ~~autofahren~~, wenn seine ~~Mami~~
als Aufpasserin und Spaßbremse dabei war
~~mit im Auto gesessen hat.~~
Allerdings verringert das Begleitete Fahren mit 17 das Unfallrisiko von Fahranfängern,
15 *wie Untersuchungen zeigen. Bereits nach neun Monaten halbiert es sich, nach etwa zwei-einhalb Jahren liegt es nur noch bei zehn Prozent.*
Wer vom eigenen Führerschein träumt, muss aber wissen, dass damit enorme Kosten verbunden sind, egal ob man ihn mit 17 oder später erwirbt. Ein Blick auf ein Vergleichs-portal macht deutlich, dass heutzutage ein Führerschein durchschnittlich 1.500 Euro
20 *kostet. Insofern ist das BF 17 ein Luxusproblem einiger weniger.*
Zugespitzt gesagt: BF 17 ist ein Angebot für reiche Familien mit mindestens zwei Autos in der Garage, von denen Mutti gern eins abgibt, um beim Fahren ihr Kind mit ständig guten Ratschlägen nerven zu können. Dann kann das Kind wenigstens nicht weg!

Überschrift:
– knapp, provokativ ✓
Einleitung:
– interessanter Einstieg ✓

Hauptteil:
– Thema erläutert ✓
– Argumente pro und kontra ✓

Überarbeiten:
Inhalt
Ausdruck
Rechtschreibung/ Zeichensetzung
– Argumente gestützt ✓
– Quellen genannt ✓
– klar Position bezogen ✓

Schluss:
– Kontra-Argument aufgegriffen ✓
– eindeutige Wertung ✓

Materialgestütztes Schreiben eines informierenden Textes

Einen informierenden Text vorbereiten

1. **Kläre die Aufgabenstellung. Achte auf**

- **Thema** und **Teilthemen**
- **Textsorte** (Medium der Veröffentlichung, Merkmale, Ziel, Sprachstil)
- **Adressat** (Vorwissen, Einstellung zum Thema, Erwartungen, Anrede, Sprachstil)

2. **Wähle geeignetes Material aus und werte es anschließend aus.**
   Gehe in den Schritten vor, die auf Seite 257 dargestellt sind.

Gehe in den Schritten vor, die auf Seite 257 dargestellt sind.

So geht's

6 Evaluation des Modellprojektes „Begleitetes Fahren ab 17" (Institut für empirische Soziologie an der Universität Erlangen-Nürnberg 2013)

Im Auftrag der Bundesanstalt für Straßenwesen (BASt) wurden im Rahmen der Prozessevaluation 3.780 Modellversuchsteilnehmer während der Phase des Begleiteten Fahrens bis zu viermal und 1.735 Begleitpersonen einmalig zu unterschiedlichen Aspekten der Maßnahmenumsetzung be-
5 fragt. […] Im Durchschnitt erbrachten Jugendliche an Tagen mit Begleitfahrt eine Fahrleistung von 32,4 km […]. Monatlich wurde eine mittlere Fahrleistung von 318,5 km erbracht. In durchschnittlich acht Monaten Begleitdauer erwarben die Jugendlichen etwa 2.400 km Fahrpraxis. […] Hinsichtlich der Interaktion zwischen Fahranfänger und Begleiter ergab
10 sich […] das Bild einer angemessenen Rolleninterpretation und -ausübung im Sinne eines konstruktiven Zusammenwirkens von Fahranfänger und Begleiter beim fahrpraktischen Kompetenzerwerb. Im Verlauf der Begleitphase war eine deutliche Abnahme unsicherer Fahranfänger zu beobachten. Dies ist Ausdruck des subjektiv wahrgenommenen Zuwachses an
15 Fahrerfahrung während der Begleitphase. Über Unfälle, Verkehrsverstöße und Verwarnungen in der Begleitphase wurde behördlicherseits nur in geringem Umfang berichtet.

Inhalt/Aussage:
- Auswertung des Modellversuchs BF 17
- Versuch erfolgreich (letzter Satz)

Textsorte:
wissenschaftlicher Text, viele Fremdwörter, komplizierter Satzbau
→ schwierig zu verstehen

Quelle:
Universität → seriös

3. **Ordne die Informationen.**

4. **Erstelle einen Schreibplan.**
- Lege die Reihenfolge der Teilthemen fest.
- Beachte die geforderte Textsorte (sachlich, strukturiert, genau).
- Notiere Stichpunkte zu:
  Überschrift
  Einleitung: Thema und Teilthemen nennen, interessanten Einstieg finden
  Hauptteil:
  – Informationen übersichtlich, verständlich und geordnet darstellen (roter Faden)
  – Informationen durch entsprechende Quellenhinweise und Zitate belegen
- **Schluss:** z. B. *Zusammenfassung, Bezug zur Einleitung, Ausblick*

Einen informierenden Text schreiben und überarbeiten

Beachte beim informierenden Schreiben:

- Verwende die Tempusform Präsens.
- Schreibe sachlich (keine persönlichen Wertungen).
- Verdeutliche Zusammenhänge durch geeignete Satzverknüpfungen.

So geht's

Aufgabe: Schreibe auf der Grundlage der Materialien 1–6 (S. 257 f., S. 261) für die Schülerzeitung einen informierenden Artikel über das Thema „Begleitetes Fahren ab 17".

Autofahren mit 17: Was du über BF 17 wissen solltest

Siebzehnjährigen ist es seit dem Jahr 2011 erlaubt, Auto zu fahren, sofern sie die entsprechenden Prüfungen bestanden haben und eine namentlich festgelegte Begleitperson mitfährt. Wir haben hier alles, was du zu diesem Angebot wissen musst, zusammengestellt.

5 Schon mit 16 ½ Jahren kannst du dich in einer Fahrschule zum Unterricht anmelden. Hast du die theoretische und praktische Prüfung bestanden, bekommst du im Idealfall schon zu deinem 17. Geburtstag die sogenannte „Prüfungsbescheinigung". Zusammen mit dem Personalausweis gilt sie als Fahrerlaubnis im Begleiteten Fahren. Auf

10 dieser Prüfungsbescheinigung stehen auch die Namen der Begleitpersonen, von denen mindestens eine immer dabei sein muss, wenn du Auto fährst. Diese sogenannte Begleitauflage gilt bis zu deinem 18. Geburtstag. Ab diesem Tag kannst du dir deinen regulären Führerschein im zuständigen Verkehrsamt abholen. Und das Gute daran

15 ist: Auf der Fahrt dorthin brauchst du keinen Begleiter mehr im Auto.
Dem „Begleiteten Fahren mit 17" ging ein mehrjähriges Pilotprojekt voraus. Die Auswertung dieses Pilotprojektes, an dem laut einem Bericht der Universität Erlangen-Nürnberg 3.780 Jugend-

20 liche beteiligt waren, hat ergeben, dass während der Begleitphase ein unsicheres Fahrverhalten deutlich abgenommen hatte. Die durch etwa 2.400 km angeeignete Fahrpraxis wirkte sich auf das weitere Fahrverhalten der Projektteilnehmer positiv aus. Auf der Internetseite zu BF 17 – Bundesverkehrsminister Alexander Dobrindt ist

25 dort mit einem Grußwort vertreten – heißt es, die Projektteilnehmer verursachten „etwa 20 Prozent weniger Unfälle als diejenigen Fahranfänger, die zuvor nicht bei BF 17 mitgemacht" hatten.
Es lohnt sich also, darüber nachzudenken, ob man das Begleitete Fahren ab 17 nicht in Anspruch nehmen möchte.

Überschrift ✓

Einleitung:
- Thema und Teilthemen nennen ✓
- adressatenbezogener Einstieg ✓

Hauptteil:
- Thema erläutert ✓
- wichtige Informationen übersichtlich, verständlich und geordnet dargestellt ✓
- Quellen genannt ✓

Schluss:
- Bezug zur Einleitung ✓

Ein Protokoll schreiben

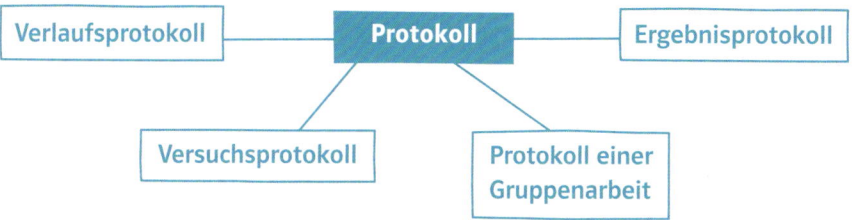

Ein Ergebnisprotokoll schreiben

Über die Ergebnisse einer Sitzung kannst du auch in einem Protokoll berichten.
Es dient als Gedächtnisstütze für die Teilnehmer oder als Information für Abwesende.

So geht's

**Protokoll der Schülerratssitzung
am 11.04.2015**

Zeit/Ort: 12.00–13.25 Uhr (Musikraum)

Anwesende/Fehlende: Vertreter/innen sämtlicher Klassen, Ausnahmen: 7a (Klassenfahrt), 10b (Praktikum)

Gesprächsleitung: Kirsten Schwenk (Schulsprecherin)

Protokollant: Leonard Kahle

TOP 1: Schülerdisco am 09.05.2015

– Corinnas Planung wird einstimmig zugestimmt.
– Kirsten spricht mit der SL, weil noch mindestens ein aufsichtführender Lehrer fehlt.

TOP 2: Beteiligung der SV am Tag der offenen Tür

– Die Klassensprecher besprechen bis zur nächsten SV-Sitzung im Schülerrat, was die einzelnen Klassen am Tag der offenen Tür anbieten wollen.

TOP 3: „Glück" als Wahlpflichtangebot in Klasse 10

– Kirsten bittet die Anwesenden im Namen der SL um ein Votum hinsichtlich der geplanten Einführung des Faches „Glück" als Wahlpflichtangebot in Klasse 10.
– Die Anwesenden begrüßen mit einer Mehrheit von 14 zu 7 (zwei Enthaltungen) den Vorschlag der SL.
– Kirsten wird beauftragt, folgende Anregung/Frage an die SL weiterzugeben:
  • Das Fach sollte nur von glücklichen Lehrern unterrichtet werden.
  • Welche Bewertungskriterien sollen für dieses Fach gelten (z.B. bei Klausuren)?

11.04.2015 *Leonard Kahle*

Protokollkopf:
– Titel der Veranstaltung
– Datum und Uhrzeit (Beginn und Ende der Veranstaltung)
– Ort
– Anwesende/Fehlende
– (ggf.) Thema
– Protokollant/in
– (ggf.) Vorsitzende/r

Protokolltext:
– Gliederung in Punkte (z.B. Tagesordnungspunkte = TOP)
– Tempus: Präsens
– Redewiedergabe: indirekte Rede
– Sprachstil: klar, sachlich, ohne persönliche Wertung

Schluss:
– Datum, an dem das Protokoll erstellt wurde
– Unterschrift des Protokollanten

Sprachlicher Umgang mit anderen

Lerninsel: Was du wissen und können musst

In Gesprächen kann es auch zu Missverständnissen kommen. Hier erfährst du, wie du die Ursachen von Kommunikationsstörungen erkennen und beheben kannst. Außerdem lernst du, wie du eine Rede analysieren kannst.

Kommunikationsmodell: Die vier Seiten einer Nachricht

Sachinhalt
Welche Information enthält die Aussage?

Der Rechner ist weg.
Das Verhältnis ist gleichberechtigt.

Appell
Was soll der Angesprochene aufgrund der Aussage denken, fühlen oder tun?

Hilf mir.
Lass mich in Ruhe.

Aussage
Bruder: „Weißt du, wo mein Taschenrechner ist?"
Schwester: „Ich bin nicht deine Angestellte!"

Beziehung
Was sagt die Aussage über die Beziehung zwischen Sprecher und Angesprochenem aus?

Du weißt vielleicht, wo der Rechner ist.
Du kannst mich nicht für deine Aufgaben einspannen.

Selbstoffenbarung
Was sagt der Sprecher damit über sich selbst aus?

Ich kann meinen Rechner nicht finden.
Ich muss mich behaupten.

Ursachen von Kommunikationsstörungen erkennen S. 265

Eine Rede analysieren S. 266

Ursachen von Kommunikationsstörungen erkennen

Axiome der Kommunikation	Erläuterung	mögliche Kommunikationsstörungen
1. Man kann nicht nicht kommunizieren.	Auch mit einem bewussten Schweigen drückst du etwas aus.	Schweigen wird irrtümlich als Ablehnung verstanden.
2. Jede Kommunikation hat einen Inhalts- und einen Beziehungsaspekt.	In jeder deiner Äußerungen sagst du auch etwas über deine Beziehung zum anderen aus. Letzteres kommt vor allem in der Art, wie du kommunizierst, zum Ausdruck.	– Gesprächspartner reden über einen Inhalt, meinen aber ihre Beziehung. – Der Gesprächspartner redet auf der Inhaltsebene, wird aber auf der Beziehungsebene verstanden.
3. Jede Mitteilung ist zugleich Reaktion und Reiz.	Jede deiner Äußerungen ergibt sich auch aus subjektiven Annahmen über die Situation bzw. über deinen Gesprächspartner.	– Es herrscht – unausgesprochen – keine Einigkeit über den Gesprächsgegenstand. – Es herrscht Uneinigkeit darüber, wer angefangen hat.
4. Kommunikation erfolgt sowohl digital als auch analog.	Du verständigst dich über Worte (digital) und über nonverbale (analoge) Mittel.	Die Körpersprache entspricht nicht dem gesprochenen Wort → Uneindeutigkeit.
5. Kommunikation kann symmetrisch und komplementär verlaufen.	Dein Gesprächsverhalten wird davon bestimmt, ob du das Verhältnis zu deinem Gesprächspartner als gleichberechtigt (symmetrisch) oder nicht (komplementär) empfindest.	– Das Verhältnis zueinander wird unterschiedlich eingeschätzt. – Unterschiedliches Sprachverhalten kann zu Missverständnissen führen.

Die Brüder sollten über ihr Verhältnis zueinander sprechen.

So geht's

Tim und Paul

Tim hält einen Fahrradschlauch in der Hand und studiert die Anleitung zum Flicken eines kaputten Schlauches. Er hat sich vorgenommen, diese Aufgabe allein zu meistern. Sein großer Bruder Paul kommt dazu.

Paul: Na, kleiner Bruder, Probleme?

Tim: Du kannst mir helfen. Halt mal den Schlauch!

Paul sitzt da, wo vorher sein Bruder gesessen hat, und pumpt den kaputten Schlauch auf, um das Loch zu finden. Tim steht daneben und wirkt verärgert.

Paul: Zunächst muss man das Loch finden.

Tim: He, du solltest nur den Schlauch halten!

– **2. Axiom:** Tim reagiert nicht auf den Inhalts-, sondern auf den Beziehungsaspekt in Pauls Belehrung.
– **3. Axiom:** Paul reagiert auf seine Annahme, Tim könne das Problem nicht lösen.
– **4. Axiom:** Tims Körpersprache ist nicht eindeutig.
– **5. Axiom:** Tim will ein symmetrisches Verhältnis zu seinem Bruder. Paul fühlt sich überlegen (komplementär).

Eine Rede analysieren

Das Ziel der Redeanalyse ist es vor allem, **Strategie** und **Gestaltungsmittel** zu untersuchen, mit denen ein Redner versucht, seine **Absicht (Intention)** zu erreichen.

- **Informiere dich über die Redesituation** (z. B. *Anlass, Rolle des Redners*).
- **Bestimme Thema/Gegenstand** und **die Art der Rede** (z. B. *Sachrede/Fachvortrag, politische Rede, Laudatio, Trauerrede, Antritts-/Abschiedsrede, Jubiläumsrede*).
- **Untersuche die Redestrategie** und **ihre Wirkung.**
  - Wie ist die Rede aufgebaut (thematische und gedankliche Gliederung)?
  - Mit welchen Argumenten und Beispielen arbeitet der Redner?
  - Welche Sprechhaltung bestimmt die Rede (z. B. *sachlich, wertend, emotional*)?
  - Welche Sprechhandlungen werden verwendet (z. B. *behaupten, fragen, auffordern*)?
  - Welche sprachlich-stilistischen Mittel werden verwendet (z. B. *Antithese, Hyperbel*)?

So geht's

Helmut Kohl: Fernsehansprache des Bundeskanzlers (Ausschnitt, 01.07.1990)

Liebe Landsleute!

Vor wenigen Wochen wurde der Staatsvertrag [...] unterzeichnet. [...] Dies ist der entscheidende Schritt auf dem Weg zur Einheit unseres Vaterlands, ein großer Tag in der Geschichte der deutschen Nation. Jetzt wird für die Men-

5 schen in Deutschland – in wichtigen Bereichen ihres täglichen Lebens – die Einheit erlebbare Wirklichkeit.

Im Folgenden erläutert Kohl, dass für die Bürger der DDR zwar keine „einfache Zeit des Übergangs" folgen werde, niemand aber mit „unbillige(n) Härten" zu rechnen habe. Nur die Währungs-, Wirtschafts- und Sozialunion bietet die Chance und

10 die Gewähr dafür, dass sich die Lebensbedingungen rasch und durchgreifend bessern. Durch eine gemeinsame Anstrengung wird es uns gelingen, Mecklenburg-Vorpommern und Sachsen–Anhalt, Brandenburg, Sachsen und Thüringen schon bald wieder in blühende Landschaften zu verwandeln, in denen es sich zu leben und zu arbeiten lohnt.

15 *Es folgt die Aufforderung an die Bürger der DDR, zuversichtlich die sich bietenden Chancen zu nutzen. An die Bürger der BRD appelliert Kohl, sich solidarisch zu zeigen. Ihrer möglichen Angst, auf etwas verzichten zu müssen, tritt Kohl mit dem Hinweis auf die gute wirtschaftliche Lage entgegen.* Wir werden es schaffen – wenn wir uns jetzt wiederum auf die Fähigkeiten

20 besinnen, mit denen wir vor über vierzig Jahren, in einer ungleich schwierigeren Situation, aus den Trümmern unserer Städte und Dörfer die Bundesrepublik Deutschland aufgebaut haben. Damals haben die Menschen mit Mut und mit einer zähen Entschlossenheit, mit Fleiß und mit Einfallsreichtum und nicht zuletzt mit dem Bewusstsein für eine gemeinsame Aufgabe

25 eine stabile Demokratie errichtet. Sie haben Frieden und Freiheit, Wohlstand und ein hohes Maß an sozialer Gerechtigkeit verwirklicht – für einen Teil Deutschlands. Wir wollen, dass dies alles jetzt endlich auch für das ganze Deutschland Wirklichkeit wird. Am heutigen Tag bitte ich Sie alle: Gehen wir ohne Zögern gemeinsam

30 ans Werk. Es geht um unsere gemeinsame Zukunft – in einem vereinten Deutschland und einem vereinten Europa. [...]

Redesituation:
- Fernsehansprache an Bürger
- Juli 1990 nach dem Mauerfall
- Anlass: Staatsvertrag mit der DDR; Währungs-, Wirtschaftsund Sozialunion

Thema/Gegenstand:
- mögliche Wiedervereinigung

Art der Rede: politische Rede

Redestrategie:

gedankliche Gliederung:
- Würdigung des Staatsvertrags: Voraussetzung für bessere Lebensbedingungen, Mahnung und Appell für gemeinsamen Aufbau
- viele Behauptungen (vgl. Z. 2 ff.)
- Analogiebildung (Erinnerung an das westdeutsche Wirtschaftswunder, vgl. Z. 20 ff.)

Sprechhaltung: pathetisch

Sprechhandlungen: Aufforderung, Appell, Bitten

Sprachbilder: „blühende Landschaften" – Vision von Fülle und Reichtum

Schlüsselwörter: wir, gemeinsam, entschlossen

Redeabsicht:

Kohl möchte, dass sich die Menschen entschlossen für die deutsche Einheit einsetzen.

Umgang mit epischen Texten

Lerninsel: Was du wissen und können musst

Epische Texte kannst du besser verstehen, wenn du diese unter bestimmten Aspekten untersuchst oder produktiv mit ihnen umgehst. In dieser Lerninsel erhältst du einen Überblick über das Handwerkszeug im Umgang mit epischen Texten.

Umgang mit epischen Texten

Einen epischen Text analysieren

→ **Den Inhalt eines epischen Textes erfassen** S. 268
- Die Handlung analysieren
- Den zentralen Konflikt analysieren
- Die Figuren analysieren
- Ort und Zeit analysieren

→ **Die Gestaltung eines epischen Textes analysieren**
- Die Textsorte erkennen und analysieren S. 269
- Die Erzählweise analysieren S. 270
- Die Figurenrede analysieren S. 271

Auf einen epischen Text reagieren, produktiv mit ihm umgehen

→ **Ein Storyboard gestalten** S. 272

→ **Einen inneren Monolog schreiben**

→ **Aus Sicht einer anderen Figur schreiben**

→ **Einen Paralleltext schreiben**

→ **Einen Lesevortrag gestalten**

→ **Nach Textmustern schreiben**

→ **Einen epischen Text weiterschreiben**

→ **Einen epischen Text dialogisieren**

Bedeutungsgehalt eines epischen Textes verstehen

So geht's:
Handlung, Handlungsmuster, zentraler Konflikt, Ort, Komposition, epischen Text weiterschreiben, epischen Text dialogisieren, inneren Monolog schreiben

8z6yd6

Den Inhalt eines epischen Textes erfassen

Mithilfe der folgenden Aspekte kannst du erschließen,
wovon in einem epischen Text erzählt wird.

- **Handlung** analysieren
  - Aufbau der Handlung: **Haupt-** und **Nebenhandlung(en)**
  - **Rahmen-** und **Binnenhandlung**
  - zeitliche Abfolge: **chronologisch, Rückblenden, Vorausdeutungen**
  - **zentraler Konflikt**
  - **Leitmotiv(e)** als wiederkehrende thematische Elemente
- **Figuren** analysieren
  - **direkte** und **indirekte Figurencharakterisierung**
  - **Figurenkonstellation**
- **Ort** und **Zeit** analysieren

Achtung:
alte Recht-
schreibung

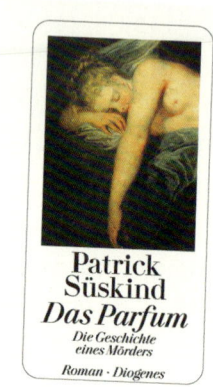

So geht's

Patrick Süskind: Das Parfum (Ausschnitt, 1985)

*Der Roman erzählt die Geschichte des Mörders Jean-Bap-
tiste Grenouille, der über einen einzigartigen Geruchssinn
verfügt. Er kann sogar weit Entferntes an seinem Geruch
erkennen. Grenouille flieht vor diesen Gerüchen an den
einsamsten Ort in Frankreich, auf den Vulkan Plomb du
Cantal, wo er einen Albtraum hat.*

[S]ein Schlaf, wiewohl von todesähnlicher Tiefe, war
diesmal nicht traumlos, sondern von geisterhaften
Traumschlieren durchzogen. Diese Schlieren waren
deutlich erkennbare Fetzen eines Geruchs. Zuerst zogen
5 sie nur in dünnen Bahnen an Grenouilles Nase vorbei,
dann wurden sie dichter, wolkenhaft. Es war nun, als
stünde er inmitten eines Moores, aus dem der Nebel
stieg. Der Nebel stieg langsam immer höher. Bald war
Grenouille vollkommen umhüllt von Nebel, durch–
10 tränkt von Nebel, und zwischen den Nebelschwaden
war kein bißchen freie Luft mehr. Er mußte, wenn er
nicht ersticken wollte, diesen Nebel einatmen. Und der
Nebel war, wie gesagt, ein Geruch. Und Grenouille
wußte auch, was für ein Geruch. Der Nebel war sein
15 eigener Geruch. Sein, Grenouilles, Eigengeruch war der
Nebel.
Und nun war das Entsetzliche, daß Grenouille, obwohl
er wußte, daß dieser Geruch *sein* Geruch war, ihn nicht
riechen konnte. Er konnte sich, vollständig in sich selbst
20 ertrinkend, um alles in der Welt nicht riechen!

– Welches Problem hat die Hauptfigur?
Grenouille hat einen Albtraum, in dem
er seinen eigenen Geruch einatmen
muss und feststellt, dass er diesen
nicht riechen kann.

– Welche Gründe gibt es dafür?
Im Traum empfindet Grenouille seinen
Geruch als bedrohlich, weil er ihn nicht
riechen kann und weil er droht, ihn zu
ersticken.

– **Welche weiteren Figuren sind betroffen?**
keine

– **Welche inneren Haltungen (Wünsche,
Gefühle und Einstellungen) spielen eine
Rolle/stehen sich eventuell gegenüber?**
Grenouille nimmt seine Umgebung und
Mitmenschen riechend wahr. Keinen
Eigengeruch zu haben, bedeutet für ihn,
keine Identität zu besitzen.

– **Wie entwickelt sich der Konflikt?**
Grenouille stellt fest, dass er tatsächlich
nicht riecht, und wird zum Mörder gut
riechender Frauen.

– **Welche Gründe führen zu dieser Entwicklung?**
Grenouille will Schönheit durch die Gerüche konservieren und sich daraus einen
Körpergeruch kreieren.

Die Gestaltung eines epischen Textes analysieren

Die Textsorte erkennen und analysieren

Du kannst epische Texte gezielter untersuchen, wenn du auf die typischen Merkmale der Textsorte achtest. Beachte aber, dass nicht jeder Text alle Merkmale der Textsorte aufweist.

Folgende epische Textsorten kennst du schon: **Jugendroman, längere Erzählung, Novelle, Märchen, Sage, Helden- und Göttersage, Schelmen- und Lügengeschichte, Fabel, Anekdote, Kalendergeschichte, Kurzgeschichte.**

Folgende epische Textsorten lernst du neu kennen:

- **Gleichnis:** kurze Erzählung mit **belehrendem Charakter**, in der ein Sachverhalt (**Sachteil**) durch einen **Vergleich** mit einem Vorgang oder Zustand aus einem anderen Lebensbereich (**Bildteil**) veranschaulicht wird
- **Parabel:** Erzählung (**Bildteil**) mit **belehrendem Charakter,** die im Gegensatz zu einem Gleichnis **keine direkte Verknüpfung** („so wie") mit dem Sachteil enthält; aus der **Übertragung des Bildteils** auf den vom Leser zu erschließenden Sachteil ergibt sich die **Bedeutung**

So geht's:
epische Textsorten

t9ex8i

Achtung:
alte Rechtschreibung

So geht's

Bertolt Brecht: Der hilflose Knabe (1948)

Diese Parabel gehört zu den sogenannten „Geschichten vom Herrn Keuner", die in der ersten Hälfte des 20. Jahrhunderts entstanden. Herr Keuner tritt häufig als jemand auf, dessen lehrhafte Geschichte den Leser zum Überdenken bisheriger Positionen bringen möchte.

Herr K. sprach über die Unart, erlittenes Unrecht stillschweigend in sich hineinzufressen, und erzählte folgende Geschichte: „Einen vor sich hin weinenden Jungen fragte ein Vorübergehender nach dem Grund seines Kummers.
5 ‚Ich hatte zwei Groschen für das Kino beisammen', sagte der Knabe, ‚da kam ein Junge und riß mir einen aus der Hand', und er zeigte auf einen Jungen, der in einiger Entfernung zu sehen war. ‚Hast du denn nicht um Hilfe geschrien?' fragte der Mann. ‚Doch', sagte der Junge und schluchzte ein
10 wenig stärker. ‚Hat dich niemand gehört?' fragte ihn der Mann weiter, ihn liebevoll streichelnd. ‚Nein', schluchzte der Junge. ‚Kannst du denn nicht lauter schreien?' fragte der Mann. ‚Dann gib auch den her.' Nahm ihm den letzten Groschen aus der Hand und ging unbekümmert weiter.

Sachteil:
- belehrende Erzählsituation
- Hinweis auf Erzählabsicht: Wehre dich gegen Unrecht.

Bildteil:
- belehrende Erzählung, in der sich ein Junge nicht gegen Unrecht wehrt
- enthält einen Widerspruch, der den Leser empört → Nachdenken: Der Junge hätte lauter schreien müssen.
  → Wehre dich gegen Unrecht.

Die Erzählweise analysieren

So geht's:
Erzählperspektive, Erzählverhalten, Erzählhaltung

xh6rd8

Die Erzählweise und ihre Wirkung kannst du anhand folgender Begriffe erfassen.

- **Erzählform:** Ich-Erzähler oder Er/Sie-Erzähler
- **Erzählperspektive:** Innensicht oder Außensicht
- **Erzählverhalten:** auktoriales, personales oder neutrales Erzählverhalten
- **Erzählhaltung:** Einstellung des Erzählers, mit der er das Geschehen und die Figuren darstellt und bewertet (z. B. *sachlich, humorvoll, kritisch*). Sie wird fassbar in:
  - der Art der Darstellung des Geschehens
  - der Charakterisierung der Figuren (direkte und indirekte)
  - der Wortwahl und dem Satzbau
- **Zeitgestaltung:** erzählte Zeit/Erzählzeit; Zeitdehnung, Zeitraffung
- **Darstellungsweise:**
  - **Bericht:** straffe, geraffte, chronologische Darstellung von Ereignissen
  - **szenische Darstellung:** genaue Darstellung von Situationen, meist mit Figurenrede
  - **Beschreibung:** Veranschaulichung von Figuren, Gegenständen und Vorgängen durch die Darstellung von Einzelheiten

Achtung:
alte Rechtschreibung

So geht's

Patrick Süskind: Das Parfum (Anfang, 1985)

Im achtzehnten Jahrhundert lebte in Frankreich ein Mann, der zu den genialsten und abscheulichsten Gestalten dieser an genialen und abscheulichen Gestalten nicht armen Epoche gehörte. Seine Geschichte soll hier erzählt werden. Er hieß Jean-Baptiste Grenouille, und wenn sein Name im Gegensatz zu den Namen anderer genialer Scheusale, wie etwa de Sades, Saint-Justs, Fouchés,
5 Bonapartes usw., heute in Vergessenheit geraten ist, so sicher nicht deshalb, weil Grenouille diesen berühmteren Finstermännern an Selbstüberhebung, Menschenverachtung, Immoralität, kurz an Gottlosigkeit nachgestanden hätte, sondern weil sich sein Genie und sein einziger Ehrgeiz auf ein Gebiet beschränkte, welches in der Geschichte keine Spuren hinterläßt: auf das flüchtige Reich der Gerüche.
10 Zu der Zeit, von der wir reden, herrschte in den Städten ein für uns moderne Menschen kaum vorstellbarer Gestank. Es stanken die Straßen nach Mist, es stanken […]

Der Autor lässt am Anfang des Romans seinen Erzähler so auftreten, dass der Leser das Gefühl bekommt, die Geschichte von Jean-Baptiste Grenouille werde von einem Kenner dieser Figur erzählt. Als Erzählverhalten wählt Süskind den auktorialen Erzähler, der sich als Zeitgenosse seiner Leser ausgibt (vgl. Z. 10), seine Erzählabsicht mitteilt (vgl. Z. 7 f.) und von sich in Zeile 10 sogar in der ersten Person Plural spricht. Durch wertende Ausdrücke (vgl. Z. 6 f.) wird seine kritische Erzählhaltung gegenüber der Hauptfigur deutlich. Die ebenfalls wertenden Vergleiche mit historischen Personen (vgl. Z. 4 f.) vermitteln den Anschein historischer Glaubwürdigkeit und erzeugen den Eindruck, dass der Erzähler weiß, wovon er spricht.
Im zweiten Absatz wechselt der Erzähler von einer berichtenden Darstellungsweise in eine beschreibende. Fließend wird der Leser von einer weiten Perspektive auf Frankreich im 18. Jahrhundert in die Enge der Straßen geführt, in denen die Geschichte von Jean-Baptiste Grenouille beginnt.

Die Figurenrede analysieren

Die Art und Weise, wie die Gedanken und Gefühle einer Figur wiedergegeben werden, beeinflusst das Verstehen dieser Figur.

- **direkte Rede:** Figur spricht selbst → Leser erlebt das Sprechen direkt mit, ein Abstand des Lesers entsteht nur durch einleitende Formulierungen wie z. B. *Er sagte: „…".*

- **indirekte Rede:** Erzähler gibt die Reden oder Gedanken der Figur wieder (einleitendes Verb, Nebensatz, Konjunktiv) → Für den Leser entsteht ein Abstand zur Figur.

- **innerer Monolog in der direkten Rede:** Wiedergabe der Gedanken einer Figur in der 1. Person Indikativ → Leser erlebt Gedanken direkt mit; durch einleitende Formulierungen wie *Sie dachte: „…"* kann ein Abstand zur Figur entstehen.

- **innerer Monolog als erlebte Rede:** Wiedergabe der Gedanken einer Figur in der 3. Person Indikativ → Leser erlebt die Gedanken mit, der Abstand durch die Verwendung der 3. Person ist kaum zu spüren.

So geht's:
Figurenrede

4q472g

Achtung: alte Rechtschreibung

So geht's

Patrick Süskind: Das Parfum (Ausschnitt, 1985)

Um alles über die Herstellung von edlen Düften zu erfahren, versucht Jean-Baptiste Grenouille den Pariser Parfümeur Baldini in dessen Werkstatt von seinen Fähigkeiten zu überzeugen, indem er das Parfüm „Amor und Psyche" auf geniale Weise nachbildet.

Ja, wie ein Kind, dachte Baldini; er sieht auch mit einem Mal aus wie ein Kind, trotz seinen klobigen Händen, trotz seinem vernarbten, zerkerbten Gesicht und der knolligen Altmännernase. Ich habe ihn für älter gehalten, als er ist, und jetzt kommt er mir jünger vor; wie drei oder vier kommt er mir vor; wie diese unzugänglichen, unbegreiflichen, eigensinnigen kleinen Vormenschen, die,

5 angeblich unschuldig, nur an sich selber denken, die alles auf der Welt sich despotisch unterordnen wollen und es wohl auch tun würden, wenn man sie in ihrem Größenwahn gewähren ließe und nicht durch strengste erzieherische Maßnahmen nach und nach disziplinierte und an die selbstbeherrschte Existenz des Vollmenschen heranführte. Ein solch fanatisches Kleinkind steckte in diesem jungen Mann, der mit glühenden Augen am Tisch stand und seine ganze Umgebung vergessen

10 hatte, offenbar gar nicht mehr wußte, daß es noch etwas andres gab in der Werkstatt außer ihm und diesen Flaschen, die er mit behender Tapsigkeit an den Trichter führte, um sein wahnsinniges Gebräu zu mischen, von dem er hinterher todsicher behaupten würde – und auch noch daran glaubte! –, es sei das erlesene Parfum „Amor und Psyche".

In diesem Abschnitt gibt der auktoriale Erzähler die Gedanken des Parfümeurs Baldini zunächst in der Form eines inneren Monologs wieder. Auch wenn die Anführungszeichen fehlen, entsteht wie bei direkter Rede der Eindruck, die Gedanken dieser Figur unmittelbar mitzuerleben; die eingeschobene Formulierung „dachte Baldini" (Z. 1) nimmt auf diese Wirkung kaum Einfluss. Baldini stellt in diesem inneren Monolog einen stark wertenden Vergleich zwischen Grenouille und Kleinkindern an, die er als „Vormenschen" (Z. 4) bezeichnet. Dieser Vergleich charakterisiert ihn als kinderfeindlich und arrogant. Interessant ist die Verwendung des Präteritums in Zeile 8. Hier wandelt sich fast unmerklich die Figurenrede zu einem Erzählerbericht, durch das Wort „todsicher" (Z. 12) und die Parenthese (Z. 12 f.) wird aber deutlich, dass Grenouille aus der Perspektive Baldinis wahrgenommen wird. Durch den Bericht wird Baldinis Haltung gegenüber Grenouille aufgewertet und erhält durch die zeitliche Distanz eines Berichts den Anschein von Gültigkeit.

Auf einen epischen Text reagieren, produktiv mit ihm umgehen

1. den literarischen Ausgangstext untersuchen	→	2. den Schreibplan erstellen	→	3. den eigenen Text verfassen	→	4. den eigenen Text überarbeiten

Folgende Besonderheiten musst du jeweils beachten:

⊕
So geht's:
innerer
Monolog,
epischen Text
dialogisie-
ren, weiter-
schreiben

jt45hh

Achtung:
alte Recht-
schreibung

- **aus der Sicht einer anderen Figur schreiben**
  Erzählform, Erzählperspektive, Erzählverhalten und Erzählhaltung wählen
- **einen inneren Monolog schreiben**
  in die Gedanken und Gefühle der Figur versetzen
- **einen epischen Text dialogisieren**
  Mittel eines szenischen Textes nutzen (z. B. *direkte Rede, Regieanweisungen*)
- **einen Paralleltext schreiben**
  eigene Erzählabsicht und Gestaltungsmerkmale des Ausgangstextes beachten
- **einen epischen Text weiterschreiben**
  Inhalt und Gestaltung des Ausgangstextes beachten
- **ein Storyboard gestalten**
  filmische Mittel nutzen (z. B. *Kameraführung, Ton, Perspektivierung*)

So geht's

Nr.	Einstellungsskizze	Text aus Patrick Süskind: Das Parfum; Ton	Zeit	Anmerkungen
1.	*(Baldini nah, Normalsicht, Hintergrund: Baldinis Werkstatt)*	Der Duft war so himmlisch gut, daß Baldini schlagartig das Wasser in die Augen trat. […] Das Parfum war herrlich. […] Musik: Sinfonie von Haydn	8 Sek.	Text aus dem Off Musik im Hintergrund
2.	*(Baldini, Großaufnahme)*	Baldini schloß die Augen und Musik: Sinfonie von Haydn	4 Sek.	Zoom auf Baldini
3.	*(Baldini, Detail von seiner Nase)*	sah sublimste[1] Erinnerungen in sich wachgerufen. Musik: Sinfonie von Haydn	4 Sek.	Überblende
4.	*junger Baldini (Halbtotale) in Parklandschaft, junge Frau im Hintergrund*	Er sah sich als einen jungen Menschen durch abendliche Gärten von Neapel gehn; Musik: Sinfonie von Haydn	10 Sek.	Einstellungsgröße wachsend bis zur Totalen
5.	*(Paar halbnah)*	er sah sich in den Armen einer Frau mit schwarzen Locken liegen […] Musik: Sinfonie von Haydn	8 Sek.	harter Schnitt Frau mit großem Ausschnitt
6.	*Detail: Frauenkopf am Ohr des Mannes*	er hörte Flüsterndes ganz dicht am Ohr, er hörte ein Ichliebdich […] Musik: Sinfonie von Haydn	5 Sek.	Zoom „Ich lieb dich" von Frau aus Off gesprochen

[1] **sublim:** hier: sehr feinsinnig, edel, kostbar

Umgang mit lyrischen Texten

Lerninsel: Was du wissen und können musst

Lyrische Texte sind klingende Kunstwerke, in denen Erlebnisse, Gedanken und Gefühle verdichtet zum Ausdruck kommen. In dieser Lerninsel erhältst du einen Überblick über das Handwerkszeug im Umgang mit lyrischen Texten.

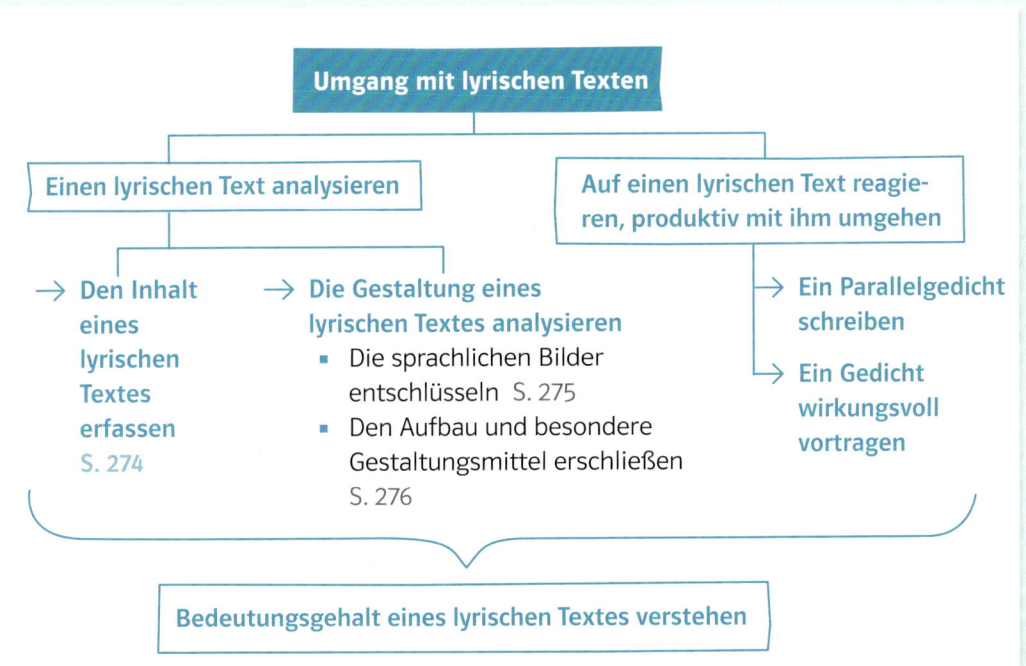

Umgang mit lyrischen Texten

Einen lyrischen Text analysieren

→ **Den Inhalt eines lyrischen Textes erfassen** S. 274

→ **Die Gestaltung eines lyrischen Textes analysieren**
- Die sprachlichen Bilder entschlüsseln S. 275
- Den Aufbau und besondere Gestaltungsmittel erschließen S. 276

Auf einen lyrischen Text reagieren, produktiv mit ihm umgehen

→ **Ein Parallelgedicht schreiben**

→ **Ein Gedicht wirkungsvoll vortragen**

Bedeutungsgehalt eines lyrischen Textes verstehen

So geht's: Gedicht vortragen, Parallelgedicht schreiben wc7s6t

---

Thema/Inhalt:
- Meditation
- Vater beantwortet Frage seiner Tochter mit einem Vergleich
- nächtliche Situation am Schreibtisch, alles um sich herum vergessen
- Nachtfalter und Sitzender nehmen einander nicht wahr

Reiner Kunze: Meditieren (1972)

Was das sei, tochter?

Gegen morgen
noch am schreibtisch sitzen, am hosenbein
einen nachtfalter der
5 schläft

Und keiner weiß vom anderen

sprachliche Bilder:
Vergleich mit Situation lang anhaltender Ruhe, Bewegungslosigkeit

Aufbau:
Enjambement
→ „nachtfalter" und „schläft" werden hervorgehoben

Den Inhalt eines lyrischen Textes erfassen

So geht's:
Informationen über Autor und Entstehungszeit einbeziehen

tx7y6b

So kannst du vorgehen, um das **Thema** und den **Inhalt** eines Gedichts zu verstehen:

- die Überschrift beachten
- W-Fragen beantworten
- die Grundstimmung erschließen
- die zentralen Motive bestimmen
- den lyrischen Sprecher untersuchen
- Informationen über den Autor und die Entstehungszeit einbeziehen

Diese Gefühlsbetonung erinnert mich an die Stürmer und Dränger.

So geht's

Johann Wolfgang Goethe (1777)

Alles geben die Götter, die unendlichen,
Ihren Lieblingen ganz,
Alle Freuden, die unendlichen,
Alle Schmerzen, die unendlichen, ganz.

zentrales Motiv bestimmen: „Alle Freuden […] ganz" (V. 3 f.);
„Alle Schmerzen […] ganz" (V. 4) → ungebrochene Gefühle
Grundstimmung erschließen: „Alles", „unendlich",
„ganz" → euphorisch, überschwängliche Grundstimmung
Wer sind die Lieblinge der Götter?
Menschen, die ungebrochen Freude und Leid empfinden können

Gräfin zu Stolberg:
Goethe hat die Gräfin (1753–1835), die Schwester seiner Freunde Christian und Friedrich Leopold zu Stolberg, nie persönlich kennengelernt, sie war aber von 1775–1777 eine Briefpartnerin, der er sich vertrauensvoll zuwandte. In einem Brief von 1823 nennt er sie eine „im Herzen wohlgekannte" Freundin.

Flusse: aus der Ilm bei Goethes Gartenhaus

schiert: muntert auf

Brief von Goethe an Auguste Gräfin zu Stolberg (17.07.1777)
Dank Gustgen dass du aus deiner Ruhe mir in die Unruhe des Lebens einen Laut herüber gegeben hast.
Alles geben Götter, die unendlichen,
Ihren Lieblingen ganz,
5 Alle Freuden, die unendlichen
Alle Schmerzen, die unendlichen, ganz.
So sang ich neulich als ich tief in einer herrlichen Mondnacht aus dem Flusse stieg der vor meinem Garten durch die Wiesen fließt; und das bewahrheitet sich täglich an mir. Ich muss das Glück für meine Liebste erkennen, dafür schiert sie mich auch
10 wieder wie ein geliebtes Weib. Den Tod meiner Schwester wirst du wissen. Mir geht in allem alles erwünscht, und leide allein um andre. […] Grüße die Brüder und behaltet mich lieb.

So geht's

Informationen über den Autor und die Entstehungszeit einbeziehen
Auch wenn lyrischer Sprecher und Autor nicht einfach gleichgesetzt werden dürfen, so zeigt der briefliche Zusammenhang, dass der Autor Johann Wolfgang Goethe mit diesen Versen offenbar seine Gefühle in einer Phase der „Unruhe des Lebens" (Z. 1) zum Ausdruck bringen wollte. So behauptet er nicht nur, diese Verse in einer „herrlichen Mondnacht" (Z. 7) gesungen zu haben, sie würden sich sogar „täglich" (Z. 8) an ihm bewahrheiten. Mit kurzen Hinweisen auf sein privates Liebesglück bzw. seinen privaten Schmerz bringt der Brief zum Ausdruck, dass Goethe sich selbst als Liebling der Götter sieht, da er Freude und Schmerz ungebrochen erleben kann.

Die Gestaltung eines lyrischen Textes analysieren

Die sprachlichen Bilder entschlüsseln

Sprachbilder erkennst du daran, dass du sie nicht wörtlich nehmen darfst
(zum Beispiel: *verstreut sie die grazilen amulette, V. 8*).

- **Personifikation:** Dinge oder Erscheinungen werden wie Lebewesen dargestellt
  (zum Beispiel: *Die Frühlingssonne ist hungrig.*)
- **Vergleich**: Etwas wird durch die Verknüpfung zweier Bedeutungsbereiche mit
  „wie", „als ob" oder „so wie" veranschaulicht (zum Beispiel: *Die Eule sitzt unbe-
  wegt und still auf einem Ast wie eine Urne. vgl. V. 1*)
- **Metapher**: Sprachbild, bei dem eine Vorstellung auf einen anderen Bedeutungs-
  bereich aufgrund von Ähnlichkeiten übertragen wird (zum Beispiel: *das die
  ganze Sicht ausfüllende Laub der Bäume → Laubgewölbe, vgl. V. 11*)
- **Symbol:** bildkräftiges Wort oder Zeichen (Wiedererkennungszeichen), das als
  anschauliches Bild (z. B. *Taube*) auf etwas Allgemeines (z. B. *Frieden*) verweist.

So geht's:
Personifikation,
Metapher,
Symbol
i6vr2f

Achtung:
alte Recht-
schreibung

Sonett
S. 133

> **So geht's**

Jan Wagner: eule (2014)

still wie eine urne – bis die rufe
hoch über den köpfen
uns stocken lassen, sonderbar, als rufe
etwas durch sie hindurch; im braunen oder kupfern–

5 en federkleid zwischen den zweigen sitzend,
mit einem weißen schleier, zart wie mehltau
und brüsseler spitze,
verstreut sie die grazilen amulette

ihrer gewölle,
10 kaum mehr zu sehen, eher noch zu spüren;
der schlußstein in dem großen laubgewölbe;

ein gelber spalt und noch ein gelber spalt,
zwei augen hinter den tapetentüren
aus borke, dann der wald. der wald. der wald.

Eule
- „still wie eine urne" (V. 1): still, ovale Form,
  hat etwas mit dem Tod zu tun, steht an einem
  besonderen Ort, …
- „der schlußstein in dem großen laubgewölbe"
  (V. 11): bedeutsam, Spitze der Bäume, die ein
  Gewölbe bilden, …

Gefieder der Eule
- „kupfernen" (V. 4 f.): rotbraun, metallisch, …
- „mit einem weißen schleier" (V. 6): weiß,
  leicht, durchschimmernd, …
- „zart wie mehltau/und brüsseler spitze"
  (V. 6 f.): zart, vergänglich, dünn, kunstvoll, …

unverdaute Knochenreste am Boden
- „grazilen amulette" (V. 8): kunstvolle
  Anhänger, Glücksbringer, geheimnisvoll, …

Augenlider der Eule
- „hinter den tapetentüren/aus borke" (V. 13 f.):
  dünn, raue Oberfläche, …

---

*Jan Wagner benutzt in seinem Sonett zahlreiche Sprachbilder, um die Atmosphäre einzufangen, die von einer im
Wald sitzenden Eule ausgeht. In den beiden Quartetten entsteht zunächst ein etwas unheimliches Bild: Der Vergleich mit einer Urne erinnert an den Tod, die Rufe, die durch einen hindurchgehen, wirken „sonderbar" (V. 3) und
der Ausdruck „schleier" (V. 6) als Metapher für das zarte Weiß des Gefieders gibt der Eule etwas Geheimnis-
volles, Bedeutsames. Bedeutsam wirkt auch der Ausdruck „grazile amulette" (V. 8), auch wenn damit nur die un-
verdauten Knochenreste, Haare und Federn gemeint sind, die man unterhalb der Rastplätze von Eulen finden kann.
Auch die beiden Terzette vermitteln den Eindruck, dass die Eule etwas Unheimliches umgibt. Die Eule als
„schlußstein" (V. 11) ist kaum noch von ihrer Umgebung zu unterscheiden, selbst die Haut ihrer Augenlider gleicht
der Oberfläche der Bäume, sie ist „kaum mehr zu sehen, eher noch zu spüren" (V. 10). (…)*

Den Aufbau und besondere Gestaltungsmittel erschließen

Wenn du die Gestaltung eines Gedichts untersuchen sollst, dann kannst du
den **Aufbau** (Aufteilung in Verse und Strophen) und **auffallende Gestaltungsmittel**
betrachten, z. B. Wiederholung von Lauten, Wörtern und Satzbauformen sowie
die Wahl und Stellung einzelner Wörter.

- **Aufbau:**
  - **Vers:** Gedichtzeile
  - **Strophe:** Sinnabschnitt aus mehreren Versen
  - **Enjambement (Zeilen- oder Verssprung):** Eine Sinneinheit greift auf die folgende Zeile/
    den folgenden Vers über, wodurch der Zusammenhang verdeutlicht werden kann.

⊕
So geht's
Reimordnung
b7q58h

⊕
So geht's
klangliche
Mittel
2m2g64

- **besondere Gestaltungsmittel:**
  - **Reim und Reimordnung:** Gleichklang zweier Wörter vom letzten betonten Vokal an
  - **Alliteration:** gleiche Anfangslaute von Wörtern in einer Verszeile,
    durch die diese Ausdrücke besonders hervortreten
    (zum Beispiel: _Lust und Leid und Liebesklagen_)
  - **Anapher:** Wiederholung eines Wortes oder einer Wortgruppe am Anfang von
    aufeinanderfolgenden Versen
  - **Parallelismus:** Wiederholung von Wortfolgen oder/und Satzbauformen in zwei
    oder mehreren aufeinanderfolgenden Sätzen
  - **Inversion:** Abweichung der Wortfolge im Satz von der üblichen Wortstellung
  - **Assonanz/Binnenreim:** Gleichklang durch wiederholte Verwendung von
    betonten Vokalen, Zwielauten oder Umlauten

So geht's

Ingeborg Bachmann: Die große Fracht (1953)

Die große Fracht des Sommers ist verladen,	a
das Sonnenschiff im Hafen liegt bereit,	b
wenn hinter dir die Möwe stürzt und schreit.	b
Die große Fracht des Sommers ist verladen.	a
5 Das Sonnenschiff im Hafen liegt bereit,	b
und auf die Lippen der Galionsfiguren	c
tritt unverhüllt das Lächeln der Lemuren[1].	c
Das Sonnenschiff im Hafen liegt bereit.	b
Wenn hinter dir die Möwe stürzt und schreit,	b
10 kommt aus dem Westen der Befehl zu sinken;	d
doch offnen Augs wirst du im Licht ertrinken,	d
wenn hinter dir die Möwe stürzt und schreit.	b

[1] **Lemuren:** römische Totengeister

Aufbau:
- drei Strophen, bestehend aus jeweils
  vier Versen
- identische Verse: 1. und 4. Vers der 1. Strophe; 2. Vers der 1. Strophe, 1. und 4. Vers der
  2. Strophe; 3. Vers der 1. Strophe, 1. und 4.
  Vers der 3. Strophe

Reimschema:
- in allen drei Strophen umarmender Reim
- alle Strophen sind durch Reim miteinander
  verbunden

Wirkung: Die kunstvolle Form verbindet die
drei Strophen zu einem engen Gewebe von
Bildern zum Thema „Spätsommer" bzw.
„Tod und Sterben" (s. auffallende Alliteration
in V. 7).

Umgang mit dramatischen Texten

Lerninsel: Was du wissen und können musst

Dramatische Texte kannst du besser verstehen, wenn du diese unter bestimmten Aspekten untersuchst und produktiv mit ihnen umgehst. In dieser Lerninsel erhältst du einen Überblick über das Handwerkszeug im Umgang mit dramatischen Texten.

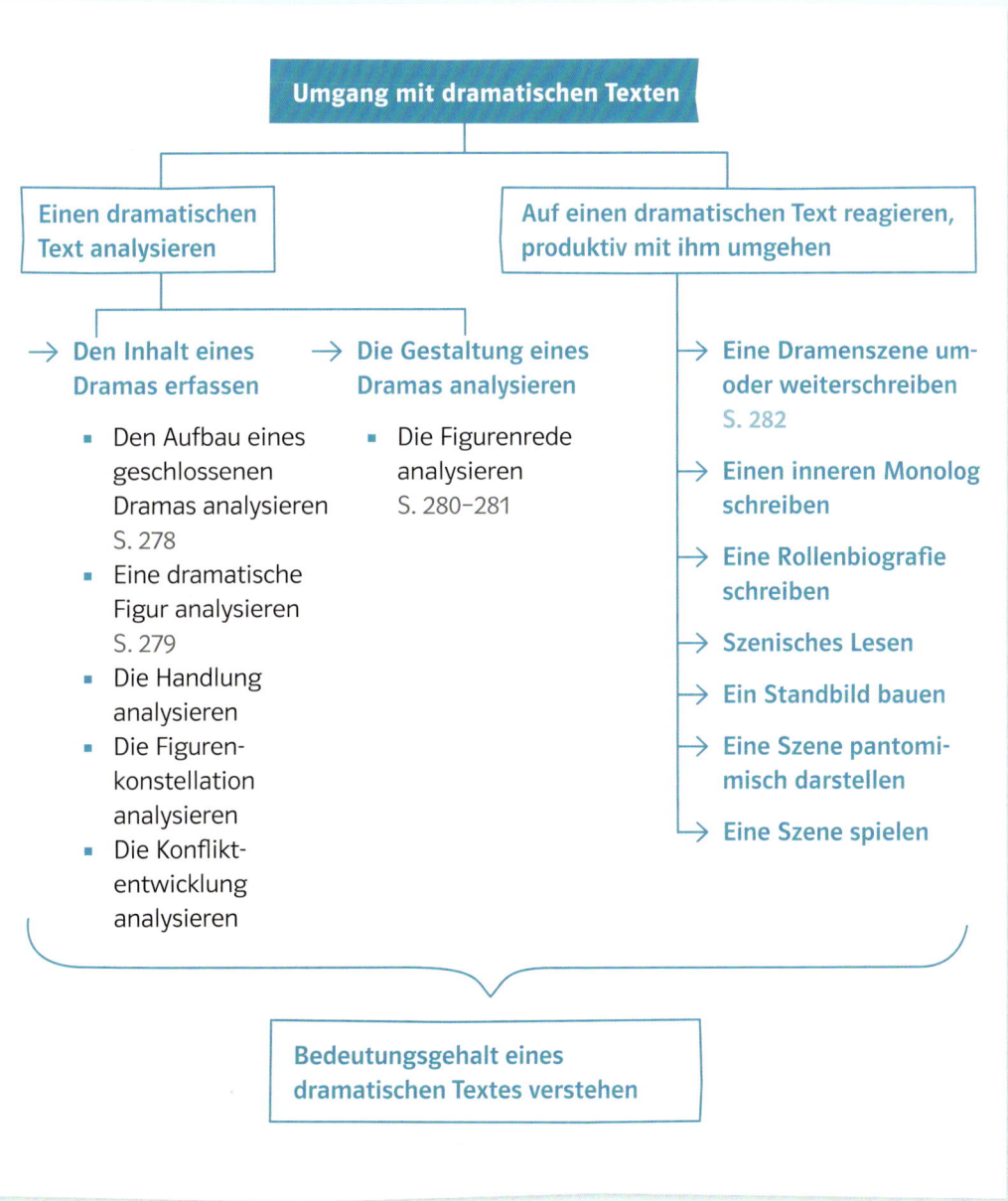

Umgang mit dramatischen Texten

Einen dramatischen Text analysieren

Auf einen dramatischen Text reagieren, produktiv mit ihm umgehen

→ **Den Inhalt eines Dramas erfassen**

- Den Aufbau eines geschlossenen Dramas analysieren S. 278
- Eine dramatische Figur analysieren S. 279
- Die Handlung analysieren
- Die Figurenkonstellation analysieren
- Die Konfliktentwicklung analysieren

→ **Die Gestaltung eines Dramas analysieren**

- Die Figurenrede analysieren S. 280–281

→ **Eine Dramenszene um- oder weiterschreiben** S. 282

→ **Einen inneren Monolog schreiben**

→ **Eine Rollenbiografie schreiben**

→ **Szenisches Lesen**

→ **Ein Standbild bauen**

→ **Eine Szene pantomimisch darstellen**

→ **Eine Szene spielen**

Bedeutungsgehalt eines dramatischen Textes verstehen

So geht's: eine Szene pantomimisch darstellen, ein Standbild bauen, szenisches Lesen, eine Szene spielen, die Figurenkonstellation untersuchen m9z88d

Den Inhalt eines Dramas erfassen

Den Aufbau eines geschlossenen Dramas analysieren

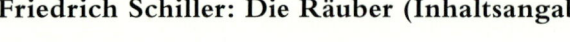

So geht's

Friedrich Schiller: Die Räuber (Inhaltsangabe)

Erster Akt

Franz Moor lebt als zweitgeborener Sohn von Graf Maximilian von Moor in dessen Schloss. Neidisch auf seinen Bruder Karl, der als Leipziger Student ein wildes
5 Leben führt, gelingt es ihm durch eine Intrige, dass dieser glaubt, sein Vater habe ihn verstoßen. Karl ist entsetzt über die Reaktion des Vaters, zweifelt an der Ordnung der Welt und wird Hauptmann einer Räuberbande. Im Schloss wirbt Franz erfolglos um Karls Geliebte Amalia.

10 #### Zweiter Akt

Um den Vater umzubringen, lässt Franz ihn glauben, Karl sei umgekommen. Der Graf bricht scheinbar tot zusammen, Franz kann nun Herr sein. Karls Bande befreit Räuber Roller. Dabei kommen viele Unschuldige um.

15 #### Dritter Akt

Amalia kann sich kaum gegen Franz' gewaltsamen Versuch wehren, sie zu heiraten. Von einem Diener erfährt sie, dass der Graf und Karl noch am Leben sind. Nach einem Gefecht erinnert sich Karl an seine Kindheit und
20 fängt an, seine Taten in Frage zu stellen. Er beschließt, nach Hause zurückzukehren. Die Räuber folgen, nachdem er ihnen ewige Treue geschworen hat.

Vierter Akt

Unerkannt trifft Karl auf Amalia und erfährt, dass sie ihn
25 noch immer liebt. Er gibt sich ihr aber nicht zu erkennen, weil er sich selbst als Ungeheuer sieht. Ebenfalls unerkannt befreit Karl seinen Vater, der von Franz in einem Turm eingesperrt wurde, da er nur scheintot war. Karl beschließt, seinen Bruder im Schloss anzugreifen.

30 #### Fünfter Akt

Franz wird wahnsinnig und tötet sich angesichts der nahenden Räuber. Karl gibt sich Amalia und seinem Vater als Räuberhauptmann zu erkennen, woraufhin der alte Moor stirbt. Amalia bittet darum, getötet zu werden,
35 nachdem sie erfährt, dass Karl durch einen Schwur an die Räuberbande gebunden ist. Karl tötet seine Geliebte. Um seine Schuld zu begleichen, liefert er sich einem Tagelöhner aus, der mit dem auf Karl ausgesetzten Kopfgeld seine Familie ernähren kann.

1. Akt (Exposition)
– Welcher Grundkonflikt liegt vor, wodurch entsteht er (erregendes Moment)?
Konflikt zwischen Ansprüchen des Individuums und Ordnung der väterlichen und bürgerlichen Welt; unterschiedliche Behandlung der Brüder
– Welche inneren Haltungen spielen eine Rolle/stehen sich gegenüber?
*Franz: Neid, Machtbedürfnis
Karl: Enttäuschung, Vergeltung*

2. Akt (Steigerung)
– *Franz verfolgt rücksichtslos seinen Plan, Erbe seines Vaters zu werden.*
– *Karl ist verantwortlich für den Tod vieler Unschuldiger.*

3. Akt (Höhepunkt)
– *Franz bedroht Amalia.*
– *Karl fühlt Reue und möchte nach Hause.*
– Peripetie: Wendepunkt der Handlung, der eine zuvor angebahnte Entwicklung zunichte macht
Karl schwört seinen Räubern ewige Treue und kann somit nicht mehr zurück in sein altes Leben.

4. Akt (fallende Handlung)
– *Karl greift seinen Bruder im Schloss an.*
– retardierendes Moment: Verzögerung der Handlung
– *Amalia liebt Karl immer noch.*

5. Akt (Katastrophe/Lösung)
– *Franz tötet sich selbst, Vater stirbt.*
– *Karl tötet Amalia und liefert sich aus.*
– Welche Gründe führen zu dieser Entwicklung?
*Die Brüder verhalten sich beide maßlos.
Karl stellt sich seiner Verantwortung.*

Eine dramatische Figur analysieren

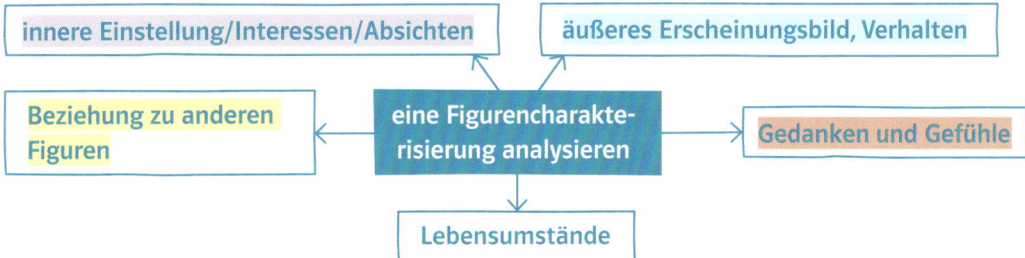

innere Einstellung/Interessen/Absichten

äußeres Erscheinungsbild, Verhalten

Beziehung zu anderen Figuren

eine Figurencharakterisierung analysieren

Gedanken und Gefühle

Lebensumstände

So geht's

Friedrich Schiller: Die Räuber (Ausschnitt, 1781)

Zweiter Akt, dritte Szene

Karl erkennt nach der Befreiung Rollers die Folgen seines Entschlusses, sich auf eigene Faust Recht verschaffen zu wollen.

SCHUFTERLE: […] Ein Kind wars, noch frisch und gesund, das lag auf dem Boden unterm Tisch […] – Armes Tierchen, sagt ich, du verfrierst ja hier, und warfs in die Flamme –

MOOR: Wirklich, Schufterle? – Und diese Flamme brenne in
5   deinem Busen, bis die Ewigkeit grau wird! – Fort Ungeheuer!
Lass dich nimmer unter meiner Bande sehen! – Murrt ihr!
Überlegt ihr? – Wer überlegt, wenn *ich* befehle? – Fort mit
ihm, sag ich, – […]
    (Moor allein, heftig auf und ab gehend.)
10   Höre sie nicht, Rächer im Himmel! – Was kann ich dafür? Was kannst du dafür, wenn deine Pestilenz[1], deine
Teuerung, deine Wasserfluten, den Gerechten mit dem
Bösewicht auffressen? Wer kann der Flamme befehlen, dass
sie nicht auch durch die gesegneten Saaten wüte, wenn sie
15   das Genist der Hornissen zerstören soll? – O pfui über den
Kindermord! den Weibermord! – den Krankenmord! Wie
beugt mich diese Tat! Sie hat meine schönsten Werke vergiftet – da steht der Knabe, schamrot und ausgehöhnt vor
dem Auge des Himmels, der sich anmaßte, mit Jupiters[2]
20   Keule zu spielen, und Pygmäen[3] niederwarf, da er Titanen[4]
zerschmettern sollte – geh! geh! du bist der Mann nicht, das
Rachschwert der obern Tribunale[5] zu regieren, du erlagst
bei dem ersten Griff – Hier entsag ich dem frechen Plan,
gehe, mich in irgendeine Kluft der Erde zu verkriechen, wo
25   der Tag vor meiner Schande zurücktritt. *(Er will fliehen.)*

Charakterisierung der Figur Karl Moor

Beziehung zu anderen Figuren:
Karl muss sich als Räuberhauptmann gegenüber seinen Untergebenen behaupten.

innere Einstellung/Absichten:
- Karl empört sich über die Gräueltaten seiner Räuber.
- Karl will wegen der Gräueltaten fliehen.
- Karl ist aufgeregt und innerlich bewegt.

Gedanken und Gefühle:
- Karl will sich zunächst von der Verantwortung für die brutalen Folgen seiner Rache freisprechen.
- Karl empfindet Scham über die Greueltaten, die unter seiner Verantwortung begangen wurden.

äußeres Erscheinungsbild/ Verhalten:
Karl wirkt unruhig und aufgewühlt.

---

[1] **Pestilenz** (veraltet): Pest
[2] **Jupiter:** höchster römischer Gott
[3] **Pygmäen:** Gruppe afrikanischer Völker mit geringer Körpergröße

[4] **Titanen:** riesenhafte Götter, die von Zeus gestürzt wurden
[5] **Tribunal:** hoher Gerichtshof

Die Gestaltung eines Dramas analysieren

Die Figurenrede analysieren

Durch die Figurenrede erfährst du etwas über die Positionen der Figuren in einem Konflikt und gewinnst Einblicke in ihre Charaktereigenschaften und Gedanken.

So geht's:
Monolog
jx9y8r

Einen Monolog analysieren

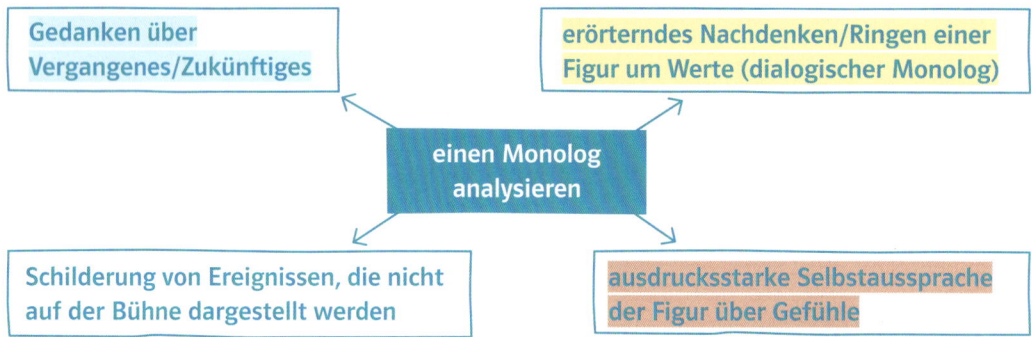

Gedanken über Vergangenes/Zukünftiges

erörterndes Nachdenken/Ringen einer Figur um Werte (dialogischer Monolog)

einen Monolog analysieren

Schilderung von Ereignissen, die nicht auf der Bühne dargestellt werden

ausdrucksstarke Selbstaussprache der Figur über Gefühle

So geht's

Friedrich Schiller: Die Räuber (Ausschnitt, 1781)

Vierter Akt, vierte Szene
Der Räuber Karl trifft unerkannt auf seine ehemalige Geliebte Amalia und erfährt, dass sie ihn noch immer liebt. Karl gibt sich ihr aber nicht zu erkennen.

Im Garten. Amalia.

AMALIA: *Du weinst Amalia?* – und das sprach er mit einer Stimme! mit einer Stimme – mir wars, als ob die Natur sich verjüngete – die genossenen Lenze der Liebe dämmerten auf mit der Stimme! Die Nachtigall schlug wie damals – die Blumen hauchten wie damals – und ich lag Wonne be-
5 rauscht an seinem Hals – Ha falsches treuloses Herz! Wie du deinen Meineid beschönigen willst! Nein, nein, weg aus meiner Seele du Frevelbild – ich hab meinen Eid nicht gebrochen, du Einziger! Weg aus meiner Seele, ihr verräterischen, gottlosen Wünsche! im Herzen, wo Karl herrscht, darf kein Erdensohn nisten, – Aber warum meine Seele, so immer, so wider Willen nach diesem Fremdling? Hängt er sich nicht so hart an das Bild meines Einzigen? Ist er nicht der ewige Be-
10 gleiter meines Einzigen? *Du weinst Amalia?* – Ha ich will ihn fliehen! – fliehen! – Nimmer sehen soll mein Aug diesen Fremdling!

In diesem Monolog erlebt der Zuschauer mit, wie sich Amalia aufgrund der Stimme des Fremdlings an die Zeit erinnert, die sie zusammen mit Karl verbrachte. Die Stärke der Gefühle wird durch die Wiederholung der Worte „wie damals" (Z. 4) deutlich. Mit dem Ausruf „Ha falsches treuloses Herz" (Z. 5) bricht sie aber diese Erinnerung ab. Amalia ermahnt sich selbst angesichts der positiven Gefühle, die dieser fremde Mann bei ihr geweckt hat, zur Treue zu ihrem Karl. Mit den Fragen in den Zeilen 8 ff. (...)

Einen Dialog analysieren

So geht's:
Dialog
3zn9q8

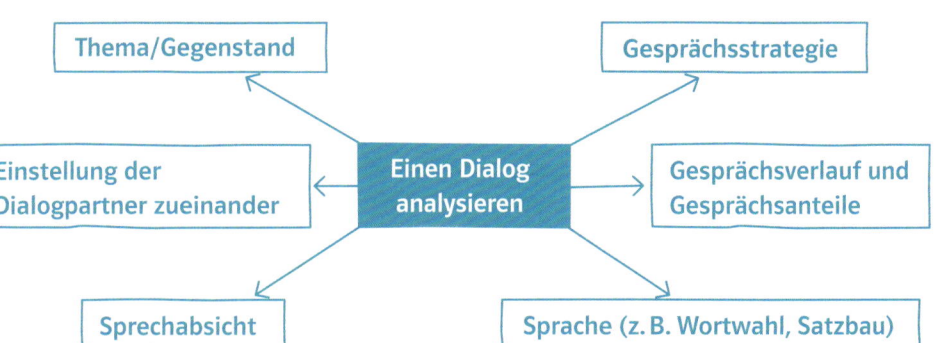

- Thema/Gegenstand
- Gesprächsstrategie
- Einstellung der Dialogpartner zueinander
- Einen Dialog analysieren
- Gesprächsverlauf und Gesprächsanteile
- Sprechabsicht
- Sprache (z. B. Wortwahl, Satzbau)

So geht's

Friedrich Schiller: Die Räuber (Ausschnitt, 1781)

Fünfter Akt, zweite Szene

Karl begegnet seinem Vater, dem er sich aber aus Rücksicht und Scham zunächst nicht zu erkennen gibt.

DER ALTE MOOR: Ja ich hab einen Sohn gequält, und ein Sohn musste mich wieder quälen, das ist Gottes Finger – o mein Karl! mein Karl! wenn du um mich schwebst im Gewand des Friedens.
5 Vergib mir. Oh vergib mir!

RÄUBER MOOR: *(schnell)* Er vergibt Euch. *(Betroffen.)* Wenn ers wert ist, Euer Sohn zu heißen – Er muss Euch vergeben. […] *(reicht ihm die Hand mit abgewandtem Gesicht).*

10 DER ALTE MOOR: Wärst du meines Karls Hand! – Aber er liegt fern im engen Hause, schläft schon den eisernen Schlaf, höret nimmer die Stimme meines Jammers – weh mir! Sterben in den Armen eines Fremdlings – Kein Sohn mehr – kein
15 Sohn mehr, der mir die Augen zudrücken könnte –

RÄUBER MOOR: *(in der heftigsten Bewegung)* Jetzt muss es sein – jetzt – verlasst mich *(zu den Räubern)*! Und doch – Kann ich ihm denn seinen
20 Sohn wieder schenken? – Ich kann ihm seinen Sohn doch nicht mehr schenken – Nein! Ich will's nicht tun.

DER ALTE MOOR: Wie Freund? Was hast du da gemurmelt?

25 RÄUBER MOOR: Dein Sohn – Ja alter Mann – *(stammelnd)* Dein Sohn – ist – ewig verloren.

Thema/Gegenstand:
Der Wunsch des sterbenden Vaters, Karl, den er für tot hält, möge ihm vergeben.

Sprechabsicht:
- **der alte Moor:** drückt seine Verzweiflung über die Abwesenheit Karls aus, wünscht sich Vergebung durch Karl
- **Räuber Moor:** will seinem Vater vergeben; er gibt sich aber nicht zu erkennen, um dem Vater den Schock zu ersparen

Gesprächsstrategie:
- **der alte Moor:** schmerzvolle Selbstanklage und Klage über den Verlust
- **Räuber Moor:** vergibt seinem Vater, gibt sich aber nicht zu erkennen

Einstellung der Dialogpartner zueinander:
- **der alte Moor:** sieht sein Gegenüber als „Freund" (Z. 23), der aber als „Fremdling" (Z. 14) seinen Sohn Karl nicht ersetzen kann
- **Räuber Moor:** liebt seinen Vater, ist verzweifelt

Sprache:
- **der alte Moor:** Ausrufe des Leidens, religiöse Ausdrücke, Sprachbilder für Sarg und Tod
- **Räuber Moor:** Interjektionen, Pausen, schnelle Bewegungen (s. Regieanweisungen) → emotional aufgewühlt

Gesprächsverlauf:
Karl kommt im Verlauf des Gesprächs zu der Einsicht, er sei „ewig verloren" (Z. 26).

Auf einen dramatischen Text reagieren, produktiv mit ihm umgehen

Eine Dramenszene um- oder weiterschreiben

1. **den literarischen Ausgangstext analysieren**
   - den **Inhalt** klären:
     · Stelle W-Fragen an den Text (z. B. zu *Thema, Konflikt, Handlung, Figurenkonstellation*).
     · Überprüfe, ob der Text Vorausdeutungen enthält, die du berücksichtigen musst.
   - die **Gestaltung** untersuchen:
     · Untersuche die Figurenrede (z. B. *Gesprächsstrategie*).
     · Untersuche den Text auf auffällige sprachliche Merkmale.

2. **den Schreibplan erstellen**

3. **den eigenen Text verfassen**

4. **den eigenen Text überarbeiten**
   - Kriterien: Berücksichtigung von Inhalt und Form des Ausgangstextes, Logik, Grammatik, Rechtschreibung.

[1] **Louisdore:** französische Goldmünze im 17. und 18. Jh.

So geht's

Friedrich Schiller: Die Räuber (Ausschnitt, 1781)

Fünfter Akt, zweite Szene

RÄUBER MOOR: [...] Aber noch blieb mir etwas übrig, womit ich die beleidigten Gesetze versöhnen und die misshandelte Ordnung wiederum heilen kann. Sie bedarf eines Opfers – eines Opfers, das ihre unverletzbare Majestät vor der ganzen Menschheit entfaltet – dieses Opfer bin ich selbst. Ich selbst muss für sie des Todes sterben. [...]

5 **RÄUBER:** Legt ihn an Ketten! Er ist rasend worden.

RÄUBER MOOR: Nicht, als ob ich zweifelte, sie [die Justiz] werde mich zeitig genug finden, wenn die obern Mächte es so wollen. Aber sie möchte mich im Schlaf überrumpeln, oder auf der Flucht ereilen, oder mit Zwang und Schwert umarmen, und dann wäre mir auch das einige Verdienst entwischt, dass ich mit Willen für sie gestorben bin. Was soll ich gleich einem Diebe ein Leben 10 länger verheimlichen, das mir schon lang im Rat der himmlischen Wächter genommen ist?

RÄUBER: Lasst ihn hinfahren! [...] Er will sein Leben an eitle Bewunderung setzen.

RÄUBER MOOR: Man könnte mich darum bewundern. *(Nach einigem Nachsinnen.)* Ich erinnere mich, einen armen Schelm gesprochen zu haben, als ich herüberkam, der im Taglohn arbeitet und elf lebendige Kinder hat – Man hat tausend Louisdore[1] geboten, wer den großen Räuber lebendig 15 liefert – dem Mann kann geholfen werden. *(Er geht ab.)*

Schreibe die Abschlussszene weiter, indem du zwei Räuber über Karls Vorhaben einen Dialog führen lässt.

Räuber I: Der Hauptmann will sich einem Tagelöhner ausliefern! Der große Räuber, gefangen von einem Niemand, eine Schande!

Räuber II: Wahrhaftig, eine Schande! Warum kämpft er nicht mit bloßen Fäusten gegen einhundert Soldaten des Königs! Durch einen solchen Kampf könnte er sich unvergesslich machen!

Räuber I: Ich sage doch, er ist rasend geworden. Will sich den beleidigten Gesetzen opfern, der – wie hat er gesagt? – der „misshandelten Ordnung". Glaubt er tatsächlich, die Welt würde ein bisschen gerechter dadurch? (...)

Umgang mit Medien

Medien nutzt du täglich, zum Beispiel, wenn du eine Zeitung liest, fernsiehst, im Internet recherchierst oder dir Filme anschaust. In dieser Lerninsel erhältst du einen Überblick, wie du Filme analysierst und interpretierst und wie du mit Filmadaptionen von literarischen Texten umgehen kannst.

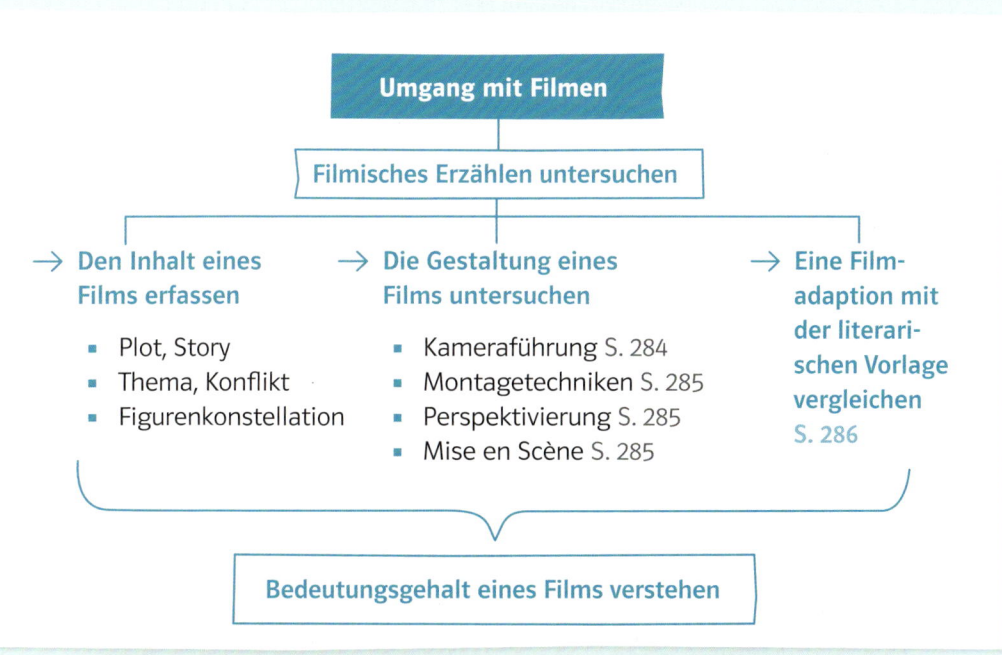

Umgang mit Filmen

Filmisches Erzählen untersuchen

→ **Den Inhalt eines Films erfassen**
- Plot, Story
- Thema, Konflikt
- Figurenkonstellation

→ **Die Gestaltung eines Films untersuchen**
- Kameraführung S. 284
- Montagetechniken S. 285
- Perspektivierung S. 285
- Mise en Scène S. 285

→ **Eine Filmadaption mit der literarischen Vorlage vergleichen** S. 286

Bedeutungsgehalt eines Films verstehen

Filmbild aus „Das Schicksal ist ein mieser Verräter"

Die Gestaltung eines Films untersuchen

Kameraführung, Montage, Perspektivierung und **Mise en Scène** sind die wichtigsten Gestaltungsmittel im Film. Der Zuschauer kann nur das sehen, was die Kamera ihm zeigt. Und er kann nur in den Einstellungen sehen, die ihm die Perspektivierung und die Montage vorgeben. Für das Verständnis von Filmen ist es wichtig, diese Mittel bewusst wahrzunehmen und in ihren unterschiedlichen Funktionen zu erfassen.

Kameraführung

Bei der Kameraführung sind drei verschiedene Techniken zu unterscheiden:

- Die **Kameraperspektive** bestimmt, aus welcher Position eine Person oder ein Gegenstand zu sehen ist.
  - Die **Aufsicht** („Vogelperspektive") betont z. B. die Überlegenheit einer Person.
  - Die **Normalsicht** ermöglicht eine natürliche Wahrnehmung.
  - Die **Untersicht** („Froschperspektive") lässt Personen z. B. groß und bedrohlich wirken.
- Die **Kameraeinstellung** bestimmt, wie groß der Ausschnitt ist, den man im Film von einer Person oder einem Gegenstand sieht. Die **Einstellungsgröße** der Kamera bestimmt den Ausschnitt, der gezeigt wird.
  - Die **Totale** gibt den Überblick über den gesamten Handlungsort und vermittelt dem Zuschauer eine erste Orientierung.
  - Bei der **Halbtotalen** sind die Darsteller vollständig zu sehen und werden in ihrer unmittelbaren Umgebung gezeigt. Der Zuschauer fühlt sich einbezogen.
  - **Halbnah** zeigt die Darsteller etwa vom Kopf bis zur Mitte des Oberkörpers. Das entspricht der natürlichen Sehsituation und vermittelt Nähe.
  - Die Einstellung **Nah** zeigt die Darsteller von der Schulter bis zum Kopf. Sie wird oft für Dialoge verwendet, weil die Mimik besonders gut zu erkennen ist.
  - Bei der **Großaufnahme** wird zum Beispiel nur der Kopf gezeigt. Das hebt Reaktionen und Emotionen besonders hervor.
  - Bei der Einstellung **Detail** wird nur ein kleiner Ausschnitt gezeigt, der besonders intensiv wahrgenommen wird.

> *Die verschiedenen Kameraeinstellungen lassen den Film erst richtig wirken.*

| Totale | Halbtotale | Halbnah | Nah | Großaufnahme | Detail |

- Bei der **Kamerabewegung** werden die verschiedenen Einstellungen und Perspektiven nicht nacheinander gezeigt, sondern mit einer Bewegung der Kamera.
  - Per **Zoom** kann die Kamera zum Beispiel schnell von der Halbtotalen zur Großaufnahme wechseln.
  - Mittels **Schwenk** kann die Kamera zum Beispiel ein Gebäude oder eine Person von unten nach oben in einer Bewegung zeigen.

Montagetechniken

So geht's
Montage-
techniken
3z43he

- **Schuss–Gegenschuss:** Hierbei zeigt die Kamera **im Wechsel** verschiedene Personen oder Ereignisse. Obwohl die Kamera ihre Position wechselt, versteht der Zuschauer dennoch den Zusammenhang. Dieses Verfahren wird häufig bei Gesprächen angewendet.
- **Parallelmontage:** Um Ereignisse zu zeigen, die an verschiedenen Orten zur gleichen Zeit geschehen, werden die Situationen **hintereinander** gezeigt. Obwohl Ort und Figuren unterschiedlich sind, bleibt der Zusammenhang für den Zuschauer verständlich. Die Parallelmontage wird häufig genutzt, um Spannung zu erzeugen.

Perspektivierung: Point of View

So geht's
Point of View
b2tj8a

- Bei der **objektiven Perspektive** betrachtet der Zuschauer das Geschehen von außen und hat dadurch eine Distanz zum Inhalt und zu den Figuren.
- Bei der **subjektiven Perspektive** nähert sich die Kamera der Handlung und den Figuren, sodass der Zuschauer intensiver empfindet. Die Kamera kann auch einen Standpunkt einnehmen, der dem Zuschauer einen Blick durch die Augen einer Figur ermöglicht oder ihn wie die Figur sehen lässt.

Mise en Scène

So geht's
Mise en Scène
j5sf9x

Was der Zuschauer über die Bilder eines Films wahrnimmt, ist bewusst „in Szene gesetzt". Dabei werden die Personen und Gegenstände im Bild so angeordnet, dass ein **räumlicher Eindruck** entsteht und eine **bestimmte Atmosphäre** erzeugt wird.

So geht's

Inhalt der Szene erfassen:
Hazel und Gus wollen gerade an ihrem Tisch im Restaurant Platz nehmen.
Thema benennen:
Lebensfreude der beiden Kranken
Mise en Scène beschreiben:
- im Zentrum (goldener Schnitt): Hazel, Gus zugewandt → dominiert rechte Bildseite
- Kellner und Empfangsdame links an der Wand, schauen zu → kleine Raumwirkung
- im Hintergrund: weiterer Gast → Raumtiefe durch diagonale Linienführung
- Kleider Hazels und der Empfangsdame → Kontrast zu dunklem Anzug von Gus
- Licht gedämpft, Kerzen → festliche Atmosphäre

Kameraführung und Point of View beschreiben:
- Normalsicht ermöglicht Zuschauer deutliche Wahrnehmung
- Zuschauer beobachtet Szene relativ objektiv von außen, könnte auch Restaurantbesucher sein
- Hauptpersonen durch Halbtotale gut zu erkennen

Gesamteindruck zusammenfassen und deuten:
Die Szene zeigt die besondere Situation, in der sich die Jugendlichen befinden und die sie genießen.

Eine Filmadaption mit der literarischen Vorlage vergleichen

John Green: Das Schicksal ist ein mieser Verräter (Ausschnitt, 2012)

Jemand klopfte an die Badtür. „Occupado", sagte ich. „Hazel", sagte Dad. „Darf ich reinkommen?" Ich antwortete nicht, aber nach einer Weile öffnete ich die Tür. Ich setzte mich auf den Klodeckel. Wa-
5 rum musste Atmen eine so schwere Arbeit sein? Dad kniete sich neben mich. Er nahm meinen Kopf und zog ihn an sein Schlüsselbein, und er sagte: „Es tut mir so leid, dass Gus gestorben ist." Ich hatte das Ge-fühl, ich bekam keine Luft durch sein T-Shirt, aber
10 es war gut, so fest gehalten und in den vertrauten Geruch meines Vaters gedrückt zu werden. Es fühlte sich fast an, als wäre er sauer oder so was, und das gefiel mir, weil ich auch sauer war. „Es ist alles so ein verdammter Mist", sagte er. „Mist. Achtzig Pro-
15 zent Heilungschance, und er gehört zu den anderen zwanzig Prozent? Mist. Er war so ein heller Junge. Verdammter Mist. Ich finde es zum Kotzen. Aber es war bestimmt ein Privileg, ihn zu lieben, oder?" Ich nickte in sein T-Shirt.
20 „Dann kannst du dir vielleicht ein bisschen vorstel-len, wie es mir mit dir geht", sagte er.
Mein alter Herr. Er sagte immer das Richtige.

Filmtranskript: Das Schicksal ist ein mieser Verräter (2014)

Hazels Zimmer, Abend, sanfte Musik im Hintergrund.
VATER: *(klopft)* Kann ich reinkommen?
HAZEL: Ja.
VATER: *(setzt sich zu Hazel, Pause)* Es war eine gro-ße Bereicherung, ihn zu lieben. Findest du nicht? *(umfasst Hazel, lange Pause)*. Jetzt kannst du dir vor-stellen, wie es uns mit dir geht.
HAZEL: *(seufzt)*
MUTTER: *(ruft aus dem Hintergrund)* Hazel?! Du hast Besuch. Ein Freund. *Schnitt*

den Romanausschnitt analysieren:
– Ich-Erzählerin, Innensicht
– Figurencharakterisierung durch Kommen-tare und Bewertungen der Ich-Erzählerin
– Erzählzeit = erzählte Zeit
– Umgangssprache, Synonym für Vater
→ Leser kann mitfühlen.

den Filmausschnitt analysieren:
Mise en Scène: Figuren im Bildzentrum auf dem Boden vor Hazels Bett, füllen Bildraum fast vollständig aus → Zuschauer nah am Geschehen; Hazel lehnt sich an Vater → Vertrautheit; Blicke eher nachdenklich; gedämpftes Licht
Einstellung: Halbnah
Perspektive: Normalsicht, subjektiv
Dialog: einfühlsam, pointiert; sanfte Musik → gute Beziehung von Hazel und Vater

Romanvorlage und Filmadaption vergleichen:
Roman: direkte Mitteilung von Gedanken und Gefühlen, Beschreibung der Situation und der Handlung
Film: Verknappung des Dialogs, Kamera nah am Geschehen, Zuschauer sieht und hört (Sprechpausen) Gefühle der Figuren

Unsere Sprache ist ein sehr komplexes System. Diese Lerninsel gibt dir einen kurzen Überblick, wie sich der Spracherwerb bei einem Kind vollzieht. Außerdem erfährst du, welche Entwicklungstendenzen es in der deutschen Gegenwartssprache gibt und wie du diese bewerten kannst.

Sprache betrachten

Einblicke in den Spracherwerb gewinnen S. 288

Entwicklungen der deutschen Gegenwartssprache bewerten S. 289

Der primäre Spracherwerb

Vorsilbenalter
0–5 Monate → Silbenalter
6–12 Monate → die ersten Wörter
ab ca. 12. Monat

bababababababa
Mamamamama
dädädädädä

aua, Mama, Papa, mhm, ssoss

die Sprach-explosion

Mit 2 Jahren verwenden Kinder 50 Wörter aktiv; Schulanfänger beherrschen 5.000 Wörter aktiv und verstehen etwa 25.000 Wörter.

Der aktive Wortschatz von Erwachsenen liegt bei etwa 10.000–15.000 Wörtern, der passive bei bis zu 200.000.

Die Bandbreite ist gewaltig: Spätsprecher beginnen erst nach dem 18. Lebensmonat, Frühsprecher können mit 10 Monaten schon verschiedene Wörter gebrauchen.

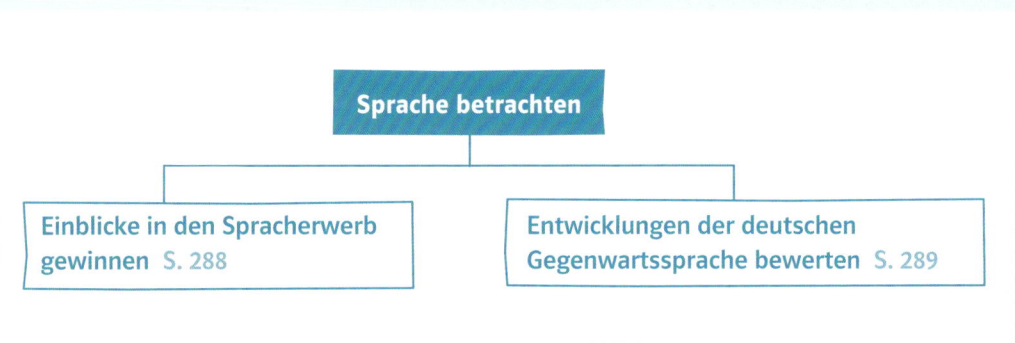

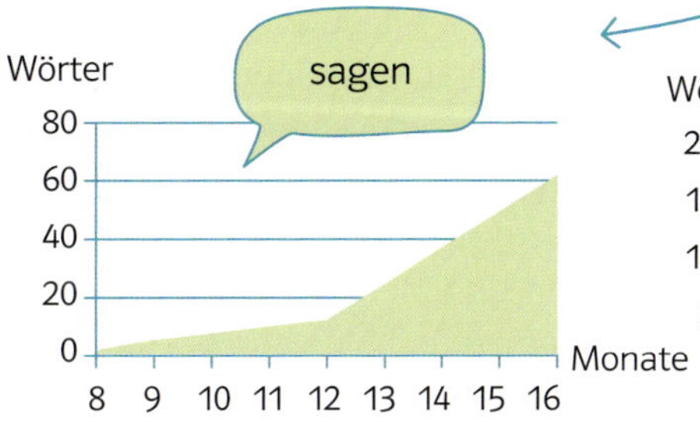

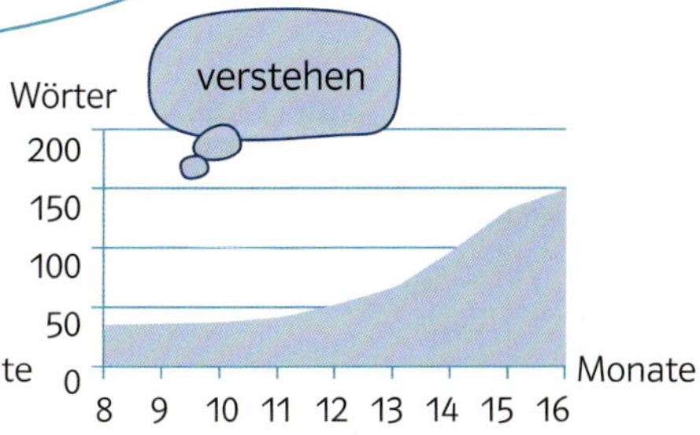

sagen

verstehen

Einblicke in den Spracherwerb gewinnen

Primärer Spracherwerb: Wie Kinder die Muttersprache verstehen und sprechen lernen

Auf der Grundlage der dem Menschen angeborenen geistigen und körperlichen Anlagen erwerben Kleinkinder durch Interaktion mit der Umwelt ihre Muttersprache. Lange Zeit ging man davon aus, dass Kinder das Sprechen durch Nachahmung lernen. Heute weiß man aber, dass sie die Sprache wesentlich kreativer – als bisher vermutet – erlernen. Sie plappern nicht einfach nur nach, was sie gehört haben; bereits Zweijährige kombinieren Wörter frei. Von entscheidender Bedeutung ist dabei das Wiedererkennen und Gebrauchen regelmäßiger Sprachmuster.

Durch Nachahmung versuchen Kleinkinder, elementare Strukturen der Grammatik zu erkennen und in ihren Äußerungen allgemeingültigen Mustern zu folgen. Das Gedächtnis spielt eine große Rolle, zum Beispiel beim Lernen von Wörtern und Redewendungen. Forschungsergebnisse zeigen aber auch, dass das Gedächtnis nicht die kombinatorischen Möglichkeiten des grammatikalischen Systems ersetzen kann.

So geht's

Wie lässt sich erklären, dass Kleinkinder oft bestimmte fehlerhafte Wortformen bilden, z. B. *„gehte"* statt *„ging"*, *„schlafte"* statt *„schlief"*?

Bei der Bildung dieser Verbformen legen Kleinkinder die regelmäßigen Formen des Präteritums auch bei den unregelmäßigen Verben zugrunde. Das zeigt, dass Kinder selbstständig und kreativ Formen bilden, die sie in ihrem Umfeld kaum gehört haben.

Sekundärer Spracherwerb: Wenn der Schriftspracherwerb misslingt

Als Analphabetismus bezeichnet man kulturell, sozial oder psychisch bedingte individuelle Defizite im Lesen oder Schreiben bis hin zu einem völligen Unvermögen in diesen Kompetenzen. In Deutschland können 7,5 Millionen Menschen kaum lesen und schreiben. Beim Analphabetismus unterscheidet man:

- Primärer Analphabetismus liegt vor, wenn ein Mensch weder schreiben noch lesen kann und beides auch nie gelernt hat.
- Sekundärer Analphabetismus liegt vor, wenn Menschen die Kompetenz zum schriftlichen Umgang mit Sprache wieder verlernt haben. Ursachen sind, dass sie das Lesen und Schreiben nur oberflächlich erlernt, aber nicht gefestigt und zu wenig angewendet haben. Dies wird dadurch verstärkt, dass Schrift- und Printmedien an Bedeutung verloren haben und der Gebrauch von akustischen und visuellen Medien zugenommen hat.
- Als funktionaler Analphabetismus wird die Unfähigkeit bezeichnet, die Schrift im Alltag so zu gebrauchen, wie es im sozialen Umfeld als selbstverständlich angesehen wird. Funktionale Analphabeten sind Menschen, die zwar Buchstaben erkennen und in der Lage sind, ihren Namen und ein paar Wörter zu schreiben, die jedoch den Sinn eines längeren Textes entweder gar nicht verstehen oder nicht schnell und mühelos genug, um praktischen Nutzen davon zu haben.

Entwicklungen der deutschen Gegenwartssprache bewerten

Neben **Vereinfachung** und **Verkürzung (Ökonomisierung)** als den wesentlichen Motoren des Sprachwandels finden sich noch zwei weitere Faktoren, die die Entwicklung der Gegenwartssprache vorantreiben: Die **Angleichung von Schriftlichkeit und Mündlichkeit (Ausgleich)** sowie die **starke Zunahme von Entlehnungen aus anderen Sprachen (Internationalisierung).**
Diesen Entwicklungstendenzen lassen sich folgende Wandlungen im gegenwärtigen Gebrauch des Deutschen zuordnen:

- Sprachforscher sehen zurzeit zehn bis fünfzehn größere Baustellen im Deutschen, in denen sich **verschiedene Varianten** gegenüberstehen.
  Dabei werden häufig unregelmäßige Wortformen durch regelmäßige Bildungen verdrängt. Das betrifft zum Beispiel die Deklination von Substantiven *(des Eisbären/ des Eisbärs, die Wagen/die Wägen)*, Veränderungen im Präteritum *(er buk/er backte)*, im Konjunktiv *(sie stünde/stände)*, bei der Komparation der Adjektive *(kranker/kränker)*, aber auch bei Formen entlehnter Wörter *(downgeloadet/gedownloadet)*.
- In der Schriftsprache lässt sich eine **Reduzierung von Zeitformen** feststellen.
  Das Präteritum tritt zugunsten des Perfekts zurück *(ich bin gegangen* statt *ich ging)*.
- Aktuell wird beobachtet, dass das **„s" im Genitiv von Eigennamen** verschwindet.
  Es heißt zum Beispiel immer häufiger *„des Iran"* statt *„des Irans"* oder *„des Barock"* statt *„des Barocks".*
- Etwa drei Prozent der Wörter in der deutschen Sprache sind **Anglizismen**.
  Die meisten englischen Begriffe sind nach Meinung von Sprachforschern Eintagsfliegen, mit denen sich Menschen profilieren wollen – vor allem in der Jugend-, Werbe- und Managersprache. Auf lange Sicht sehen die Forscher die deutsche Sprache nicht bedroht. Denn Wörter, die sich nicht durchsetzen, verschwinden; andere dagegen bereichern den Wortschatz.

Mithilfe folgender **Kriterien** kannst du überprüfen, ob ein Anglizismus eine **Bereicherung für die deutsche Sprach**e ist:

- Das Wort lässt sich in das grammatische System der deutschen Sprache integrieren.
- Das Wort bezeichnet etwas, für das es bisher im Deutschen noch keinen Ausdruck gab.
- Das Wort dient nicht nur dekorativen oder manipulativen Zwecken.
- Das Wort trägt nicht zur Diskriminierung bei.

So geht's

goo/geln (gu:gln)
schwaches Verb mit der Bedeutung: (mit Google) im Internet recherchieren
Beispiel:
Er hatte ihren Namen gegoogelt.

„Googeln" ist ein neues Wort, das im Englischen und Deutschen sowie in vielen anderen europäischen Sprachen aus dem Firmennamen „Google" gebildet worden ist. Im Deutschen wird das Wort wie ein schwaches Verb konjugiert. Mit diesem Wort bezeichnet man die Internetrecherche mithilfe der Suchmaschine von Google oder auch anderer Suchmaschinen. Für diesen Vorgang gab es bisher kein eigenes Wort, sondern nur den Ausdruck „im Internet recherchieren". Das Wort ist also eine Bereicherung für unsere Sprache.

Mithilfe deines grammatischen Wissens über Wortarten, Satzglieder und Zeichensetzung gelingt es dir, Texte besser zu verstehen und zu verfassen.

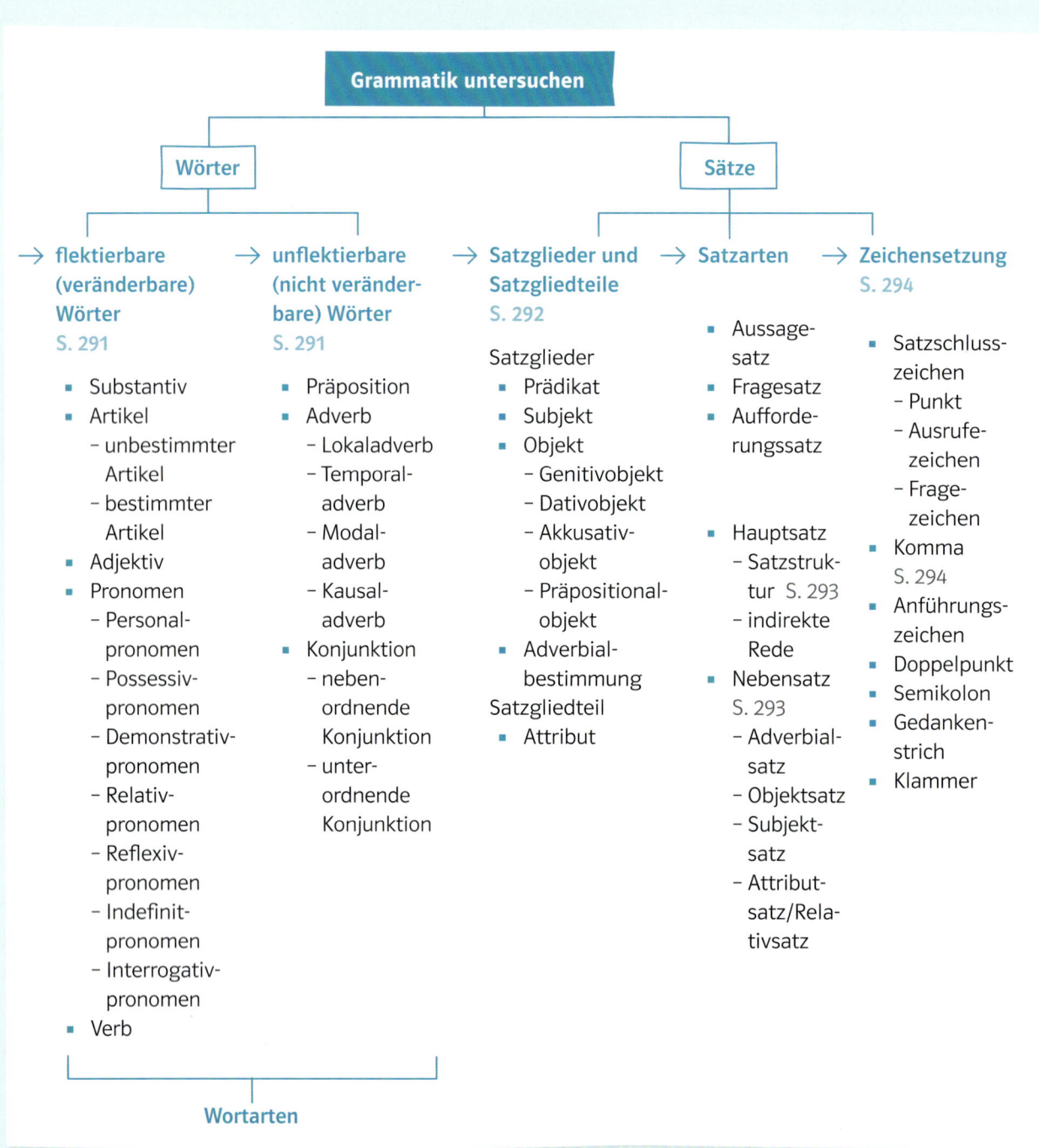

Grammatik untersuchen

Wörter

Sätze

→ **flektierbare (veränderbare) Wörter**
S. 291

- Substantiv
- Artikel
  - unbestimmter Artikel
  - bestimmter Artikel
- Adjektiv
- Pronomen
  - Personalpronomen
  - Possessivpronomen
  - Demonstrativpronomen
  - Relativpronomen
  - Reflexivpronomen
  - Indefinitpronomen
  - Interrogativpronomen
- Verb

→ **unflektierbare (nicht veränderbare) Wörter**
S. 291

- Präposition
- Adverb
  - Lokaladverb
  - Temporaladverb
  - Modaladverb
  - Kausaladverb
- Konjunktion
  - nebenordnende Konjunktion
  - unterordnende Konjunktion

→ **Satzglieder und Satzgliedteile**
S. 292

Satzglieder
- Prädikat
- Subjekt
- Objekt
  - Genitivobjekt
  - Dativobjekt
  - Akkusativobjekt
  - Präpositionalobjekt
- Adverbialbestimmung

Satzgliedteil
- Attribut

→ **Satzarten**

- Aussagesatz
- Fragesatz
- Aufforderungssatz

- Hauptsatz
  - Satzstruktur S. 293
  - indirekte Rede
- Nebensatz
  S. 293
  - Adverbialsatz
  - Objektsatz
  - Subjektsatz
  - Attributsatz/Relativsatz

→ **Zeichensetzung**
S. 294

- Satzschlusszeichen
  - Punkt
  - Ausrufezeichen
  - Fragezeichen
- Komma
  S. 294
- Anführungszeichen
- Doppelpunkt
- Semikolon
- Gedankenstrich
- Klammer

Wortarten

Wortarten unterscheiden und bestimmen

Das Erkennen von Wortarten hilft dir bei der Rechtschreibung und bei Stilfragen.

Wortarten	
flektierbar (veränderbar)	**unflektierbar (unveränderbar)**
Substantiv Deklination: – Genus (Femininum, Maskulinum, Neutrum) – Numerus (Singular, Plural) – Kasus (Nominativ, Genitiv, Dativ, Akkusativ)	**Präposition** (z. B. *auf, in, vor, wegen*)
Adjektiv Steigerung (Positiv, Komparativ, Superlativ)	**Konjunktion** – nebenordnende Konjunktion (z. B. *und, oder*) – unterordnende Konjunktion (z. B. *weil, nachdem*)
Verb Konjugation: – Tempus (Präsens, Präteritum, Perfekt, Plusquamperfekt, Futur I, Futur II) – Handlungsart (Aktiv, Passiv) – Modus (Indikativ, Konjunktiv I und II, Imperativ) – Person, Numerus	**Adverb** – Lokaladverb (z. B. *hier*) – Temporaladverb (z. B. *morgen*) – Modaladverb (z. B. *gern*) – Kausaladverb (z. B. *folglich*)
Artikel – bestimmter Artikel (*der, die, das*) – unbestimmter Artikel (*ein, eine*)	
Pronomen – Personalpronomen (z. B. *ich, mir*) – Possessivpronomen (z. B. *mein, dein*) – Demonstrativpronomen (z. B. *dies, das*) – Relativpronomen (z. B. *der, welcher*) – Reflexivpronomen (z. B. *sich*) – Indefinitpronomen (z. B. *jemand, keiner*) – Interrogativpronomen (z. B. *wer, wo*)	

So geht's

Welche Wortart herrscht in dem Text vor?
Wie sind die einzelnen Aussagen verbunden?

Patrick Süskind: Das Parfum (Ausschnitt, 1985)

Dieser Geruch war eine Mischung aus beidem, aus Flüchtigem und Schwerem, keine Mischung davon, eine Einheit, und dazu gering und schwach und dennoch solid und tragend, wie ein Stück dünner schillernder Seide … und auch wieder nicht wie Seide, sondern wie honigsüße Milch, in der sich Biskuit löst – was ja nun beim besten Willen nicht zusammenging: Milch und Seide!

Bei der Beschreibung des Geruchs verwendet Süskind eine Reihe von Adjektiven und zwei Partizipien („tragend", „schillernd"), die wie Adjektive eine attributive Funktion haben. Auffallend ist die Häufung der nebenordnenden Konjunktion „und", durch die das Herantasten des Erzählers an eine möglichst genaue Beschreibung des Geruchs zum Ausdruck kommt.

Satzglieder unterscheiden und verwenden

Das Attribut ist kein eigenständiges Satzglied, sondern bezieht sich auf das Substantiv. Es ist auch in der Satzstellung fest an dieses gebunden und daher Teil des Satzglieds.

Mithilfe der Satzgliedfrage kannst du die Satzglieder und ihre inhaltliche Information erkennen.

Satzglieder			
Prädikat	**Subjekt**	**Objekt**	**Adverbialbestimmung**
Das Neue **fordert** *uns* **heraus**.	*Das Neue* fordert uns heraus.	*Es stellt* *unser* *Denken* auf die Probe.	*Aus Angst* wird das Neue *daher* *häufig* abgelehnt.
		– Akkusativobjekt – Dativobjekt – Genitivobjekt – Präpositionalobjekt	– Lokalbestimmung – Temporalbestimmung – Modalbestimmung – Kausalbestimmung

Satzgliedteil
Attribut
Die Veränderung unseres Denkens sehen wir als Bedrohung.
– Adjektivattribut – Genitivattribut – präpositionales Attribut – adverbiales Attribut – Apposition

Bei der Satzgliedfrage muss ich die Verbform des Satzes unverändert übernehmen.

So geht's

Der Geruchsrezeptor, sobald er ein zu ihm passendes Duftmolekül „einfängt", löst ein Aktionspotenzial aus, das die Zelle als Nervenreiz zum Riechkolben weiterleitet.

Wer löst ein Aktionspotenzial aus?
Der Geruchsrezeptor löst es aus.
Wann löst er ein Aktionspotenzial aus?
Er löst es aus, sobald er ein zu ihm passendes Duftmolekül „einfängt".
Was löst der Geruchsrezeptor ... aus?
Er löst ein Aktionspotenzial aus, ...
Was für ein Aktionspotenzial löst er aus?
Er löst ein Aktionspotenzial aus, das die Zelle als Nervenreiz zum Riechkolben weiterleitet.

Wer?/Was? = Subjekt

___ = Prädikat

Wann? = Temporalbestimmung

Wen/Was? = Akkusativobjekt
...

Was für ein? = Attribut (Aktionspotenzial) Relativsatz

Nebensätze erkennen

An die Stelle von Wörtern und Wortgruppen können auch Nebensätze oder Infinitivgruppen treten. In einer Satzstruktur können **Hauptsätze**, **Nebensätze**, **Infinitivgruppen**, **Partizipialgruppen** und **Parenthesen** vorkommen.
Man unterscheidet Nebensätze meist nach der Art des Satzglieds (oder des Satzgliedteils), das sie ersetzen, bzw. nach der Information, die sie für den Satz liefern.
Das Erkennen von Satzstrukturen hilft dir bei der richtigen Zeichensetzung und beim Entschlüsseln komplexer Aussagen.

Wenn Attributsätze durch Relativpronomen eingeleitet werden, bezeichnet man sie als Relativsätze.

Nebensatzarten			
Adverbialsatz	**Subjektsatz**	**Objektsatz**	**Attributsatz**
	Wer etwas erleben will, muss in die Ferne reisen.	*Dort finden Sie, was Ihnen fremd ist.*	*Das Abenteuer, das die Fremde verspricht, lässt sich aber nicht pauschal buchen.*

– Temporalsatz (Zeit)
– Modalsatz (Art und Weise)
– Kausalsatz (Grund)
– Finalsatz (Zweck/Absicht)
– Konsekutivsatz (Folge/Wirkung)
– Konzessivsatz (Einräumung)
– Konditionalsatz (Bedingung)
– Adversativsatz (Gegensatz)
– Komparativsatz (Vergleich)
– Lokalsatz (Ort)

Die Fremde reizt uns,
… solange wir leben.
… indem sie neue Eindrücke bietet.
… da wir neugierig sind.
… damit wir nicht aufhören zu lernen.
… sodass wir immer wieder reisen.
… obgleich sie uns auch schreckt.
… wenn wir es nur zulassen.
… während die vertraute Umgebung uns beruhigt.
… wie uns auch das Ungewisse reizt.
… die Fremde beginnt, wo das Vertraute endet.

Hauptaussage: Wissenschaftler können Gerüche nur schwer beschreiben.

So geht's

Wo befindet sich in diesem Satzgefüge die Hauptaussage?
Welche Aufgaben erfüllen die Nebensätze?

Da Gerüche, die wir als Ganzheit erleben und denen keine Ausdehnung
Kausalsatz   Attributsatz   Attributsatz →
wie Bilder oder ein Verlauf wie Klänge eigen ist, schwer analytisch zu
                                           Kausalsatz →
erfassen sind, ist die moderne Wissenschaft, die auf das Sichtbare und
             Hauptsatz   Attributsatz →
damit auf das im Raum und Zeit sich Ausdehnende konzentriert ist,

mit ihren Instrumenten, Wirklichkeit durch distanzierte und analytische
      Hauptsatz   Infinitivgruppe →
Beobachtung zu erfassen, bei der Beschreibung von Gerüchen ziemlich hilflos.
                Hauptsatz

Grundstruktur:
Kausalsatz,   Hauptsatz
↓   ↓
zwei   zwei
Attributsätze   Attributsätze
(Relativsätze) (Relativsatz, Infinitivgruppe)

Die Struktur ist unübersichtlich, weil in den Kausalsatz und in den Hauptsatz zwei Attributsätze eingeschoben sind.

Die Zeichensetzung nutzen

Glieder einer Aufzählung können auch aufeinanderfolgende Hauptsätze innerhalb eines Satzes sein.

Durch Satzzeichen wird dein Text für den Leser übersichtlicher und verständlicher.
Du kannst die Zeichensetzung nutzen, um

- Aussagen **voneinander zu trennen** (z.B. *Punkt, Komma, Gedankenstrich*).
- Aussagen **anzukündigen** (z.B. *Doppelpunkt*).
- Aussagen zu **kennzeichnen** (z.B. *Punkt, Fragezeichen, Ausrufezeichen, Anführungszeichen*).
- Aussagen **hervorzuheben** (z.B. *Doppelpunkt, Ausrufezeichen*).

Die Regeln der Kommasetzung anwenden

- **Glieder einer Aufzählung** voneinander trennen
  Bald roch er nicht mehr bloß Holz, sondern Holzsorten, Ahornholz, Eichenholz, […]
- **Einschübe** oder **nachträgliche Erläuterungen** vom restlichen Satz abtrennen
  Apposition: *Sein, Grenouilles, Eigengeruch war der Nebel.*
- die Hauptaussage (Hauptsatz) von einer Nebenaussage (Nebensatz)
  innerhalb eines **Satzgefüges** trennen
  Während Chénier im Laden allein dem Ansturm der Kundschaft ausgesetzt war, hatte sich Baldini mit seinem neuen Lehrling in der Werkstatt eingeschlossen.
- die Nebenaussagen (Nebensätze) innerhalb eines **Satzgefüges** trennen
  Sogar in die Zukunft konnte er sehen, indem er nämlich das Nahen eines Gewitters unfehlbar vorherzusagen wusste, ehe noch das kleinste Wölkchen am Himmel stand.
- die Nebenaussagen eines satzwertigen Infinitivs/eines satzwertigen Partizips
  vom Satz trennen, z.B. wenn dieser/dieses durch ein hinweisendes Wort angekündigt wird
  Er dachte nicht daran, seinem Meister Vorwürfe zu machen.
  Vom Destillieren ermüdet, so legte er sich hin und schlief ein.
- Missverständnissen vorbeugen
  Er träumte jeden Tag, den absoluten Geruch erschaffen zu können. **oder**
  Er träumte, jeden Tag den absoluten Geruch erschaffen zu können.

Wenn ich mir bei Infinitiv- oder Patizipialgruppen nicht sicher bin, setze ich lieber ein Komma.

Achtung: alte Rechtschreibung

So geht's

Patrick Süskind: Das Parfum (Ausschnitt, 1985)

Jeder Mensch roch anders, niemand wußte das besser als Grenouille, der Tausende und Abertausende von Individualgerüchen kannte und Menschen schon von Geburt an witternd unterschied. Und doch – es gab ein parfümistisches Grundthema des Menschendufts, ein ziemlich simples übrigens: ein schweißig-fettes, käsig-säuerliches, ein im ganzen reichlich ekelhaftes Grundthema, das allen Menschen gleichermaßen anhaftete und über welchem erst in feinerer Vereinzelung die Wölkchen einer individuellen Aura schwebten. Diese Aura aber, die höchst komplizierte, unverwechselbare Chiffre des *persönlichen* Geruchs, war für die meisten Menschen ohnehin nicht wahrnehmbar. Die meisten Menschen wußten nicht, daß sie sie überhaupt besaßen, und taten überdies alles, um sie […] zu verstecken.

Die Kommas erleichtern das Erkennen der Struktur und der Bauelemente von Sätzen:
- Glieder einer Aufzählung
- Einschübe/
- nachträgliche Erläuterung
- Hauptsatz
- Nebensatz
- satzwertiger/s Infinitiv/ Partizip

Rechtschreibung

Lerninsel: Was du wissen und können musst

Rechtschreibfehler können jedem passieren. Um einen fehlerfreien Text zu schreiben, musst du die gelernten Strategien anwenden. Überprüfe deine Texte nach dem Schreiben immer auf formale Richtigkeit.

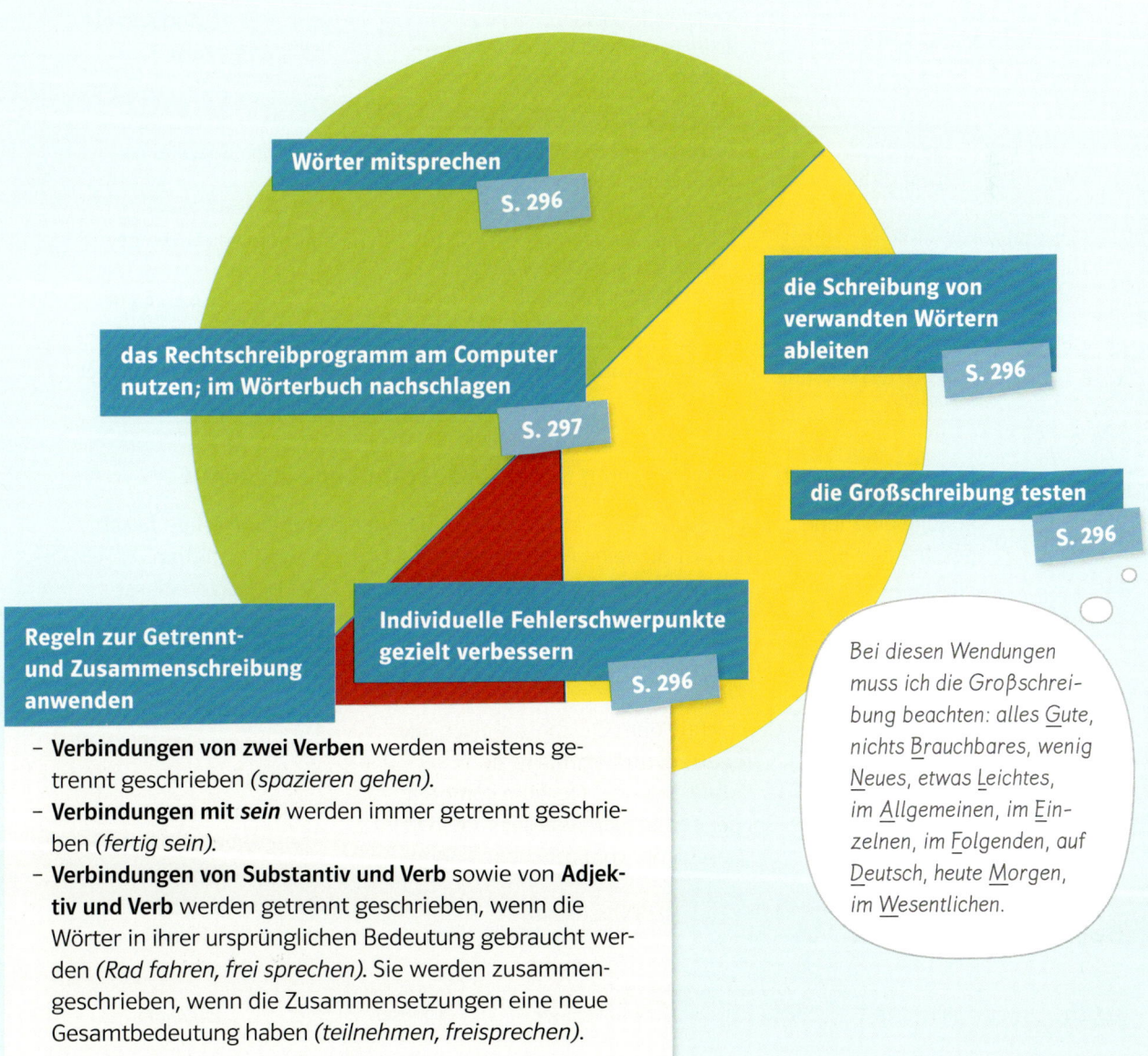

Wörter mitsprechen
S. 296

die Schreibung von verwandten Wörtern ableiten
S. 296

das Rechtschreibprogramm am Computer nutzen; im Wörterbuch nachschlagen
S. 297

die Großschreibung testen
S. 296

Individuelle Fehlerschwerpunkte gezielt verbessern
S. 296

Regeln zur Getrennt- und Zusammenschreibung anwenden

- **Verbindungen von zwei Verben** werden meistens getrennt geschrieben *(spazieren gehen)*.
- **Verbindungen mit *sein*** werden immer getrennt geschrieben *(fertig sein)*.
- **Verbindungen von Substantiv und Verb** sowie von **Adjektiv und Verb** werden getrennt geschrieben, wenn die Wörter in ihrer ursprünglichen Bedeutung gebraucht werden *(Rad fahren, frei sprechen)*. Sie werden zusammengeschrieben, wenn die Zusammensetzungen eine neue Gesamtbedeutung haben *(teilnehmen, freisprechen)*.

Bei diesen Wendungen muss ich die Großschreibung beachten: alles Gute, nichts Brauchbares, wenig Neues, etwas Leichtes, im Allgemeinen, im Einzelnen, im Folgenden, auf Deutsch, heute Morgen, im Wesentlichen.

Individuelle Fehlerschwerpunkte gezielt verbessern

Rechtschreibstrategien anwenden

Strategie	Fragen	Tipps
Wörter mitsprechen	Wie schreibt man das Wort?	Sprich Laut für Laut mit und betone dabei jede Silbe.
die Schreibung von verwandten Wörtern ableiten	– Wie schreibt man am Wort- oder Silbenende? – Wie schreibt man vor dem t/st? – Schreibt man im Wortinnern mit ä oder e, äu oder eu? – Schreibt man am Wort- oder Silbenende mit h oder doppeltem Konsonanten?	– Verlängere das Wort. – Bilde die Grundform. – Suche verwandte Wörter mit dem gleichen Wortstamm. – Verlängere das Wort.
die Großschreibung testen	– Kann man vor das Wort einen Artikel, einen versteckten Artikel oder ein Possessivpronomen stellen? – Kann man vor das Wort ein Adjektiv setzen, das sich dabei verändert? – Endet das Wort auf -keit, -nis, -schaft, -ung, …?	– Nutze den Begleiter als Signal. – Führe die Adjektivprobe durch. – Beachte Suffixe als Signal.
Merkwörter einprägen	Wie schreibt man das Wort?	Schlage im Zweifelsfall immer im Wörterbuch nach.

Merkwörter nach Besonderheiten in der Rechtschreibung sortieren

Erstelle eine Tabelle und trage Wörter ein, die du zum Beispiel in Klassenarbeiten falsch geschrieben hast. So erkennst du deine Fehlerschwerpunkte und kannst ermitteln, welche Rechschreibstrategien du bei der Überarbeitung deiner Texte einsetzen musst.

So geht's

Parabel

Eine Parabel ist eine kurze <u>lerhafte</u> Geschichte, dem Gleichnis <u>ehnlich</u>, die Einsichten in allgemeine Wahrheiten vermittelt. Im Gegensatz zu dieser anderen <u>ehpischen</u> Kurzform wird der Vergleichspunkt (<u>Tertium comperationes</u>) nicht ausdrücklich genannt. Ein <u>par</u> der bekanntesten Parabeln stehen in der <u>Biebel</u>, wie zum Beispiel die Geschichte vom verlorenen Sohn.

→ lehrhafte
→ ähnlich
→ epischen
→ Tertium comparationis
→ paar (aber: ein Paar Schuhe)
→ Bibel

Fremdwörter	unhörbares h	aa – ee – oo	v	nicht ableitbares ä	chs	i statt ie	ai statt ei
episch	lehrhafte	paar	entlarvt	ähnlich	wachsen	Bibel	laienhaft
…	…	…	…	…	…	…	…

Rechtschreibfehler vermeiden und korrigieren

Das Rechtschreibprogramm am Computer nutzen

Rechtschreibprogramme vergleichen die eingegebenen Buchstabenfolgen mit einer gespeicherten Wortliste. In vielen Fällen ergibt sich die richtige Schreibweise aber nur aus dem Satzzusammenhang. Deshalb werden manche Fehler von diesen Programmen nicht angezeigt. Du musst deinen Text also selbst noch einmal überprüfen.

So geht's

Isst ihnen klar, das ein Rechtschreibprogramm nur etwa 30 Prozent der Falsch geschriebenen Wörter erkennt? Inn den Bereichen Groß und Kleinschreibung, Zusammen und Getrenntschreibung so wie bei der Komma Setzung, kommen die Programme schnell an ihre Grenzen. Auch bieten sie bei zu fehlerhaft gcshgribenen Wörtern keinen sinnvollen Verbesserungsvorschlag.

nicht gefundene Fehler
- **in der Groß- und Kleinschreibung:**
  ~~ihnen~~ → Ihnen (Höflichkeitsanrede)
  ~~Falsch~~ → falsch
- **bei der Getrennt- und Zusammenschreibung:**
  ~~Komma Setzung~~ → Kommasetzung
  ~~so wie~~ → sowie (Konjunktion)
- **bei der Kommasetzung:**
  Komma hinter Setzung ist falsch
- **sonstige:**
  ~~Isst~~ (von essen) → ist (von sein)
  ~~das~~ (Artikel) → dass (Konjunktion)
  ~~Inn~~ (Flussname) → in (Präposition)

Im Wörterbuch nachschlagen

Damit du ein Wort im Wörterbuch schnell findest, beachte Folgendes:
- Schlage den **Hauptbegriff** nach (z. B. Quelle, nicht Literaturquelle).
- Die **Leit-** und **Kopfwörter** helfen dir, dich beim Suchen zu orientieren.
- Du musst den Suchbegriff **alphabetisieren**, das heißt, du schlägst nach Anfangs- und Zweitbuchstaben nach.
- **Ä, ö, ü** findest du zumeist bei den entsprechenden Vokalen a, o, u.
- Wenn du ein Wort im Wörterbuch **nicht findest**, überlege, wie es noch geschrieben werden könnte:
  - f-Laut → ph (Phantom, Physik), v (Vorrichtung)
  - i-Laut → y (Lobby), ea (Leader), ee (Jeep)
  - j-Laut → y (Yacht, Yoga)
  - k-Laut → c (Clan), ch (Chrom), ck (hicksen), qu (Claqueur)
  - ks-Laut → x (Hexameter), chs (Wechsel), cks (Kleckse), gs (flugs)
  - o-Laut → eau (Chateau)
  - sch-Laut → ch (Champagner)
  - t-Laut → th (Anthropologie)
  - ü-Laut → y (Lyrik)
  - w-Laut → v (Vitamin)

Die am häufigsten im Internet nachgeschauten Wörter: des Weiteren, zum einen … zum anderen, im Voraus, aufgrund, sodass, selbstständig, pragmatisch, zurzeit, Montagmorgen, wahrnehmen, morgen, unter anderem, am besten, zu Hause, widerspiegeln, subtil, vor allem, wie viel, mithilfe.

Literarische Erörterung, S. 204, 205

S. 205/1

mögliche Formulierungen der Streitfrage: Ist ein Film, der sich weit von der literarischen Vorlage entfernt, ein schlechter Film? Sind nur Filme, die die literarische Vorlage möglichst werktreu umsetzen, gute Filme?

S. 205/2

Werktreue: Inhalt und Figuren des Films entsprechen im Wesentlichen dem Inhalt und den Figuren in der literarischen Vorlage; keine starken, sondern nur notwendige Veränderungen wegen Zeitbegrenzung

Rezensionen: Werktreue = zentrales Kriterium, an dem man Romanverfilmungen misst, vor allem in diesem Fall: ein Bestseller wird verfilmt, die Zuschauer kennen häufig schon den Roman; laut Moldenhauer (S. 202) ist vor allem die Tatsache, dass sich die Dialoge „eng an die eh bereits sehr filmische Romanvorlage" halten (Z. 70 f.), ein wichtiger Grund für das Gelingen der Verfilmung

eigene Lektüre- und Filmerfahrungen: Freie Schülerarbeit.

S. 205/3

mögliche Position: Die Qualität einer Filmadaption hängt nicht von der Werktreue ab.

mögliche Argumente Pro: eine Abweichung von der Vorlage kann sehr bereichernd sein und eine andere Sicht auf den Plot ermöglichen; beim Lesen entstehen bereits Bilder im Kopf, eine Verfilmung, die sich nur als eine Art Verbildlichung und Vertonung des Romans sieht, würde diese Bilder im Kopf nur durch eine andere, subjektive Sichtweise ersetzen, das wäre langweilig; Film und Buch sind unterschiedliche und gleichberechtigte Kunstformen, ein Roman kann nur ein Gerüst für einen Film liefern, mit Gestaltungsmitteln wie Kameraführung, Mise en Scène, Ton usw. wird immer etwas Neues erschaffen, nicht reproduziert (s. Béla Balázs)

Kontra: ein guter Roman funktioniert so, wie er angelegt ist, da sollte man dann auch das Wesentliche beibehalten; für den Zuschauer ist es oft enttäuschend, wenn der Inhalt oder die Figuren eines Romans verändert wurden/eine für ihn wichtige Figur fehlt; viele Leser freuen sich auf eine Verfilmung von Romanen, da sie deren Stimmung in einem anderen, viel sinnlicheren Medium erleben möchten; viele Romane sind bereits wie für das Kino geschrieben, da sind Veränderungen nur störend

S. 205/4, 5

Freie Schülerarbeit.

Adressatenbezogenes Schreiben eines argumentierenden Textes, S. 224–227

S. 227/1

Thema: Sollte die Hausordnung unter dem Aspekt der geschlechtersensiblen Sprache überarbeitet werden?

für Bearbeitung zwei getrennte Antworten nötig:
Teilaufgabe 1: aus Texten Argumente zum Thema „geschlechtersensible Sprache" sammeln, **Teilaufgabe 2:** Kommentar für die Schülerzeitung verfassen, pro und kontra argumentieren („soll [...] diskutiert werden"), eigene Erfahrungen einbringen

Schlüsselwörter: Hausordnung eurer Schule, generisches Maskulinum, diskutiert, neu formuliert, aus den folgenden Materialien, geordnet, wesentliche Argumente, Thema „Geschlechtersensible Sprache", in Auseinandersetzung mit den gewonnenen Informationen, persönlichen Erfahrungen, Kommentar für die Schülerzeitung, separat, Schwerpunkt bildet Aufgabe 2

S. 227/2

Material 2 und 4 weniger ergiebig; Begründung: Material 2 illustriert ein auch in Material 3 (Z. 57 ff.) vorgebrachtes Argument, Material 4 verdeutlicht ebenfalls ein Argument aus Material 3 (Z. 96 ff.), dennoch nützlich, z. B. für motivierende Einleitung

S. 227/3

Anordnung: a) getrennt nach den Materialien, b) nach Pro und Kontra, beide Anordnungen möglich, Entscheidung für Anordnung nach Pro/Kontra, da zweckdienlicher für Kommentar (Teilaufgabe 2)

S. 227/4

Pro-Argumente (für geschlechtersensible Sprache), z. B.: feminine Form führt zur stärkeren gedanklichen Einbeziehung von Frauen (M1, S. 224, Z. 32–34, M3, S. 225, Z. 96–99, M4); Veränderung im Sprachgebrauch schärft möglicherweise das Bewusstsein für Frauenförderung (M1, S. 224, Z. 44–47); Sprache ist Ausdruck realer Machtverhältnisse ← stabilisiert diese Machtverhältnisse (M3, S. 225, Z. 52–58); geschlechtersensible Texte berücksichtigen auch, dass es nicht nur zwei klar bestimmbare Geschlechter (Männer und Frauen) gibt (M3, S. 225, Z. 103–120)

Kontra-Argumente (gegen geschlechtersensible Sprache), z. B.: Veränderung sprachlicher Verhältnisse führt nicht automatisch zur Änderung tatsächlicher Verhältnisse (M1, S. 224, Z. 39–44, M2, S. 225, M3, S. 225, Z. 58–61); Sprachgebrauch lässt sich nicht vorschreiben (M3, S. 225, Z. 62–66); geschlechtersensible Texte oft schwer verständlich (Gender-Gap und Gender-Star) oder stilistisch unschön (Schrägstrich-Variante) (M1, S. 224, Z. 15–19, M3, S. 225, Z. 69–92 und Z. 116–124), in Schriftsprache gebräuchliche Varianten (Binnen-I, Gender-Gap, Gender-Star) in gesprochener Sprache nicht realisierbar (M3, S. 225, Z. 150–154)

S. 227/5

geforderte Textsorte: Kommentar

Textsortenmerkmale: meinungsäußernder Text, eigene Position klar erkennbar, in der Regel keine Ich-Perspektive, stilistisch anspruchsvolle, pointierte Gestaltung, Verwendung rhetorischer Mittel, Überzeugungskraft und Lebendigkeit

Adressaten: Mitschüler aller Klassenstufen, Lehrer

Ziel des Textes: überzeugen, Diskussion anregen

S. 227/6–8

Freie Schülerarbeit.

Lösungen für die BLF-Training-Seiten

3. Textabschnitt (Z. 54–82)		
Einengung der Freiheit durch Gesetze, Ziel: Deutschland soll Republik werden, für die Karl kämpfen will	– Verben (z. B. „pressen" Z. 56, „schnüren" Z. 57) und Metapher „Schnürbrust" (Z. 56) → drücken Einengung aus – Antithese durch kontrastierende Tiermetaphern („Schneckengang" → „Adlerflug" Z. 58 f.) – Tiermetapher „Otternbrut" (Z. 75) – Anaphern („Das Gesetz" Z. 57, 59) – Interrogativpronomen „wer?" (Z. 74, 76) – Personifikation der Freiheit (Z. 61 f.) – Alliterationen (Z. 78; Z. 79) – Akkumulation (Z. 78 f.)	– richtet Aufmerksamkeit auf eigenes Leiden; fühlt sich durch Gesetze/Konventionen eingeengt/begrenzt – strebt nach uneingeschränkter Freiheit – sucht Mitstreiter im Kampf gegen die Vertreter der alten Ordnung

4. Textabschnitt (Z. 83–130)		
Gründung einer Räuberbande mit Karl als Hauptmann, Karl entsagt seiner Vergangenheit und Mitmenschlichkeit	– Parallelismen mit Anaphern beginnend (z. B. „Du sollst […] sein! du musst […] sein!" Z. 87 f.; „Ich habe keinen Vater mehr, ich habe keine Liebe mehr […]" Z. 114 f.) – Häufung von Interjektionen und Ausrufesätzen (z. B. Z. 92 f., Z. 110, Z. 119) – Hervorhebung der Wörter „Räuber", „Mörder" (Z. 97, 108)	– hitzköpfig, spontan, unüberlegt – meint, in der Räuberbande uneingeschränkte Freiheit verwirklichen zu können – Gesetze und Mitmenschlichkeit gelten für ihn nicht mehr

S. 165/8

Zustimmung zu den aufgeführten Charaktermerkmalen Karls; Ergänzungen zu den unteren drei Kästchen: vgl. Tabelle S. 164/7
Kritik an Zuordnung: „sehr impulsiv" (Kasten rechts unten) gehört in das mittlere Kästchen unten; Kästen „fühlt sich durch Gesetze eingeengt" und „sehnt sich nach Freiheit" könnten zusammengefasst werden
Karls Persönlichkeit: hat hohe Ideale von Freiheit; will Gesellschaft demgemäß verändern; seine Mittel sind jedoch moralisch verwerflich und eher nicht zielführend

S. 165/9

hat Ideale, ist zu leidenschaftlichen Gefühlen fähig; begehrt auf gegen gesellschaftliche Konventionen, die die Handlungsspielräume und Entfaltungsmöglichkeiten des Einzelnen einengen → einerseits ein typischer Stürmer und Dränger; andererseits ist sein Weg, die Gesellschaft durch Mord und Raub verändern zu wollen, unmoralisch und nicht gangbar

S. 165/10

Gliederung, z. B.: **Einleitung:** interessanter Einstieg, Textinformationen (Autor, Titel, Erscheinungsjahr, …), Deutungshypothese; **Hauptteil:** Inhaltsangabe, Einordnung der Szene ins Drama; chronologische Beschreibung und Deutung von Inhalt, Form und Sprache (nach den gewählten Sinnabschnitten, gestützt durch entsprechende Textbelege), dabei besondere Berücksichtigung der Figur Karl von Moor und der Epoche Sturm

und Drang; **Schluss:** ggf. Bezug zur Einleitung, Wiederaufgreifen der Deutungshypothese und ggf. deren Verifizierung, persönliche Stellungnahme und/oder Wirkung der Szene

S. 165/11–13

Freie Schülerarbeit.

Textgebundene Erörterung, S. 184, 185

S. 185/1

Hauptteil: **Text wird analysiert** → Thema des Textes formulieren; Kernaussagen der zwei Autoren herausarbeiten; jeweils Argumentationsstruktur ermitteln; sprachliche Umsetzung/ Gestaltungsmittel und deren Funktion untersuchen
eigene erörternde Auseinandersetzung: Text mit eigenen Argumenten bestätigen oder widersprechen: „Faust-Comic" im Deutschunterricht? → eigene Position zu Kernaussagen bestimmen; eigene Argumente und Textargumente sammeln, gewichten und gliedern (Sanduhr- oder Ping-Pong-Prinzip); argumentierende Auseinandersetzung (Pro und Kontra) mit Autorenpositionen

S. 185/2

Positionen: Jachmann: bewertet Flix' Faust-Comic insgesamt negativ, **v. Törne:** bewertet Comic insgesamt positiv
Kernaussagen: Jachmann: Flix' Versuch, den Klassiker zu adaptieren, ist misslungen; **v. Törne:** Flix' Faust-Comic ist eine gelungene Modernisierung mit erkennbaren Bezügen zum Original.
Argumentation: Jachmann: Comic sei willkürliche „leichtfüßige Komödie" (Z. 18 f.) ohne Funktion; Konflikt des Comics gelöst durch Rückzug in „Idylle des Familienglücks" (Z. 43 f.) → charakterisiert Text als banale, kitschige Komödie und schnulzige Liebesgeschichte, die mit Goethes „Faust" nichts zu tun hat; **v. Törne:** Comic sei Mischung aus hoher Kunst und Banalem (vgl. Z. 62 f.); modernisierte Handlung orientiere sich an Goethe (vgl. Z. 66 ff.); Themen: Glückssuche und Zusammenleben der Kulturen; Flix ironisiere Figuren und Themen, beweise Einfühlungsvermögen in menschliche Schwächen
Darstellungsweise: Jachmann: rhetorische Frage zur Kontrastierung; Neologismus: „Verpilcherung" → Kritik; Fremdwörter, Fach- und Jugendsprache → spiegelt Kontrast zwischen Anspruch der Vorlage und Adaption; **v. Törne:** Positionierung anhand wertender Adjektive und Partizipien (z. B. „moderne, vielschichtige und höchst amüsante Geschichte", Z. 72 ff.), geschickter hypotaktischer Satzbau, teilweise Kontrastierungen
eigene Positionierung: Freie Schülerarbeit.

S. 185/3

Pro-Argumente, z. B.: zeitgemäße Umsetzung erleichtert Verstehen; Aktualisierung reduziert Distanz zum Stoff; Beliebtheit von Comics ausnutzen, um Unterricht motivierend und abwechslungsreich zu gestalten
Kontra-Argumente, z. B.: Probleme/Themen des Originals werden nicht erfasst; zu starke Vereinfachung (fehlende Tiefgründigkeit); Sprache kommt viel zu kurz, um für Deutschunterricht ergiebig sein zu können → Comic als Kunstform eher im Kunstunterricht behandeln
Gliederung: Freie Schülerarbeit.

S. 185/4

Freie Schülerarbeit.

S. 137/5

Besonderheiten der Gestaltung, z.B.:

sprachliche, bildliche und klangliche Mittel	die Situation des lyrischen Sprechers wirkt dadurch (= Interpretation)
durchgängig vierhebiger Jambus	unterstreicht Aufbruch, Vorwärtsdrängen
Symbol "Herz" in jeder Strophe (V. 1, 16, 19, 26)	Liebe als bewegende Kraft
Vergleich: "wild wie ein Held zur Schlacht" (V. 2)	suggeriert Gefahr, lässt lyrisches Ich mutig wirken
Personifikation: "Der Abend wiegte schon die Erde" (V. 3)	friedlich, Kontrast zum aufgewühlten lyrischen Ich
Vergleich: "die Eiche/Wie ein getürmter Riese" (V. 5 f.); Personifikation der Finsternis (vgl. V. 7 f.); Hyperbeln, z.B. "tausendfacher war mein Mut" (V. 14)	übermächtige und gefährlich wirkende Natur → lyrisches Ich trotz allen Gefahren, um zu seiner Geliebten zu gelangen
Metaphern "Feuer" (V. 15), "Glut" (V. 16)	stehen für Liebe, Leidenschaft
verzögerter Rhythmus (3. Strophe)	Ankunft bei der Geliebten, Angst und Hast sind innehalten und zärtlichem Beisammensein gewichen
Personifikation/Symbol: "Ganz war mein Herz an deiner Seite,/Und jeder Atemzug für dich." (V. 19 f.)	Ausdruck der völligen Hingabe, der leidenschaftlichen Gefühle, der Glücksgefühle
Interjektion/Alliteration/Parallelismus: "O welche Wonne, welcher Schmerz!" (V. 28)	naheher Abschied erzeugt ambivalente Gefühle: Genuss des Augenblicks, einsetzender Abschiedsschmerz
Chiasmus/Interjektion/Präsens: "Und doch, welch Glück, geliebt zu werden,/Und lieben, Götter, welch ein Glück!" (V. 31f.)	Bekenntnis zur Liebe als zeitlose Kraft, die die Erfahrung von Schmerz überdauert

S. 137/6

Betonung des Gefühls → z.B. Ellipsen, Interjektionen, Herzsymbolik, Metaphern "Feuer", "Glut", konkrete Begriffe zum Liebesmotiv, Mensch als Individuum, das seine eigenen Regeln und Gesetze schafft, Betonung des Schöpferischen → z.B. Ritt zur Geliebten entgegen aller (scheinbaren) Gefahren, Natur als Inbegriff des Ursprünglichen → Dämmerung, Finsternis, Nebel, Winde als Begegnung mit Elementarem stilisiert

S. 137/7-9

Freie Schülerarbeit.

Interpretation eines dramatischen Textes, S. 162–165

S. 164/1

Schwerpunkte der Aufgabenstellung: Interpretieren → Analyse und Deutung des Textausschnitts in seiner Einheit von Inhalt und Form (Sprache, dramenspezifische Mittel); bei Interpretation Schwerpunkt auf Figur Karl Moor, Wissen zur Entstehungszeit (Sturm und Drang) hinzuziehen

S. 164/2

erste Leseeindrücke, z.B.: Karls Persönlichkeit: temperamentvoll, hoher Anspruch, draufgängerisch, will "mit dem Kopf durch die Wand", Streben nach Freiheit

---

Fragen zum Textverständnis, z.B.: Kann Karl durch eine Räuberbande (durch Raub und Mord) wirkliche Veränderungen erreichen? Was versteht er unter Freiheit? Warum handelt Karl so spontan und lässt sich überreden, Hauptmann einer Räuberbande zu werden?

S. 164/3

Freie Schülerarbeit.

S. 164/4

Konflikt: Wunsch nach Freiheit ⟷ Unzufriedenheit mit Zeitgegebenheiten, Einengung durch Gesetze, Enttäuschung über Realität, private Unzufriedenheit/Enttäuschung

Einordnung in den Handlungsverlauf: gehört zur Exposition, Konflikt wird angebahnt, Karl von Moor wird vorgestellt (wesentliche Charaktermerkmale)

S. 164/5

A: Zustimmung: Verdammung des "Kastraten"-Jahrhunderts (vgl. Z. 5–8, Z. 17–25), Unfreiheit des Menschen (vgl. Z. 55–63), Ziel: Deutschland als Republik (vgl. Z. 68–71)

B: Zustimmung: Karl zeigt typische Eigenheiten eines Stürmers und Drängers (vgl. Z. 108–110), lässt sich überstürzt auf Räuberdasein ein, handelt spontan, nicht wohlüberlegt, nicht planvoll = typisch Stürmer und Dränger; nicht geleitet von Ratio (Vernunft); sprachliche Besonderheiten: derbe Sprache, Kraftausdrücke, Vergleiche, Metaphern

C: Zustimmung: Raub und Mord = ungeeignete Mittel, um gesellschaftliche Veränderungen zu erreichen, da dadurch unschuldige Menschen in Mitleidenschaft gezogen werden

S. 164/6

eigene Deutungshypothese: freie Schülerarbeit.

S. 164/7

Sinnabschnitte: vgl. Tabelle zu S. 164/7

S. 164/7

Inhalt	Form und Sprache	Interpretation der Figur
1. Textabschnitt (Z. 5–25)		
Unzufriedenheit mit der Kunst im gegenwärtigen Jahrhundert	antithetisch: Gegenüberstellung der wertgeschätzten Literatur und Helden des Altertums ← und gegenwärtige Literatur, die nichts Bedeutendes und Eigenes schafft; Metapher: "[d]er lohe Lichtfunke Prometheus'" (Z. 11), Kraftausdrücke (z.B. "ekel" Z. 6), aussagekräftige Adjektive (z.B. "tintenklecksenden" Z. 6), Neologismus: "Kastraten-Jahrhundert" (Z. 16 f.), Interjektion: "Pfui!" (Z. 16)	verehrt die kraftvollen Helden der Antike und deren Taten von Kunst und Kultur des eigenen Jahrhunderts enttäuscht und angeekelt
2. Textabschnitt (Z. 26–53)		
Vorwürfe gegen die untätigen, erstarrten Zeitgenossen	negativ konnotierte Verben am Satz-/Teilsatzanfang (z.B. "belecken" Z. 30), Ausrufesätze und Interjektionen (Z. 47 f.), häufige Gedankenstriche	Zeitgenossen widern ihn an (konventionell, schwächlich, heuchlerisch) – starke Gefühlsregungen

möglich, ist von Entwicklungen in der Familie selbst unmittelbar betroffen → kein unbeteiligt Zusehender

Schreibplan: Freie Schülerarbeit.

S. 101/4

Freie Schülerarbeit.

Interpretation eines epischen Textes, S. 120, 121

S. 120/1

interpretieren → Aussage des Textes erfassen und erklären, welche Textteile diese stützen; Beziehung zwischen Form und Inhalt deutlich machen → Aufgabe umfasst Textanalyse und -interpretation

Schwerpunkte: Analyse: Thema/Problem bestimmen, Aufbau des Textes (Gedankenführung), Figuren, Erzählweise (Erzählform, Erzählverhalten, Erzählperspektive, Darstellungsweise: Ort- und Zeitgestaltung, sprachlich-stilistische Mittel) darstellen

Interpretation: episches Genre: Parabel → Funktion bedenken (belehren, zum Nachdenken anregen), Text deuten, Übertragung Bildteil (konkrete Handlung) auf Sachteil → Bedeutung

S. 120/2

Leseeindrücke: freie Schülerarbeit; Fragen, z. B.: Weshalb spricht Herr K. erst von Kunst und Philosophie, dann aber vom Gärtnern? Welches Ergebnis hätte den Gärtner wohl zufriedengestellt? Was ist jeweils mit „Form" und „Stoff" gemeint?

S. 120/3

Deutungshypothese: Äußerliches wird überbetont; dabei geht die eigentliche Idee verloren.

S. 121/4

Aspekte, z. B.: **Aufbau:** erster Teil: K. betrachtet Gemälde → Hinführung zum Problem; Überleitung: Bild = Anregung zu Anmerkung über allgemeines Problem: beim Bemühen um die Form geht die Substanz verloren; Hauptteil: Beweis durch konkretes Beispiel aus K.s Leben

Erzählweise: erster Teil: Er-Erzählform, auktoriales Erzählverhalten; Hauptteil: Wechsel zur Ich-Erzählform (direkte Rede des Herrn K.), Bericht über eine frühere Begebenheit, die als Beispiel dient; szenische Darstellung: erster Teil: Herr K. und ein angenommener zweiter Betrachter des Bildes, Hauptteil: K. und der Gärtner → anschauliche Darstellungsweise; Erzählperspektive: Außensicht, neutrales Erzählverhalten, sachliche Erzählhaltung → Leser muss Ergebnis/Botschaft selbst finden

→Anregung zum Nachdenken

Gestaltung von Ort und Zeit: allgemein → exemplarischer Charakter des Erzählten

Sprache/Stil: klar strukturierte, einfache Hypotaxe (Einleitung) – Parataxe (Bericht) – einfache Hypotaxe (Beschreibung des Vorgangs) – wörtliche Rede (szenische Darstellung) → klare, anschauliche Darstellung, rhetorische Frage am Ende: implizite Kritik, Pointe/Anregung zum Nachdenken, Wortwahl: Schriftsprache, präzise, knapp → gut verständlich, Titel: verweist auf Thema, Fazit: Gestaltung der Geschichte unterstützt Deutungshypothese: opfert „Stoff" nicht der „Form"

S. 121/5

Textsorte: Parabel (Beispielgeschichte), besteht aus Bild- und Sachteil; aus Übertragung des Bildteils (konkrete Situation) auf den Sachteil ergibt sich die Bedeutung, Ergänzung Bildteil, z. B.: Stutzen ergibt lange keine Kugel, erreicht Kugelform schließlich nach wiederholten Versuchen; Ergebnis: Kugel viel zu klein, Baum ist verschnitten → Ergänzung Sachteil, z. B.: Form soll schmücken, dem Bemühen um Form wird der Stoff geopfert → Äußeres steht im Mittelpunkt, eigentlicher Inhalt/Sinn geht verloren; Form allein hat aber keinen Wert

Intention: Leser zum Nachdenken/zum Erkennen einer Lehre anregen

S. 121/6

Kunstwerk: z. B.: nichtssagend, wenn Inhalt der künstlerischen Gestaltung geopfert wird; **Erziehung:** Verformung junger Menschen, eigentliche Begabungen werden nicht gefördert; **Politik:** Manipulation durch Propaganda, keine Gestaltung (vgl. Brechts politische Haltung); **Philosophie:** Phrasendrescherei statt substanzieller Ideen

S. 121/7-10

Freie Schülerarbeit.

Interpretation eines lyrischen Textes, S. 136, 137

S. 137/1

interpretieren → Gedicht analysieren und auf Basis der Ergebnisse schlüssig deuten

Schwerpunkte: bildliche, klangliche und sprachliche Mittel untersuchen und deuten, die die Situation des lyrischen Ichs veranschaulichen (aussagekräftige Beispiele), Merkmale des Sturm und Drang nachweisen

Gliederung: zwei Varianten möglich: erst Analyse der Besonderheiten der Gestaltung und Interpretation ihrer Wirkung bezogen auf das lyrische Ich, danach Nachweis von Merkmalen des Sturm und Drang; oder: Nachweis von Epochenmerkmalen in Interpretation der Gestaltungsmittel einbinden

S. 137/2

Eindrücke, z. B.: aufwühlend, leidenschaftlich, euphorisch, gefährlich

Fragen zum Textverständnis, z. B.: In welchem Zusammenhang stehen die Naturschilderungen und die Situation des lyrischen Ichs? Inwiefern ist die Situation gefährlich (vgl. Strophe 1, 2)? Warum wird das lyrische Ich als „Held" (V. 2) bzw. (V. 7) als mutig (vgl. V. 14) beschrieben? Welche Gefühle löst der Abschied aus?

S. 137/3

Strophe 1-2: lyrisches Ich reitet zur Geliebten; Darstellung der Natur spiegelt sein Innenleben wider: leidenschaftliche Gefühle, Nacht/Natur scheint gefährlich

Strophe 3: Begegnung mit der Geliebten, lyrisches Ich von ihrem Anblick überwältigt

Strophe 4: lyrisches Ich erlebt Abschied voller Wehmut, aber das Glücksgefühl durch die Liebeserfahrung bleibt

S. 137/4

Das Gedicht ist ein emphatisches Loblied auf die Liebe, deren Freude und Wonne das Leid und Schaudern des lyrischen Ichs überwiegen.

S. 73/3

eigene Argumente kontra Bremer Gesetz, z.B.: ungerecht gegenüber Fußball: anderen Veranstaltern werden Polizeikosten nicht in Rechnung gestellt (z.B. Konzerte); ungerecht gegenüber Werder Bremen: Vereine in anderen Bundesländern werden (vorerst) nicht belastet, Einschreiten bei Straftaten ist Aufgabe der Polizei und wird mit den Steuern bezahlt

eigene Argumente pro Bremer Gesetz, z.B.: Verursacherprinzip: Verursacher eines Schadens trägt entstandene Kosten, Weitergabe der Kosten an Verein → Plan der DFL, nicht Vorgabe des Gesetzes, DFL und Vereine mit Millionenetats können problemlos Kosten übernehmen, die Bundesländer mit begrenztem Etat für die Polizei nicht; Gesetz zwingt Verantwortliche, mehr gegen Gewalt durch Chaoten zu tun (z.B. Fanprojekte)

S. 73/4–8

Freie Schülerarbeit.

Literarische Erörterung, S. 100, 101

S. 101/1

Hauptfigur/-rolle: zentrale Figur steht im Mittelpunkt, Handlung kreist um diese Figur

Nebenfigur/-rolle: ist für die Handlung zweitrangig, wird weniger stark wahrgenommen

„hat man einen schärferen Blick": beobachtet genau, nimmt auch Einzelheiten wahr und erfasst die Geschehnisse und Handelnden

Entscheidungsfrage: Vermitteln Nebenfiguren den Lesern mitunter mehr als Hauptfiguren, da sie das Geschehen und die anderen Figuren unbeobachtet und sehr genau betrachten können?

S. 101/2

Nebenrolle: Vater und dessen Bekannte im Mittelpunkt, Ich-Erzähler beeinflusst Handlung nicht, bei Gesprächen unbeteiligter Beobachter/Zuhörer (vgl. Z. 28-32); aber: ist Teil der Familie → steht zwar nicht im Zentrum, ist aber vom „Familiendrama" unmittelbar betroffen

Blick: Erzähler ist eine Generation jünger als die anderen Figuren und scheint insbesondere seinem Vater unähnlich zu sein (z.B.: Ekel vor Schlachtessen, Albträume vom Schlachten, wohingegen Vater an bäuerlicher Identität festhält, sie zelebriert) → kann aus Distanz beobachten und reflektieren, Blick ist nicht grausam im Sinne von negativ wertend (vgl. Z. 48-52), aber von „grausamer Klarheit" im Sinne einer ungeschönten Sicht, die neben aller Heiterkeit auch die Bedrückung der Mutter und die Furcht des Erzählers vor dem Vater schildert (z.B. am Beispiel gelöster Abende Kontra entfaltet der Erzähler eine familiäre Misere, die auf ein sich abzeichnendes familiäres Beziehungen hindeutet, aber: Erzähler eingebunden in familiäre Beziehungen → völlige „Klarheit" wohl kaum möglich, Literatur- und Filmbeispiele: Freie Schülerarbeit.

S. 101/3

Stoffsammlung: Pro-Argumente, z.B.: Erzähler ist jünger, hat nicht dieselben Erfahrungen gemacht wie Vater und Gäste → kann deren Situation distanzierter/nüchterner reflektieren (vgl. Z. 1-5, 23-26, 36-47); Erzähler auch emotional weniger/anders beteiligt als der Vater (vgl. Z. 28-32) → kann Gefühlsregungen „von außen" differenzierter betrachten (vgl. Z. 48-52)

Kontra-Argumente, z.B.: Erzähler als Sohn der Familie emotional beteiligt (Furcht vor dem Vater (vgl. Z. 61-65), emotionale Bindung zur Mutter (vgl. Z. 70-72) → gänzlich klare Sicht nicht

---

Kompromiss: „Schule muss für beides Platz bieten, die Aneignung von (nützlichem) Wissen und das Erlernen von Schlüsselkompetenzen" (M6, S. 43, Ziehe/Wolter, Z. 12 ff.), eigene Ergänzungen, z.B.: Lesen, Schreiben, Rechnen; Einschätzung jeder Ergänzung, was für ihre Schüler wichtig ist → u.a. abhängig vom sozialen Umfeld (vgl. M7, S. 44, Becker, Z. 70 ff.)

eigener Standpunkt, Redestrategie, Nummerierung der Argumente: Freie Schülerarbeit.

S. 45/5

Prüfung: Argumente unvollständig → ergänzen aus Materialien und eigener Erfahrung, Anwendung des Sanduhrprinzips → Gewichtung/Aneinanderreihung der Argumente überdenken, sorgfältiger zitieren (Einstein-Zitat fehlerhaft); Ergänzung: freie Schülerarbeit (vgl. auch Lösung zu S. 45/4).

S. 45/6, 7

Freie Schülerarbeit.

Textgebundene Erörterung, S. 72, 73

S. 73/1

Akzentsetzung: Argumentation der Gegner (Liga und Verein) analysieren und erörternd zu dieser Position Stellung nehmen

Vorgehen: Aufg. 2–6 führen Schritt für Schritt zur textgebundenen Erörterung;

für Textanalyse: Text lesen, mit Blick auf die Aufgabenstellung Fragen an den Text stellen (z.B.: Was ist das „Bremer Gesetz"? Wer sind die Gegner des Gesetzes und warum sind sie dagegen?); Text in Sinnabschnitte einteilen, wichtige Wörter markieren und Randnotizen formulieren (Schwerpunkt: Z. 18-45, da hier die Argumente der DFL und Werder Bremens entfaltet werden); Gestaltungsmittel markieren

für erörternden Teil: eigene Position formulieren: Zustimmung zur Position der Gegner (Das Bremer Gesetz ist negativ, weil ...) oder Widerspruch (Das Bremer Gesetz ist positiv zu bewerten, weil ...); entsprechende Argumente und Argumentationsstützen aus dem Text sammeln und durch eigene Argumente ergänzen (= Stoffsammlung); für Gliederungsprinzip entscheiden (Sanduhr-, Ping-Pong-, evtl. Integrationsprinzip, vgl. S. 53 f.); entsprechend dem gewählten Gliederungsprinzip Schreibplan erstellen mit Stichpunkten zu Einleitung, Analyseteil, Erörterungsteil, Schluss, Überleitungen zwischen den Teilen, Erörterung verfassen und überarbeiten

S. 73/2

Fragestellung: Sollten die Bundesländer die Kosten für Polizeieinsätze bei Fußballspielen den Veranstaltern in Rechnung stellen können?

Kernaussage: DFL und Verein Werder Bremen lehnen Gesetz zur Weitergabe der Kosten ab und werden sich dagegen wehren.

Argumente: Zweifel an der Rechtmäßigkeit des Gesetzes; löst nicht die Probleme bei Risikospielen, verteilt nur die Kosten um; Kosten letztlich von Werder Bremen zu tragen → finanziell schwacher Verein wird geschädigt → muss evtl. soziales Engagement einschränkt; ungerecht

Gestaltungsmittel: einfache Sprache in Bericht (kicker) und Zitaten (DFL, Werder Bremen); zahlreiche bildliche Ausdrücke → Anschaulichkeit, z.B.: „zur Kasse bitten" Z. 16, „Haushaltslöcher stopfen" Z. 25 f., „Alarmglocken schrillen" Z. 35; nur wenig, in Alltagssprache geläufiger juristischer Wortschatz, z.B.: „Gang durch die Instanzen" Z. 7 f., „vor das Bundesverfassungsgericht ziehen" Z. 20 f. → auch für juristische Laien verständlich

Lösungen für die BLF-Training-Seiten

Adressatenbezogenes Schreiben eines informierenden Textes, S. 26–29

S. 29/1
Merkmale der Textsorte: Artikel in lokaler Tageszeitung: Präsens; informierend, keine persönlichen Wertungen, aber eigene Erfahrungen erlaubt; roten Faden herstellen, Sätze verknüpfen; sachlicher Sprachstil; adressatenorientiert (an Jugendliche) → z. B.: Fremdwörter erklären und sparsam verwenden; Zitate und Fakten in den Text einbinden

Adressaten/Vorwissen: Jugendliche, haben eigene Leseerfahrung, kennen die des Freundeskreises/der Mitschüler, evtl. derzeit besonders beliebte Bücher; statistische und faktische Informationen unbekannt (z.B. Verkaufszahlen)

Teilthemen: Leseverhalten Jugendlicher; Trends auf dem deutschen Jugendbuchmarkt, eigene Leseerfahrungen

S. 29/2
gut geeignet: M1, M2 und M3, ergänzend auch M4; M5 nur teilweise zur Definition von Fantasy/Fantastik

S. 29/3
Stoffsammlung, z.B.: All-Age-Titel: „All-Age-Literatur scheint eines der großen Medienphänomene des 21. Jahrhunderts zu sein" (M2, SRF 2014, S. 27, Z. 6 ff. = Autorenmeinung!), für All-Age-Beispiele vgl. auch M3, dagegen Tomkowiak: nicht Alter sei entscheidend, sondern Rezeptionserfahrung, sei künstlicher Begriff (vgl. Tomkowiak; M2, S. 27, Z. 29 ff./Z. 22); Begriff durchaus hilfreich, zeigt inhaltlichen Aspekt, Bücher mit „Zugang zu existenziellen Problemen" (M2, SRF 2014, S. 27, Z. 51 ff., vgl. M5, Fantasy (Bedeutung))

Leseverhalten Jugendlicher: vgl. JIM-Studie (M1): z.B. Veränderung des Leseverhaltens nach Alter differenziert (mehrmals pro Woche 12–13 Jahre 52 %, 18–19 Jahre nur noch 33 %) → Bedeutung digitaler Medien?; Rückgriff auf Leseerfahrung/-verhalten im Jahrgang möglich

Fantasy (Bedeutung): gerade hier All-Age-Phänomen (M2, SRF 2014, S. 27, Z. 53 f.), es gehe um „Gut und Böse, um Macht und die eigene Rolle im Weltgeschehen" (M2, SRF 2014, S. 27, Z. 50 f.), Texte seien „Strukturen der Abenteuererzählung verpflichtet" (M5, Weinkauff; S. 28, Z. 19 f.); Fantasy auch bei Jugendlichen beliebt: (vgl. in JIM-Studie (M1) genannte Titel; Bestseller: vgl. M3 und M1; in M1 Hinweis auf große Bandbreite der Titel (vgl. JIM-Studie, S. 26, Z. 5 ff.)

Trend: All Age; in M4 jedoch gegensätzliche Aussage: Umsatzminus von 7,4 % in Warengruppe Fantasy u. Science Fiction, obwohl in M2 als All Age gekennzeichnet, was ja im Trend liege; Bestsellerliste bestätigt Rückgang von Fantasy; Rückgriff auf Leseerfahrung/-verhalten im Jahrgang möglich, auf M1, M2

eigene Leseerfahrungen: freie Schülerarbeit

Schreibplan: freie Schülerarbeit

S. 29/4, 5
Freie Schülerarbeit.

Adressatenbezogenes Schreiben eines argumentierenden Textes, S. 42–45

S. 45/1
Anforderungen der Textsorte: relevante Inhalte; Adressatenbezug → Publikum einbinden, klar und schlüssig argumentieren, angemessene sprachlich-rhetorische Gestaltung

Kennzeichen der Redesituation: Redeanlass: Schulkonferenz, Redner: eigene Rede als Repräsentant der Schüler; Adressaten/Publikum: Vertreter aus Lehrer- und Schülerschaft sowie Eltern **Ziel:** Darlegung von Pro- und Kontra-Argumenten als Diskussionsgrundlage

S. 45/2
These: An unserer Schule sollte das Wahlfach „Praktisches Leben" bzw. „Verbraucherbildung" eingeführt werden. **Gegenthese:** Unsere Schule braucht kein Wahlfach „Praktisches Leben" bzw. „Verbraucherbildung".

S. 45/3
Freie Schülerarbeit (vgl. auch Lösung zu S. 45/4).

S. 45/4
Zusammenstellung, z.B.:

Pro: für Einführung des Wahlfaches	Kontra: gegen Einführung des Wahlfaches
- Wissen zu Steuern, Miete, Versicherungen nötig für selbstständiges Leben (M1, S. 42, Naina) - ausschließliche Vermittlung von Spezialwissen führt nicht zu harmonisch entwickelter Persönlichkeit (M2, S. 42, Einstein) - Schule lehrt „zu viel unnützes Zeug" → Forderung nach Vermittlung von Wirtschafts-, Computer-, Gesundheitskenntnissen (M4, S. 42, Institut YouGov) - Forderung nach stärkerer Verankerung von „Verbraucherbildung" in den Lehrplänen (vgl. M5, S. 43, KMK, Z. 5 f.) - Forderung nach Vermittlung grundlegender Dinge des Alltags (Steuern, Miete, Versicherungen) ist berechtigt (vgl. M6, S. 43, Ziehe/Wolter, Z. 2 ff.) - Forderung an Lehrer, bspw. Finanzmärkte, Geldanlage und Steuersystem in Grundzügen erklären zu können (vgl. M7, S. 44, Becker, Z. 51 ff.)	- in Schule bereits Vermittlung von Kompetenzen, die lebensfähig machen → Alltägliches ist Aufgabe der Eltern; in Schule ist dafür keine Zeit (vgl. M3, S. 42, Z. 9 ff.) - politische und wirtschaftliche Bildung bereits Gegenstand mehrerer Unterrichtsfächer (vgl. KMK, M5, S. 43, Z. 3 f.); eigene Ergänzungen, z.B.: *in Fächern wie Sozialkunde/politische Bildung, Geschichte* - bei speziellen Fragen Hilfe von Fachleuten, Familie, Freunden, Recherche (vgl. M6, S. 43, Ziehe/Wolter, Z. 35 ff.) - Unterricht schult u.a. logisches Denken, Analysieren → Fähigkeit, Wissenslücken selbst zu schließen (Recherchekompetenz) (vgl. M6, S. 43, Ziehe/Wolter, Z. 95 f., 106 f.; M9, S. 44, Focus, Z. 5 ff.) - Sollte Schule gezielt nur Grundlagen vermitteln, um genug Raum für selbstständigen Wissenserwerb zu lassen? (vgl. M6, S. 43, Ziehe/Wolter, Z. 76 ff.); eigene Ergänzungen, z.B.: *in Fächern wie Methoden lernen, „Lernen lernen"* - Lehrer sind keine Finanz- oder Steuerberater (vgl. M7, S. 44, Becker, Z. 49 ff.) - Schule kann nicht auf alle Lebenssituationen vorbereiten → Überforderung (vgl. M7, S. 44, Becker, Z. 36 ff.), „Überdehnung der Lehrpläne" (M8, S. 44, Löhrmann, Z. 8); ist nicht ihre Aufgabe (vgl. M9, S. 44, User/Focus, Z. 3 f.) - Verbraucherthemen nur eingeschränkt behandeln, um Beeinflussung durch Lehrersicht zu vermeiden (vgl. M7, S. 44, Becker, Z. 76 ff.)

Sachverzeichnis

Autorenverzeichnis

Textsortenverzeichnis

Textquellen

S. 8: Julius Fischer: Die schönsten Wanderwege der Wanderhure. Dresden und Leipzig: Verlag Voland & Quist 2013, S. 9–13;
S. 9: http://www.boersenblatt.net/636483/; **S. 10:** http://www.
buchreport.de/nachrichten/verlage/verlage_nachricht/
datum/2012/03/27/panem-treffer-im-kino-und-buchhandel.
htm?no_cache=1; **S. 13/1:** Marc Keuschnigg: Das Bestseller-
Phänomen: Die Entstehung von Nachfragekonzentration im
Buchmarkt von Keuschnigg, Marc. (2011) S. 19; **S. 13/2:** Jens
Baumeister: http://www.lesen.net/ebook-news/big-data-ver-
lage-auf-der-suche-nach-dem-kundenwunsch-10353; **S. 18 f.:**
Manga: http://anime-mangas-co.aktiv-forum.com/t89-die-
entstehung-von-manga, http://www.japan-infos.de/manga/
manga; **S. 19 f.:** Interview mit Joachim Kaps: Botschaft von
Japan; Neues aus Japan Nr.56 Juli 2009, http://www.de.
emb-japan.go.jp/NaJ/NaJ0907/filesD/Ddrkaps.pdf; **S. 20:** Stefan
Pannor: http://www.spiegel.de/kultur/literatur/sondermann-
2009-deine-scharfen-zaehne-machen-mich-so-sentimental-
a-646608-2.html; **S. 20 f.:** Miriam Brunner: Manga, UTB 3330,
Paderborn: Wilhelm Fink GmbH 2010, S. 8f. **S. 21:** Leipziger
Buchmesse: http://www.lvz-online.de/gestaltete-specials/
leipziger-buchmesse/buchmesse_lvz-online-news/leipziger-
buchmesse-endet-mit-besucherrekord-175000-gaeste-an-vier-
tagen/r-buchmesse_lvz-online-news-a-231069.html; **S. 22:**
Stefanie Ziegler: http://www.lvz-online.de/nachrichten/aktuell_
themen/jugendredaktion/bunter-hype-um-mangas-animes-und-
verkleidungen-mein-tag-auf-der-leipziger-comic-convention/
r-jugendredaktion-a-239399.html; **S. 024/1 und 3:** aus: Julius
Fischer: Die schönsten Wanderwege der Wanderhure. Dresden
und Leipzig: Verlag Voland & Quist 2013, S. 9; **S. 25:** angelehnt
an: http://www.spiegel.de/kultur/literatur/rein- hard-kleist-der-
traum-von-olympiaueber-samia-yusuf-omar -a-1014739.html;
S. 26: http://www.mpfs.de/fileadmin/JIM- pdf14/JIM-Studie_
2014.pdf; **S. 27:** http://www.srf.ch/kultur/im-fokus/solothurner-
literaturtage/all-age-literatur-marketing-oder-zeitgeist; **S. 28/4:**
http://www.boersenblatt.net/525517/; **S. 28/5:** Gina Weinkauff/
Gabriele von Glasenapp: Kinder- und Jugendliteratur, UTB 3345,
Paderborn: Ferdinand Schöningh 2010, S. 102; **S. 30:** aus: Jelinek,
Gerhard: Reden, die die Welt veränderten. München: Deutscher
Taschenbuchverlag 2012, S. 291 f.; **S. 31:** aus: Kurt Tucholsky:
Gesammelte Werke in 10 Bänden, Bd. 8 (1930). Hrsg. von Mary

Gerold-Tucholsky und Komödie ist ein Bewußtseinsgrad. Reinbek bei Hamburg: Rowohlt 1975, S. 290–292; **S. 32 f.:** aus: Loriot: Sehr verehrte Damen und Herren, Copyright © 2011 Diogenes Verlag AG Zürich; **S. 33:** http://www.dieterwunderlich. de/Loriot.htm; **S. 34 f.:** aus: Deutsch-Französisches Institut (Hrsg.): Über die Freundschaft hinaus … Deutsch-französische Beziehungen ohne Illusionen. Stuttgart 1988, S. 64–66; **S. 36:** Henry Greulich: http://www.steenbeck-gymnasium.de/ festrede-zum-jahrestag-des-max-steenbeck-gymnasiums.html; **S. 38 f.:** aus: John Green: Das Schicksal ist ein mieser Verräter, München: Hanser, 2012, S. 168–172; **S. 40:** http://die.rede.de/ vier-verblueffende-tatsachen-ueber-das-lampenfieber/ (02.07.2015); **S. 42:** Naina auf Twitter: http://cdn.maedchen.de/ bilder/naina-news-2018170.jpg, Albert Einstein: Der deutsche Titel des Originaltexts heisst ERZIEHUNG ZU SELBSTÄNDIGEM DENKEN. Dieser Text, basierend auf einem Interview, ist zum ersten Mal am 5. Oktober 1952 in der New York Times erschienen, Jennifer Litters: Rektorin von Schülerin Naina: „Habe keine Zeit, mit euch zu bügeln": http://www.focus.de/ familie/schule/unterricht/realitaetsferne-unterrichtsinhalte-statt-geometrie-und-gedichtanalyse-was-haetten-sie-gerne-in-der-schule-gelernt_id_4406207.html; **S. 43:** KMK: http://www. n-tv.de/politik/Buerger-wollen-Benehmen-als-Pflichtfach-article15120606.html, Fabian Ziehe: http://www.swp.de/ulm/ nachrichten/politik/Muss-Schule-praktisches-Leben-unter-richten;art4306,2998863; **S. 44:** Lisa Becker: http://www.faz.net/ aktuell/wirtschaft/warum-nainas-forderung-zur-bildungspolitik-zu-weit-geht-13383612.html, Sylvia Löhrmann: Herpell, Werner: „Benehmen" Pflichtfach. In: OTZ 19.05.2015, S. 7, http://mobil. stern.de/familie/kinder/nach-naina-debatte--benehmen-soll-schulfach-werden-6199618.html, Statt Geometrie: http://www. focus.de/familie/schule/unterricht/realitaetsferne-unter-richtsinhalte-statt-geometrie-und-gedichtanalyse-was-haetten-sie-gerne-in-der-schule-gelernt_id_4405231.html; **S. 46:** http:// www.spiegel.de/sport/fussball/wenger-vs-rummenigge-arse-nal-trainer-empoert-ueber-kinderhandel-vorwurf-a-648527.html; **S. 47:** Patrick Bernau, Georg Meck: Dürfen Topmanager ihre Gehälter an Star-Gagen messen? http://www.faz.net/aktuell/ wirtschaft/pro-contra-duerfen-topmanager-ihre-gehaelter-an-star-gagen-messen-11695994.html, Die Abkassierer im Sport: http://www.focus.de/sport/mehrsport/allgemein-allgemein-forbes-money-mayweather-bestbezahlter-sporter-der-welt_ id_3913569.html; **S. 48 f.:** Winand von Petersdorff: Lionel Messi und der Kinderhandel: http://www.faz.net/aktuell/wirtschaft/ menschen-wirtschaft/profi-fussball-lionel-messi-und-der-kinderhandel-12893267.html; **S. 49:** Fifa-Reglement zum Transfer von Spielern: http://www.fifa.com/mm/document/affederation /administration/01/95/83/85/regulationsstatusandtransfer_d. pdf (S. 20 f.); **S. 50:** StGB §233: http://dejure.org/gesetze/StGB /233.html; **S. 59:** aus: Dieter Mussler, Sport als Entertainment. Zwischen Marken, Maschen und Moneten, Frankfurter Allge meine Buch, Frankfurt a.M. 2014, S. 97 ff.; **S. 60:** Marek Dutschke: http://www.carta.info/11318/jugendsport-unter-erfolgsdruck/; **S. 63:** Jörg Römer: http://www.spiegel.de/karriere/berufsleben/ ironman-auf-hawaii-triathlontraining-fuer-berufstaetige -a-995854.html, Arme Spitzensportler: http://www.spiegel.de/ karriere/berufsleben/einkommen-von-profisportlern-so-viel-verdienen-athleten-im-sport-a-846070.html; **S. 64:** Fehlverhalten und gesundheitsrelevante Verhaltensweisen von Spitzen-sportlern: Breuer, C. & Hallmann, K. (2012). Dysfunktionen des Spitzensports: Doping, Match-Fixing und Gesundheitsgefähr-dungen aus Sicht von Bevölkerung und Athleten [Dysfunctions of elite sports: Doping, match-fixing and health-related risk from a population and athlete perspective]. Bonn: Bundes-

institut für Sportwissenschaft; **S. 64 f.:** Andreas Schirmer: Arme Schlucker in der Überzahl: http://www.stern.de/sport/olympia/ olympia-2014/verdienst-der-olympia-athleten-arme-schlucker-in-der-ueberzahl-2091551.html; **S. 65:** Holger Gerska/Moriz Cassalette Wie gerecht ist Sportförderung? http://www. deutschlandfunk.de/millionen-fuer-den-fussball-wie-gerecht-ist-sportfoerderung.724.de.html?dram:article_id=291594; **S. 69:** Kosten von Polizeieinsätzen: http://www.zdfsport.de/ bremer-buergerschaft-entscheidet-ueber-kosten-von-polizei-einsaetzen-35546094.html; **S. 70:** aus: Dieter Mussler, Sport als Entertainment. Zwischen Marken, Maschen und Moneten, Frankfurter Allgemeine Buch, Frankfurt a.M. 2014, S. 97 ff.; **S. 72:** Bremer Gesetz verabschiedet: http://www.kicker.de/news/ fussball/bundesliga/startseite/613955/artikel_bremer-gesetz-verabschiedet_dfl-will-vor-gericht-gehen.html; **S. 74 f.:** aus: John Steinbeck: Jenseits von Eden, aus dem Amerikanischen übertragen von Harry Kahn, Zürich: Diana Verlag 1953 und 1984, S. 38-40; **S. 76 f.:** aus: Hans-Ulrich Treichel: Der Verlorene. Frankfurt am Main: Suhrkamp Verlag 1998, Suhrkamp Taschen-buch 3848, erste Auflage 2006, S. 7-12; **S. 78 f.:** aus: Hans-Ulrich Treichel: Der Verlorene. Frankfurt am Main: Suhrkamp Verlag 1998, Suhrkamp Taschenbuch 3848, erste Auflage 2006, S. 49-52, 55-58; **S. 82 f.:** aus: Friedrich Schiller: Die Räuber, Stuttgart: Philipp Reclam 1969, 1992, S. 16-18; **S. 86:** Christoph W. Bauer: http://lyrikline.org/de/gedichte/fremd-bin-ich-eingezogen-unter-meine-haut-6074 (eingesehen am 25.03.2015); **S. 87:** Christa Reinig: Großer Ozean. Gedichte für alle. Hrsg. von Hans-Joachim Gelberg. Weinheim/Basel: Gulliver 2006. S. 225; **S. 90 ff.:** aus: Friedrich Dürrenmatt: Der Richter und sein Henker, Copyright © 1986 Diogenes Verlag AG Zürich; **S. 95:** Peter Ruedi: Dürrenmatts Kriminalromane. In: Diogenes Magazin Nr. 15, Frühling 2014, S.16, www.diogenes.ch/download/886_dioge-nes_magazin_nr_15, Jost Nolte: Ebenbürtig im Unheil: die Brüder Moor. aus: Chrisitan Grawe (Hrsg.): Erläuterungen und Dokumente. Friedrich Schiller: Die Räuber. Stuttgart: Reclam. S. 207; **S. 96:** Irmgard Keun: Felix Bloch Erben GmbH & Co.KG, Verlag für Bühne Film und Funk, Hardenbergstraße 6, 10623 Berlin, www.felix-bloch-erben.de, S. 1; **S. 98:** aus: Friedrich Dürrenmatt: Im Bann der ›Stoffe‹. Gespräche 1981–1987, Copyright © 1996 Diogenes Verlag AG Zürich; **S. 99:** aus: Gerd Schank: „Das kunstseidene Mädchen" von Irmgard Keun. Skizze einer Frauensprache. In: Annäherungen. Studien zur deutschen Literatur und Literaturwissenschaft im 20. Jahrhundert. Hrsg. v. Hans Ester u. Guillaume van Gemert. Amsterdam: Rodopi 1985, S. 35 f.; **S. 100:** Sigrid Löffler: aus: Rezension zu Hans-Ulrich Treichels Erzählung „Der Verlorene", DIE ZEIT, 26.3.1998; **S. 100 f.:** Hans-Ulrich Treichel: Der Verlorene. Frankfurt am Main: Suhr-kamp Verlag 1998, Suhrkamp Taschenbuch 3848, erste Auflage 2006, S. 42–45; **S. 102:** Silvias Reiseblog: http://www.reisede-peschen.de/bangkok/, Zugriff: 19.5.15; **S. 102 f.:** aus: Sibylle Berg, Das Unerfreuliche zuerst. Herrengeschichten. Köln, Kiepenheuer & Witsch 2001, S. 123-125; **S. 104 f.:** aus: Jenny Erpenbeck: Tand. Berlin, Eichborn Verlag 2003, S. 69-72; **S. 106:** Robert Naumann: aus: Wladimir Kaminer (Hg.), Frische Goldjungs. Storys München, Goldmann Verlag, 2001, S. 116f.; **S. 108:** aus: Nadja Einzmann, Da kann ich nicht nein sagen. Geschichten von der Liebe. , Frankfurt/Main, S. Fischer 2001, S. 41f.; **S. 109:** Das Gleichnis vom verlorenen Sohn: Nach: http://www.kaththeol. uni-muenchen.de/lehrstuehle/bibl_einleitung/downloads/ gleichnisse/gleichnissefolien31.pdf; **S. 110:** aus: Günter Kunert: Der Mittelpunkt der Erde. Berlin, Eulenspiegel Verlag 1975, 2. Auflage 1977, S. 14f.; **S. 111/112:** Franz Kafka: Beschreibung eines Kampfes. Novellen, Skizzen, Aphorismen aus dem Nachlaß. Gesammelte Werke. Hrsg. Von Max Brod. Frankfurt a.M., S.

Fischer Verlag 1986, S. 107; **S. 114/1/2:** aus: Franz Kafka: Tage-bücher 1910-1923. aus: Carsten Schlingmann: Franz Kafka. Reclam Verlag, Stuttgart 1995, S. 125f.; **S. 114/3:** aus: Franz Kafka: Hochzeitsvorbereitungen auf dem Lande und andere Prosa aus dem Nachlaß. Bd.6 Hrsg. von Max Brod . Frankfurt a. M., S. Fischer Verlag, 1976, S. 119; **S. 115/4:** aus: Franz Kafka: Briefe 1902–1924, Fischer Taschenbuch, Frankfurt am Main 1975, S. 392; **S. 115/5:** aus: Gustav Janouch: Gespräche mit Kafka, S. Fischer, Frankfurt am Main 1951, S. 42; **S. 115/6:** aus: Franz Kafka, Briefe an Milena Hrsg. von Max Brod, Fischer Verlag, Frankfurt/Main 1965, S. 46; **S. 116/7:** aus: Heinz Politzer, Franz Kafka, der Künstler, Frankfurt a. Main, Suhrkamp 1978, S. 27; **S. 117:** aus: Adrian Hsia: Hermann Hesse und China. Darstellung, Materia-lien und Interpretation. Suhrkamp, Frankfurt am Main 1974, S. 307f.; **S. 118:** Zitat im Text aus: Max Brod: Franz Kafka. Eine Biographie. Frankfurt am Main 1962, S. 217; **S. 120:** aus: Bertolt Brecht: Geschichten vom Herrn Keuner. Hrsg. von Erdmut Wizisla, Suhrkamp Verlag. Frankfurt/Main 2004, S. 15; **S. 122:** aus: Jakob Michael Reinhold Lenz: Gedichte. Hrsg. von Hellmut Haug, Stuttgart: Philipp Reclam Jun. 1968, S. 11, Johann Georg Hamann: zwei Zitate: Brief an Herder v. 18. Mai 1765; in: www. hamann-briefe.de, II. Band, 330, http://www.aphorismen.de/ zitat/108688, Johannes Georg Hamann: „Golgatha und Scheb-limini", eine philosophisch-religionskritische Abhandlung 1784, S. 39, http://www.aphorismen.de/zitat/16841; **S. 123:** aus: Der Kanon der deutschen Literatur. Band 7. Frankfurt am Main/ Leipzig: Insel Verlag 2005. S. 232, © Albert Ostermaier: fremd-körper hautnah. Gedichte. Frankfurt am Main: Suhrkamp Verlag 1997; **S. 125:** aus: Goethes Werke, Hamburger Ausgabe in vierzehn Bänden, hrsg. von Erich Trunz, Bd. 1, München: C. H. Beck Verlag 1981; **S. 128:** aus: Jakob Michael Reinhold Lenz: Gedichte. Hrsg. von Hellmut Haug, Stuttgart: Philipp Reclam Jun. 1968, S. 10, aus: Gedichte des Sturm und Drang und der Klassik. Hrsg. von Gabriele Malsch, Stuttgart: Philipp Reclam jun. 1997, S. 105, S. 101f.; **S. 129:** aus: Ralf Rothmann: Kratzer und andere Gedichte. Frankfurt am Main: Suhrkamp Verlag 1987, S. 9, Bernhard Vogel: Dokumentation der Verleihung des Litera- turpreises der Konrad-Adenauer-Stiftung e.V., Hrsg. von Günther Rüther, Sankt Augustin/Berlin: 2008, S. 8f., http://www. kas.de/wf/doc/kas_15267-544-1-30.pdf?081209174911; **S. 130:** http://www.franziskaholzheimer.de/portfolio/der-sturm/; **S. 131:** aus: Goethes Werke, Hamburger Ausgabe in 14 Bänden, Bd. VI, Hamburg: Christian Wegner Verlag 1968, S. 7-124; **S. 132:** 1. Buch Mose Kapitel 1, Vers 26, Lutherbibel. Neu durchgesehen nach dem vom Deutschen Evangelischen Kirchenausschuss geneh-migten Text (1912). Deutsche Bibelgesellschaft, Stuttgart; **S. 133:** aus: Ursula Krechel: Verwundbar wie in den besten Zeiten. Gedichte. Darmstadt und Neuwied: Hermann Luchter-hand Verlag 1979, S. 79; **S. 134:** aus: Goethes Werke in zwölf Bänden. Band 1: Gedichte. (=Bibliothek deutscher Klassiker), Berlin und Weimar: Aufbau 1981, S. 112, Daniel Kehlmann: Die Vermessung der Welt. Reinbek: Rowohlt 2005, S. 165; **S. 136:** aus: Goethes Werke, Hamburger Ausgabe in vierzehn Bänden, hrsg. von Erich Trunz, Bd. 1, München: C. H. Beck Verlag 1981; **S. 138:** Kurzrezen-sion zu „Der Hofmeister": nach: http://www.zeit.de/1989/10/ entmannt, Kurzrezension zu „Kabale und Liebe": nach: http:// www.theater-meissen.de/spielplan/sprech/show- info.php?id= 689 und http://www.stadttheater.eu/Spielplan/Theater/ Kabale_und_Liebe; Kurzrezension zu „Die Räuber": nach: http://www.theater-oberhausen.de/tip_theater/tip_theater_ stuecke.php?SID=300; **S. 139:** aus Friedrich Schiller: Kabale und Liebe, Leipzig: Reclams Universalbibliothek Band 33, 1988, S.7f.; **S. 140 ff.:** aus: Jakob Michael Reinhold Lenz: Der Hofmeister oder die Vorteile der Privaterziehung, Universal-Bibliothek Nr.

1376, Stuttgart: Philipp Reclam jun. 1963, 1993, S. 43-46, S. 80-82, S. 5 f.; **S. 147:** aus: Bertolt Brecht: Heft 11, Versuche 25/26/35, Berlin: Suhrkamp 1951, S. 8; **S. 148:** Kai-Ivo Baulitz: aus: Bertolt Brecht: Heft 11, Versuche 25/26/35, Berlin: Suhrkamp 1951, S. 8; **S. 150 f.:** aus Friedrich Schiller: Kabale und Liebe, Leipzig: Reclams, Universalbibliothek Band 33, 1988, S. 16ff.; **S. 152 f.:** aus: Lavater, Johann, Kaspar: Physiognomische Fragmente zur Beförderung der Menschenkenntnisse und Menschenliebe. In: Die deutsche Literatur, Texte und Zeugnisse. Bd. 1/5, München: C. H. Beck Verlag: München 1966, S. 20 f.; **S. 154 f.:** aus Friedrich Schiller: Kabale und Liebe, Leipzig: Reclams Universalbibliothek Band 33, 1988, S. 31ff.; **S. 155/1:** nach: Mar- quardt, E.: Geschichte Württembergs. 1962, 2. Auflage, S. 202 f.; **S. 156/2:** http://www. gah.vs.bw.schule.de/leb1800/karleug2.htm; **S. 156/3:** nach: Einfach Deutsch, Friedrich Schiller. Die Räuber ... verstehen. Schöningh, S. 59 ff.; **S. 157/4:** Charlotte von Schiller und ihre Freunde. Hrsg. von Ludwig Urlichs, Bd. 1, Stuttgart 1860, S. 37 ff.; **S. 157/5:** aus: Schillers Werke, National-ausgabe, Bd. 22, S. 93; **S. 158:** aus: Gustav Freytag: Die Technik des Dramas, Bearbei-tung durch Manfred Plinke, Autorenhaus Verlag GmbH 2003, 2012, S. 88 und S. 94f.; **S. 159:** aus Friedrich Schiller: Kabale und Liebe, Leipzig: Reclams Universalbibliothek Band 33, 1988, S. 23-27; **S. 160:** http://www.literaturtipps.de/topthema/thema/ sturm-und-drang-pubertaet-der-deutschen-literatur.html (ein-gesehen am 20. 02. 2015); **S. 161:** Ein Adliger heiratet …, http:// www.zeit.de/angebote/partnersuche/magazin/magazin_mo-derne_standesduenkel, (eingesehen am 20. 02. 2015); **S. 162 f.:** aus: Friedrich Schiller: Die Räuber, Stuttgart: Philipp Reclam 1969, 1992, S. 19f., 32f.; **S. 167:** [Leipzig] Böttiger: [Rez. zu] Faust; eine Tragödie von Göthe. (Bibliothek der redenden und bildenden Künste. Leipzig 1809. Bd 6, St. 2, 315 f.; 318 f.; 322; 327 f.): Doppelrezension von G's Faust I u. von Karl Schönes Faust, eine romantische Tragödie, und; **S. 168:** anonyme Rez. zu Goethe's Werke XII. Band. Tübingen, in der J. G. Cotta'- schen Buchhandlung. 1808. 498f.; **S. 168 f.:** Marcel Reich-Ranicki: aus: Frankfurter Allgemeine Zeitung vom 31. 8. 2002, Nr. 202, S. 37. © Alle Rechte vorbehalten. Frankfurter Allgemeine Zeitung GmbH, Frankfurt. Zur Verfügung gestellt vom Frankfurter Allgemeine Archiv; **S. 169 f.:** Ulrike Prokop: aus: Ortrud Gutjahr (Hrsg.): Faust I/II von Johann Wolfgang von Goethe: Nicolas Stemanns Doppelinszenierung am Thalia-Theater Hamburg. Reihe: Theater und Universität im Gespräch, Band 14, Würzburg: Verlag Königshausen & Neumann 2012, S. 95-97; **S. 170 f.:** aus dem Originalwerk: Hacks Werke 13. Band Die Maßgaben der Kunst I, Das Poetische, Lizenzgeber: Eulenspiegel Verlag, Berlin, Erscheinungsjahr: 2003, Originalwerk Seite: 48-49; **S. 173 f.:** Britta Schultejans (dpa): Kusej wagt sich an den „Faust". Interview mit Martin Kušej Regisseur der Aufführung im Residenztheater, München 2014, http://www.mittelbayerische. de/kultur/kusej-wagt-sich-an-den-faust-21852-art1071778.html (eingesehen am 26.03.2015); **S. 174:** Jury-Begründung: http:// www.residenztheater.de artikel/%C3%B6sterreichischer-theaterpreis-nestroy-f%C3%BCr-martin-ku%C5%A1ejs-faust (eingesehen am 26.03.2015); **S. 175:** Enrico Lübbe: https://www. in-chemnitz.de/~lange/privat/sides/theater/urfaust.htm (eingesehen am 26.03.2014); **S. 180:** Angela Gutzeit: „Comics blicken auf die Literaturklassiker", http://www.deutschlandfunk. de/comics-blicken-auf-die-literaturklassiker.1202.de html?dra-m:article_id=216431, (eingesehen am 26.03.2015); **S. 183:** Jens Peter Gieschen/ Klaus Meier: Strafakte Faust. Goethes be-rühmte Triebtäter auf dem juristischen Prüfstand. Tathergang – Schuldfrage – Anklageschrift. Frankfurt am Main: Eichborn 1993, S. 132ff.; **S. 184 f.:** http://www.tagesspiegel.de/kultur/ comics/modernisierter-klassiker-teuflische-komoedie/1845018.

html; **S. 186:** aus: John Green: Das Schicksal ist ein mieser Verräter, München: Hanser, 2012, S. 9, aus: Ulf Cronenberg: Buchbesprechung: John Green „Das Schicksal ist ein mieser Verräter", 9. August 2012, http://ulfcronenberg.macbay.de/word-press/2012/08/09/buchbesprechung-john-green-das-schicksal-ist-ein-mieser-verraeter/, (abgerufen am 11.08.2015); **S. 187:** aus: John Green: Das Schicksal ist ein mieser Verräter. München: Hanser, 2012, S. 8, aus: François Truffaut: Mr. Hitchcock, wie haben Sie das gemacht? Aus dem Französischen von Frieda Grafe und Enno Patalas. Hrsg. von Robert Fischer. München: Wilhelm Heyne Verlag, 2003, S. 118, aus: Knut Hickethier: Der Film nach der Literatur ist Film. Volker Schlöndorffs „Die Blechtrommel" (1979) nach dem gleichna-migen Roman von Günter Grass (1959). In: Franz-Josef Albers-meier/ Volker Roloff (Hrsg.): Literaturverfilmungen. Frankfurt a. M.: Suhrkamp, 1989, S. 184; **S. 188 ff.:** aus: John Green: Das Schicksal ist ein mieser Verräter, München: Hanser, 2012, S. 14-19, S. 35, S. 95, S. 98, S. 121–122, **S. 191:** aus: Harmut El Kurdi: Der Krebs und das Buch. In: DIE ZEIT N° 41/2012 bzw. unter http://www.zeit.de/2012/41/John-Green-Schicksal-ist-ein-mie-ser-Verraeter, (abgerufen am 11.08.2015), Andreas Greve: aus: Til Mette: Schwarzer Humor. Mit einem Vorwort von Andreas Greve. Bremen: Fuego, 2014, Vorwort; **S. 192 f.:** aus: John Green: Das Schicksal ist ein mieser Verräter, München: Hanser, 2012, S. 111-112, 115-117; **S. 194 f./ S. 286:** Filmtranskript: Original-Drehbuch: Scott Neustadter, Michael H. Weber, Dtsch. Dialog- buch: Clemens Frohmann, Studio: Twentieth Century Fox/ dtsch. Synchronisation Berliner Synchron AG Wenzel Lüdecke, Erscheinungstermin: 17. Oktober 2014; **S. 195:** aus: Bela Balázs: Der Film: Werden und Wesen einer neuen Kunst. Wien: Globus Verlag, 1972, S. 37; **S. 196 f.:** aus: John Green: Das Schicksal ist ein mieser Verräter, München: Hanser, 2012, S. 182- 184, 186-187; **S. 197:** aus: Béla Balázs: Der sichtbare Mensch oder die Kultur des Films, Suhrkamp: Frankfurt/M., 2001, S. 32; **S. 199 f.:** aus: Joachim Meyerhoff: Wann wird es endlich wieder so, wie es nie war, Alle Toten fliegen hoch, Teil 2., Köln: Kiepenheuer und Witsch, 2013, S. 179f.; **S. 202:** Benjamin Moldenhauer: http://www.spiegel.de/kultur/kino/das-schicksal-ist-ein-mieser-verraeter-der-film-nach-john-green-a-974089.html, (eingesehen am 19.08.2015); **S. 203:** Nach: Benjamin Moldenhauer: Tränen-treibende Glücksmomente: http://www.spiegel.de/kultur/kino/das-schicksal-ist-ein-mieser-verraeter-der-film-nach-john-green- a-974089.html, (eingesehen am 19.08.2015); S. 204 f.: http://www.cinema.de/film/das-schicksal-ist-ein-mieser-verraeter, 5971737.html, (eingesehen am 19.08.2015); **S. 206 ff** Geo Wissen Nr. 40/2007, Das Geheimnis der Sprache. S. 3, S. 30, S. 88-93, S. 37f., S. 38–40; **S. 212 f.:** http://www.mitmischen.de/diskutieren/topthemen/politikfeld_bildung/alphabetisierung/portrait/index.jsp, (10. 11. 2014), **S. 216:** Denglisch, T.: Daniel Dickopf, © Edition Wise Guys; **S. 217:** aus: Fremdwörter. Red. Barbara Holzwarth, Felicitas Zahner. Compact Verlag München 2010, S. 123, Aus dem VDS-Anglizismenindex, Beispiele aus http://www.vds-ev.de/index (Stand 02. 11. 2014); **S. 218:** Interview: http://www.faz.net/aktuell/feuilleton/interview-peter-von-polenz-sprache-braucht-kein-gesetz-115393-p2.html (Stand 24. 09. 2014); **S. 219:** http://www.mz-web.de/panorama/hintergrund-zu-anglizismen-kein-deutsch-mehr-ohne-englisch-, 20642226, 26018030.html; **S. 220:**

http://www.zeit.de/2007/31/Deutsch-Aufmacher (Stand 24. 09. 2014); **S. 222 f.:** Die Zeit Nr. 31, 26.07.2007, S. 43; **S. 224:** http://www.spiegel.de/unispiegel/wunderbar/gleichberechtigung-uni-leipzig-nutzt-weibliche-bezeichnungen-a-903530-2.html (24. 11. 2014); **S. 225 ff.:** Der Spiegel 17/2013, S. 48-49, http://www.spiegel.de/spiegel/print/d-92536984.html; S. 227.: Universität Potsdam: Leitfaden zur Anwendung einer geschlechtergerechten Sprache. 2. Auflage 2012, S. 7, http://www.uni-potsdam.de/fileadmin/projects/gleichstellung/assets/Oeffentlichkeits-arbeit/Publi- kationen/Leitfaden_2013.pdf; **S. 235:** aus: Reiner Kunze: Sensible Wege, achtundvierzig Gedichte und ein Zyklus, Reinbek: Rowohlt Taschenbuch Verlag 1969, S. 38; **S. 240:** aus: Peter Stamm: Blitzeis. Erzählungen, 1999, Arche-Verlag, Zürich und Hamburg; **S. 241:** Zitat von Peter Stamm: http://www.handlungsreisen.de/interviews.php?do=view&id=21; **S. 243:** aus: Hilde Domin, Gesammelte Gedichte, Frankfurt a.Main 1987: S. Fischer-Verlag, S. 15, Zitat Hilde Domin: Aber die Hoffnung. Autobiographisches aus und über Deutschland, 1982, S. 23; **S. 246:** aus Friedrich Schiller: Kabale und Liebe, Leipzig: Rec-lams Universalbibliothek Band 33, 1988, S. 7f.; **S. 249:** http://www.zeit.de/2011/05/Martenstein; **S. 257:** http://www.bf17.de/so-funktionierts/das-ist-bf17/ (zuletzt gesehen am 22.07.2015), http://www.fahrtipps.de/forum/lesen.php?nr=15757&forum=0; **S. 258:** http://www.focus.de/auto/ratgeber/kosten/das-kostet-heute-ein-fuehrerschein-von-hamburg-bis-muenchen-die-groessten-preiausreisser_id_3706582.html, erschienen am Freitag, 21.03.2014, http://www.bf17.de/so-funktionierts/faq-jugendliche/ (zuletzt gesehen am 22.07.2015); **S. 261:** aus: Funk, Walter: Mobilitäts- und Verkehrssicherheitsforschung 01/2013, S. 18. Hrsg. v. Institut für empirische Soziologie an der Friedrich-Alexander- Universität Erlangen-Nürnberg, 2013; **S. 266:** aus: Bulletin des Presse- und Informationsamts der Bundesregierung Nr. 86 (3. Juli 1990), zitiert nach: http://www.helmut-kohl.de/index.php?msg=555 (eingesehen am 20.06. 2015); **S. 268:** aus: Patrick Süskind: Das Parfum. Die Geschichte eines Mörders. Zürich: Diogenes Verlag 1994, Kapitel 28, S. 170f.; **S. 269:** in: Bertolt Brecht: Geschichten vom Herrn Keuner, Zürcher Fassung, Frankfurt am Main: Suhrkamp Verlag 2004, S. 18; **S. 270 ff.:** aus: Patrick Süskind: Das Parfum. Die Geschichte eines Mörders. Zürich: Diogenes Verlag 1994, Anfang, S. 5, S. 105f., S. 111; **S. 273:** aus: Reiner Kunze: Am Sonnenhang. Tagebuch eines Jahres. Frankfurt [Main]: S. Fischer, 1993; **S. 274:** http://www.zeno.org/Literatur/M/Goethe,+Johann+Wolfgang/Briefe/1777 (08.04.15); **S. 275:** aus: Jan Wagner: Regentonnen-variationen, Gedichte, Berlin und München: Hanser Verlag 2014, **S. 71; S. 276:** aus: Stimmen im Kanon, Deutsche Gedichte, ausgewählt von Ulla Hahn, Stuttgart: Reclam Verlag 2003, S. 322; **S. 278:** nach: https://www.inhaltsangabe.de/schiller/die-raeuber/; **S. 279 ff.:** aus: Friedrich Schiller: Die Räuber, Stuttgart: Philipp Reclam 1969, 1992, S. 66f., S. 102f., S. 131, S. 139; **S. 286:** aus: John Green: Das Schicksal ist ein mieser Verräter, München: Hanser, 2012, S. 254; **S. 291:** aus: Patrick Süskind: Das Parfum. Die Geschichte eines Mörders. Zürich: Diogenes Verlag 1994, S. 52; **S. 294:** aus: Patrick Süskind: Das Parfum. Die Geschichte eines Mörders. Zürich: Diogenes Verlag 1994, S. 33, S. 171, S.115, S.36, S. 190f.

Bildquellen

Cover.U1 links Imago (gezett), Berlin; **Cover.U1 rechts** Interfoto (picturedesk. com/ÖNB/Bauer, Josef Anton), München; **Cover.U4 links** Theater an der Ruhr (A. Köhring), Mülheim a. d. Ruhr; **Cover.U4 rechts** gemeinfrei; **2.1** Picture-Alliance (dpa/Jan Woitas), Frankfurt; **2.2** Picture-Alliance (dpa/Uwe Zucchi), Frankfurt; **3.1** Getty Images (Getty Images Sport), München; **3.2** Irmgard Keun, Das kunstseidene Mädchen, Hamburger Kammerspiele, R: Kai Wessel, mit Pheline Roggan, 2011 © Hamburger Kammerspiele (Foto: Bo Lahola); **4.1** iStockphoto (Christian Mueller), Calgary, Alberta; **4.2** Bridgeman Images (Museumslandschaft Hessen Kassel/Ute Brunzel), Berlin; **5.1** "HOFMEISTER. Vorteile der Privaterziehung" von Kai Ivo Baulitz nach J.M.R. Lenz - Szenenfoto mit Fridolin Sandmeyer (Läufer), Nadja Robiné (Die Majorin) aus der Inszenierung am DNT Weimar (Regie: Enrico Stolzenburg, Bühne: Katrin Hieronimus, Kostüme: Carolin Schogs, Klang: Kirsten Reese, Dramaturgie: Julie Paucker, Premiere: 3.10.14) © Luca Abbiento; **5.2** Fotolia.com (Giuseppe Blasioli), New York; **6.1** Das Schicksal ist ein mieser Verräter (The Fault In Our Stars), USA 2014, Regie: Josh Boone © Interfoto (NG Collection), München; **6.2** ddp images GmbH (Maja Hitij), Hamburg; **9** ONE PIECE © 1997 by Eiichiro Oda/SHUEISHA Inc.; **10.1; 10.2; 10.3; 10.4** closeup.de, Ostfildern; **11** Roger Schmidt, Karikatur-Cartoon, Brunsbüttel; **18** © Yana Toboso/SQUARE ENIX; **20.links** Picture-Alliance (ANN/The Star), Frankfurt; **20.rechts** Picture-Alliance (ANN/The Yomiu), Frankfurt; **22** Picture-Alliance (dpa/Jan Woitas), Frankfurt; **25** Reinhard Kleist, Der Traum von Olympia © Carlsen Verlag GmbH, Hamburg 2013; **26** Medienpädagogischer Forschungsverbund Südwest, Stuttgart; **28** .; **30** VISUM Foto GmbH (The Image Works), Hannover; **31** van Dam, Arend, HP Landsmeer; **32** Picture-Alliance (dpa/Uwe Zucchi), Frankfurt; **38** John Green, Das Schicksal ist ein mieser Verräter. Aus dem Englischen von Sophie Zeitz © Carl Hanser Verlag München, 2012; **46** Getty Images (Jasper Juinen), München; **47.links** Picture-Alliance (AP Photo/Luis M. Alvarez), Frankfurt; **47.Mitte** Getty Images (AFP/Stan Honda), München; **47.rechts** Picture-Alliance (dpa/Ashley Landis), Frankfurt; **61** Mauritius Images (Alamy), Mittenwald; **63** Getty Images (Getty Images Sport), München; **65** Picture-Alliance (dpa/Daniel Maurer), Frankfurt; **74** SCHAUBURG (Grafik: Günter Mattei), München; **76** Suhrkamp Verlag, Berlin; **78** Getty Images (Ulrich Baumgarten), München; **82** Staatsschauspiel Dresden (David Baltzer), Dresden; **86** Haymon Verlag (Florian Schneider), Innsbruck; **89.links** East of Eden, R: Elia Kazan, USA 1955 © Imago (AGD), Berlin; **89.rechts** Getty Images (De Agostini), München; **90** BPK (Bayerische Staatsbibliothek/Felicitas Timpe), München; **93** Tiroler Landestheater und Orchester GmbH (Rupert Larl), Innsbruck; **97.links** Das kunstseidene Mädchen, R: Julien Duvivier, BRD 1959 © ddp images GmbH, Hamburg; **97.Mitte** Irmgard Keun, Das kunstseidene Mädchen, Hamburger Kammerspiele, R: Kai Wessel, mit Pheline Roggan, 2011 © Hamburger Kammerspiele (Foto: Bo Lahola); **97.rechts** Klein, Björn, Detmold; **102** iStock-photo (Christian Mueller), Calgary, Alberta; **104** akg-images, Berlin; **111** © Archiv Klaus Wagenbach; **118** Corbis, Berlin; **122** Interfoto (picturedesk. com/ÖNB/Bauer, Josef Anton), München; **123** Photo Scala (Christie's Images, London), Antella (Firenze); **124.links** Bridgeman Images (Museumslandschaft Hessen Kassel/Ute Brunzel), Berlin; **124. rechts** Mit freundlicher Genehmigung der Neuen Zürcher Zeitung; **129** Picture-Alliance (dpa/Eddy Risch), Frankfurt; **130** Imago (gezett), Berlin; **131** gemeinfrei; **133** ddp images GmbH (Thomas Lohnes), Hamburg; **138.links** Foto: Museum für Gestaltung Zürich, Plakatsammlung © ZHdK. Mit freundlicher Genehmigung Holger Matthies; **138.oben** Goldberg-Gymnasium, Sindelfingen; **138.unten** Talman-Ensemble - Niklaus Talman, Ueberstorf; **142.links** Theater an der Ruhr (A. Köhring), Mülheim a. d. Ruhr; **142.rechts** Theater, Oper und Orchester GmbH, Halle;

144.oben SLUB Dresden/ D.O.230,6,26; **144.unten** Getty Images (Hulton Archive), München; **146** Langer, Thomas; **147** Buchcover: Bertolt Brecht, Versuche 25/26/35. Heft 11: Der Hofmeister von Jakob Michael Reinhold Lenz, Aufbau Verlag, Berlin 1952; **149. links** "HOF-MEISTER. Vorteile der Privaterziehung" von Kai Ivo Baulitz nach J.M.R. Lenz - Szenenfoto mit Fridolin Sandmeyer (Läufer), Nadja Robiné (Die Majorin) aus der Inszenierung am DNT Weimar (Regie: Enrico Stolzenburg, Bühne: Katrin Hieronimus, Kostüme: Carolin Schogs, Klang: Kirsten Reese, Dramaturgie: Julie Paucker, Premiere: 3.10.14) © Luca Abbiento; **149.rechts** "HOFMEISTER. Vorteile der Privaterziehung" von Kai Ivo Baulitz nach J.M.R. Lenz - Szenenfoto mit Fridolin Sandmeyer (Läufer), Sebastian Kowski (Herr von Berg), Nadja Robiné (Die Majorin) aus der Inszenierung am DNT Weimar (Regie: Enrico Stolzenburg, Bühne: Katrin Hieronimus, Kostüme: Carolin Schogs, Klang: Kirsten Reese, Dramaturgie: Julie Paucker, Premiere: 3.10.14) © Luca Abbiento; **150** Beushausen, Volker, Castrop-Rauxel; **155.oben** Avenue Images GmbH (agefotostock/Avenue Images/Heinz-Dieter Falkenstein), Hamburg; **155.unten** Interfoto (Sammlung Rauch), München; **156** gemeinfrei; **163** Zeppenfeld, Achim, Grünwald; **166.1** Picture-Alliance (dpa/Daniel Bockwoldt), Frankfurt; **166.2** Imago, Berlin; **166.3** Fotolia.com (Giuseppe Blasioli), New York; **166.4** Faust, Regie. F. W. Murnau, D 1926 © Picture Alliance, Frankfurt; **166.5** Faust, R: A. Sokurow, Russland 2012 © Imago, Berlin; **167** Flix, Faust. Der Tragödie erster Teil © Carlsen Verlag GmbH, Hamburg 2010; **172.1** Imago, Berlin; **172.2** Faust, R: F. W. Murnau, D 1926 © akg-images, Berlin; **172.oben** Stiefel, Frank, Berlin; **173.3** FAUST, R: Peter Gorski, BRD 1960 © Imago, Berlin; **173.4** Szenenfoto aus ‚Faust', Residenztheater München, Foto © Matthias Horn, Berlin; **175** Wuschanski, Dieter, Chemnitz; **176.oben** Bonnier Media Deutschland GmbH, München; **176.unten** Flix, Faust. Der Tragödie erster Teil © Carlsen Verlag GmbH, Hamburg 2010; **177** Flix, Faust. Der Tragödie erster Teil © Carlsen Verlag GmbH, Hamburg 2010; **178** Flix, Faust. Der Tragödie erster Teil © Carlsen Verlag GmbH, Hamburg 2010; **179** Flix, Faust. Der Tragödie erster Teil © Carlsen Verlag GmbH, Hamburg 2010; **181** Flix, Faust. Der Tragödie erster Teil © Carlsen Verlag GmbH, Hamburg 2010; **186** John Green, Das Schicksal ist ein mieser Verräter. Aus dem Englischen von Sophie Zeitz © Carl Hanser Verlag München, 2012; **187** Filmplakat, "Das Schicksal ist ein mieser Verräter" (The Fault In Our Stars), USA 2014, Regie: Josh Boone © Interfoto (NG Collection), München; **191** Bulls Press (Joscha Sauer), Frankfurt; **193** Das Schicksal ist ein mieser Verräter (The Fault In Our Stars), USA 2014, Regie: Josh Boone © Interfoto (NG Collection), München; **194** Das Schicksal ist ein mieser Verräter (The Fault In Our Stars), USA 2014, Regie: Josh Boone © laif (Sunset Box/Allpix), Köln; **198** Das Schicksal ist ein mieser Verräter (The Fault In Our Stars), USA 2014, Regie: Josh Boone © laif (Sunset Box/Allpix), Köln; **204** Das Schicksal ist ein mieser Verräter (The Fault In Our Stars), USA 2014, R: Josh Boone © laif (Allpix/Sunset Box), Köln; **206** Greser & Lenz, Aschaffenburg; **208** Blechman, Nicholas, Brooklyn NY 11201; **211.oben** laif (Reporters), Köln; **211.unten** Getty Images (Archive Photos), München; **213** ddp images GmbH (Maja Hitij), Hamburg; **214. oben** Grafik: Bundesministerium für Bildung und Forschung (BMBF), Quelle: leo.-Level-One Studie, Universität Hamburg; **214.u.l.** Bundesministerium f Bildung u. Forschung, Berlin; **214.u.r.** Bundesverband Alphabetisierung und Grundbildung e.V.; **216** Retkowski, Friedrich, Hameln; **219** Habicht, Christian, Eisenberg; **221** Riemann, Hans-Georg, Hamburg; **225** Stuttmann, Klaus, Berlin; **236.oben; 236.unten** Labusch, Thomas, Münster; **238.oben; 238.unten** Labusch, Thomas, Münster; **260** Imago, Berlin; **268** Patrick Süskind: Das Parfum, Copyright © 1994 Diogenes Verlag AG Zürich; **269** Picture-Alliance (dpa), Frankfurt; **283** Das Schicksal ist ein mieser Verräter (The Fault In Our

1. Auflage

1 ^{5} ^{4} ^{3} ^{2} ^{1} | 20 19 18 17 16

Alle Drucke dieser Auflage sind unverändert und können im Unterricht nebeneinander verwendet werden. Die letzte Zahl bezeichnet das Jahr des Druckes.

Herausgeber: Heike Henniger, Jahnsdorf; Maximilian Nutz, München
Unter Beratung von: Michael Höhme, Döbeln
Autoren: Maja Bitterer, Osnabrück; Martina Blatt, Frankfurt a. M.; Joachim Dreessen, Hamburg; Heike Henniger, Jahnsdorf; Susanne Jugl-Sperhake, Lippersdorf; Janina Kiehl, Hannover; Thomas Labusch, Münster; Rosemarie Lange, Ruttersdorf; Konrad Notzon, Bramsche; Angelika Schmitt-Kaufhold, Gerlingen; Anja Seiffert, Leipzig
Autoren Online-Material: Melanie Dutzi, Achern; Tommy Greim, Döbeln; Felicitas Hampel, Döbeln; Christina Lange, Jena; Claudia Lübeck, Isny; Juliane Schüler, Magdeburg; Anja Weisbrich, Hilmersdorf

Redaktion: Susanne Altmann-Liebold; Sabine Utheß, Blankenfelde
redaktionelle Mitarbeit: Stephanie Ehrich
Redaktion Online-Material: Gloria Hoppe, Leipzig
Redaktionsassistenz: Heike Etzold
Herstellung: Sylvia Kusch

Umschlag und Layoutkonzeption: Petra Michel, Gestaltung & Typografie, Essen
Illustrationen: dortes71, Berlin
Satz: tiff.any, Berlin
Reproduktion: Meyle+Müller GmbH + Co. KG, Pforzheim
Druck: Mohn Media Mohndruck GmbH, Gütersloh
Produktion Hörfiles: Buchfunk Verlag, Leipzig

Printed in Germany
ISBN 978-3-12-316016-5

9 783123 160165

Inhalt des Online-Bereichs

Junge Menschen in der Literatur • Epische Texte analysieren und interpretieren

103	Kapitelbezogener Eingangstest von Klasse 9 zu Klasse 10	Arbeitsblatt	98c5n8
108	Kurzprosa interpretieren	Arbeitsblatt	u4ry2x
117	Parabel	Arbeitsblatt	6j2sh6
118	Modus	Video	pw2u6d
119	häufige Grammatikfehler vermeiden	Arbeitsblatt	v8tz4j
119	Bastian Sick: Muss eine Reihe von Ministern müssen?	Text	2i5c54
120	Text BLF-Aufgabe	Text	x5tn98
120	BLF-Aufgabe	Beispiellösung	n7kc3y
120	So geht's interaktiv: BLF-Aufgabe	Online-Tool	qe33xb
121	Checkliste Interpretation eines epischen Textes	Vorlage	386d62
121	Interaktives Training mit Auswertung	Online-Tool	52jj2r

Gegen den Strom • Lyrische Texte analysieren und interpretieren

123	Kapitelbezogener Eingangstest von Klasse 9 zu Klasse 10	Arbeitsblatt	e787v6
125	Prometheus	Video	pk52hb
127	Gedichte des Sturm und Drang interpretieren	Arbeitsblatt	b3ca8t
132	textexterne Aspekte	Arbeitsblatt	6u4q9w
135	rhetorische Stilfiguren und sprachliche Mittel erkennen	Arbeitsblatt	a2s8e4
136	Text BLF-Aufgabe	Text	k3d4kf
136	BLF-Aufgabe	Beispiellösung	3e2n5j
137	So geht's interaktiv: BLF-Aufgabe	Online-Tool	jh85zh
137	Checkliste Interpretation eines lyrischen Textes	Vorlage	386d62
137	Interaktives Training mit Auswertung	Online-Tool	pg54aw

Stürmische Zeiten • Dramatische Texte analysieren und interpretieren

139	Kapitelbezogener Eingangstest von Klasse 9 zu Klasse 10	Arbeitsblatt	z2gd8m
143	geschlossenes/offenes Drama	Video	m7ij32
144	Dramenszene interpretieren	Arbeitsblatt	v39z84
151	Kabale und Liebe	Video	m8zy4c
158	Freytag'sches Dramendreieck	Video	92gj9q
159	textexterne Aspekte zur Interpretation nutzen	Arbeitsblatt	wa3jh3
161	häufige Kommasetzungsfehler vermeiden	Arbeitsblatt	i2m2wu
162	Text BLF-Aufgabe	Text	4t567e
162	BLF-Aufgabe	Beispiellösung	ce6jn7
164	So geht's interaktiv: BLF-Aufgabe	Online-Tool	9e99nd
165	Checkliste Interpretation eines dramatischen Textes	Vorlage	386d62
165	Interaktives Training mit Auswertung	Online-Tool	sn6gz6

Des Pudels Kern • Rezeptionen von Goethes „Faust" analysieren und vergleichen

168	Faust	Video	7w49xp
175	Rezeptionsweisen	Arbeitsblatt	fs5f7s
180	Comic	Arbeitsblatt	8ay7rm
183	häufige Rechtschreibfehler vermeiden	Arbeitsblatt	q2sq3m
184	Text BLF-Aufgabe	Text	wh78h6
184	BLF-Aufgabe	Beispiellösung	e59e6z
185	So geht's interaktiv: BLF-Aufgabe	Online-Tool	ei7bp9
185	Checkliste textgebundene Erörterung	Vorlage	vy5im8
185	Interaktives Training mit Auswertung	Online-Tool	2i6s8p

Von wegen Happy End ... • Jugendbücher und ihre Filmadaptionen analysieren

123	Kapitelbezogener Eingangstest von Klasse 9 zu Klasse 10	Arbeitsblatt	ys6tk2
125	Prometheus	Video	fd7q4y
127	Gedichte des Sturm und Drang interpretieren	Arbeitsblatt	54pi8g
132	textexterne Aspekte	Arbeitsblatt	ie5d48
135	rhetorische Stilfiguren und sprachliche Mittel erkennen	Arbeitsblatt	c96kc8
136	Text BLF-Aufgabe	Text	ty5p58